LA MAGIE

AU

DIX-NEUVIÈME SIÈCLE

SES AGENTS, SES VÉRITÉS, SES MENSONGES,

PAR LE CHEVALIER

Gougenot DES MOUSSEAUX,

AUTEUR DU LIVRE : DIEU ET LES DIEUX, ETC.

Précédé de quelques Lettres adressées à l'Auteur.

Nouvelle Édition

REVUE, CORRIGÉE, AUGMENTÉE.

> Les livres de MM. de Mirville et des Mousseaux sur le monde supra-sensible des esprits (1853-1854) offrent une lecture extrêmement curieuse et intéressante, non-seulement par les faits, mais encore par le talent et, *ce qui pourra surprendre*, par le BON SENS de ces écrivains.
> (*Gaz. médicale*, 25 fév. 1854.)
>
> Leurs livres ne sont pas l'écho, mais l'interprète l'un de l'autre.
> (*Bibliog. cathol.*, juin 1854.)
>
> Ce que l'on peut dire sans risque de se tromper, c'est que MM. de Mirville et des Mousseaux sont à la tête, s'ils ne sont pas les seuls, de ces écrivains qui déroulent une page d'histoire catholique, et constatent que les phénomènes étranges dont ils sont les témoins ne sont point des illusions.
> (*Revue médicale française et étrangère*, 31 mai 1861.)

PARIS,

HENRI PLON, IMPRIMEUR-ÉDITEUR,

RUE GARANCIÈRE, 8.

—

1864

(Tous droits réservés.)

LA MAGIE

AU

DIX-NEUVIÈME SIÈCLE

SES AGENTS, SES VÉRITÉS, SES MENSONGES.

PARIS. TYPOGRAPHIE H. PLON, RUE GARANCIÈRE, 8.

INTRODUCTION.

Nulle nécessité plus impérieuse ne domine le plus grand nombre de nos lecteurs que celle de savoir si nous, simple laïque, nous voulons être, et si *nous sommes* d'une franche et pure orthodoxie sur le terrain scabreux où nous engagèrent nos recherches. Au milieu des avalanches de publications équivoques, souvent hypocrites et perfides, qui, traitant à tous les points de vue le même sujet, tombent et se répandent aujourd'hui de toutes parts, nous croyons ne pouvoir offrir de trop fortes garanties aux hommes d'esprit et de cœur droit, dont nous désirons les suffrages. Conjurons-les donc de les accepter avec autant de simplicité que nous les offrons.

Deux princes de l'Église, deux des plus hautes autorités doctorales de notre époque, daignèrent honorer de leur parole approbative et encourageante nos deux derniers livres : *la Magie au dix-neuvième siècle*, et *les Médiateurs et les moyens de la magie*[1].

Faisant passer dans notre âme tout le zèle de son âme pastorale, S. Em. le cardinal archevêque de Bordeaux daignait le premier nous adresser de sa plume éloquente ce puissant encouragement et ces louanges, dont la grandeur se proportionne à celle de notre faiblesse.

Bordeaux, 26 juillet 1863, archevêché de Bordeaux.

Monsieur le chevalier, les occupations sans nombre de la charge pastorale m'ont à peine laissé quelques courts

---

[1] Ayant pour sous-titre : *les Hallucinations et les savants, le Fantôme humain et le principe vital*.

instants pour prendre connaissance de votre excellent ouvrage, *les Médiateurs et les moyens de la Magie*, etc.

Je ne puis qu'applaudir, monsieur, au courage persévérant et à la force de raison avec lesquels vous poursuivez et combattez une des plus graves maladies de notre siècle, la magie, quel que soit le nom qu'elle se donne, et le masque dont elle se couvre.

Étranges contradictions de l'esprit humain quand il s'abandonne à ses propres forces! Dans le siècle qui a précédé le nôtre, un *matérialisme* abject et grossier était hautement enseigné par plusieurs philosophes en renom; aujourd'hui, une nouvelle doctrine a surgi, elle a écrit sur son drapeau : spiritisme. Malheureusement, elle ne s'est pas tenue au dogme de la spiritualité des âmes et de l'existence des esprits; mais, dépassant toutes les bornes, se laissant entraîner aux aberrations de la magie, elle en a renouvelé sous nos yeux le hideux spectacle. Déjà, monsieur, vous avez, dans votre livre de *la Magie au dix-neuvième siècle*, examiné la magie moderne dans son principe; vous l'aviez dégagée des travestissements que lui font subir les grands prêtres du magnétisme et du spiritisme; vous en aviez démontré les caractères sataniques, et vous aviez relégué parmi les chimères tous ces fluides multiformes dans lesquels la superstition démoniaque abrite ses ténébreuses menées.

Aujourd'hui, dans votre ouvrage *des Médiateurs et des moyens de la magie*, vous allez plus loin. D'une part, vous entrez au cœur de votre sujet, pour y prendre sur le fait les médiums et leurs moyens d'action; d'autre part, vous saisissez corps à corps la fausse science physiologique et médicale ; et, à la triple lumière de l'histoire, de la religion et de la philosophie, vous fouillez dans leurs profondeurs les fondements de la magie.

Continuez, monsieur, à combattre l'erreur sous quelque

forme qu'elle se présente, et à mettre au service de la vérité catholique votre zèle et votre savoir; vous ne sauriez en faire un plus digne usage. Qu'en serait-il du monde, si nous n'avions pour nous éclairer et nous conduire le phare lumineux de l'Église catholique? elle peut dire, comme son divin Époux : « Je suis la lumière du monde; je suis la voie, la vérité et la vie[1]. » En dehors de la sainte Église quel abîme s'ouvre de toutes parts! les abominations de l'idolâtrie, les stupides croyances de la magie, l'incertitude et les fluctuations des doctrines, le dévergondage de l'impiété et de la corruption des mœurs.

Au milieu des innombrables erreurs qui signalent notre époque, nous avons la consolation de voir la vérité planer au-dessus de toutes ces divagations. Encore une fois, monsieur, continuez à défendre la vérité, à désabuser les peuples, et l'on pourra vous appliquer les belles paroles de l'Écriture : « *Qui erudiunt multos quasi stellæ in perpetuas æternitates.* »

Je suis, etc, etc.

† FERDINAND, CARDINAL DONNET,
Archevêque de Bordeaux.

Deux mois après cette date, S. Em. le cardinal archevêque de Besançon traçait de sa main pastorale les lignes suivantes, aussi nettes que remarquables de bienveillance et de précision.

Besançon, 9 octobre 1863.

Monsieur, avant de vous répondre, j'ai voulu accomplir le vœu de votre lettre, et je puis vous assurer que non-seulement vos ouvrages sont très-orthodoxes, mais encore qu'ils sont très-attachants et très-complets, autant qu'on peut l'être en une matière qui est infinie. Il est certain que le dan-

[1] Joan. XIV, 6.

ger du spiritisme est grand et qu'on ne saurait trop unir ses forces contre un mal qui étend partout ses ravages.

Veuillez....

† Césaire,
Cardinal-archevêque de Besançon.

Devant ces deux lettres courageuses et magistrales, nous ne savons que nous incliner avec reconnaissance, remercier de cœur, et nous taire.

En tête de la première édition de ce livre, mon éditeur avait placé la remarque ci-dessous, que termine une modification légère : « Nous avions prié l'auteur, pour la satisfaction des lecteurs catholiques, de soumettre son ouvrage à l'examen du R. P. Ventura. La lettre de cet éminent docteur nous ayant été envoyée de la campagne pour en imprimer ce que nous croirions utile à l'ouvrage, nous l'avons publiée d'un bout à l'autre, » sans en retrancher quelques phrases élogieuses dont l'auteur a regretté la publication. Mais il nous semble inadmissible de ne point reproduire avec une exactitude complète, dans les éditions nouvelles, une pièce rendue publique par une édition première.

AU CHEVALIER GOUGENOT DES MOUSSEAUX,
LE P. VENTURA DE RAULICA.

MONSIEUR ET EXCELLENT AMI,

« Satan, a dit Voltaire, c'est le christianisme; pas de Satan, pas de christianisme. »

On peut donc dire que le chef-d'œuvre de Satan, c'est d'être parvenu à se faire nier.

Démontrer l'existence de Satan, c'est rétablir un des dogmes fondamentaux qui servent de base au christianisme, et sans lesquels il n'est qu'un mot. Telles sont les pensées que m'a d'abord suggérées la lecture de votre livre *la Magie au dix-neuvième siècle, ses agents, ses vérités, ses mensonges.*

Mais magie, mesmérisme, magnétisme, somnambulisme, spiritisme, hypnotisme.... ne sont que satanisme.

Mettre cette vérité en lumière, c'est démasquer l'ennemi ; c'est montrer l'immense danger de certaines pratiques réputées innocentes, c'est bien mériter de l'*humanité* et de la religion !

Je ne saurais donc trop vous féliciter de vous être consacré à cette noble tâche. Dans un temps d'ignorance et de négation universelles, il y a du courage dans une telle entreprise, monsieur le chevalier.

Vous avez traité votre sujet en maître.

Votre vaste savoir, votre immense érudition, mettent en évidence l'incontestable réalité des faits. Votre impitoyable logique en démontre le caractère surnaturel et la nature démoniaque.

Enfin votre livre fera justice à la fois de cette tourbe niaise (car *niais* vient de *nier*) qui, dans son incomparable aplomb, ose contester des faits admis par l'humanité tout entière ; et de *prétendus savants* qui, respirant à pleins poumons l'Absurde, nous gorgent d'interprétations aussi contraires à la véritable science qu'elles le sont au plus vulgaire bon sens.

Parfaitement ORTHODOXE, vous avez su éviter les erreurs de Görres, dont le livre, trop facilement accepté par quelques ecclésiastiques, fourmille d'hérésies religieuses et scientifiques, et fausse du même coup la science et la foi.

J'ai lu avec un intérêt particulier le quatrième chapitre, qui renferme vos études sur le rôle mystique du sang. Ainsi, depuis les temps homériques jusqu'au meurtre du P. Thomas en 1840, tout se lie par une chaîne ininterrompue ;

l'histoire moderne explique l'antiquité, comme l'histoire ancienne donne la clef des modernes sacrifices.

Un vieux proverbe de votre nation dit : Noblesse oblige; et personne mieux que vous, monsieur, ne mit en pratique cet axiome. Par votre dernier ouvrage, *la Magie au dix-neuvième siècle*, vous venez de conquérir de nouvelles lettres de noblesse dans l'Église qui vous imposent de nouvelles obligations. Les temps ne sont que trop opportuns! ne vous arrêtez donc pas en si beau chemin. Dieu bénira vos efforts; et la vénération et la reconnaissance des âmes vraiment catholiques honoreront un jour votre mémoire et votre tombeau.

Agréez, monsieur le chevalier et cher ami, l'expression de ma haute estime et de mes sentiments les plus affectueux.

Le P. Ventura de Raulica,
Ancien Général de l'ordre des Théatins; Consulteur de la Sacrée Congrégation des Rites, et examinateur des Évêques et du Clergé romain.

Nous donnons comme suite à la lettre de l'ancien général des théatins, celle que nous écrit l'un des révérends pères directeurs des missions étrangères, ancien missionnaire au Céleste Empire. En effet, grâce à son séjour dans les pays idolâtres, livrés au culte et *à la puissance des démons*; grâce à son commerce incessant avec les missionnaires de ces contrées, cet athlète intrépide *et rudement éprouvé* que d'opiniâtres études familiarisent avec les diverses branches des connaissances humaines, est devenu par son expérience personnelle l'un des juges les plus compétents en fait de magie, d'arts démoniaques, et de sciences profanes.

Paris, 5 mai 1863.

Monsieur le Chevalier,

J'ai lu avec une vive satisfaction vos deux excellents et solides ouvrages : *la Magie au dix-neuvième siècle*, et *les Médiateurs et les moyens de la magie.* Tout s'y tient, tout y est si bien lié que toutes les questions découlent les unes des autres. Vous nous montrez, depuis la chute originelle, tous les moyens dont l'esprit de mensonge s'est servi pour tromper les hommes et se les asservir en les détournant du souverain bien, leur auteur. Vos assertions ne sont point hasardées, car la preuve vient toujours à l'appui. En présence de cette masse de faits, si bien constatés, personne n'a le droit de s'inscrire en faux contre vous. Cependant, il n'en est point ainsi, car vous avez été obligé de réfuter des contradicteurs en parlant des hallucinations. Ce qui a lieu de nous surprendre, c'est que quelques-uns de ces contradicteurs sont des savants et des hommes religieux, qui, sans examiner les preuves, et d'après un système préconçu, nient *tout ce qui les dépasse, et s'aveuglent eux-mêmes devant l'évidence.*

Vous avez rendu un véritable service à la science en réduisant à néant l'esprit vital de l'école de Montpellier[1]. Je vous félicite de votre œuvre, qui est une preuve des doctrines de l'Église, puisqu'elle l'appuie dans son enseignement, auquel vous vous montrez toujours docile et parfaitement orthodoxe. Vous rendez également aux savants un éminent service, en leur démontrant qu'il faut compter avec le Supranaturel et le Surnaturel pour être dans le vrai, pour être un savant dans toute la force du terme. Après tout ce que vous avez donné de si satisfaisant et de si solide, je vous prie de mettre le couronnement à votre œuvre en achevant promptement l'ouvrage que vous nous avez promis.

Agréez, etc..... P. VOISIN.

---

[1] « Ce que vous dites de l'unité de l'âme humaine est de souveraine importance, » écrit le savant religieux dont la longue lettre forme la note de la page 72, etc., de mon livre des *Médiateurs*. Tant d'âmes se disputent le corps du même individu, sur le terrain des prestiges magiques! (2 avril 1863.)

Entre un assez grand nombre de lettres dont nous avons à rendre grâces à des évêques[1], à de doctes théologiens, à des savants de l'ordre profane, — et nous devons remercier doublement parmi ces derniers un écrivain protestant d'une science et d'une distinction de caractère éminentes, — il est une de ces lettres encore que nous distinguons. Elle est d'un simple laïque, que ne revêt aucune dignité doctorale, mais que la littérature militante compte au nombre de ses princes. D'un bout à l'autre du vaste camp des catholiques, et du camp des ennemis du catholicisme, le nom de M. Louis Veuillot étant le symbole de l'intelligence prime-sautière et de la pénétration, transcrivons avec empressement les lignes par lesquelles il accueillait le livre d'un auteur dont la personne lui est étrangère, et dont la plume semblait encore extravagante ou téméraire à tant de savants.

Paris, 17 janvier 1861.

« Monsieur, tous les jours cent affaires me détournent quand je veux prendre la plume. Tout cela, pourtant, ne peut m'éloigner de votre livre, que je lis avec grand plaisir et grand profit. J'apprends beaucoup, je pense beaucoup, et j'ai un immense regret de ne pouvoir dire tout haut ce que j'apprends et ce que je pense. Oh! que le diable est fort et insolent, au temps où nous sommes; et, avec tout cela, qu'il est méprisable et bête! Vous rendez l'incomparable service de le faire bien connaître. Si j'en juge par moi, personne ne lira votre savant ouvrage sans être mieux en état de démasquer l'ennemi, et sans le haïr davantage. Voilà le plus beau succès que puisse désirer un chrétien.... »

Mais une autre lettre encore, et d'un caractère quelque peu différent de celles qui la précèdent, doit prendre place

---

[1] Un de nos plus éloquents et doctes évêques ayant lu la *Magie,* etc., m'écrivait : « Je ne veux pas tarder à vous dire combien votre travail m'a paru intéressant et utile *à toutes sortes de points de vue!...* »

au milieu de ces pages. Elle enseigne à quelles sortes de hasards s'expose l'homme dont les écrits pénètrent plus loin que la personne et sont naturellement mieux connus: Un pieux et digne ecclésiastique adressait donc à l'un de ses amis de Paris, et du sein de l'une des plus grandes villes de France, la lettre de loyale enquête que nous nous empressons de transcrire :

« Monsieur, nous avons des gens ici s'occupant de la question des *Esprits,* comme il y en a *partout* aujourd'hui. Pour mon compte, j'en attends beaucoup de bien, et je crains le mal que peut en faire sortir l'imprudence. Or, j'en combats les mauvaises influences surtout à l'aide des ouvrages de MM. de Mirville et des Mousseaux, mais j'ai beau en appeler à la valeur des thèses et des arguments, la question personnelle des auteurs pèse toujours beaucoup dans l'affaire vis-à-vis de certaines personnes; et l'on me dit que ces messieurs sont d'assez singuliers personnages, vrais *farceurs* même, et tenant une conduite fort peu en rapport avec la cause qu'ils défendent, ce qui reviendrait à dire qu'ils soutiennent une bizarre gageure; et bien plus, j'ai cherché des éclaircissements sur ce point, et je n'ai encore pu rien trouver. Vous, monsieur, qui êtes plus rapproché du théâtre où vivent ces hommes, et qui, au moins en général, soutenez leur thèse, qui n'est après tout dans son ensemble *que la doctrine de la sainte Église,* ne pourriez-vous point me dire ce que sont ces messieurs et leurs principaux tenants; mais au moins les deux premiers, — que je regarde comme chefs de file, — sous le rapport du sérieux de la vie, de la philosophie, et surtout de la foi catholique pratique? Vous m'aideriez puissamment par là dans mon travail, c'est-à-dire, je crois, à faire le bien, et je vous en aurais une sincère reconnaissance. »

J'aimerais à serrer cordialement la main qui traça ces

lignes : elle est celle d'un prêtre habitué à la franchise et au sans-façon du langage militaire. Qui le blâmera de son zèle à s'instruire de ce qui lui semble essentiel au succès de sa mission ? et qui n'admirerait *le bon esprit de sa missive,* dont l'adresse porte ses questions tout juste sous les yeux de l'un de nos amis communs ? La signature de la lettre nous était inutile, mais la lettre ne l'était point ; elle nous fut donc remise, et témoigne de l'utilité de nos livres. Tant de catholiques ignorants nous ont confondus avec la tourbe des spirites, que nous aurions mauvaise grâce à nous plaindre de quelques éclats d'obus destinés à passer au-dessus de nos têtes !

Un grand nombre d'écrivains, et surtout dans le monde religieux, prêtres ou laïques, nous ont fait l'honneur de nous recommander, de nous citer largement dans leurs ouvrages, et de militer pour la cause que nous soutenons en nous empruntant une partie de nos armes. Nous remercions avec empressement ceux qui daignèrent le faire avec l'esprit de droiture et de loyauté qui doit présider à ces actes de camaraderie militante.

L'un des derniers à qui s'adresseront ces actions de grâces est M. l'abbé Melchior Galeotti, l'un des plus dignes et des plus doctes prêtres de cette Italie, où, sauf de si rares exceptions, le clergé donne le plus magnifique exemple d'intrépidité religieuse devant les adversaires du pouvoir papal, c'est-à-dire devant les ennemis du catholicisme. Puissent nos remercîments et nos hommages lui parvenir dans le séminaire archiépiscopal de Palerme, où il exerce avec une si haute distinction de sagesse et de science les fonctions de préfet des études et de professeur de patrologie [1].

[1] NOTE DE L'ÉDITEUR. Nous transcrivons un des nombreux passages où ce docte ecclésiastique cite et recommande les ouvrages de M. le chevalier des Mousseaux :

« Il cavaliere des Mousseaux, nella sua opera intitolata : *la Magie au*

INTRODUCTION.

Entre les revues savantes qui se sont occupées des ouvrages de M. des Mousseaux, telles que la *Civilta cattolica*, la Revue de Dublin, etc., etc., la Revue médicale termine ainsi son article sur l'étude du fantôme humain et du principe vital, formant la troisième partie du livre des Médiateurs et moyens de la magie :

« Certes, l'importance méritée de l'école de Montpellier devait donner à l'histoire du principe vital un intérêt tout particulier. Nous remercions M. G. des Mousseaux de l'avoir tracée avec son crayon d'érudit et de philosophe, de manière à nous le faire mieux connaître que n'auraient pu le faire nos livres de médecine, dont les auteurs n'aiment pas d'ordinaire à remonter si haut pour savoir l'origine des choses, même de celles qui importent le plus [1]. »

---

dix-neuvième siècle, etc., commendevole per la dottrina, e per la ortodossia, e lo zelo della religione, non meno che le altre scritture da lui dettate (*les Médiateurs et moyens de la magie,* etc., etc., etc.), dice con profonda e ben espressa verità : *le Catholicisme,* etc., p. 426; *Magie,* etc., etc. »

La Fede cattolica e lo Spiritismo raffronti, per Melchior Galeotti, prefetto degli studi e professore di patrologia nel seminario arcivescovile di Palermo, 1863, p. 3-14, etc. Francesco Lao.

[1] *La Revue médicale française et étrangère,* numéro de février 1864, p. 218 à 225.

AVIS AU LECTEUR.

Au mois de novembre de cette année 1864, M. Plon, qui cherche et que nous aidons à réunir dans sa maison nos divers ouvrages, publiera notre volume des *Hauts Phénomènes de la magie,* annoncé dans les dernières pages de notre livre des *Médiateurs.*

Ce volume n'est point une compilation formée de redites. Chaque chapitre offre une sorte de traité complet, où se déroulent et s'expliquent les faits de l'ordre le plus renversant de la magie, depuis l'origine du monde jusqu'à nos jours ; car la chaîne de ces incroyables et sinistres phénomènes ne se rompit jamais. Plongeant au cœur de notre sujet, nous utilisons et nous analysons avec toute la vigueur et la netteté dont nous sommes capable, les matériaux que nos recherches assidues nous ont conquis, ceux que les envois spontanés de correspondants bénévoles et de nombreux amis de tous parages ont mis *depuis longtemps* et continuent de mettre entre nos mains. De ces travaux, et de ces rapprochements, sortent des conclusions naturelles, aussi simples et hardies qu'indispensables au gouvernement de soi-même.

Aussitôt ce travail imprimé, nous nous occuperons de la réimpression d'une édition nouvelle de notre ouvrage sur les questions magiques intitulé : *Mœurs et pratiques des démons et des Esprits visiteurs,* etc., etc. Tiré à un nombre considérable d'exemplaires, ce volume est depuis longtemps épuisé ; nous le remanions d'un bout à l'autre, et nous l'augmentons de plus d'un tiers. Depuis qu'il parut, le temps, les faits, notre expérience, celle de nos amis ont marché ; notre livre, qui fut d'actualité, devait viser à la durée ; il ne pouvait rester stationnaire. Nous le rendrons à la circulation sous le format in-octavo.

Notre ferme propos est de militer en faveur de la vérité, quelque contraire et effarouchante qu'elle semble parfois se montrer; et parfaitement convaincu sommes-nous que nous ne saurions servir avec plus d'habileté les intérêts de la foi qu'en suivant une ligne si droite. C'est à ce point de vue que les Bollandistes construisirent leur monumentale entreprise : cette œuvre qui dépasse de toute la hauteur de la terre au ciel l'attrait du roman; cette œuvre où le Merveilleux, dans son éclat féerique ou plutôt divin, s'unit d'une délectable et indissoluble union aux duretés et aux tendresses de la morale évangélique; cette œuvre où la sonde de l'investigateur rencontre à chaque pas le roc des plus philosophiques et inébranlables certitudes! Peu de services rendus en ce siècle à la religion dépasseront en importance la publication de cette Vie des saints, réimprimée par M. Victor Palmé; peu d'ouvrages rendront plus facile et plus profitable la lecture des nôtres.

Entièrement désintéressé que nous sommes dans cette œuvre, il nous suffit de savoir que l'homme règle ses actes d'après sa foi. C'est donc en qualité de Croyant, dont le désir est de voir descendre dans tous les esprits les croyances complètes enseignées ou acceptées par l'Église, que nous nous faisons un bonheur et un devoir de contribuer par ce mot à la propagation d'un tel ouvrage, c'est-à-dire à la gloire de cette splendide galerie des plus hauts personnages du ciel.

LA MAGIE
AU DIX-NEUVIÈME SIÈCLE.

CAUSERIE AVEC LE LECTEUR

QUI, POUR LUI, NE SERA POINT TEMPS PERDU[1].

Chaque chose a son heure ici-bas, disions-nous en publiant la première édition de cet ouvrage, et celle de mon livre est venue. Hier, son titre même l'eût écrasé : *La Magie au dix-neuvième siècle, ses agents, ses vérités, ses mensonges!* O mon Dieu! quelles études d'insensé....

Mais deux siècles se sont écoulés depuis hier : et les sifflets se taisent, et le public écoute. Il tend l'oreille; ses yeux se sont à demi dessillés, il entrevoit la lumière; il la recherche; et le livre impossible est devenu le livre nécessaire.

Il est vrai que, dans cette recherche même, le public se partage. Les uns appellent de leurs vœux tout ce qui verse et prodigue le jour. Une lumière vive, franche, éclatante, est au contraire ce qui chagrine et blesse les autres : ceux qui redoutent de découvrir ce que, pourtant, ils seraient curieux de savoir! Mais ils ont peur de contempler en face, et devant témoins, une vérité dont ces témoins auraient peut-être à leur demander compte.

Quoi qu'il en soit, il n'y a que peu d'instants encore, — à voix basse et honteuse, ou bien à voix éclatante, — dans

[1] Je change et ajoute très-peu de chose à cette causerie.

les académies et dans les salons, dans les cercles privilégiés que hantent littérateurs et artistes, savants et gens à professions nobles ; ou du sein même de la foule que les fougueux appétits de la vie précipitent dans les voies de l'activité subalterne..., *on se passionnait!* On se passionnait avec toute la fièvre et l'ardeur de la folie ; de même que, pour le moment, on se passionne avec une verve de froide raison. Mais pourquoi donc, en vérité?

Mon Dieu, je viens de le dire : *pour* ou *contre* des questions ressuscitées, revenues au monde à l'improviste sous des formes nouvelles et sous des noms changés : questions entraînant à leur suite tout un essaim de conséquences dont le germe perce ou s'épanouit dans mes chapitres ; questions, en un mot, frappées au timbre sec et ineffaçable de la magie.

Mais, une fois encore et pour toutes, le Surhumain est-il donc possible? Existe-t-il, en vérité? N'est-il point un mythe suranné, consacré jadis à contenir l'enfance turbulente des peuples, et que leur sagesse croissante laissa dormir en paix dans sa vie de chimère?

Ce que je sais, c'est qu'à peine revenu de la première stupeur dont son apparente réapparition frappa les esprits, mille gens sérieux recommencèrent à se poser cette grave question :

« Le Merveilleux ! Est-ce que le grand jour de la science humaine n'a point dissipé ce miroitant brouillard? Est-ce que le soleil de notre siècle ne l'a point anéanti sans retour? Est-ce que l'élite des savants de l'Europe ne l'a point nié, conspué? »

Nié, soit, et conspué même, cela demande peu d'efforts. Mais, à propos de ces choses qu'il est possible aux savants de nier, citons, entre nous, un seul exemple ; nos lecteurs en choisiront ailleurs où bon leur semblera, car il en est à ne les plus compter.

Eh bien, nos lauréats, armés d'une intrépidité de négation dont la durée fut de quelques siècles, ont nié jusqu'à la vie de ces coquillages, de ces fossiles que nous voyons répandus par myriades, couchés, amoncelés par bancs épais dans les entrailles de la terre, et formant, partout où se portent nos pas, les titres authentiques de son histoire.

Écoutons : Ces coquillages furent-ils habités ou non jadis par des êtres vivants, ou ne sont-ils qu'un jeu de la nature ? Telle fut, entre les coryphées de la science, la grande et merveilleuse question ! Et, qui le croirait aujourd'hui, l'enquête ayant été conduite avec toute la rigueur et la maturité de la sagesse philosophique, on décréta que jamais la vie n'avait habité ces coquillages. On nia cette antique population de l'eau fluviatile et des mers ! Folie insigne que de chercher les vestiges d'êtres animés dans ces prétendues et railleuses dépouilles, dont les monceaux portent d'un bout à l'autre de la terre le plus unanime des témoignages.

Mais enfin le dix-huitième siècle arriva : le siècle vanté pour ses lumières. Eh bien, *lui*, que fit-il? Ce qu'il fit? Il se mit à la remorque de ces savants, de ces puissants naturalistes; et quiconque prétendit rester *dans le vrai* dut ne reconnaître dans l'immuable régularité de ces débris que des *fac-simile d'animaux!* De ses doigts rapides et délicats, — répétaient LES SAVANTS, — la nature, le hasard, en un mot, ce qui crée ou modèle la matière, les avait façonnés par myriades sur des moules uniformes et trompeurs !

Devant le haut tribunal de LA SCIENCE, il fut donc avéré que la nature avait, en se jouant, modelé ces coquilles; jeu tant soit peu monotone sans doute, et de quelque longueur !

Bernard Palissy, cependant, et Buffon un peu plus tard, eurent le front de soutenir que ces coquillages avaient eu vie; que ces fossiles avaient été les maisons de tout un peuple dont la terre conservait les ruines....

Bernard Palissy ? quoi ? Mais ce n'était qu'un simple potier de terre ! Portait-il donc les couleurs de quelque académie, pour s'insurger avec un si fier aplomb contre le décret du monde officiel et savant ? Non, nullement ! Or, on le laissa dire ; et, *comme de raison*, « il eut contre lui toute l'école. Mais il écoutait peu l'école, » nous dit M. Flourens ; aussi ressuscita-t-il, ramena-t-il au jour une vérité qui ne demandait qu'un peu d'aide ou de bon sens pour sortir de terre [1].

Avant cet *unanime et solennel arrêt, qui resta si longtemps sans appel,* avant cet arrêt scientifique, *semblable, hélas! à tant d'autres,* on avait nié le mouvement, on avait nié jusqu'à la possibilité du mouvement en niant les corps, condamnés par toute une école à prendre rang dans l'idéal. Et l'âme, à son tour, et Dieu lui-même, avaient été niés, conspués, hués. Ils le sont quelquefois encore, et par des gens dont les douches des maisons de santé ne rafraîchissent point toujours le cerveau. Bien loin de là ! car l'Europe, si malade aujourd'hui, voit quelques-uns de ces personnages à face grave, à parole didactique et compassée, se pavaner jusque dans ses chaires de professeurs sous des titres, des traitements et des distinctions, dont l'éclat semble ériger leur folie en science nécessaire au genre humain !

Que ne peut donc nier une bouche humaine, et surtout lorsque la vérité qui demande sa place au soleil paraît entraîner après soi quelques conséquences religieuses et morales ?

Mais, grâce au ciel, les pourfendeurs de vérité s'usent rapidement à l'œuvre. Leur aveuglement n'éteint pas la lumière, et la mort de leurs yeux ne tue point le soleil !

Notre courage aujourd'hui se soutiendra donc, et d'au-

---

[1] M. Flourens père, secrétaire perpétuel de l'Académie des Sciences: *Histoire des travaux de Buffon,* p. 204 ; et lire l'opinion des savants sur les ossements fossiles : *De la longévité humaine,* Flourens, p. 111.

tant mieux, que la fébrile et folle ardeur des petites passions, réveillées par la question du Merveilleux, va s'apaisant chaque jour. On commence à céder au besoin d'étudier et de connaître ce que d'un ton pédantesque et criard, on niait, on insultait, il n'y a que quelques années encore. On a pu se recueillir et s'enquérir ; on a pu tourner les yeux autour de soi ; on a vu davantage, on a vu mieux sans doute ; voir et savoir sont devenus chose si facile !

Les feuilles déjà goûtées du public, et que je livre au vent de la publicité, revues, augmentées et corrigées d'une plume sévère, viennent donc en saison. Elles s'offrent en aide à la curiosité la plus légitime, dans le vaste champ où se mêlent et s'entre-croisent, avec le monde des atomes de la matière, les éléments du monde spirituel. Éléments amis et hostiles dont se compose dans ses harmonies réelles, et dans ses désordres apparents, l'ensemble immense de la nature universelle que d'un seul mot nous appelons l'univers.

Les ÉLÉMENTS *spirituels* de l'univers, ai-je osé dire. Et tout ce magnifique et formidable ensemble de hiérarchies célestes et d'êtres déchus, je le renfermais, ainsi que la matière elle-même, dans le mot NATURE. Mais où se trouvera donc, où restera le Surnaturel, après ce mot ? Ne le prononcerai-je avec respect que pour le réduire aussitôt à néant ?

Non point, non certes ! Mais entendons-nous bien ; le Surnaturel pur et absolu, nous ne le placerons qu'en Dieu seul : et mon intention, pour le moment, n'est point d'emprunter à la théologie son langage, loin de là. Ce que je veux, c'est de rendre, par une clarté suprême, mon sujet aussi limpide que de facile accès à toute intelligence de hauteur moyenne ; et, pour atteindre ce but, je dirai :

La nature, ou l'ensemble des *êtres créés* se divise par *règnes ;* voilà ce que sait un enfant. Mais ce que trop de savants ignorent, et que nombre d'enfants chrétiens savent et professent, c'est que la brève nomenclature de ces règnes ne se borne point aux *trois degrés* que nous enseigne l'école.

Jadis, au sein du monde *matériel*, quatre éléments suffisaient à nos pères. Mais lorsque, de son souffle de feu, la chimie naissante incendia son vaste creuset et fit jouer la flamme secrète des piles de Volta, ce chiffre immuable, progressant, dépassa bientôt ses limites avec une rapidité qui tenait du prodige. Existerait-il donc quelque part une raison de condamner les règnes de la nature à ne point franchir les limites du nombre académique? Je suis bien loin de le penser; et, s'il ne s'en présente aucune, il me sera permis de dire qu'infiniment *au-dessous* de Dieu commence, à d'éblouissantes, à de sublimes et vertigineuses hauteurs, pour s'étendre jusque dans l'insondable profondeur des ténèbres, le règne purement spirituel; je veux dire le règne des esprits purs, ou de la nature angélique [1].

De ces esprits créés, et bornés dans leur prodigieuse excellence, se forment les chœurs splendides ou hideux des anges bons ou mauvais, des anges d'amour et des anges de haine, c'est-à-dire des démons, ces hauts patrons et potentats de la science magique.

Au bas de ce dernier échelon des hiérarchies angéliques, figure, dans l'ordre de la nature et sous le nom d'âme humaine, un esprit pur encore, esprit qui, s'unissant avec la chair d'un corps, semble former le premier chaînon du règne animal. Mais, se distinguant du règne des brutes et par la raison et par l'immortalité, l'homme à lui seul, dans le siècle de l'analyse, ne doit-il pas former un ordre distinct, à part : le règne spirituo-corporel?

Au-dessous de l'homme, à un degré grandement inférieur

[1] Si les anges sont esprits purs, à l'image de Dieu, Dieu seul est infini, tout-puissant, créateur, acte pur, etc., etc.

à celui de la personne humaine, commence et s'étend le règne purement animal; et l'animal, ainsi que son nom nous le dit, *ne vit point sans âme (anima)*. Mais son âme, uniquement créée pour les besoins et les fins de l'être organique, cesse d'être âme aussitôt que s'arrêtent les fonctions du corps; elle périt avec le corps. Elle ne partage ni la nature raisonnable et par conséquent créée pour la vérité, ni l'immortalité des esprits, dont Dieu seul est la fin. Seuls donc, les esprits et l'âme humaine, auxquels Dieu se destina comme but, ou comme fin dernière, doivent le connaître dans sa vérité, dans sa justice d'amour ou de rigueur. Ils le connaîtront autant que se prolongera sa durée; et sa durée n'a pas de fin.

Or, l'âme de l'homme étant immortelle, il ne doit point nous sembler IMPOSSIBLE, avant examen, qu'étant *séparée de son corps*, elle anime la machine du fantôme et se prête aux actes prestigieux de la magie.

Mais l'âme animale périssant au même instant que le corps de la bête, ne saurait, en aucun cas, s'élever au niveau de ces facultés problématiques et posthumes; elle ne saurait animer et conduire la substance dont se forme le spectre [1].

Quoi qu'il en soit de cette remarque digressive, énonçons encore qu'au-dessous de l'animal brute s'échelonnera la série quelconque des règnes subalternes. Mais il doit nous suffire ici d'indiquer du bout de la plume l'innombrable

[1] L'homme eût-il une âme animale ayant pour fonction de donner la vie à son corps, et de l'animer sous la gouverne de son âme intellectuelle, il en serait donc de cette âme animale comme de celle de la bête : elle périrait avec le corps, et par la même raison que cette dernière. Ces principes bien simples nous seront tout à l'heure un fil d'Ariane dans le labyrinthe du Merveilleux. La raison et l'expérience les *justifient maintes fois* dans le cours de nos chapitres. Voir la très-importante partie intitulée *le Fantôme humain et le principe vital* dans mon livre *les Médiateurs et les moyens de la magie.*

famille des plantes, et celle des minéraux qui leur servent de nourriture et de base [1].

Hâtons-nous ensuite d'observer qu'auprès de chaque règne nous voyons naître, végéter ou resplendir tout un ordre, tout un genre de savants. Remarquons en même temps que chacun de ces genres se fractionne et se subdivise en espèces, en spécialités scientifiques qui, chacune, circonscrivent et limitent étroitement le champ de leurs études, afin de le creuser, afin d'en faire apparaître au jour les secrets trésors. Car le Dieu qui condamna notre race au travail, et qui veut que l'intelligence ait ses sueurs, a relégué loin de tout ce qui est superficie les biens les plus enviés de l'homme! Or, le nom de naturaliste est à la fois l'un des principaux titres et le cri de ralliement de ces explorateurs sans nombre, et quelquefois sans nom, qui pullulent dans le royaume de la science.

Favorable aux progrès de l'esprit humain, et multipliant les ressources de nos corps, leur génie s'exerce à démêler les éléments et les principes des différents règnes de la nature; leur bonheur et leur gloire sont d'en révéler à la grande famille humaine les secrets admirables et les lois utiles.

Mais, d'après notre classification si légitime et si simple des règnes de la nature, et forcés que nous serons de consulter en grand nombre les savants qui se consacrent à les exploiter, il est aussi indispensable que juste de laisser à chacun et son légitime crédit, et son importance relative. Entre ces hommes éminents, le théologien aura donc quelquefois son tour d'être une des grandes autorités dont nous invoquerons la science.

[1] Entre l'animal pur et le végétal pur, ne se trouve-t-il pas une place légitime pour le règne zoophyte ou pour l'animal-plante, corail, polype, éponge, etc., de même qu'entre l'animal et l'ange il y a place pour l'être spirituo-corporel, ou l'homme? Mais nous ne cherchons rien au delà de ce qu'exige le développement de notre sujet.

Osons dès lors observer que le nom de *philosophe-naturaliste* doit briller sur son front entre ceux qui le distinguent. Car il s'éclaire non-seulement au jour supérieur de la révélation, pour le répandre autour de lui, mais un des buts de ses travaux est l'étude des deux règnes naturels dont les limites circonscrivent, en dehors de Dieu, le monde des esprits : à savoir le règne des esprits purs, et le règne des esprits unis à des corps. Le théologien saisit donc à la fois, et d'un même embrassement, la science ardue du Surnaturel et la science des principaux règnes de la nature. Plus sublime, plus vaste et plus profonde que toute autre est, en conséquence, la science à laquelle il a voué ses veilles [1] !

Mais qu'importent aux savants vulgaires, à ceux que Pline appelle si justement *eruditum vulgus* [2], les splendeurs de cette science insigne ? La distance où ils se tiennent de ses rayons, dont le jour ne saurait les atteindre, range à leurs yeux le théologien à l'humble niveau où les place eux-mêmes le rustre hargneux et injuste qui ne les juge que dans les ténèbres et dans l'insolente grossièreté de son esprit. Ils méprisent donc ce savant, versé dans la connaissance des grandes réalités de l'univers ; ils le méprisent comme le plus inutile des théoriciens ; ils le jugent follement perdu dans l'inanité de ses rêves, et sous la poudre antique de ses lourds volumes.

Après avoir signalé d'un mot et ces stupides dédains, et les éblouissantes réalités de la science théologique, recon-

---

[1] Par l'objet sublime de ses études et de ses rapports avec Dieu, le théologien est d'abord philosophe surnaturaliste ; mais il est naturaliste au sens que nous disons. Il a donc deux titres pour un dans la noble famille des savants. Cette observation est d'une utilité capitale et nous fait voir d'une vue nette la grandeur de son rôle. J'ajoute à cette édition ce mot sur lequel je suis tombé ; j'avais raisonné juste : « Theologia imperat omnibus aliis scientiis, tanquam principium. » (L. I, *Sentent. proleg.*)

[2] *Hist.*, l. II, ch. VII.

naissons que, dans le vaste ensemble des règnes de la nature, dont un coup rapide de notre plume a tracé les maîtres contours, tout *doit* se tenir et se lier. Tout se tient donc; car CE QUI DOIT ÊTRE EST; on ne récusera point cet axiome.

Il existe en conséquence, et comment le nier? un enchaînement; il se produit une incessante série, et comme un courant de rapports, non-seulement entre les groupes d'individus qui composent les règnes divers, mais encore entre chacun de ces règnes. D'où cette conclusion limpide :

Que les groupes du règne spirituel, ou du monde des esprits, entretiennent une active série de rapports avec les groupes du monde des corps. Le supérieur attire et élève à lui l'inférieur : quoi *de plus naturel ?* Et je ne parle point ici théologie, je parle simple bon sens!

Le plus fréquent rapport qui existe entre les règnes de la nature est, en effet, le rapport d'assimilation. Le règne angélique, s'il est corrompu, assimile à son propre esprit le règne spirituo-corporel, ou le règne animal humain, et le rend démoniaque. S'il est bon, il l'assimile à l'esprit divin, auquel son bonheur est de se laisser lui-même assimiler. Le règne animal s'assimile le règne végétal, et ce dernier le règne minéral. C'est par ces échelons successifs qu'une partie de la substance de chaque être, suivant sa fin légitime, monte et s'élève jusqu'à Dieu! Car la nature animale et inanimée progressant, et atteignant ainsi la nature humaine, s'élève jusqu'à celui qui en est la tête, c'est-à-dire jusqu'au Christ, dont la vertu divine spiritualise les corps.

Enfin, lorsque nous voyons les rapports entre le monde spirituel et le monde corporel dépasser les *forces ordinaires* de la nature, de quelle expression avons-nous l'habitude de les désigner *dans le langage vulgaire ?* Nous les nommons surnaturels ?

Nous nous hâterons donc de bien énoncer que le terme *Surnaturel*, loin d'exprimer un ordre de faits contraires ou supérieurs à la nature, c'est-à-dire aux lois qui régissent tous les êtres de l'univers, n'exprimera désormais dans nos pages que des faits naturels, mais d'un ordre aussi relevé que rare. Il caractérisera les relations palpables ou visibles qui s'opèrent entre deux sortes d'êtres, dont l'un est du monde des corps, tandis que l'autre, appartenant au règne des purs esprits, reste habituellement inaccessible à nos sens[1].

Un Surnaturel ainsi défini n'a donc rien de plus inconcevable dans ses liaisons avec l'ordre physique que le Surnaturel divin dans ses liaisons avec nos âmes, où tout chrétien l'admet sans hésiter, puisqu'il croit aux grâces que Dieu, son créateur, y épanche.

En un mot, et pour nous résumer : les rapports sensibles entre le monde des esprits purs et celui des corps, animés ou non, ne sont, à proprement parler, que le naturel extraordinaire, *ou de l'ordre supérieur au naturel quotidien ;* et, loin d'avoir en eux rien de contraire à la nature, de tels rapports en complètent les aperçus, ils en couronnent les phénomènes et la conception.

Religion, histoire, étude des astres et de la nature, étude des sciences, étude de la règle et de l'exception, tout est semé d'énigmes, tout se hérisse de problèmes insolubles aussitôt que nous repoussons de notre monde les faits surnaturels qui descendent nécessairement du monde supérieur pour nous relier et nous enchaîner à lui. Ce Surnaturel, au contraire, aussitôt que *la raison* le proclame, aussitôt qu'elle lui donne droit de vie et de présence, aide la raison

---

[1] Nos sens ne peuvent connaître directement les esprits. Ils ne sont en rapport direct qu'avec l'apparence dont les esprits se revêtent, ou les effets physiques qu'ils produisent.

même à traverser avec clairvoyance le vaste champ des connaissances humaines, tout semé de vérités et de témoins qui deviennent ses plus utiles auxiliaires.

Ces vérités et ces témoignages sont, il est vrai, ceux que les deux ou trois dernières générations de notre société malade ont accablés de leurs plus révolutionnaires mépris[1]. Mais à peine commençons-nous à les repousser, que nous nous trouvons engagés à rejeter en même temps les faits les plus indubitables de l'histoire ou de la tradition, dont la base est identiquement la même.

Cette base une fois croulante, il y a table rase dans le monde. La certitude sans cesse détruite, est sans cesse à refaire et disparaît sans cesse. La plus épouvantable des anarchies bouleverse de fond en comble le domaine des intelligences, et la lumière sinistre que leur choc produit au sein de ce chaos ne peut plus éclairer que des ténèbres et des ruines.

Loin de là, l'étude très-simple des agents et des ressources de l'art magique, conduite au double jour de la tradition et de l'expérience, devient une réhabilitation prochaine et certaine de la croyance au surnaturel. Et dès lors se trouvent à la fois expliqués, ou justifiés devant notre raison, et ces récits de prodiges dont nous effarouche l'histoire des peuples idolâtres ou l'histoire des nations chrétiennes; et tant de phénomènes énigmatiques des sciences profanes, auxquels les lois de la physique ne savent attribuer une raison d'être; et les principes de certitude de la

---

[1] Bossuet s'était bien gardé de commettre un tel attentat contre le bon sens. Voir son sermon pour le premier dimanche de carême : « Qu'il y ait dans le monde un certain genre d'Esprits influents que nous appelons démons, c'est une chose qui a été reconnue par le témoignage commun de toutes les nations, etc. » Je citerai plus tard cet important passage. Une multitude de savants, étrangers et protestants pour la plupart, confirment aujourd'hui de leur témoignage la parole de Bossuet.

philosophie humaine, qui n'avait pu refuser AUX FAITS mille fois répétés du Merveilleux l'appui de leur immuable base ; et les éternels enseignements que nous a prodigués la religion catholique. L'accord entre ces puissances, dont la fréquente hostilité nous causait d'étranges étonnements, devient alors aussi subit que complet ; et partout, entre elles, nous voyons renaître une harmonie que le bon sens n'y avait cherché que trop souvent avec une malheureuse constance.

Quel résultat, quel événement social serait donc d'une fécondité plus bienfaisante que cette réhabilitation de croyance, au milieu du vain tapage de systèmes philosophiques qui chaque jour, l'un sur l'autre, s'élèvent et s'écroulent, remplissant le monde de poussière et de fumée, de lueurs éphémères et d'illusions mortelles.

.... Dans sa remarquable étude de la Vie de sainte Élisabeth de Hongrie, M. de Montalembert était resté frappé de cette impossibilité de n'accepter *qu'une moitié* des certitudes de l'histoire, et de rejeter l'autre au gré de nos sympathies ; sophisme pratique qui, donnant aux sympathies contraires un semblable droit de négation, ne laisse plus subsister, *de toute histoire* et *de toute certitude humaine*, que le NOM ridicule et vain ! Nous transcrivons avec bonheur cette belle et naïve page de philosophie chrétienne, car elle démontre, avec une simplicité qui saisit et dompte l'intelligence, la nécessité sociale et la haute raison de la foi. Il s'agit des miracles historiquement constatés dans la Vie de sainte Élisabeth :

« La seule pensée de les omettre, ou même de les pallier, *de les interpréter avec une adroite modération,* nous eût révolté. C'eût été à nos yeux un sacrilège que de voiler ce que nous croyons la vérité, pour complaire à l'orgueilleuse raison de notre siècle. C'eût été une inexactitude coupable, car ces miracles sont racontés par *les mêmes auteurs, constatés par la même autorité que tous les autres événements* de notre récit; et nous n'aurions vraiment pas su quelle règle suivre pour admettre leur véracité dans certains cas, et la rejeter dans d'autres. C'eût été enfin une hypocrisie, car nous avouons sans détour que *nous croyons, de la meilleure foi du monde, à tout ce qui a jamais été raconté de plus miraculeux sur les saints de Dieu* en général, et sur sainte Élisabeth en particulier. Ce n'est pas même une victoire sur notre faible raison qu'il nous a fallu remporter pour cela; car rien ne nous paraît PLUS RAISONNABLE, plus simple pour un chrétien, que de s'incliner avec reconnaissance devant la miséricorde du Seigneur, quand il la voit suspendre ou modifier les lois naturelles *dont elle a été seule créatrice*, pour assurer et glorifier le triomphe des lois bien autrement hautes de l'ordre moral et religieux[1]. »

Or la vie authentique des saints, auxquels Dieu communiqua le don des miracles dont il avait enrichi ses apôtres, et que, par eux, il avait promis à ses serviteurs, cette vie se lie et s'enchaîne dans sa partie la plus merveilleuse aux plus incontestables merveilles de l'ordre démoniaque et magique. D'où l'impossibilité logique d'admettre, dans le cours entier des siècles, les miracles des apôtres et des saints, la valeur du témoignage humain qui les publie et l'autorité de l'Église qui les sanctionne, sans reconnaître, par le *même acte de raison*, la réalité des œuvres visibles et palpables au moyen desquelles ceux que saint Paul appelle les princes de ce monde signalent au milieu de nous leur présence et leur pouvoir. Sur le terrain de la magie, M. de Montalembert se déclare donc, virtuellement, l'un de nos puissants et nombreux auxiliaires!

[1] *Sainte Élisabeth de Hongrie*, par le comte de Montalembert; introduction, p. XCVI, XCVII.

Et, pourtant, se livrer à l'étude du Merveilleux que semblent encourager nos pages, n'est-ce point aimer le péril? n'est-ce point le rechercher follement? Oui, lorsque cette étude a pour but, non point de se prémunir, non point de s'armer contre le mal et de le combattre, mais de lui ouvrir ou son esprit ou son cœur! Oui, lorsque de coupables désirs, lorsqu'une curiosité sans raison et sans règle nous entraînent à ces funestes recherches. Car alors, je le sais, et je ne saurais assez le redire, l'immense et prestigieux domaine de ce Surnaturel, dont ma plume traverse les provinces, est semé de mystères redoutables et de périlleuses surprises. Partout où le vain désir de savoir, partout où la curiosité nous attire, éclate ou couve un danger, se faufile ou serpente la mort. Elle y revêt mille aspects, elle s'y déguise sous mille faces : mille formes pleines de grâces et de caprices lui prêtent aux yeux des pauvres coureurs d'aventures de bizarres et d'incalculables attraits. Ayons donc le courage de fuir devant ces leurres prestigieux, devant ces larves fascinantes ; reculons devant leurs insidieuses amorces, ô nous qui ne sommes point animés contre nous-mêmes de quelque haine inexplicable! Reculons, jusqu'à ce que les perfidies de ce domaine des Invisibles, signalées par les guides que l'expérience a mûris, nous deviennent connues et familières. Et gardons-nous bien de nous imaginer que, sur cet étrange terrain, les plus légères imprudences soient exemptes des plus terribles périls !

Non, non! Le monde des esprits et des illusions fatales est au-dessus de nous, au-dessous de nous, à côté de nous, autour de nous; il est notre atmosphère; il est partout! Partout il nous presse et nous menace. Cependant, presque partout silencieux, taciturne, invisible, il ouvre, il abaisse devant nos pas ses muettes barrières ; il nous livre passage, il nous attire dans son sein, et, ne tombant d'abord sous aucun de nos sens, il nous laisse jusqu'au moment du péril ou de la surprise, douter, comme en un monde de fantasmagoriques brouillards et de folles vapeurs, de son être et de ses réalités [1] !

Mais aussi, notre intelligence et notre cœur se sont-ils prémunis contre ces insaisissables adversaires? Oh! tout change alors! partout autour de nous, les voilà contenus; partout ils frémissent et reculent à notre approche; partout, enfin, se dissipent et s'évanouissent les dangers dont ils nous enveloppent, pourvu que le grand jour de l'éducation chrétienne nous révèle le secret de nos forces; pourvu que notre sobre volonté les dirige selon les conseils de la prudence, selon le vœu d'une juste et nécessaire hardiesse.

Car, aussi réel qu'il semble être insaisissable, le monde des Esprits de fausses lumières, qui d'un pas de fantôme adhère à nos pas, est semblable à l'ombre qui sort de nos corps, en dessinant sur le jour qu'elle efface notre fantasque image. Or, pour que cette ténébreuse figure, qui nous suit opiniâtrément, cesse de s'attacher à notre chair, de harceler notre vue, s'évanouisse, et perde l'être, que faut-il?

Il faut, ou que renonçant à la lumière et mêlant notre ombre particulière à l'ombre générale, nous plongions, *nous perdions* notre personne tout entière dans la région même des ténèbres, où tout œil cesse de voir. Ou bien il faut que, cherchant le soleil, cette grande image de la vérité, nous le laissions s'élever en droite ligne au-dessus de nos têtes; il faut qu'il nous surplombe et nous couvre. Sinon, plus les rayons du jour, qui décline en frappant *de biais* une partie de notre corps, retirent de la partie opposée l'éclat de leur

---

[1] Quiconque a vu à l'œuvre quelques-uns de nos grands Médiums ou agents spirites; quiconque a lu la partie sûre et authentique de leur vie magique, adoptera la vérité de ce passage, s'il ne l'avait d'abord adoptée.

lumière, et plus cette figure ténébreuse de notre ombre, s'attachant à nos jambes comme le boulet à la cheville du galérien, grandit, l'emporte sur les dimensions de nos corps, s'allonge, et se dessine en monstre gigantesque....

Mais comment les initiations, qui livrent les secrets et qui propagent les funestes enseignements de la magie, comment les dangers, comment les agents de cet art, comment leurs ressources et leurs moyens sont-ils à la fois et si nombreux et si peu connus? Comment, à la seule exception des périodes épidémiques, les phénomènes jetés devant nos pas en guise d'amorce par le peuple prestigieux des esprits, sont-ils à peine aperçus ou soupçonnés? Comment est-il à peine un œil sagace qui sache discerner leurs manœuvres, ou qui s'applique à les démêler? Comment est-il à peine une vigie qui signale à leur approche le péril croissant? à peine une sentinelle dont le cri d'alarme nous réveille en le montrant du bout de son arme? Et pourquoi, plus rarement encore, de son rauque éclat, un cri de-guerre rompt-il le silence sans se heurter à de sourdes oreilles, ou sans qu'aussitôt, sur mille bouches railleuses, le sourire béotien s'épanouisse dans sa béate placidité?

Problèmes, en vérité, mais bien simples, et que nous aiderons peut-être nos lecteurs à saisir! Puisse, en tous cas, la société ne point comprendre *un jour trop tard* la portée de cette ignorance et de cette incurie! Veuillent surtout la comprendre à temps ceux dont nous partageons la foi religieuse, ceux au milieu desquels, déjà, quelques vigilants pasteurs, inspirés par les saintes hardiesses de la foi, ont levé contre l'ennemi que découvrait leur perspicace regard la crosse protectrice du troupeau sacré.

Non, non, ma plume n'est point celle d'un imprudent lorsqu'elle laisse échapper ces paroles; car, au début de son premier volume des *Essais sur le naturalisme*, le savant bénédictin dom Guéranger, notre contemporain, n'hésite point à nous dire :

« A ne considérer même que la surface des événements, il est impossible aux esprits les moins clairvoyants de ne pas s'apercevoir que la société humaine est en péril chez les nations qui se regardent comme les mieux civilisées, et que, sans une vigilance spéciale de la divine Providence, les chocs que nous avons ressentis, ceux qui nous attendent encore, suffiraient pour ensevelir, sous une ruine irréparable, tout ce qui est resté debout de l'ancien monde. Ces périls inouïs et toujours imminents ont une cause, et, malheureusement, cette cause n'est pas toujours observée ni reconnue par ceux auxquels il appartiendrait de la signaler, et même d'en arrêter le cours ! L'édifice social ne tremble sur ses bases « QUE PARCE QUE LA CROYANCE A L'ORDRE SURNATUREL, QUI SEULE ÉTAIT SON CIMENT, A CESSÉ D'EN LIER ENSEMBLE LES PARTIES[1].

J'ai hâte cependant de terminer ces lignes, et de dire que ce livre, composé d'une singulière variété de chapitres, s'offre d'abord en hommage aux hommes de toutes croyances dont le sens est loyal et droit. Il les recherche, quelle que soit la hauteur ou la modestie de leur intelligence, et ses pages, aujourd'hui purgées de quelques négligences, auront, je l'espère, une simplicité de style, une lucidité qui leur permettra de s'utiliser en toutes mains.

Ce livre, en second lieu, se dédie aux innombrables chrétiens dont l'âme est croyante et pure, mais qui, sur l'important article du Surnaturel, ou du Surhumain, ont oublié la foi SAVANTE ET SIMPLE de nos pères. C'est à leur adresse que j'ouvre les trésors de science et de certitude où les Écritures sacrées, où les archives du catholicisme, où

---

[1] Le journal *l'Univers* publiait ce remarquable passage le 19 mai 1859.

l'Église tout entière et du haut en bas des siècles écoulés, me permettent de puiser et de choisir.

Ce livre, enfin, se dédie *aux savants,* avec un respect et plus sincère et plus profond que quelques pages de virile franchise n'engageront le lecteur frivole à le supposer. Modèle d'ignorance que je suis, sous tant de rapports, et modèle d'ignorance que chacun d'eux est, *à tant d'égards,* je les aborde avec simplicité, sachant qu'avec des hommes de cœur, il vaut mieux être sincère que flatteur ou modeste à contre-temps. Pénétrés de l'insuffisance scientifique qui nous est commune, mais en des endroits différents, beaucoup d'entre eux daigneront me permettre de leur offrir ce que je crois avoir suffisamment étudié; ce que je sais qu'à leur grand dommage ils ignorent; ce que, dans les temps d'ignorance religieuse et philosophique où s'écoulèrent nos jours de tendre jeunesse, il leur fut à peu près impossible de ne point ignorer.

Avec eux, j'aime à devenir philosophe; j'aime à ne plus écouter que la voix de la raison; j'aime à ne plus consulter que les données positives de la science humaine; j'aime, autant que possible, à ne plus accepter que les certitudes d'ici-bas; celles qu'ils ne sauraient renier sans renier les titres mêmes qui veulent que, sur ce terrain de la science, leur tête domine la nôtre, prompte à s'incliner devant leur nom!

L'un des résultats capitaux des énigmes déchiffrées en ce livre, ce sera, je l'espère, et sans que nous en ayons prémédité le dessein, de laisser les choses spirituelles remonter selon les lois de leur nature à la place d'où nous les avions repoussées; ce sera de nous aider à voir les grandes et bien simples vérités dont se constelle le firmament des sciences humaines briller au-dessus de nos têtes, en haut, beaucoup plus haut que nous ne le pensions, et non plus seulement adhérer à la matière, non plus sortir, comme une vapeur que dilate un rayon du jour, de la terre qui reçoit l'engrais de nos sueurs.

Que nous a-t-il servi, que nous servirait-il de fermer les yeux au monde étrange dont les phénomènes nous enveloppent, ou plutôt de ne le voir qu'à contre-sens?

Prêtant avec une triste facilité notre vue aux prestiges qui les séduisent, et nos oreilles aux voix qui les trompent, nous plairions-nous donc à chercher les yeux en bas, et dans la matière, ce qui ne peut s'y rencontrer que par reflets! En vérité, ne serait-ce pas imiter ces débiles penseurs qui, de leurs regards traînant à terre, contemplent dans le miroir d'une eau bourbeuse les harmonies de la voûte étoilée? Voilà les sources de la lumière! voilà le ciel! voilà les cieux! Oh! qui donc nous cria que pour les saisir il fallait relever la tête et porter en haut ses regards? Il ne faut que plonger. —Ils plongent... mais l'image se trouble, la réalité reste en haut, et dans ses embrassements convulsifs le philosophe à contre-sens ne peut étreindre que la vase.

LA MAGIE

AU DIX-NEUVIÈME SIÈCLE.

CHAPITRE PREMIER.

DU CONNU A L'INCONNU. — EXPÉRIENCES ET PHÉNOMÈNES DEVENUS FAMILIERS A L'AUTEUR.

Le plus grand prodige d'une époque où le merveilleux foisonne. — Marche suivie dans cet ouvrage. — Position difficile des savants devant les faits extranaturels. — Les faits. — M. de Saint-Fare, évocation de l'esprit d'un homme vivant et absent. — L'Allemagne sur ce point. — Mode de transmission de la pensée. — Ventriloquie? — Précautions contre l'erreur. — Opérations des Invisibles; leur langage. — Langage de la Nuée en Israël. — Multiplicité des phénomènes. — Épisode sur M. Home; sa naissance; vice originel de sa constitution spirite. — Premiers exploits. — Illusions religieuses et morales du réformateur élu par les Esprits. — Sa mission. — Opinion des pasteurs protestants. — La Bible du mensonge; effets. — Historique de cette *médianimité*; utile méditation pour le prêtre et le père de famille. — Retour à nos phénomènes. — Don de communiquer les Esprits. — Contrôle de la véracité d'un médium par les actes des Invisibles et la clairvoyance d'un somnambule artificiel. — Sifflements, lois de l'acoustique suspendues. — Fait analogue dans la Bible. — Esprit manié comme une pâte filante; sa marche. — Esprit insaisissable qui se rend tangible : les soufflets. — Esprits lumineux; la tête de chat, contre-épreuve avec mon pharmacien. — La maison hantée. — Lugubre histoire, à laquelle j'attribue la prédestination de l'un de nos médiums. — Les maisons d'aliénés et les folies ordinaires des démoniaques; puissance excessive du médecin. — Réformes et pétitions appuyées par les résultats du spiritisme.

Conclusion.

P. S. Quelques correspondances entre M. de Mirville et M. des Mousseaux compléteront plus tard une série de très-concluantes expériences.

Si la nuit, depuis longtemps répandue sur les faits surhumains et comme adhérente à leur substance, commence à se dissiper, il faut remarquer que d'épaisses, que de singulières ténèbres, et je ne sais quelle sorte de malédiction les couvrent encore. Le soleil darde ses rayons les plus directs sur la terre où ils germent, et la lumière y ruisselle; elle semble non-seulement tomber du haut des cieux pour les couvrir, mais sourdre d'en bas pour les atteindre, et jaillir du sol jusque par ses moindres fissures pour les envelopper; ce qu'elle éclaire pourtant, on ne le voit pas, ou du moins on le voit mal et peu.

Or, non-seulement ce phénomène est un prodige, mais ce prodige est à lui seul, et par sa simple présence, *une des preuves les plus inaperçues et les plus colossales du surnaturel*. Disons-le donc, et supplions, en le disant, chacun de nos lecteurs de vouloir bien contrôler cette pensée, qu'à cause de son extrême importance nous allons répéter sous forme de variante.

Au milieu des profusions et des splendeurs de la lumière qui semble nous poursuivre, un effet bizarre frappe un nombre chaque jour croissant d'observateurs, dont quelques-uns le subirent eux-mêmes, et le voici : C'est la multitude immense, effrayante de ceux dont les yeux intellectuels se troublent, s'éteignent, s'imprègnent d'obscurité, se gonflent de ténèbres et condensent la nuit dans leur orbe dès que le jour qui tombe devant eux s'épanche sur un fait surnaturel ou surhumain. Ce que mille autres, à côté d'eux, voient dans ces faits, *ils sont condamnés* à ne point le voir; une obscurité toute particulière, et que l'école appellerait *sui generis*, les enveloppe et les protége contre les vérités de la vision. Ce prodige est à coup sûr le plus grand de ceux qui remuèrent les grandes époques, les âges du monde où le Merveilleux foisonna. Le doigt de Dieu s'y reconnaît.

Les écrivains sacrés nous rapportent *plusieurs sortes* d'exemples de ces ténèbres merveilleuses, qui bravent et habitent le jour dans lequel elles se baignent et s'immergent sans s'y dissiper, sans y perdre un atome de leur nuit. Celui que je m'apprête à dire revêt un caractère tout physique, et sa clarté ne put faire entrer un de ses éclats dans l'œil rebelle et malade de l'Égyptien : « Étends ta main vers le ciel, dit le Seigneur à Moïse, et qu'il se forme sur la terre d'Égypte des ténèbres tellement épaisses qu'elles soient palpables. » Moïse étendit la main ; des ténèbres horribles couvrirent toute la terre d'Égypte pendant trois jours ; *aucun Égyptien ne put en voir un autre*, mais les serviteurs du Dieu de vérité ne perdirent point la lumière ; elle resta fidèle à leurs yeux ; ils la portaient en eux et pour eux, de même que les Égyptiens y portaient la nuit ; « partout, en un mot, où se trouvaient les enfants d'Israël, la lumière ne cessa d'être. » *Ubicumque habitabant filii Israel, lux erat*[1].

Il s'agirait donc, aujourd'hui, de réconcilier avec la lumière des yeux dont les uns commencent à l'entrevoir, et dont les autres la repoussent encore. La tâche, il faut bien se l'avouer, est presque surhumaine ; mais, Dieu nous aidant, les grandes difficultés s'aplanissent. — Quelle voie donc nous conduira vers ce but, véritablement digne de la haute science ?

Depuis assez longtemps, dans le monde des notions positives, le connu mène à l'inconnu. C'est une façon de procéder ou de voyager que je propose à ceux qui daigneront m'accepter pour guide au travers des régions du surnaturel, ou du surhumain. Elle me paraît simple et sûre. Dans les premières pages de ce livre, je procéderai donc en racontant les phénomènes étrangers à l'ordre naturel qui me sont personnellement familiers ; ceux que j'ai vus, bien vus, analysés, étudiés ; ceux que j'ai revus et médités, médités et revus tout à l'aise. Ces récits, ces comptes rendus préalables auront l'avantage de nous installer de plain-pied DANS LE DOMAINE DES FAITS. En m'y engageant, j'eus l'heureuse

[1] Exode, chap. XI, ỳ 21 à 24. Autres détails, Sagesse, chap. XVII.

chance et le soin d'avoir pour associés quelques hommes de mérite, stylés par les habitudes méfiantes de l'expérimentation au scrupuleux usage de leurs sens et de leur savoir.

Et dans cette voie, — j'aime à m'imaginer qu'on le suppose, — je sus me tenir en garde contre ce désordre exceptionnel, et si rare, que tant de rêveurs s'efforcent aujourd'hui d'ériger en maladie banale : l'hallucination ; hallucination individuelle ou collective, hallucination réitérée, constante, invincible [1] ; c'est-à-dire ce mal que quelques-uns de mes compagnons de recherches, appartenant au corps médical ou théologique, *ont pour profession* d'étudier et de guérir.

Mais une digression de quelques lignes doit précéder mon premier récit; car, au milieu du nombre considérable d'autorités que mes pages *nomment et signalent,* il est juste d'expliquer le silence que je garde quelquefois sur le nom d'autres témoins importants, avec lesquels je me trouvai souvent en contact. J'eusse avec bonheur fortifié de leur parole mon propre témoignage, si l'impérieuse loi des convenances ne m'eût trop fréquemment fermé les lèvres.

Ce monde est un ennemi naturel de toute vérité dont l'adoption motive une réforme, réclame une modification de doctrine ou de vie. Aussi, devant cette injuste et lâche hostilité, l'un des hommes les plus spirituels du siècle dernier, richement pourvu d'égoïsme, eut-il le triste courage d'exposer au grand air sa règle de conduite et de nous dire : « Si je tenais dans ma main cent vérités captives, je redouterais de l'ouvrir. »

Inspirés par ce même esprit, qui n'est précisément ni

---

[1] La seconde partie de l'ouvrage que je publiai en 1863 : *les Médiateurs et les moyens de la magie,* forme un traité sur les diverses espèces d'hallucinations, dont plusieurs ne se trouvent point, et pour cause, dans les ouvrages de médecine. La troisième traite du fantôme humain et du principe vital, sujet de la plus haute importance en magie, en spectrologie, en médecine, en théologie. — Un vol. in-8°, chez Plon, 1863.

celui du martyre ni celui du simple héroïsme, que de gens ayant bannière ou simple guidon dans la science se refuseraient à rendre devant le tribunal de l'opinion publique un témoignage blessant pour cette opinion ! Combien peu se décideraient à naviguer, vent debout, contre le flot du préjugé général ; combien peu, même, à courir des bordées devant ses murmures et son écume[1] ! Et comme il serait vite fait de compter ceux qui, d'un cœur généreux le refoulant, oseraient nous dire, à l'aspect de l'un de ces faits imprévus qui déconcertent les arrangements, les résolutions ou la quiétude de l'école : « Certes, ce fait est dur et nous décontenance ; il terrasse et notre foi scientifique et nos plus fermes systèmes ; il est à lui seul toute une révolution, mais il est un fait ! »

Il serait fort à redouter que le témoignage de ces hommes de cœur ne tournât qu'au détriment des progrès que leurs travaux propagent. Battue en brèche et sous-minée par la malice et l'envie, portant le masque de la science, leur influence succomberait presque à coup sûr sous de sourdes et d'hypocrites hostilités. « Oh ! croyez-le bien, me dirent quelques-uns de ces hommes loyaux, si nous osions, de but en blanc et le verbe haut, soutenir quelques-unes de ces vérités odieuses, le seul fait reconnu pour le moment, ce serait le dérangement de notre cerveau[2] ! »

---

[1] M. de Saulcy, de l'Institut, est le premier qui se sentit ce courage ; il l'eut avec une sincérité d'excellent goût et saura le conserver : c'est une gloire. *Quelques-uns* des phénomènes que je décris pour les avoir vus eurent M. de Saulcy pour témoin, ainsi que M. Matter, conseiller de l'Université, etc., etc. M. Matter me permit de le nommer, mais sans ajouter à son nom la moindre de ses appréciations sur ces faits. Son opinion, je le suppose, était alors en suspens. Je pourrais également nommer M. Cauvain, du *Constitutionnel*, à qui la mort vient de fermer les yeux.

[2] Ce courage tout exceptionnel, la *Gazette médicale* en fit preuve à l'égard de M. de Mirville et de moi-même. Elle osa dire de nos ouvrages sur la question du surnaturel : « L'un et l'autre contiennent d'abon-

Devant cette lamentable défaillance de la raison et du cœur, emprunterons-nous la voix de Tacite pour nous écrier : C'est là le siècle! Et tenant sous le coup de notre indignation cette époque d'énervement moral et d'*ignorance philosophique*, froncerons-nous sur elle un implacable sourcil?

Non point! A d'autres la fatigue et la souffrance de ces inutiles colères! Plutôt que de médire de notre civilisation, essayons-nous à guérir les plaies profondes et honteuses que, sous l'or et la pourpre, son manteau recouvre et décore. Formons nos mains à redresser ses voies; rendons-nous ses humbles et dévoués serviteurs; travaillons, usons nos forces à secouer le joug imbécile et cruel des préjugés de toute nature, et laissons monter nos hommages vers les rares savants que distinguent à la fois le *caractère* et le génie. Mais, n'oubliant jamais que tout un peuple de docteurs, auxquels se réunit Voltaire, proclama que les coquillages fossiles étaient un jeu de la nature, etc., etc., rendons impossibles aux savants de la foule, à la plèbe académique dont se couvre aujourd'hui l'Europe[1], c'est-à-dire au grand nombre des patients et admirables pionniers de la science profane, des écarts dont ils auraient tôt ou tard à rougir, et leur science à souffrir.

Car le grand coupable de leur injustice et de leur position ridicule devant le public, devant la postérité surtout, ce ne sont point tout à fait eux-mêmes. Ce furent leurs ancêtres dans la science, ce fut l'incomplète et mensongère éducation que leur infligèrent de tristes prédécesseurs, ceux qui, les chaussant du cothurne de la femme chinoise, martyrisèrent les

dants et de précieux documents pour l'étude des questions soulevées... Ils offrent une lecture extrêmement curieuse et intéressante non-seulement par les faits, mais encore par le talent; et, *ce qui pourra surprendre*, PAR LE BON SENS de ces écrivains. » (Numéro du 14 avril 1855.)

[1] *Eruditum vulgus*, Pline, *Hist.*, livre II, ch. VII.

pieds valides que Dieu leur avait faits pour marcher droit dans ses droites voies !

Mais il me semble avoir dit assez sur la défaveur qui s'oppose à la production de ces diverses qualités de témoignages. Il est temps de marcher en ligne directe vers mon but et de transporter le lecteur, en nommant les choses par *leur nom vulgaire,* dans un foyer d'esprits lutins. Que sa pensée veuille bien me suivre. Me voici, non dans une solitaire retraite, dans un manoir d'équivoque renom, dans un vaste et antique château dont un lierre éternel ancre et revêt les tours lézardées ; non, mais à Paris, devant une maison *neuve,* régulière et de gracieuse apparence.

Je frappe, la porte s'ouvre ; on sait qui je suis[1]. Une très-honorable famille m'accueille et me convie aux événements intimes de la soirée, habituée qu'elle est depuis quelques mois à voir se multiplier, au gré de la parole, des manifestations de l'ordre le plus étrange attribuées à des esprits. Le chef de cette famille est un homme loyal *et savant,* de mœurs douces et sociables. La faveur de l'admission, réservée jusqu'à ce jour à quelques notabilités scientifiques, me fut gracieusement accordée à la demande d'amis communs.

Mon livre, *Mœurs et pratiques des démons et des esprits visiteurs*[2], venait de me placer à un point de vue fort exclusif, assez différent de celui de mon hôte, et fort *contraire* à celui de quelques-uns des expérimentateurs auxquels s'ouvraient les deux battants de sa porte. Mais cette divergence de pensées et de vues n'altéra jamais la

[1] Je réunis quelquefois en un même lieu ce qui s'est passé dans plusieurs, les circonstances restant absolument les mêmes ; c'est un moyen de concision.
[2] Ouvrage épuisé depuis longtemps, quoique tiré à un nombre considérable d'exemplaires. Une nouvelle édition sera sous presse, si j'ai du temps, après que celle-ci aura vu le jour.

grâce parfaite avec laquelle les siens et lui ne cessèrent de faciliter mes recherches. On voulut bien, dès le début, m'accorder les coudées franches, et me permettre de me livrer, avec une liberté de *douanier sondeur,* aux exigences et aux inspirations nécessairement méfiantes du rôle d'observateur.

Le petit nombre des élus, dont quelques-uns étaient mes amis, ne s'éleva que bien rarement au-dessus de huit ou dix à la fois. Il fut entre nous convenu de se tenir dans une indispensable défiance et de chacun et de soi-même; enfin je me fis, dès le principe, une loi de prendre note des incidents qui me frappèrent, au fur et à mesure de leur éclosion et sans attendre du lendemain la nécessité d'interroger mes souvenirs; c'est dire que je daguerréotypai les séances....

Un *médium* est au milieu de nous. Ainsi se nomme, et tout le monde aujourd'hui le sait, un *médiateur,* par la force attractive duquel les invisibles entrent en commerce avec nous, et commencent ou feignent de commencer à se mettre en branle *avant* d'agir spontanément, ou d'obéir à notre voix [1] !

Notre médium est une jeune fille de seize ans, et qui jouit dans la maison des priviléges d'une intimité filiale.

Elle est vive, dégagée, gracieuse et tout à fait de son âge. Je l'entends partager avec mes hôtes et leur inculquer une erreur aussi commune que funeste. A leur sens, les Invisibles, les intelligences spirituelles que notre curiosité, que nos agaceries provoquent au sans-gêne des relations familières, peuvent être des esprits de gloire et de bienfai-

---

[1] J'entre dans quelques détails inutiles *aujourd'hui* pour un certain nombre de lecteurs, mais qui sont indispensables à la plupart, et qui, s'ils étaient omis, ôteraient aux mobiles phénomènes de cette époque une partie du jour nécessaire à éclairer *les époques subséquentes.* J'aurai tout à l'heure un mot, et parfaitement authentique, pour le plus célèbre des médiums avec lequel je me suis rencontré.

CHAPITRE PREMIER.

sance. Rien ne leur paraît donc moins à redouter que ce commerce.

L'orthographe *naturelle* de notre jeune médium est pure, et sa main courante a toute la facile et monotone élégance de l'écriture anglaise. Aucun de ces détails n'est à négliger, et l'importance en sera sentie lorsque nos Invisibles, s'attelant à notre curiosité, nous auront lancé dans le vif courant des phénomènes.

Mais il ne s'agira point ici de ces vulgaires expériences de tables parlantes, dont j'ai décrit en d'autres pages quelques incidents décisifs[1]. Il est rare que, dans les lieux d'où je m'adresse au lecteur, on voie ou les meubles s'agiter ou les tables se soulever prosaïquement sous une main qui les touche, et ne répondre qu'à coups de pied aux questions des spectateurs. Le médium d'abord, puis ceux d'entre nous dont le désir est de se livrer aux expériences usent d'un *signe sacramentel* qu'il leur est le plus souvent *inutile de répéter*. Les êtres invisibles que nous interrogeons s'empressent alors de formuler une réponse; et, tout à l'heure, un seul instant va nous initier à la routine de ce manége.

Observons, toutefois, que le plus tenace de ces Invisibles se pose au milieu de nous en esprit familier, badin et bienveillant. De plus, et fidèle à l'usage de nos anciennes familles, aujourd'hui sottement méconnu, il conserve son nom patronymique, le faisant suivre aristocratiquement d'un nom de seigneurie : la seigneurie de Saint-Fare.

Mais quel est donc le personnage invisible dont la parole répond au nom de Saint-Fare? Si vous lui faites la politesse

[1] Voir dans *Mœurs et pratiques des démons et des esprits visiteurs*, ch. XXIII, et dans *la Question des esprits, ses progrès dans la science*. Une lettre de moi termine cette brochure de mon ami M. de Mirville, p. 215 à 224, 1re édition. Le fait que j'y cite est de l'ordre le plus concluant, et trancherait à lui seul la question des langues étrangères et savantes parlées ou dictées par ces Invisibles; il s'agit de l'idiome hébraïque.

excessive de le croire, il est l'esprit d'un simple mortel, l'esprit d'un homme *vivant encore.* O prodige! car tandis que nous conversons avec cet invisible et fort réel interlocuteur, il nous dit : « Je suis corporellement ailleurs. »

On tutoie M. de Saint-Fare, l'usage étant d'user de formes assez cavalières avec ces sortes d'esprits, dont on observera que les plus distingués eux-mêmes laissent percer, à l'endroit des convenances, des goûts sensiblement révolutionnaires.

« Eh bien, de Saint-Fare, où donc, pour le moment, as-tu mis ton corps en dépôt? — En dépôt? je suis dans le salon de ***. — » Il nomme en toutes lettres l'un des plus hauts personnages de la société parisienne. — « Et que s'y passe-t-il, saurais-tu le dire? — On y politique; on y polke *à s'écheveler.* — Est-ce donc avec la permission de Dieu que tu devises de la sorte? — C'est *avec* son ordre (*sic*). »

A quelque heure du jour qu'il vous plaise de faire appel à ce familier, il est rare que vous ne le rencontriez point sous la main. Il est là, présent, alerte, répondant, dialoguant, et toujours prêt à babiller plutôt qu'à parler. Il est là; mais, si vous avez le courage de croire à sa parole, il est encore ailleurs. Il semble reposer en personnage inséparable aux pieds de son médium, qui le trouve habituellement docile aux moindres efforts de l'évocation. Le premier esprit contre lequel nous nous butons serait donc celui d'un homme à double vie.

Je souriais de cette idée; — je demande même la faveur d'en sourire encore. « Oh! ces évocations d'hommes vivants ne sont point un fait aussi rare que vous le pensez[1], me dit un de mes compagnons d'expériences, l'un des doyens du corps médical. Elles sont du domaine du magnétisme; et,

[1] Voyez mes *Études sur le fantôme,* troisième partie des *Médiateurs et moyens de la magie,* 1863.

pour les obtenir, il ne vous faut guère autre chose que le consentement du sujet. Vous magnétisez l'individu qui vous a livré sa personne; et, quelques instants après, le corps tombe *ou non* dans un engourdissement léthargique, mais l'esprit soutiré se transporte ailleurs. » — En un mot, cet esprit se comporte ainsi que va se comporter M. de Saint-Fare[1].

..... Mais, en dehors du fait des évocations, qui ne doit guère amener devant nous, en guise d'âmes, que des Esprits étrangers à la personne humaine, nous connaissons un fait complétement théologique et appuyé des témoignages

[1] Des faits analogues sont consignés dans le numéro 195 du *Journal du magnétisme*, page 559. Mais choisissons ailleurs un des passages où se formule la croyance à ces prodigieux phénomènes chez les hommes qui se livrent aux arts occultes.
Le professeur Kieser s'occupa d'Auguste Müller, somnambule remarquable et doué de la puissance d'apparaître ailleurs qu'aux lieux où se trouvait son corps, qui restait alors roide et glacé : *cold and stiff*. (Mes *Études sur le sabbat* reproduiront ce phénomène.)
« Eh bien, dit Kieser, qui étudia le fait sur Müller lui-même, ce phénomène est tout subjectif, c'est-à-dire qu'il n'existe que dans la personne même du sujet; ou de Müller, qui ne se transporte point ailleurs qu'aux lieux où se trouve son corps. Seulement, l'influence, la volonté magnétique de Müller agit sur *ceux auxquels il veut apparaître*, et qui dès lors *se figurent* le voir. Voilà tout, et c'est bientôt dit ! »
« Mais comment alors nous expliquerez-vous, dit le docteur Werner, ces cas nombreux où telle personne apparaît là-bas, *fort au loin*, tandis que son corps est *ailleurs*, et sans qu'aucune puissance somnambulique s'interpose entre la personne apparaissant et celles qui la voient apparaître ? — Depuis plus de cinquante ans, les physiologistes et les psychologistes allemands étudient ces phénomènes, et *quel en est le dernier mot ?* Les volumes *qui les relatent*, et qui cherchent à nous en donner la théorie, surpassent en nombre tout ce que notre public pourrait s'imaginer ! » Vol. Ier, *Night side of Nature*, p. 166.
Ce dernier mot, nous verrons où le trouver. Observons toutefois, en attendant le moment de fournir nos preuves, que la mort *seule* peut séparer l'âme du corps humain. L'invisible M. de Saint-Fare est donc, provisoirement, tout *autre chose* que l'âme d'un corps vivant ailleurs. — Les expériences de *haut magnétisme* étaient devenues très-familières au savant docteur qui se donnait la peine de me les expliquer, mais j'avais moi-même longtemps étudié d'une manière pratique cet art si fécond en erreurs.

modernes de l'Allemagne : celui des bilocations magnétiques. Nous ne cherchons point de ce moment à en sonder les arcanes; mais un de nos ouvrages, qui va suivre de près notre livre *Des médiateurs et des moyens de la magie*, a pour but unique de rendre un compte spécial des hauts phénomènes au nombre desquels figure ce prodige, moins commun dans l'ordre divin que dans l'ordre démoniaque. Bornons-nous à dire, et sans ajouter encore la démonstration aux paroles, que de saints personnages, pleins de vie et de santé, semblent avoir obtenu de Dieu la faveur d'apparaître spontanément et au loin, quelquefois même à ceux qui avaient imploré leur secours, et *qu'ils s'étaient engagés* à visiter. Ces visions à caractère indubitable s'opéraient, soit au moment du sommeil des visités, soit pendant leur état de veille et *d'active vigilance*. Mais cette bilocation, c'est-à-dire ce phénomène qui semble nous rendre présents en deux lieux à la fois, n'était souvent qu'apparente, et, de temps en temps, elle ne consista que dans le transport aérien de la personne des saints, représentés quelquefois aussi par leur ange. Ce dernier mode nous aiderait probablement mieux que tout autre à comprendre les bilocations indubitables et fréquentes dont se préoccupe l'Allemagne. Quant à celle dont nous entendons l'invisible Saint-Fare se targuer, elle ne repose que sur la parole d'un Esprit de ruse et de mensonge, paré des tristes dehors de la futilité. Mais ce chapitre est celui des expériences et non des explications, passons outre.

COMMENT L'INVISIBLE TRANSMET SA PENSÉE.

Par quelle voie, cependant, s'établit entre M. de Saint-Fare et ses interlocuteurs le commerce de la pensée, et qui nous dira quel en est le moyen? — Le voici.

Une table carrée, simple, pesante, sans tiroirs et sans

mécanisme possible, occupe le milieu de notre salon ; elle est en portefeuille, à deux minces battants d'acajou massif, et reposant sur quatre pieds que réunissent des traverses du même bois. L'œil qui se place sur la ligne du champ de ces planches découvre un ensemble dont la simplicité ne se prêterait point aisément à des actes de supercherie, la compagnie fût-elle équivoque.

J'ai d'ailleurs, ainsi que plusieurs de mes amis, examiné, porté, remué, manié ce meuble ; je l'ai remanié.

Or, l'esprit frappeur et babillard de Saint-Fare, qui vagabonde et qui se rend sensible ou dans le meuble, ou *dans le lieu* de l'appartement *que nous lui désignons,* semble se complaire et se jouer assez particulièrement dans l'épaisseur de ces battants d'acajou. Une lampe y est posée, formant triangle avec deux autres lampes qui, du chambranle de la cheminée, répandent à flots la lumière dans le petit salon où s'accomplissent la plupart de nos expériences.

Notre médium, — mais elle seule, — touche légèrement cette table du bout de son doigt mignon. C'est là *le signe sacramentel ;* c'est là *le point de départ ordinaire* des phénomènes auxquels nous assistons ; et, *bien souvent, elle ne la touche d'aucune sorte !* On la dirait aussi quelquefois absorbée dans *un colloque interne* avec l'Invisible qui paraît s'y loger. Il faut voir, aussitôt que l'Esprit se met en action, les phénomènes jaillir de ce meuble *ou des lieux voisins,* et jaillir avec la verve la plus soutenue ; il faut voir ce meuble lui-même exprimer, à la façon des corps *qu'un esprit anime et tourmente,* une série de sentiments et de passions diverses, et se livrer aux plus singulières avances !

Nous l'avons vu, je l'ai vu ce meuble, je l'ai clairement vu s'avancer et *se frotter* aux gens, comme avec des dispositions caressantes ; je l'ai vu sauter et bondir à la façon d'un animal joyeux ; je l'ai vu se porter vers quelques-uns de nous avec une menaçante brusquerie ; je l'ai vu s'élancer avec colère et retomber avec violence. PERSONNE, alors, ne le touchait le moins du monde[1].

Un soir (étais-je donc, *à mon insu,* mon propre compère?), un soir, tranquillement appuyé sur cette table, je rédigeais quelques notes ; nul autre que moi ne se trouvait en contact avec elle, et, soudainement, elle se prit *à bondir*. Elle bondit en ligne oblique, ainsi qu'eût pu le faire un *bélier,* secouant avec brutalité mes bras et le crayon que je tenais en main, pour retomber à près d'un mètre de son point de départ. Nous nous habituâmes à ces surprises.

Mais le fait le plus habituel de nos séances est celui-ci : Le médium, ou celui d'entre nous à qui le cœur en dit, appelle et interroge l'esprit ; l'esprit répond tout aussitôt par des volées de coups qui semblent s'échapper des meubles voisins, des planchers ou des murs, mais plus souvent encore de l'intérieur des battants de la table. Les coups d'une personne nerveuse, frappant avec impatience à une porte que les convenances lui défendent d'ouvrir, sont quelquefois moins précipités et moins secs. C'est d'ailleurs par l'infinie variété, par *les nuances* de ces bruits et de ces sons, que nos Esprits frappeurs affectent de se distinguer les uns des autres ; ces différences ne sont guère moins caractéristiques dans la pétulante famille de ces lutins que ne le sont, chez nous autres mortels à langue finement déliée, le timbre et les modulations de la voix.

Les coups des Esprits frappeurs, *rappings, knockings, tippings,* lancés au nombre de cinq à six ou de six à huit,

[1] Un des hommes qui ont eu la gloire d'écrire des *Études* vraiment *philosophiques sur le christianisme* m'a dit avoir vu, maintes fois, des meubles exprimer de la sorte tous les sentiments imaginables, et lui rappeler *les illustrations* des Fables de la Fontaine. M. le comte Th. Walsh, dans un livre qu'il a distribué à ses amis, et qu'il eut l'obligeance de me communiquer, rappelle ce fait. Je cite ce livre plus bas.

partent instantanément et donnent, en langage de convention, toutes les vivacités de la réponse ou de la riposte, aux paroles qui leur sont adressées. Mais souvent aussi leur élan, car c'est un élan véritable! est tout spontané; nulle provocation ne les excite. Ils deviennent alors le signal de l'inspiration du médium; inspiration facile à feindre, il est vrai, mais quelquefois évidente et que nous découvrons un moyen de contrôler[1]. La main du médium saisit tout aussitôt le crayon, tandis que ses yeux, élevés ou hagards, paraissent chercher une sphère supérieure; elle le laisse irrégulièrement courir sur de longues feuilles de papier, et ne semble plus être que le machinal instrument de l'Esprit.

La course du crayon est une course au clocher, course ondulante cependant, et pleine de caprices, hors certains cas admirables de calligraphie; car la règle et la rectitude ne semblent être ni dans les habitudes ni dans les goûts de ces Esprits. Mais le crayon ne prend guère son élan, lorsque la simplicité des questions permet aux volées de coups affirmatifs des Invisibles de donner une réponse intelligible et claire.

Mes patientes observations — et je les rapporterai chemin faisant — m'ont convaincu qu'un incontestable accord d'impulsion existe, le plus souvent, entre les coups frappés comme signal d'écrire par les Invisibles et les paroles écrites par les véritables médiums. Mille observations, faites en tout pays, confirment et corroborent celle que je me permets d'exprimer.

Ce qu'il nous est impossible de ne point noter, à mesure que nous progressons, c'est à quel point l'Esprit de M. de Saint-Fare est ami du *bavardage*. A chaque instant, il cède au prurit de sa langue de bois, à ses démangeaisons de babil! Ce sont alors des volées de coups qui sortent, qui s'élancent

[1] Voir plus bas.

avec une élasticité, j'allais dire avec une volubilité vraiment incroyable, de l'intérieur des battants de la table... Écoutez! écoutez encore!... Entendez-vous, tantôt ici, tantôt là-bas, sur le parquet, sur le mur, ailleurs.... cela cesse à peine un instant. C'est le moulin à paroles d'une commère, et quel tapage dans ce moulin!

Hélas! hélas! se récriera quelqu'un de mes narquois lecteurs, mais votre innocence se laisse surprendre, et le médium qui siége au milieu de vous ne serait-il point un ventriloque? ou bien encore....

Non, non; et plus simple sera ma réponse qu'on ne se plairait à supposer ma personne; car je pris soin itérativement, et fort à l'improviste, de toucher de la main les endroits d'où j'entendais s'échapper et les bruits et les volées de coups : or, chaque fois que ma main rencontrait le bois, je le sentais vibrer, vibrer distinctement; et les vibrations correspondaient non moins au rhythme parcouru qu'à l'intensité des sons émis.

On me demandera, sans doute, un mot sur la nature et la variété de ces bruits si promptement dociles à notre parole. Eh bien, soit! et, par exemple, nous sommons l'invisible M. de Saint-Fare de battre la retraite militaire dans l'une des minces voliges de la table : « Va, pars, disons-nous; et que le tambour marche et s'éloigne. A l'instant même, la retraite est battue; le bruit s'éloigne... s'éloigne, s'éteint et meurt. — « Allons, fort bien; continue de battre ta caisse, et reviens vers nous. » — Aussitôt dit, le tambour se ranime, se ravive, se rapproche et revient à nous au diapason du départ. L'illusion d'acoustique est complète, et, pour trancher du généreux gamin de Paris, le sieur de Saint-Fare ajoute à cette marche l'air de carrefour des *Lampions*, que personne ne lui demande!

« Scie du bois, » dit l'un de nous. A peine le mot est-il

achevé que, sous les dents agaçantes de la scie, la fibre du bois crie et recrie dans l'intérieur de la planche.

« A merveille, et, continue de travailler en bon ouvrier; frappe, taille, rabote. » — Tous les bruits du travail attaquent aussitôt l'oreille; la varlope se promène et débite ses copeaux; le marteau s'abaisse, se relève et rebondit sur des clous : rien de plus caractéristique et de plus distinct. Il y a donc, dans les atomes de cette planche, *tout un féerique atelier* qui se joue de nos yeux.

L'un de nous s'approche et dit : « Imite et répète le bruit que je vais produire; » puis il trace du pouce, avec effort et rapidité, sur le vernis de la table, qui résiste et grince, un interminable méandre, la plus tortueuse et compliquée de toutes les figures dédaliques. L'Invisible attend la fin du tracé, de crainte, je le supppose, qu'on ne confonde le son primitif avec l'écho. Il attend; mais à peine la figure est-elle terminée, qu'il répète le bruit grinçant du pouce dans toute l'irritante délicatesse de ses nuances. Il suit avec une fidélité servile les méandres et les circonvolutions du labyrinthe décrit. — « Avec quel instrument peux-tu donc imiter ce bruit? Avec mes ongles, répond le crayon du médium. — Fort bien! Mais veux-tu nous faire entendre l'air populaire de *Drin, drin?* » L'air est exécuté. « Voyons, maintenant : *Au clair de la lune.* » Au clair de la lune est dit. — « Assez, assez. Et saurais-tu : *Le jour me dure bien?* » Ce nouvel air résonne, et chacun de s'écrier : « On ne peut mieux! »

A ces mots complimenteurs, l'esprit turbulent agite, secoue, bouscule la table; il *souffle*, il *soupire;* il recommence, il bisse tout spontanément je ne sais quelles qualités de bruits, et quoique personne, quoique rien ne touche à la table, elle fait une violente cabriole. Il fallut retenir au vol la lampe qu'elle portait, et que déjà j'avais vue courir et braver bien des dangers. Des phénomènes analogues se répètent à satiété sous nos yeux !

Lors de ma première séance en cette maison de priviléges, quelqu'un dit à Saint-Fare : « Frappe sous le fauteuil de M. des M***. — Il me calomnierait *de* diable ! » (*sic*). Telle fut la réponse écrite par le médium ; et, sans doute afin de la confirmer, la table, brutalement soulevée comme par le dos d'un énorme quadrupède, retombait avec une violente secousse ! Un peu plus tard, les Esprits de céans me cajolèrent...

On demande à Saint-Fare s'il veut augmenter le poids de notre table. M. *** s'approche de ce meuble et s'essaye à le soulever : il y éprouve une forte résistance. Ma tentative succède à la sienne, et la table ne me résiste point. *Ailleurs*, un autre jour, et à plusieurs reprises, *toutes mes forces* suffirent à peine à soulever de deux pouces au-dessus de terre un guéridon que le souffle d'une jeune fille eût renversé...

Devant *le fait* de ces meubles animés, sautant, parlant, répondant, imitant les bruits *que chacun demande*, toute discussion sur *la possibilité* de l'acte est inutile ; et, d'ailleurs, nous verrons des phénomènes de même nature pulluler dans le cours de cet ouvrage. L'antiquité païenne nous a bercés de ces merveilles, et l'antiquité chrétienne, qui donne au démon le nom significatif de singe de Dieu, nous renvoie de prime abord aux miracles bibliques pour trouver, dès l'origine des temps, un analogue à ces faits. Israël campe dans le désert : nous entendons un esprit divin parler du sein d'une masse condensée de vapeurs, et se comporter de telle sorte que cette masse inanimée semble elle-même porter et manier la parole. Écoutons :

Exode, ch. xxxiii, ⱴ 8, etc. Lorsque Moïse sortait pour aller au tabernacle, tout le peuple se levait *par respect*, *surgebat,* et chacun se tenant à l'entrée de sa tente, regardait Moïse par derrière, et *le suivait des yeux* jusqu'à ce qu'il fût entré dans le tabernacle.

9. Quand Moïse était entré dans le tabernacle de l'alliance, la colonne de nuée descendait et se tenait à la porte, et *le Seigneur* parlait avec Moïse. « Ingresso autem illo tabernaculum fœderis, descendebat columna nubis, et stabat ad ostium, *loquebaturque* cum Moyse. »

Le nom de Dieu manque ici dans l'hébreu, dans le Samaritain et les Septante, comme dans la Vulgate. Donc, il ne doit pas s'y trouver. C'est par conséquent la nuée qui parle, ou du sein de laquelle parle le Seigneur, invisible ou visible, lorsqu'il est dit que Moïse lui parle face à face. Nul texte n'est plus positif.

10. Tous les enfants d'Israël voyant que la colonne de nuée se tenait à l'entrée du tabernacle, se tenaient aussi eux-mêmes à l'entrée de leurs tentes, *et adoraient.* « Cernentibus universis quod columna nubis staret ad ostium tabernaculi, stabantque ipsi, et adorabant per fores tabernaculorum suorum. »

Il va sans dire que ce qu'ils adoraient c'est le Seigneur; mais ils l'adoraient dans la nuée, et devaient sembler adorer la nuée.

11. Or, le Seigneur parlait à Moïse face à face, comme un homme a coutume de parler à son ami. « Loquebatur autem Dominus ad Moysen facie ad faciem, sicut solet loqui homo ad amicum suum. »

Cependant, voir le Seigneur, c'eût été mourir. Moïse ne voyait donc, comme tout le peuple, que la nuée; ou peut-être, et généralement sinon toujours, l'ange du Seigneur se manifestait-il à lui seul pour lui parler.

ÉPISODE PRÉPARATOIRE.

Le plus célèbre des médiums fut, pour M. le comte Th. Walsh, l'objet d'une étude spéciale, conduite à l'aide des plus riches documents, et de phénomènes recueillis au fur et à mesure de leur éclosion.—Ce livre, qui ne fut point écrit pour le public, mes conversations avec l'auteur, ma rencontre avec le médium, et l'étude toute particulière que, de mon côté, j'avais faite de ses œuvres, dans des conditions fort analogues à celles de M. Walsh, me dictèrent cette conclusion : M. Home est un puissant et remarquable agent du monde spirituel.

La plupart des merveilles qui lui sont attribuées, et qu'il s'attribue, sont vraies, et j'en ai la preuve mille fois répétée ; mais quelques-unes sont fausses. — Je ne me permettrais de douter de la véracité de M. Home, citoyen de l'Écosse ou d'une province quelconque des États désunis, que devant une autorité morale supérieure à la sienne, autorité facile à rencontrer ; mais, en tant que médium, M. Home m'est étrangement suspect. Le médium, en sa qualité de représentant des esprits menteurs ou, pour le moins, équivoques qui le hantent, provoque et mérite, en effet, toute la défiance et la méfiance dont tout homme perspicace sait et peut s'armer. J'ai publié, dans mon livre des *Médiateurs de la magie*, des documents inédits et du plus haut intérêt sur cette célébrité sinistre. Dans cette nouvelle édition de *la Magie...*, j'aurai soin de ne me point répéter, et je veux le laisser se peindre par sa propre parole, me permettant, toutefois, de serrer le mors, si je lui trouve l'allure un peu trop dégagée. — Les médiums, de même que les esprits dont ils sont les suppôts, sont créés pour l'épreuve des fidèles et, par conséquent, pour leur service. A nous donc de tirer pied ou aile de ces singuliers agents ; à nous, pour le moment, de voir de quelle sorte les esprits se les préparent, et quelles similitudes existent entre les variétés de l'espèce.

« Je naquis à Édimbourg, en mars 1833, nous dit le jeune Home; j'étais, comme enfant, d'une santé délicate et d'*un tempérament excessivement nerveux*, à un tel point qu'on ne croyait pas que je pusse être élevé. Il m'est impossible de me rappeler exactement l'époque où je fus pour la première fois sujet aux curieux phénomènes qui, depuis si longtemps, se sont manifestés en moi; mais il m'a été dit, par une tante et par d'autres personnes, qu'étant enfant, mon berceau était *fréquemment balancé*, comme si quelque esprit tutélaire eût veillé sur mon sommeil.

» Ma tante m'a également rappelé qu'à peine âgé de quatorze ans, j'eus une vision, et les détails que j'en donnai furent exacts; mais je comptais treize ans lorsque j'eus la première dont il me reste « une souvenance distincte » : c'était l'apparition d'un ami d'enfance. Une promesse mutuelle liait le premier mourant et l'obligeait, dans un délai de trois jours, d'apparaître au survivant. Quelques semaines après, il mourut à trois cents milles de ma résidence, et d'une maladie violente. — Je ne pouvais soupçonner sa mort; mais il tint sa parole. (P. 1-2.)

» Ma mère avait été une voyante toute sa vie durant. Elle quitta le monde en 1850, à l'âge de quarante-deux ans. Elle était douée de ce qu'on appelle en Écosse *la seconde vue*, — c'est-à-dire, en bon français, la vue que nous devons *à un autre* que nous, à *un second*, qui se confond, qui s'identifie, autant que possible, avec nous-mêmes. — En maintes circonstances, elle vit des choses qu'on sut, plus tard, être arrivées telles qu'elle les avait décrites. — Elle annonça également plusieurs événements qui se passèrent dans la famille : elle prédit la mort de quelques parents et, finalement, la sienne propre, quatre mois auparavant. — Elle mourut au moment révélé, m'apparut, et me répéta trois fois mon nom et l'*heure* de sa mort. On me traita de visionnaire; mais l'événement me donna raison. » Cette faculté, d'ailleurs, était ORIGINELLE, et la mère de M. Home, qui ne connaissait point à fond l'histoire de tous ses ascendants, se rappelait au moins que « son grand-oncle Colin Urquart et son oncle Mackensie étaient également des Voyants, et qu'ils étaient doués de la seconde vue ». (P. 4-7.)

« Quelques mois après que ma mère nous eut quittés, j'entendis un soir, en me couchant, trois forts coups à la tête de mon lit, pareils à ceux qu'on eût produits avec un marteau. — Le bruit venant à se renouveler, je crus que c'était quelque chose de surnaturel... puis, un matin, j'allai m'asseoir à la table de ma tante, lorsque ce meuble fut assailli par une pluie de frappements continus. Je m'arrêtai saisi de terreur devant de tels bruits, émanant d'une cause invisible. — Ah! s'écria ma tante parfaitement scandalisée, vous avez amené le diable dans ma maison, n'est-ce pas?... Il y avait dans le village trois ministres : un anabaptiste, un congrégationiste et un wesleyen. Ma tante manda ces ministres chez elle. L'anabaptiste, M. Murrey, vint le premier. Après m'avoir interrogé sur la façon *dont je m'étais attiré* ces manifestations, et ne recevant de moi aucune réponse qui le satisfît, il désira que nous priions ensemble pour les faire cesser. Nous nous mîmes donc à genoux, et, à chaque invocation des noms de Dieu ou de Jésus, il se produisit de légers coups dans la chaise et dans différentes parties de la chambre; et, chaque fois que nous implorions la miséricorde du Très-Haut,... c'étaient des roulements continus qui se joignaient à nos prières ferventes. Je fus tellement frappé, tellement ému, que je résolus sur-le-champ, encore à genoux, de me mettre à l'entière disposition de Dieu, et de suivre la direction de *ce qui ne pourrait être que le bien et la vérité,* puisqu'on exprimait sa joie à ces principaux passages de ma prière. Ce fut là, certainement, le point où mon existence FIT UN COUDE; et, depuis, je n'en ai pas senti un seul regret. » ...Hélas! que de folle candeur et d'opiniâtreté dans toute cette triste existence!.:.

« Quant aux deux autres Révérends, ajoute M. Home, le congrégationiste ne voulut pas entrer dans la question,... et le méthodiste fut assez méchant pour ne voir en cela que l'œuvre du démon; il me traita comme une brebis perdue, et me refusa toute consolation. » (P. 7 à 9.) La foi du méthodiste, observons-le bien, se trouve être ici celle du prêtre catholique; mais sa charité n'est nullement la même; et lorsque le R. P. Ventura s'écriait : Je ne veux rien avoir de commun avec M. Home, il est *endémonné!* c'était en ajoutant *devant moi*: Puis-je lui être utile? non; il n'a nul besoin de moi, et je ne veux point être le témoin de ses tours, je sais trop qui les fait! Étant entre les mains du R. P. de Ravignan, qu'il y reste : il n'en est point de meilleures. Ce que ce Père ne fera point, je ne le saurais faire !

« En dépit cependant des visites de ces ministres et de l'aversion profonde de ma tante,... les frappements ne cessaient point, et les meubles, à leur tour, se mettaient en mouvement sans le secours d'un agent extérieur. Étant dans ma chambre, je vis tout à coup dans la glace une chaise, placée entre la porte et moi, s'avancer doucement dans ma direction. Ma première impression fut une grande frayeur, et je jetai les yeux autour de moi pour voir si je pouvais me sauver; mais la chaise avançait toujours. A un pied de distance, elle s'arrêta; je bondis par-dessus elle et je me précipitai dans les escaliers. » (P. 7-10.)

« Plus tard, pendant que j'étais tranquillement assis dans le salon, avec mon oncle et ma tante, la table, parfois les chaises et d'autres meubles se promenaient d'eux-mêmes dans la chambre, à la grande surprise et au dégoût de mes parents. Une fois, pendant que la table était ainsi en mouvement, ma tante prit la Bible de famille, et, la plaçant sur le meuble, elle ajouta : Voilà qui chassera le démon d'ici. Mais, à son grand étonnement, la table s'agita d'une façon plus gentille, comme si elle eût été flattée de porter un tel fardeau. » (P. 10.) Comment, en effet, l'Esprit du mensonge reculerait-il devant la Bible du mensonge, placée par une main qui veut être à la fois chrétienne et séparée de celui à qui le Christ a confié son Église ? Et cette Bible, ne fût-elle point le vin frelaté du protestantisme, comment encore le père du mensonge s'humilierait-il devant elle, la main qui la présente fût-elle la main d'un catholique, si ce catholique, actuellement armé de toute sa prudence, n'était humblement et rigoureusement docile à toutes les lois et à tous les avertissements de l'Église ?

« ...L'Esprit de ma mère, continue M. Home, se communiqua à moi dans cette maison par l'avertissement suivant : Daniel, ne craignez rien, mon enfant, Dieu est avec vous ; qui donc alors voudrait être contre vous ?... VOTRE MISSION *est glorieuse :* vous convaincrez les infidèles, vous guérirez les malades et vous consolerez ceux qui souffrent. » (P. 11.) Partez, partez donc ! élancez-vous, grand apôtre ! voici que le monde vous est ouvert...

« Les tapements qui se produisirent chez madame Force, où je me trouvais, me servirent à composer un alphabet qui devint familier à beaucoup de personnes, reprend le jeune Home, et la maison où je résidais fut bientôt assiégée par tout le voisinage. Je n'entre, après tout, dans ces détails que pour tracer l'historique de ma médianimité, et révéler *les mystérieux moyens* employés par la Providence pour me jeter en face du public. Quoique ces manifestations n'eussent duré qu'une semaine, elles étaient connues, en effet, et grâce à la presse, dans les États de la nouvelle Angleterre; j'avais alors dix-huit ans. A partir de ce moment, je ne m'appartins plus. Malade ou bien portant, nuit et jour, ma vie intime *fut assiégée* par toutes sortes de visiteurs. Hommes et femmes de toutes classes et de tous pays, médecins et savants, ministres de toutes sectes, artistes et hommes de lettres, tous ont avidement cherché les preuves de cette question brûlante, c'est-à-dire la possibilité de causes spirituelles agissant directement sur le monde matériel. »

« Ces manifestations s'imposèrent a moi avec cette escorte d'incidents désagréables et pénibles que j'ai décrits. *Je n'ai, et n'ai jamais eu le moindre contrôle sur elles,* et il m'est aussi impossible de faire qu'elles soient ou non, qu'il m'est impossible d'en augmenter ou d'en diminuer la fréquence. Quelles que soient les lois particulières qui les aient développées en ma personne, j'en suis ignorant *comme tout le monde* [1]. Et, quand elles se produisent, je n'ai conscience ni du mobile qui les crée, ni de la forme qu'elles vont revêtir. » (P. 14.)

« Je continue à avoir une santé délicate, et je suis fermement convaincu que, sans l'intervention de ces phénomènes, je n'aurais pas vécu jusqu'à ce jour. Dans cette conviction, plusieurs médecins de réputation m'ont soutenu de leurs témoignages [2]. Fréquemment, durant les plus graves accès de maladie, mes souffrances ont été soudainement calmées

---

[1] Les catholiques instruits seront exceptés, s'il vous plaît, ils savent que ces causes nous possèdent, lors même que nous croyons les posséder.

[2] Pauvres médecins! s'ils existent. Que n'ajoutent-ils donc à leur courte science, comme jadis, un petit bout de celle des Pères de l'Église, de saint Cyprien, de Tertullien, etc., etc., à l'endroit de ces esprits : *Lædunt, lædere desinunt, et curare creduntur!* Apol., 22, 23.

d'une façon mystérieuse... Et je ne voudrais point que, de ceci, on inférât que je me considère comme moralement supérieur à autrui... Au contraire, devant les grands bienfaits dont il a plu à la Providence de me combler... je me sens pire que les autres, pour avoir fait si peu de progrès dans la voie du bien! J'ai à remercier Dieu de m'avoir donné tant de bons amis et tant de rudes ennemis, qui ont tenu mon esprit dans un parfait équilibre, et ne m'ont pas permis *d'être orgueilleux* d'une chose qui, sans nul doute, n'est pour ainsi dire *qu'un incident de mon organisation* [1]! »

« Plusieurs fois, mon pouvoir médianimique cessa pendant de courtes périodes; et, généralement, j'ai été averti d'avance de sa cessation aussi bien que de son retour. Je n'ai jamais dû assigner de cause physique à ces arrêts temporaires, ni constater de modification notoire dans ma santé ni dans mes sentiments. Cependant, la question de la santé a été en général la principale cause de ces retraits médianimiques. *En maintes occasions, pourtant,* il m'a été donné pour raison que cette faculté m'était retirée pour me punir d'avoir fait ce que je savais ne pas être bien [2]. » A la suite de cette description des prédispositions originelles de l'enfance, des merveilleuses illusions morales et de la primeur de la vie d'un maître médium, dont tant d'experts et nous-même nous pouvons certifier, en face de tous les rieurs imaginables, que les œuvres surhumaines ou magiques ont un degré de certitude inattaquable, nous pensons qu'il est temps de terminer cet utile épisode et de renouer le fil de nos expériences.

LE MÉDIUM CONTRÔLÉ PAR UN MAGNÉTISÉ.

Mais voici le moment où nos expériences commencent à

[1] Lire dans mon livre des *Médiateurs de la magie*, les prédispositions physiologiques à l'état de médium. (P. 67 à 72.)

[2] *Révélations sur ma vie surnaturelle*, par Daniel Dunglas Home. (P. 16, 17.) — Paris, Dentu, 1863.

se compliquer de scènes de magnétisation qui leur donnent un surcroît de relief. Nous nous créons ainsi le moyen de contrôler, au moyen de la vue artificielle d'un somnambule, et grâce aux descriptions que nous trace sa parole, la véracité de notre médium, dont l'infatigable crayon prétend nous traduire la pensée des esprits.

Je procède en historien, et je décris, tels qu'ils se présentent, des faits que chacun reste libre d'interpréter à sa guise; mais voici de quelle sorte les choses se passent, et servent de base à nos appréciations.

Nos Invisibles, dont on dirait que le nombre se multiplie, et qu'aucun surcroît de provocation ne réveille ou n'excite, font entendre à chaque instant des volées de coups qui paraissent *servir de signal* au médium, ou plutôt qui semblent nous prévenir, par l'étrangeté même de ce phénomène, que son inspiration est sérieuse. Les coups, en effet, sont à peine frappés que le bras du médium, partant comme un ressort, trace ou la réponse ou l'apostrophe des esprits. De son côté, le somnambule prétend voir ces mêmes êtres que nous entendons; il nous annonce et leurs projets et leurs actes, il détaille et peint la comédie de leurs préparatifs; il nous prévient des incidents qui sont sur le point de s'accomplir; et, chose bien remarquable à coup sûr, les coups frappés par ces individus, les incidents annoncés par le crayon du médium, et les faits qui leur succèdent, concordent d'une manière précise et incontestable avec les avertissements du somnambule. Il semble que, chez notre somnambule, ce soit *une sorte* de vue, et chez le médium, une inspiration dont les preuves, qui se répètent, et la lucidité, qui se soutient, légitiment la plus irrésistible conviction sur les prodigieuses facultés de l'un et de l'autre. Quelques exceptions *assez rares* n'infirment point *la concordance* que je signale.

Il est bien entendu que nous avons eu soin de placer le somnambule dans une pièce autre que celle où fonctionne notre médium ; et ce qui nous frappe au milieu de ce jeu des Invisibles, c'est leur mauvaise humeur apparente, et fort probablement hypocrite, contre le somnambule, lorsque celui-ci nous dépeint leur physionomie, lorsqu'il nous décrit leurs préparatifs et nous donne vent de leurs actes futurs.

Mais le somnambule, qui est un de nos loyaux compagnons, conserve-t-il, dans son état de somnambulisme artificiel, la véridicité de son caractère ? voilà ce qu'il nous est impossible de constater, si ce n'est lorsqu'il s'agit des choses qu'il nous annonce être au moment de s'accomplir. Sur ce point, où le hasard ne pourrait le servir que par de rares exceptions, sa clairvoyance et sa véracité sont habituelles et remarquables.

DON DE COMMUNIQUER LES ESPRITS.

Observons que, chemin faisant, une autre sorte d'épreuve établit en nous la certitude des inspirations du médium. Elle consiste dans le don que, bien évidemment, possède cette jeune fille de communiquer, je veux dire de livrer à autrui des esprits semblables à celui qui l'inspire. La requête ayant pour but d'obtenir cette faveur, que briguent bien des imprudents et bien des sots, doit être transmise par elle à son familier. « Celui-ci, nous dit-elle, la soumet à un conseil supérieur, et répond d'après la sentence de ce sénat.... » Quelque vraies ou mensongères que soient ces paroles, ce qu'il y a de positif, c'est que nous avons pu voir *à l'œuvre* des esprits fournis et reçus dans les conditions où la demande avait été formulée.

Il me fut donné d'assister à la livraison des êtres invisibles et impalpables que je décris, non moins qu'aux instructions transmises par le médium aux usufruitiers de ces fantasques serviteurs. Le médium enseignait à chacun la manière de tirer parti de ces artisans, et traçait le mode des évocations qu'ils exigent. J'eus aussi le loisir d'observer que ces esprits, une fois attablés chez leur hôte, aiment à s'y choisir un autre médium que leur possesseur *putatif*. Et cette ruse est excellente, quoique facile à démêler ; car il s'agit pour eux de multiplier le nombre des gens à passions ardentes ou des têtes à l'évent que ce commerce engage.

L'un de ces Invisibles, s'exprimant à grand renfort de coups et d'écritures, refusa très-net devant moi, pour médium, la femme du solliciteur qui venait de se le faire adjuger.

La curiosité féminine ne lui assurait-elle pas, de prime abord, cette victime ? Aussi son bon plaisir fut-il de désigner, au lieu de la mère, *la plus jeune fille* de la maison, une innocente de six à sept ans. « Plus fréquemment on l'évoquerait, disait-il, et plus on aurait à s'applaudir de ses faveurs. » Cela se conçoit, car plus nous serrons nos liens avec ces esprits, plus ils doivent affecter de se mettre à nos ordres et de nous appartenir, mais plus il est certain que nous leur appartenons. Ces paroles et d'autres qui précèdent seront justifiées.

LE MÉDIUM ET LE SOMNAMBULE. — LES MAUVAIS ESPRITS. — CONTRÔLE.

Déjà nos séances, avons-nous dit, nous donnent comme une indubitable réalité le phénomène de l'inspiration, car il est constaté par le triple accord *des coups* de l'invisible, de l'*écriture* du médium et des paroles explicatives ou divinatrices du somnambule, dont les esprits affectent de détester les révélations, comme celles d'un espion ou d'un délateur. Nous prêterons donc un instant l'oreille au langage de ce somnambule, mais en nous gardant bien d'accorder créance à ses descriptions chaque fois qu'une preuve irréfutable ne confirmera point son langage : car, s'il est inspiré par les mêmes Invisibles que le médium, et nous ne pouvons en douter, nous avons affaire à des esprits perfides et trompeurs. Réduits à faire usage de la vérité, ils ne s'en servent que dans l'intérêt du mensonge ; elle est entre leurs mains une amorce qui nous flatte et nous attire dans les dédales et les abîmes de l'erreur. Ainsi le chasseur attache-t-il à ses engins un appât servant à couvrir ou la servitude ou la mort.

Le somnambule prend la parole et nous dit : « Saint-Fare vient de tracer autour de vous un cercle lumineux. Mais il existe une faible brèche à cette enceinte, formée pour *assurer son terrain* et pour élever *une barrière* entre vous et de mauvais esprits qui vous menacent. Je les vois : ce sont des Walbins et des Jonconrils. » Au même instant, le crayon du médium écrivait : « Si vous les voyiez, ils sont drôles, les errants, les Jonconrils et les Walbins » (*sic*).

Or, d'après l'explication de nos Invisibles, les errants sont des âmes en peine ; les Walbins sont les gardes chiourmes de l'enfer ; et les Jonconrils, des démons tourmenteurs : puissance redoutable, et fort supérieure aux Walbins [1].

[1] Mes recherches postérieures me firent rencontrer une partie de cette opinion établie dans le très-rare et précieux ouvrage du fameux théologal de Milan, Antoine Rusca ; ouvrage composé sur la demande du savant cardinal Frédéric Borromée : *De inferno et statu dæmonum*, ante mundi exitium, 1621, Mediolani.

Outre les démons de l'air, les démons bourreaux de l'enfer arrivent quelquefois à leur suite jusqu'à ce monde, et accompagnent les âmes damnées : « Aliquando venire non repugno tunc potissimum, cum,
» divina permissione, damnati mortalibus apparent. *Semper enim*
» *habent*, viæ comites, CARNIFICES SUOS, ut sequenti volumine, etc.,
» probabimus. Frequentius, *qui hic morantur,* ad inferos tendunt, eo,

Ah! ah! se prend à dire notre somnambule, dont les impressions se peignent dans le jeu de sa mobile et sérieuse physionomie, ces démons circulent autour de nous; ils veulent franchir le cercle lumineux et se mêler à nous; voyez! ils présentent à Saint-Fare des lettres de passe, et cherchent à le surprendre en exhibant un faux permis d'entrée.

Les coups de l'esprit invisible réveillent *au même instant,* dans une pièce séparée, le crayon du médium, que plusieurs d'entre nous tiennent de l'œil, et qui trace ces lignes : « Je n'accepterai point ces lettres; elles sont fausses, elles sont sur une plaque de galguick, espèce de métal qui ressemble pas mal à du cuivre » (*sic*). Trois caractères formant ces lettres sont tracés sur mon manuscrit, mais l'éditeur juge inutile de les reproduire.

Le directeur en chef de *cette parade spirite* se dit toujours être l'invisible et infatigable frappeur, le sire de Saint-Fare. Il affecte et joue la plus mauvaise humeur contre notre somnambule, feignant de se courroucer d'être suivi de l'œil par ce privilégié du magnétisme. Mais ce qu'il y a de certain, c'est que celui-ci, jeune homme *instruit et ferme,* hésitant entre la terreur et l'audace qui, tour à tour, se partagent son âme et ses traits, semble redouter de décrire le spectacle d'où sa vue *ne peut se détacher*[1]. Dans un moment où ce sentiment d'effroi transparaît en lui : « Parle,

» quemadmodum patres docent, improborum animos perducentes, quos » in peccata allexerunt. » (P. 497, 498)... D'autres opinions sont énoncées par de grands théologiens, le cardinal Cusa et tant d'autres, touchant les anges attachés à la personne de l'homme pour le tenter, l'entraîner au mal, et combattre la maternelle vigilance de notre ange gardien...

[1] L'un de nous le magnétisait à distance, sans savoir où le rencontrer, opérant au hasard, et l'endormant du sommeil magnétique à l'endroit où il se trouvait, fût-ce au milieu des rues. L'*agent* du magnétisme allant le chercher, le trouvait et le liait!! Ceci soit dit par voie d'épisode et d'anticipation!

voyons, dis donc *ce que tu vois,* bête! » écrit le crayon du médium, provoquant du fond d'une autre pièce le somnambule, du ton dont on provoque celui que l'on a la certitude d'intimider. D'un autre côté, les coups, les coups nombreux et vivement accentués de l'Invisible, — observons-le bien, — préludent sans cesse à la marche du crayon dont ils sont comme les régulateurs. Le somnambule semble lutter contre lui-même et vouloir exprimer sa pensée ou ses sentiments; mais il hésite, il s'arrête, il est plein de réticences et d'anxiété....

Aucune scène de ce drame intime ne doit être perdue pour le lecteur, que je cherche à transporter à l'endroit même que j'occupe, grâce aux soins minutieux de reproduction auxquels je m'assujettis; et, de la sorte, j'espère le placer sans risque dans la voie des découvertes; car, tôt ou tard, elles appartiennent à celui qui, se gardant bien de mépriser les menus détails, en tient un compte fidèle, et joint aux actes de la patience le travail de l'esprit qui pénètre les choses, et généralise ce qu'elles nous révèlent.

Cependant, les Invisibles se démènent et frappent tantôt à droite et tantôt à gauche. Les grands coups (knockings) nous enveloppent, et résonnent de tous côtés dans l'appartement. Nous les entendons sous le canapé, dans les fauteuils, au plafond, sur les murs et dans l'intérieur des ais de la table.

Chut! chut! le médium, dont l'orthographe naturelle est pure et correcte, écrit : « J'aime *de* voir M. des M*** prendre des notes » (*sic*). En ce moment, le somnambule, dans la magnifique attitude d'un chien de plaine virant le nez vers sa proie (*a pointer*), tient en arrêt le fantôme de M. de Saint-Fare. « Voyez-le, nous dit-il sans bouger : jolie figure, cheveux châtains, cravate et habit à la française, boutons brillants.... » Et tandis qu'il nous jette à là volée ce signalement, un meuble se soulève avec une brutale colère. Personne ne le touchait ! il frappe le sol, et retombe avec une force et une vivacité qui nous font tressaillir. « Saint-Fare se courrouce et me défend de rapporter ce que je vois, » nous dit le somnambule qui nous explique comme une conséquence de son indiscrétion le tapage, le vacarme de l'appartement, le soubresaut et les violences du meuble sauteur. Il ajoute : « Quand nous parvenons à le voir, c'est qu'il le veut bien!...

— Mais, lui demanda un de mes voisins, votre sieur de Saint-Fare est-il un bon esprit? — Il le dit, répond notre magnétisé, dont le visage se mélange soudainement de terreur et de sarcasme. — Puisqu'il est là, que fait-il? — Il tient les autres esprits à distance. Oh! mais.... il y en a.... là-bas, auprès du poêle... qui ne sont pas beaux... Cela ne ressemble à rien de connu. » La physionomie du somnambule, jeune homme à mâles allures et appartenant à l'une de nos écoles savantes, n'a rien de rassuré; ses traits accusent un bouleversement dont on s'alarmerait, si l'on n'en savait la cause.

Nous verrons un peu plus tard, au chapitre des exorcismes diaboliques, que Saint-Fare peut bien, effectivement, repousser certains esprits tapageurs ; car les démons chassent les démons; leurs luttes, n'étant, en général, que jeu joué, leur deviennent, grâce à notre coupable innocence, un merveilleux moyen de succès. De là ces myriades de vaines observances que nous signalera l'Église; de là les contre-sorts, les contre-sorciers, et le démon mis en apparence au service des dupes qu'il attache à sa longe : mes autres ouvrages sur la magie traitent de ces points divers.

Trois mots appris par Saint-Fare à notre médium, *sous la condition* d'un inviolable secret, sont un exorcisme de cette nature. La vertu qu'ils empruntent au pacte semble dompter instantanément les plus tumultueux esprits. Déjà, plus d'une fois déjà, la peur réduisit le médium à faire usage de ces secrètes paroles, et l'effet en fut magique.

Cependant nous demandons à M. de Saint-Fare à quoi bon détacher, *ainsi qu'il le prétend*, son esprit de son corps? » C'est pour le bonheur de mon médium. — Mais pour quelle sorte de bonheur, et qu'aurait-il à craindre de ton corps, si c'est Dieu qui t'inspire, et non le mensonge? — Je suis forcé par Dieu de le taire. Ma venue en ce lieu est le sixième sens que vous avez, mais que vous ne connaissez point » (*sic*). On remarquera que ces absurdités ont le grand mérite de peindre ces sortes de gens par un côté de leur nature.

LES SIFFLEMENTS. — ANOMALIE DANS LE PHÉNOMÈNE DE L'AUDITION.

Cette sottise étant débitée dans le style et dans les termes que je rapporte : « Veux-tu siffler, monsieur de Saint-Fare? » lui dit l'un de nous. La réponse est : « Plus tard...... » Un temps s'écoule; puis les coups de l'Invisible, d'accord avec le crayon du médium et la parole du somnambule, nous annoncent que nous pourrons entendre ces sifflements, si nous passons dans la pièce voisine.

Nous nous partageons en deux petits groupes; j'y passe et je m'y installe. Les coups des esprits frappeurs retentissent de côtés et d'autres.

« Je vous vois tous, dit le somnambule. Vous êtes ceints chacun d'une ceinture lumineuse d'où partent des fils de lumière. Ces fils aboutissent au centre de la chambre; et de Saint-Fare les réunit dans sa main. Il y a là, par terre, du feu dans une sorte de réchaud, et des flammes qu'il attise. Il s'occupe de vous, et prépare quelque chose..... Mais, si vous voulez qu'il siffle, il faut réunir *toutes vos volontés* [1]. »

Quant à moi, j'ai pour règle de ne prêter *en rien ni jamais* le concours de ma volonté aux volontés des esprits. J'arrivais en observateur dans leur camp, et, sachant avec quel art ils nous assouplissent et nous entraînent à *pactiser* avec eux, je me tenais sévèrement en garde contre leurs insinuations. Cette antimagnétique disposition explique-t-elle la singulière exception qui va s'attacher à ma personne?

« L'esprit siffle; écoutez, il siffle encore; il siffle, il recommence, » et chacun derechef de s'exclamer! Tout le monde l'entend; on l'entend distinctement, et mes seules oreilles restent sourdes à ce bruit unique; je ne l'entends pas le moins du monde. L'invisible siffleur insiste pour que l'on me mette hors de la chambre où il *condescend* à siffler une partie des personnes qui l'occupent. Il indique, par des coups sortant de la muraille, à chaque nom que l'on prononce, celles dont il accepte l'admission, et je suis du nombre. Les sifflements recommencent, et ma surdité continue. « Comment, vous ne les entendez point? Tenez, au-dessus de nos têtes, ici, là-bas, encore, encore! » — Mes très-graves compagnons hésitent à me croire, lorsque je proteste de l'exceptionnelle insensibilité de mes oreilles. « Oh! cette fois, s'écrie l'un d'eux, c'est à faire retourner un chien qui passerait dans la rue! et nous occupons, sur la cour, un second étage! — J'ai pourtant observé, monsieur des M***, me dit l'un des plus âgés, que vous avez l'ouïe beaucoup plus fine que la mienne. » — A coup sûr, et j'ai, de plus, l'oreille fort exercée du chasseur.

Qui donc a partiellement brisé, qui donc a brisé d'une façon si bizarre, dans mon organisation, les lois de l'acoustique? et d'où cette discordance de perceptions entre per-

---

[1] VOULOIR, *constitue le pacte*, le pacte implicite au moins, ainsi qu'on le verra.

sonnes dont les sens doivent être affectés de la même manière et par un même bruit? Diminuerai-je l'étonnement de ceux qui m'écoutent, lorsque j'ajouterai que, quelques jours auparavant, la même singularité s'était produite à mon insu sur un autre expérimentateur, et devant les mêmes témoins?... Mais la girouette spiritualiste vient de tourner, et, comme on se lève pour battre en retraite, j'entends *distinctement*, vers le haut du plafond, comme le souffle léger d'un petit enfant dont les lèvres impuissantes s'essayeraient à balbutier un sifflement...

« M. des M*** n'a presque pas entendu siffler la dernière fois, dit l'esprit par ses interprètes; mais, ce soir, il entendra les sifflements, *s'il le veut d'une volonté ferme.* » Quelques jours s'étaient écoulés sans que, grâce à Dieu, ma volonté changeât : je ne m'étais point laissé tenter.

L'invisible M. de Saint-Fare se met à siffler trois fois, cinq fois, vingt fois... tout le monde affirme et me semble l'entendre à la fois. Les personnes qui sont réunies dans la pièce voisine, et que sépare de nous la porte close, perçoivent distinctement les sons : je ne les entends point[1]. Notre somnambule s'approche de son magnétiseur et lui dit : « Il

---

[1] Les analogues de cette prodigieuse exception sont fréquents dans l'ordre magique, nous le verrons; ils se retrouvent aussi dans l'ordre divin. « Un jour, dit le prophète Daniel, ayant levé les yeux, je vis tout à coup un homme dont le corps était comme la pierre chrysolithe. Son visage brillait comme les éclairs, et le son de sa voix était comme le bruit d'une multitude d'hommes: Moi, dit Daniel, je vis seul cette vision, et *ceux qui étaient avec moi ne la virent point*..... » (Daniel. x, ✝ 5, 6, 7.)

Avant ce prodige, l'ange du Seigneur *se rendant visible à l'ânesse de Balaam, restait invisible pour le devin,* tout habitués que fussent ses yeux à découvrir ce que d'autres ne pouvaient voir ! (Bible, Nombres, ch. XXII, ✝ 22 à 32.)

Saint Etienne, premier martyr... *voit les cieux ouverts et Jésus debout...* Il le dit, et les Juifs qui l'entourent de crier au blasphème et de le lapider ! (Actes des apôtres, ch. VII, ✝ 55-6-7.) Les yeux des Juifs ont un privilége contre le miracle.

y a deux personnes qui dérangent considérablement Saint-Fare, ce sont MM. X*** et des Mousseaux ; leur croyance, sans être la même, est *follement* arrêtée sur les esprits ; qu'ils se retirent, et vous aurez une explosion de phénomènes !... » Mais nous restons. Un autre jour, les sifflements recommencèrent, et je les entendis à deux reprises.

On sait que le magnétisme, dont les hauts adeptes reconnaissent enfin ; les uns avec franchise et les autres avec orgueil, que les rapports avec la magie sont de la plus étroite intimité, suspend *avec facilité* chez ses sujets l'usage de l'*un* ou de *plusieurs* de nos sens. Je n'ai jamais voulu, pour ma part, — et d'abord c'était d'instinct et sans une raison bien déterminée, — prêter ma personne aux magnétiseurs ; aussi *leur fluide* m'a-t-il constamment trouvé supérieur à ses tentatives. Mais lorsque je pénétrai dans les dédales de cet art, je constatai maintes fois la puissance *étrange* de l'*agent* du magnétisme sur des individus qui se soumirent à mes expérimentations.

En présence de ce souvenir, je me demande quel est l'agent dont l'interposition, n'émoussant ailleurs *aucune* des délicatesses de mes facultés auditives, les rend mortes *aux vibrations aiguës du sifflement* dans des conditions où tout le monde perçoit ces sons ?

Ce que je sais, c'est que de semblables dérogations aux lois de la physique sont loin d'être une rareté dans l'ordre des manifestations démoniaques, et qu'elles y *constituent l'un des faits caractéristiques* les plus intéressants. Tantôt une partie des spectateurs ne peut entendre ou voir ce que tous les autres entendent ou voient ; tantôt des animaux, des chiens, par exemple, sont frappés *du bruit* ou de la vue d'apparitions que personne ne saisit encore, mais qui sont au moment d'agir sur les sens de l'homme. D'autres fois, au contraire, ils y restent sourds et aveugles, ainsi que quelques-uns des spectateurs, dont on voit les autres obéir à la loi générale des sensations. On m'accordera sans doute, et par égard pour le bon sens, que ce n'est point un effort, une sympathie d'imagination qui travaille ces animaux dans les circonstances où nous les voyons prendre l'initiative sur l'homme. Un nombre considérable de ces exemples furent avérés, et je me propose de signaler quelques-uns des plus intéressants, lorsque l'occasion m'y sollicitera.

ESPRIT MANIÉ PAR LE SOMNAMBULE. — SAINT-FARE EST TIRÉ COMME UNE PATE FILANTE. IL MARCHE.

Mais notre somnambule s'exclame : « Tenez, tenez ! nous dit-il ; tenez, voici de Saint-Fare ; il est là, là ! — Mais où donc ? car les yeux du somnambule semblent s'abaisser au-dessous du niveau de nos ceintures. Est-il grand ? — Non, du tout. — Eh bien, mettez la main sur sa tête. » Le somnambule pose la main à hauteur de ceinture. « Bon ! votre Saint-Fare est donc un nabotin ; et puis, dites-le-nous, est-ce que son corps est nageant et suspendu ? Voyons, placez lestement votre autre main au niveau de ses pieds, que nous jugions de sa taille. »

Le *somnambule arrête et promène* sa main à deux ou trois pouces au-dessus du parquet, comme si le corps flottait en l'air. — « De grâce, est-ce donc *un corps fluidique* que vous voyez ? — Je ne le sais ; mais, regardez, *je le prends.* » Il semblait le tirer à lui et le manier de la façon dont se manie une pâte filante. « En le touchant, je le tire, disait-il. — Et cela ne lui fait aucun mal ? — Pas le moindre. »

Si le somnambule disait vrai, je me trouvais alors si rapproché du sieur de Saint-Fare, que je devais le toucher du genou : nulle impression quelconque ne m'avertissait de ce voisinage.

Quoi qu'il en soit, il paraît avéré que, dans certains cas d'apparitions, le fantôme aperçu se dérobe aux embrassements de l'ami qui croit le reconnaître, et qui se précipite vers lui pour le serrer dans ses bras..., tandis que ce même fantôme insaisissable nous saisit, lui, nous serre avec vigueur, et laisse sur notre personne des traces de ses fortes étreintes...

Entre les faits *analogues* que je pourrais rapporter, est celui d'une grande et belle jeune personne appartenant à l'élite de la société française. Depuis longtemps un esprit visiteur, un cousin qu'elle avait perdu, se faisait voir sous le toit qu'elle habite, et sa main ne pouvait le saisir, mais la main du spectre se montra soudain moins impalpable. Un beau matin, mécontent de je ne sais quelles insouciances de sa cousine, il fit tout à coup retentir, sur ses fraîches et roses joues, si rebondies, si provocantes pour les caresses de l'affection ou de la colère, un soufflet de si verte et franche qualité, que le bruit en frappa toutes les oreilles. Ajoutons que les doigts du fantôme restèrent, pendant un laps de temps, très-sensiblement gravés sur la peau délicate de la jeune personne abasourdie. J'arrivai dans cette maison, avec un de mes amis, au moment où le coup venait de retentir, et je reçus de la famille la primeur de l'anecdote. Ce soufflet me rappelait pourtant un esprit de vigilance et de charité bien différent des esprits qui nous occupent, je veux dire l'ange gardien qui, de sa main céleste, infligeait le même genre de correction à sainte Françoise Romaine, lorsqu'il arrivait à cette femme admirable d'offenser Dieu par le moindre des péchés véniels[1].

« De Saint-Fare veut être ici le maître absolu, se prit à dire, au bout de quelques instants, notre somnambule. — A merveille, s'il le peut. Mais, s'il est là, demandez-lui

[1] *Vie de sainte Françoise, Romaine*, par M. de Bussierre. 4 v. Plon.

de marcher et de faire entendre ses pas. » — Presque aussitôt, à l'endroit où le corps est indiqué, de Saint-Fare marche ; il marche de la manière la plus audible, et *chacun de nous* l'entend : il marche et se promène tout à côté de moi ; c'est le pas d'un gros quadrupède, d'un loup, d'un mâtin, dont les pattes cauteleuses fouleraient le parquet d'un salon.

L'Écriture sainte, — et que l'on me pardonne, à titre d'élucidation, ces rapprochements, — l'Écriture nous rapporte quelques exemples de ces bruits que produisent des êtres invisibles. Le Seigneur dit à David qui le consultait : « Lorsque vous entendrez, au sommet des poiriers, *le bruit de quelqu'un qui marche,* commencez à combattre l'armée des Philistins [1]. » Un tel bruit ne semble-t-il pas plus absurde en l'air, et perché sur le sommet des arbres, que sur les feuilles d'un parquet ? Que les catholiques incrédules aux tours du singe de Dieu me permettent de les mettre aux prises avec les vérités, incontestables pour eux, de la Bible.

Un autre jour, Saint-Fare étant prié derechef de marcher, son allure fut celle d'une bête de la race féline, mais plus grosse que le chat. Les pattes, nerveuses et rebondies, trottaient vivement sous l'animal, et sans avancer. J'analyse ces sons, entendus de tous mes voisins, avec les oreilles fort expérimentées du vieil et passionné chasseur.... Enfin, pour clore cette séance, et *sur l'injonction* de mes cospectateurs et la mienne, l'Invisible se mit à scier du bois, à raboter, à battre des mesures, et puis, sans qu'on l'en priât le moins du monde, à culbuter un meuble.

Mais je dois faire observer qu'un moment auparavant plusieurs Esprits, qui s'étaient donnés pour des anges du ciel,

---

[1] *Cum audieris sonitum gradientis in cacumine pyrorum, tunc inibis prœlium.* II Reg., ch. v, ⚹ 24.

avaient daigné se mêler à cette scène et converser avec nous. C'est donc, en définitive, par un pas de bête et par ces tours de bateleurs forains que se termine cette manifestation angélique!!!

PHÉNOMÈNES LUMINEUX.

Aujourd'hui, l'esprit familier, l'indispensable, l'éternel M. de Saint-Fare, promet de nous accorder, en signe de belle humeur, quelques phénomènes lumineux.

Ceux d'entre nous qui ne redoutent point les ténèbres en maison hantée passent du salon dans la pièce contiguë, où NOS RECHERCHES *préalables nous ont rassurés contre toute préparation frauduleuse*. Je ne saurais d'ailleurs assez répéter que les quelques familles au sein desquelles je pus me livrer à ces expériences sont d'une honorabilité parfaite, et que l'on s'y gardait sévèrement de toute plaisanterie inconvenante.

Huit à dix personnes d'un savoir et d'une intelligence hors ligne, et parmi lesquelles je compte quelques amis, forment le chiffre habituel de notre réunion. Le corps médical y compte chaque fois deux de ses membres au moins, et nos séances ne sont point préparées; le hasard en décide presque toujours.

Les phénomènes lumineux, Dieu sait pourquoi, mais je l'ignore, n'ont point le caractère *instantané* de la plupart de ceux qui jusqu'ici nous passèrent sous les yeux, ou dont l'action s'exerça sur nos oreilles. Nous les attendons avec quelque impatience....

Tous mes nerfs auditifs, optiques, olfactiques, — pardon de ces termes, — sont aux aguets, comme si je me trouvais sous bois dans une battue aux loups. Je ne les excite aucunement, mais rien, je le crois, ne m'échappe. Ma méfiance est en éveil contre tout ce qui remue, contre tout ce qui bruit ou chatoie. Et pourtant, comme l'avare de Molière, je ne serais point homme, si l'une de mes mains cherchait une de mes poches, à la saisir et à crier au voleur ! Rien ne troublera le calme parfait de mon attention.

Chacun de nous se colloque, se range et se tient immobile à la place qu'il se choisit. Le silence règne... et voici se produire enfin quelque chose ! Mais je me tairai d'abord sur ce que je vois, c'est ma règle : je veux qu'un autre parle, avant de parler moi-même ; sinon, me dis-je, et si j'étais le premier à rompre le silence, quelque autre, cédant à je ne sais quel instinct, à je ne sais quel secret ressort d'imitation, s'aviserait peut-être de répéter et d'adopter mes paroles. L'erreur partie de mes sens pourrait revenir sur moi fortifiée d'un témoignage d'entraînement qu'elle devrait à la précipitation de ma langue. Taisons-nous donc !

« Oh ! la belle lueur, s'écrie d'abord un de mes voisins ; oh ! la belle apparition lumineuse !.... Mais, voyez donc, c'est du phosphore ! »

Je suis saisi des paroles que j'entends, car l'impression de mes yeux vient d'être à peu près rigoureusement traduite. J'ai donc bien vu ! Mais je n'admets point la présence véritable du phosphore, cette fois, ou bien mon odorat est paralysé ; car aucune émanation caractéristique ne m'affecte le flair, aucune ne nous affectera de la séance entière, et peu de nerfs sont plus irritables, plus faciles à mécontenter, plus intraitables que les miens à l'endroit de cette odeur alliacée !

Quoi qu'il en soit, la lueur signalée est *persistante*, elle s'élève et se place à hauteur de ceinture *sur l'un de nous*; voyez, elle égale sept ou huit fois le volume *de la lampe* d'un beau ver luisant ; sa nuance hésite et vacille entre le jaune et le vert. Ah ! la voilà subitement disparue ; mais une autre éclate, une autre brille aux pieds du médium, et s'y éteint. Quelques secondes s'écoulent, et une légère efflorescence de lumière s'épanouit derrière l'une des personnes assises : elle voyage et se reporte sur la paroi de la muraille; elle y demeure; elle pâlit et devient légèrement rayonnante, au lieu de persister dans la netteté première de ses contours. Voilà les choses telles que je les vois, telles que nous les apprécions, et mon but n'est point de divertir le lecteur : je le renseigne.

Ajoutons, ajoutons vite qu'une flamme nouvelle point, germe, s'avive, s'étend, se ceintre. Elle se courbe en une sorte de croissant, et, *traversant l'air* avec la lenteur d'une mouche paresseuse, la voici se posant sur le médium. Elle le touche à peine, et n'est plus! Elle renaît pourtant, s'applique au mur, et revêt une teinte qui n'est point celle dont elle brillait en traçant sa route dans l'espace! Ces phénomènes n'ont rien de commun avec aucun autre que nous sachions, tels que les aigrettes de l'électricité, tels que les feux de la pile.

Nous observons que, tandis qu'ils éclatent, les Invisibles frappent au milieu de nous, et que plusieurs de leurs coups font retentir la cloison. Quelques personnes restées dans le salon se figurent qu'une plaisanterie de trop mauvais goût pour la circonstance échappe à l'un de nous, et que, jouant le rôle des esprits, nous avons eu la pensée lutine de les faire tressaillir.

.... Une autre séance nous rassemble, et, dans le cours de la séance, nous redemandons une série de manifestations lumineuses; elles nous sont promises derechef. Mais commençons par scruter d'un œil défiant la pièce où nous allons nous enfermer avant d'y éteindre les lumières; plaçons-nous ensuite de telle façon que nul de nous ne puisse gêner l'autre dans les observations qu'il lui plairait de diriger sur chaque personne et sur toute chose. La position que je choisis me semble excellente.

L'attente est longue, et je commençais à ronger mon frein lorsque des lueurs apparaissent. Quelques-unes sont tellement fugitives qu'elles échappent à ceux d'entre nous dont les regards ne sont point tournés du côté qui les voit naître; d'autres ont un certain degré de fixité. Il en est qui se promènent sur des personnes assises, et que je ne puis mieux comparer qu'à de légers flocons de vapeur, jetant tout juste assez de lueur pour s'éclairer eux-mêmes. Je me rappelle, en les suivant de l'œil, que cette substance est souvent le prélude et *la matière des fantômes* dans les phénomènes d'apparition. Les plus minimes de ces vapeurs filent au rez-de-terre, et l'un de nous de s'écrier avec une certaine justesse d'expression : « Oh! des souris lumineuses! » Aucune odeur encore ne caractérise ces fantasques météores, dont la répétition nous fatigue. Aussi, comme du milieu d'un parterre impatient, une voix impérieuse s'est-elle écriée : « Allons, allons, quelque chose de mieux! »

Les lampes nous sont rendues, puis ôtées, et, dans l'attente où nous sommes, nos yeux adoptent pour s'y fixer le côté le plus obscur de l'appartement, dans lequel pénètre, à l'extrémité contraire, au travers des persiennes et des rideaux d'une fenêtre unique, une sorte de teinte crépusculaire. Le côté sombre est celui que les Esprits favorisent. Ici, j'éprouve une impression que je veux très-naïvement raconter. J'ignore si je fus ou non le seul à la ressentir; mais je l'analysai froidement, et j'en eus tout le loisir.

Les yeux qui, de l'éclat du grand jour, plongent dans une obscurité soudaine, sont d'abord étourdis par le contraste brutal des ténèbres; et puis, degré par degré, la pupille se dilate, et la rétine, recueillant les débris les plus égarés de la lumière, voit tout doucement s'amoindrir l'opacité des ombres; quelques semblants, quelques fantômes d'objets, viennent ensuite la chercher et s'y peindre au travers de l'épaisseur du voile nocturne. Ce phénomène est connu du vulgaire, et l'on chercherait en vain, je crois, un enfant auquel il fût étranger. Eh bien, ce que j'éprouvai, je n'oserais le dire, si j'étais moins certain de mon imperturbable sang-froid, si mes souvenirs n'étaient tout vifs encore; si mes notes, minutieusement recueillies, n'eussent été rédigées sur le fait même, avant de quitter le théâtre de ces phénomènes, avant d'abandonner mon esprit aux chances du plus léger écart. Ce que j'éprouvai, ce fut donc exactement tout le contraire!

Ainsi, mon visage étant tourné vers le point que mes yeux tenaient en arrêt, je vis les ténèbres s'épaissir et leur intensité s'accroître; enfin l'obscurité devint si dense, qu'elle produisit sur moi l'effet d'un corps qui me touchait. Je perçus la sensation d'une brume sèche et tangible; il me sembla qu'un esprit noir pesant sur moi, sa pression fluidique affectait l'organe de ma vue. J'en éprouvai comme un sentiment de *malaise extérieur* et de trouble interne, que n'accompagnait cependant aucune impression de terreur. Je luttai contre cet état de ma personne comme on lutte contre les visions d'un songe, et mon esprit se dit alors de la voix la plus claire : « Oh! certes, mon imagination est bien parfaitement innocente de cet effet bizarre; et, palpable ou non, il y a là quelque chose de plus que la nuit. Je ne rêve point ce phénomène.... » Et comme, deux ou trois jours après cet incident, suivi d'une manifestation lumineuse, je le racontais à M. de Mirville : « Ah! me dit-il, voilà peut-être ce qui m'expliquerait les paroles, jusque-là passablement obscures, d'un magnétisé. Deux bougies étant allumées devant lui, l'action d'un magnétiseur lui en rendait tour à tour la lumière invisible et visible. » Mais comment un tel effet peut-il donc être produit? nous disions-nous. La réponse du somnambule fut celle-ci : « Ne voulez-vous point tenir compte du grand principe des ténèbres ? » — Ici donc le principe vivant, c'est-à-dire le Prince des ténèbres, était-il venu s'interposer entre nos yeux et les préparatifs auxquels *il paraissait* se livrer [1] ?

Cette pensée me saisit fortement, *et la présence des Invisibles,* dont les œuvres phénoménales nous enveloppent, m'autorise à ne la point repousser.... Au moment, d'ailleurs, où je suis tenté d'y céder, deux points lumineux éclatent simultanément à l'endroit où mes yeux se sont fixés sans le quitter un instant. Ils apparaissent à dix-huit pouces environ au-dessus du sol. Ce sont d'abord comme deux yeux de chat éclairant une sorte de tête vaporeuse. Cette *apparence* n'est point passagère ; elle subsiste, et nous frappe tous également. Je la contemple à mon aise, je la raisonne de mon mieux ; puis, je m'approche, et, mettant un genou

---

[1] Principe, ou Prince, si justement nommé par le grand apôtre, au physique et au moral : *Principes, potestates, rectores tenebrarum harum, spiritualia nequitiæ in cœlestibus.* (Eph., vi, 12). Princes, puissances, recteurs de ce monde de ténèbres ; esprits de malice répandus dans l'air. C'est le principe que la main de Moïse semble étendre sur la terre d'Égypte *en la lui livrant,* lorsque pour la frapper de sa huitième plaie il y produit des ténèbres d'une telle épaisseur *qu'elles sont palpables : tam densæ ut palpari queant.* (Exode, ch. x, ⚹ 21.) Ténèbres « qui surviennent *des profondeurs de l'enfer !* » dit l'Esprit-Saint (Sagesse, ⚹ 13, ch. xvii. Voir la description de ces ténèbres dans tout ce chapitre biblique), et que savent produire, *en se produisant eux-mêmes,* ceux dont elles sont le royaume et comme la substance ! *ut tenebras cum velint et ubi velint inducant.* (Le P. Delrio, l'un des plus savants démonologues, l. II, q. 11.) Lorsque toutefois je raconte, selon la rigide vérité, cette perception de mes sens et ce témoignage de sens intime, je suis loin de donner mon impression pour un fait incontestable, et je me garderais bien de l'imposer à la foi du lecteur. Quelque probable que la rendent à mes yeux *les circonstances* et le milieu qui m'environnaient, j'avoue que, si ce simple élément de conviction m'était offert par autrui, sans autre preuve, je ne l'accepterais point, parce que je n'accepte les faits que lorsqu'ils sont marqués au sceau de l'évidence. A titre de renseignements curieux, néanmoins, et d'élément léger, j'ai cru pouvoir et devoir me permettre cette digression ; son inutilité n'est point chose probable.

en terre, me voici devant elle et face à face. J'ai sous les yeux, et collées à la paroi d'un poêle qui n'a point été chauffé, deux rondelles de véritable phosphore. L'aspect et l'odeur alliacée qui s'en dégage me permettent d'autant moins de m'y tromper, que le phosphore est une de mes vieilles connaissances[1]. Qu'il me soit d'ailleurs permis de répéter que des hommes d'une compétence fort supérieure à la mienne m'environnent, et que, déjà, tandis que je me tais, mon jugement *interne* est confirmé par les paroles qui leur échappent.

Mes yeux se placent donc presque au niveau de ces deux fortes parcelles de phosphore, que je couvre pour ainsi dire de ma tête; elles ne sont point enflammées, et pourtant, leur combustion, leur combinaison avec l'oxygène, s'effectue avec une activité singulière : deux spirales de vapeurs s'en dégagent pour se replier et s'arrondir autour de ces deux points fixes; nul courant ne traverse et n'agite notre atmosphère; aussi ne puis-je m'expliquer comment une force dirigeante ramasse, *ou me semble ramasser ces vapeurs*, et les réunir en une sorte de sphère. De là, lorsque je m'éloigne à quelque distance, un certain effet fantasmagorique de tête ronde aux yeux fixes et brillants. Mais il faut avoir le cœur net de ce phénomène. Je dirige donc, j'avance le pouce de la main droite vers l'un des yeux de cette figure et, tout à coup, je le vois changer de place. Il fuit et tourne comme pour se dérober à mon agression.... mais cette circonvolution ne s'opère que dans un rayon de deux à trois centimètres au plus. Est-ce donc ma vue qui se fausse et me trompe? et ce phénomène fut-il observé par d'autres

[1] Les manipulations de la chimie furent un des passe-temps de l'époque où je suivais mes cours... Quelque temps après, mon laboratoire et mes chiens furent encore deux des objets favoris de mon existence, jusqu'à ce que quelques voyages m'eussent appris qu'il est possible de vivre sans souffler et sans chasser.

que moi? Peut-être l'épaisseur de mon corps dérobe-t-elle en ce moment les deux rondelles aux yeux de mes compagnons? En tout cas, après un moment d'hésitation, car j'avoue que je ne suis point sans crainte, lançant le pouce avec vivacité sur la rondelle que je visais, je la presse, je la frotte brusquement contre la paroi du poêle, et de la façon dont on écraserait avec le doigt une guêpe ou quelque animal à venin redoutable. Je traverse de la sorte cinq ou six fois, du pouce et de l'ongle, la vague figure de vapeurs que j'ai décrite, la balafrant et la coupant dans tous les sens. Et le phosphore ne s'enflamme point, fort heureusement pour mon pouce, au salut duquel j'ai cessé de penser. Il sort tout lumineux de cet exercice, et continue longtemps de luire dans notre milieu de ténèbres....

Du phosphore? Oh! pour le coup, c'était un jeu joué, se récriera quelque personne compatissante! Il y avait là quelque tour de passe-passe. On se moquait de vous, ou vous ne nous ménagez guère!

Ma réponse est d'une simplicité bien grande : je rapporte ce que j'ai vu, bien vu, vu *d'un œil méfiant,* et ce que je n'étais point seul à voir. Nous sommes sur un terrain loyal, chez un homme grave, et la gravité, la clairvoyance scientifique de mes compagnons repoussent l'idée de toute licence railleuse, ou la possibilité du succès. Quelles mains d'ailleurs eussent eu la dextérité d'appliquer, sur le point même que tenaient en arrêt mes regards, et d'autres yeux encore que les miens, ces deux rondelles de phosphore?

Et comment le phosphore, dont l'odeur caractéristique était devenue saisissante au moment où la première lueur éclata, n'eût-il point, jusque-là, souillé de la moindre émanation l'air de notre étroite atmosphère? De quelle sorte, enfin, s'expliquer l'ensemble des phénomènes concomitants, ces lueurs vaguant d'un point à l'autre, courant au gré de je ne sais quels caprices, et ne laissant derrière elles *aucune odeur, aucun fumet,* aucun souvenir, aucune trace? Ajoutons-y ces coups incessants, tous ces bruits imités à notre demande, ces airs reproduits, ces mouvements spontanés, ces transports et ces cabrioles de meubles!

Du phosphore transporté! m'objectera-t-on ; mais pourquoi pas, de grâce? et quelle difficulté, pour nos invisibles tapageurs, de le voler, de l'escamoter, de le faire passer d'un lieu dans un autre, de le fixer, de lui imprimer un mouvement? Je dis le fait, et *les faits* sont, pour le moment, mon unique souci. — Mais, de ce transport d'un objet léger, ne pourrait-on conclure à la possibilité du transport d'une masse énorme au sein des airs : un homme, un bœuf, un mastodonte?... et surtout après ces évolutions et ces soubresauts de meubles pesants[1]! — Encore un coup, je ne me préoccupe ici d'aucun système; il ne s'agit que des faits, que m'importent les conséquences! Et, pour revenir à mon phosphore, est-ce que les Esprits lutins ne sont point reconnus pour les plus habiles prestidigitateurs de ce monde? Est-ce que la plupart des *prestiges* opérés par eux ne sont point *de simples tours,* exécutés avec la puissance, l'adresse et la prodigieuse vélocité qui caractérisent les agents spirituels?

Cependant, fidèle à mon système d'observation à outrance, de défiance, je voulus, aussitôt rassasié de ce phénomène, me munir d'une lampe et procéder à l'examen des lieux. Je pris donc en main la lampe, *qui me fut apportée,* car mes yeux ne quittaient point leur poste, et j'en promenai la plus

---

[1] L'Écriture est pleine de ces exemples. Les anges se font des corps et transportent des corps. (Saint Thomas, *Som.*, q. 54, art. 2, ☩ 4.) Pour un ange, un rien de phosphore est-il plus difficile à transporter que le prophète Habacuc de Judée en Babylonie, ce qui fut l'affaire *d'un instant* (Daniel, xiv, 35-38. Delrio, *Disq. mag.*, l. I, q. 40). Mais pour les esprits légers et superficiels, qui se posent en esprits forts, *la crédulité négative* est commode; elle dispense de la force intellectuelle qui est nécessaire à conduire un examen raisonné.

vive lumière sur la place même que venait d'occuper le phosphore, mais je ne pus y découvrir la moindre trace apparente de corps ou d'action quelconque! Tout s'y trouvait D'UNE NETTETÉ PARFAITE. Nul vestige *du phosphore, ou de son oxyde*, ne laissait à l'endroit où j'avais vu luire les rondelles, et que mes yeux n'avaient point quitté d'un instant, la plus plus légère, la plus insignifiante empreinte.

Non content de ces éléments d'appréciation, je voulus, un peu plus tard, essayer la répétition de cette expérience en la conduisant d'une manière parfaitement naturelle. Je priai donc mon pharmacien, homme intelligent et habile, de me venir en aide; je lui racontai ce que j'avais vu, je lui expliquai mon dessein, et découpant avec lui deux rondelles de phosphore pareilles à celles qui viennent d'être décrites, je les plaçai dans les conditions où j'avais vu celles des Invisibles nous apparaître.

Les phénomènes de l'oxydation du phosphore se renouvelèrent, mais avec une vivacité de combustion incomparablement moins grande. En outre, et je pense que l'on s'y attend, les rondelles menacées du contact de mon pouce *restèrent et me semblèrent rester immobiles;* les vapeurs blanches qu'elles dégageaient obéirent au simple mouvement d'ascension qui leur est naturel, et j'observais, fort longtemps après, sur les parois où nous les avions fixées et non sans peine, les traces parfaitement sensibles de l'oxyde rouge que laisse pour résultat la combustion atmosphérique du phosphore. Mais j'ai sans doute eu tort de transporter *chez moi* le lecteur, avant d'avoir achevé le récit de ma séance, et je la termine.

L'un de mes compagnons s'adressant aux lutins qui semblent se complaire et voltiger autour de nous, leur dit : « Allons, imitez-nous la marche des revenants, et donnez-nous un échantillon de vos bruits et sabbats nocturnes dans les vieux châteaux et les lieux hantés.

A l'instant même, et comme sortant de l'intérieur d'une mince et simple planchette parfaitement immobile, nous entendons le plus singulier tapage. Ce sont des bruits continus, prolongés, mélangés, équivoques : on ne sait vraiment qu'y reconnaître ! Celui-ci frotte, celui-là scie, cet autre racle ou gratte ; et puis on roule je ne sais quels corps, je ne sais quelles chaînes, on les culbute, on les traîne !... Mais aussitôt qu'on étudie ces bruits, dès qu'on s'essaye à les démêler l'un de l'autre et que l'oreille les analyse, leur caractère change, mue, se transforme ! Ils se prolongent cependant, et je crois qu'ils dureraient encore, si notre patience ne se fût lassée. Mais, au bout de deux interminables minutes, nous nous tenons pour satisfaits.

Ne sommes-nous point d'ailleurs suffisamment nourris et rassasiés de ces répétitions ? Si donc j'y retiens encore le lecteur, c'est que je lui veux épargner l'imprudence de me dire : « Vous avez légèrement expérimenté. » J'ajouterai que, généralement, tout le détail de ces bruits, et de bien d'autres, se fait *instantanément* entendre *à l'endroit qu'il vous plaît de nommer*.

Quelques-uns des Esprits qui nous donnèrent des signes de présence, et notamment M. de Saint-Fare, eurent la fantaisie de se faire voir sous des formes humaines à des personnes dont le droit sens et la loyauté ne me semblent point contestables. Cependant, la certitude de ces récits ne reposant point sur une base assez ferme, je les passerai sous silence.

.... Pour ma part, il me fut demandé si je voulais voir un Esprit m'apparaître. — Ni oui, ni non. Si l'apparition se présente d'elle-même, soit, il ne me déplairait pas d'en être témoin. — Passez dans cette pièce obscure, et veuillez attendre. — J'y passai, convaincu que j'allais être spectateur de quelque nouvelle manifestation. Il était

4.

environ minuit.— Aucun phénomène quelconque ne se manifesta. — Décidément mon imagination, si puissamment aidée, n'était de force à rien produire.

Je crois que, dans cette circonstance, je manquai complétement de prudence chrétienne ; je connais même assez mon sujet, aujourd'hui, pour ajouter : et de simple prudence humaine ! Mais je me croyais plus autorisé par l'autorité religieuse que je ne pouvais l'être. — C'était tomber dans une erreur qui est encore, en l'an 1864, celle de quelques prêtres *expérimentateurs*.

Un certain soir que je rentrais chez moi, à la suite de l'une de ces séances, un des Esprits du lieu m'avait accompagné. Ses coups, ou knockings provocateurs, commencèrent à m'amorcer au moment où je me couchais. Une vive inquiétude me saisit, et, pour toute réponse, je priai Dieu ; le silence se fit aussitôt.

LUGUBRE HISTOIRE, AYANT POUR EFFET PROBABLE LA PRÉDESTINATION DE L'UN DES MÉDIUMS DONT NOUS AVONS RELATÉ LES ACTES.

Que si, maintenant, nous voulons aider à l'éclaircissement de ces mystérieux phénomènes, ne sera-t-il point sage et juste d'attirer un instant le regard de nos lecteurs sur *l'instrument animé* qui les met en jeu, sur le médiateur, ou médium, à qui puissance est dévolue de mettre en rapport le règne purement spirituel avec le règne composé d'esprit et de chair qui constitue l'espèce humaine ?

A titre d'épisode, sinon nécessaire au moins utile, et servant à nous initier à la connaissance du pouvoir qui devient l'objet de nos études, traçons donc d'une plume consciencieuse un récit plein de triste intérêt. Ce sera l'histoire d'un événement dont la sinistre influence répandit le deuil sur la famille de l'un de nos plus remarquables médiums, et qui,

CHAPITRE PREMIER.

dès sa tendre enfance, *la prédestina*, si je ne me trompe, au rôle que nous lui vîmes quelquefois remplir ;.... prédestination qui n'a rien de fatal et qui ne peut engager l'avenir de notre âme, lorsque, sous le jour des rayons que verse autour de nous le catholicisme, notre volonté en repousse le détestable artisan.

Je conjurerai d'abord quiconque me suivra de vouloir bien me pardonner quelques minuties : car l'analyse ne parvient à la connaissance des corps que par la décomposition de leur substance ! Et, dans cette opération délicate, l'omission du plus simple élément, la négligence de quelques misérables atomes, suffisent à fermer la voie du succès. N'imitons point cette incurie.

Le drame que je rapporte se passe dans l'enceinte d'une grande ville de province. La famille ***, au sein de laquelle les faits que je m'apprête à relater ont suivi leur cours, jouit de l'excellent renom que chacun de nous souhaite à ceux qu'il aime. Je la connais, et j'ajouterai que, plus d'une fois, le chef de cette famille a fait retentir son nom dans le vaste monde de la science. Les circonstances dont je me constitue le narrateur me furent itérativement racontées non-seulement par des étrangers dignes de crédit, mais par les personnes mêmes que je désigne et que je savais en avoir été les victimes. Tantôt, j'aimais à les interroger *isolément;* tantôt, au contraire, je choisissais, pour céder aux accès de ma maladie questionneuse et inquisitive, mais rigoureusement assujettie aux lois des convenances et du tact, le moment *qui les réunissait* au coin du foyer paternel.

Une année après avoir mis en ordre et rédigé silencieusement la somme de ces incidents, j'en sollicitai de nouveau la narration complète en présence du médium. Plus tard, enfin, je lus ma rédaction tout entière à deux membres de la famille, désirant par-dessus tout circonscrire mes paroles dans les limites de discrétion qui me seraient posées, et me maintenir d'un bout à l'autre dans les termes d'une scrupuleuse exactitude.

En l'an 1846, et vers le milieu de l'été, le père et la mère de notre médium entrèrent, bail en main, dans une maison semblable par les dehors à toute autre.

Oh ! gardez-vous bien de transplanter votre foyer dans cette maison, madame; votre appartement est hanté !.... Hanté, *pour sûr !* nous avait dit, après avoir fait sa reconnaissance, la vieille nourrice de notre fille aînée. « Hanté, oui; hanté, » chuchotaient à demi-voix, mais à l'envi, la plupart de nos voisins.

En province, et nous le savions, il est bon de ne pas croire de but en blanc à la charité trop absolue du voisin. Hanté, bah ! le mot nous fit sourire ; nous eûmes cependant assez d'usage pour l'accepter poliment, et sans permettre à nos épaules le moindre mouvement railleur, la plus faible expression de dédain. — « Oh ! madame, vous ne savez guère, assurément, quels risques vous vous plaisez à courir. » Tel fut le dernier avis qui tinta dans le quartier sur notre passage; on nous regardait avec compassion.

Nous entrâmes [1] ; mais à peine fûmes-nous installés dans

---

[1] J'appellerais puérils les détails de l'épisode qui forme cette note, s'il ne s'agissait, je le répète, d'une analyse; si d'autres animaux, plus tard, ne jouaient un rôle dans un grand nombre d'incidents analogues; si le lecteur ne devait se rappeler *le chat* dont nous allons l'entretenir, lorsqu'il s'agira *plus tard* des chiens de Tedsworth, etc., etc...; si, quelque part, je ne sais plus dans quel passage, Ossian ne disait : « Ce qui prouve qu'un Esprit répond à mon invocation, c'est que ma chèvre frissonne ! » etc.

Un chat qui nous était tendrement attaché nous accompagnait, affirme madame F***. Mais il nous fut dit que les chats ne peuvent vivre dans l'air des maisons hantées, et ce propos nous fit sourire ! Ce qu'il y a de certain, c'est que cet animal fut à peine introduit dans la maison qu'il *devint comme un possédé*. Nous l'enfermâmes d'abord, mais bientôt après il lui fallut ouvrir la porte par pitié. Rien cependant n'annonçait en lui la rage ; et ce qu'il éprouvait était plutôt la sorte de démence que

CHAPITRE PREMIER.

notre triste maison, que *des coups d'Esprits frappeurs (en 1846) y retentirent;* que de temps en temps *les*
cause une panique, une panique que chaque instant renouvelle. Il est difficile de s'imaginer un animal jusque-là plus doux, plus prévenant, plus constant dans son affection; en un mot, qui fût moins de son espèce.

Il n'était chat que de robe. A peine cependant la porte de la pièce où son inconcevable agitation nous avait réduits à l'enfermer fut-elle entre-bâillée, qu'il s'échappa tout hors de lui. Nos caresses, qui lui étaient si chères, furent méconnues; quelque être redoutable semblait le poursuivre; il avait le feu sous les pattes et dans la tête. Bref, le pauvre animal disparut, et jamais depuis il ne nous fut donné de revoir ce vieil ami! La manière dont se passa le fait que je vous dis, et les circonstances qui l'accompagnèrent, nous le firent toujours envisager comme prodigieusement étrange!... Ce pauvre chat ne fut point, du reste, le seul animal dont cette maudite maison ruina l'avenir...

Quant à moi, simple narrateur, j'ai pensé devoir tout dire à mon tour, parce que, dès qu'il s'agit de *dégager une inconnue*, il devient essentiel de procéder selon les règles de l'expérimentation scientifique. Il faut peser les atomes, il faut tenir compte de l'incident le plus microscopique. C'est là quelquefois que se trouve la clef de tout le problème; et, si l'on paraît ridicule à quelques-uns en suivant cette voie, on se sait amnistié d'avance par quiconque vit dans l'habitude de l'observation, du raisonnement, et de la saine critique.

Les chats, plus que tout autre animal, redouter et fuir les maisons hantées! Ce fait est-il général? A-t-il quelque fréquence? Il sera bon de l'observer. Mais, dans le monde des prestiges, — où le désordre et l'irrégularité sont la loi du pays, — si ce phénomène a quelque fondement, ne nous mettrait-il point sur la trace de faits tout problématiques encore?

Je ne sais quel fluide, ou quelle sorte d'excentrique et railleuse électricité, les Esprits semblent aujourd'hui répandre autour d'eux, ou développer dans les lieux qu'ils fréquentent, feignant de la considérer comme un moyen indispensable à leur manifestation sensible. Or c'est un animal fort électrique et tout à fait petite-maîtresse que le chat, je ne dis point le chat à souris, le sous-chat, mais le chat de famille! On ne saurait être plus impressionnable, plus sensitif et plus nerveux que cet enfant gâté de la civilisation féminine. Peut-être bien dans les lieux hantés, où nous *supposons* que ce fluide abonde et se meut, peut-être le chat en souffre-t-il plus qu'aucun être vivant! Qui sait? peut-être aussi, cet animal, créé pour voir et se mouvoir au milieu des *ténèbres*, y découvre-t-il plus tôt et mieux que nous de ténébreux Esprits; je veux dire, y distingue-t-il leurs manifestations fluidiques, alors que nos yeux ne peuvent les y saisir encore! Qui sait? La raison pour laquelle, après tout, j'ai brisé mon récit, c'est que je voulais, au risque de quelques risées, mettre à l'étude ce fait problématique, et *tout supposer*, mais sans rien admettre *avant le moment qui l'exige*.

meubles s'animèrent de mouvements spontanés, et que d'étranges visions commencèrent leur cours.

« Un soir, me dit madame F***, environnée de sa famille et en présence de son mari ; un soir, ma fille X.... — et cette jeune fille est l'un de nos médiums de tout à l'heure, — étant *tout éveillée*, éprouva *je ne sais quelle secousse*. A l'instant même, elle se trouva sous le regard fixe et sinistre d'un fantôme muet qui lui montrait du doigt le berceau de son frère. Et, plusieurs fois réapparut, dans les mêmes conditions, le même fantôme. « — Mère, j'ai peur, me disait-elle. Je vois, la nuit, lorsque je ne dors pas, un homme blême qui paraît et disparaît tout d'un coup sans se faire entendre. Il avance, sans bruit, jusqu'au lit de mon petit frère ; ses yeux tombent sur lui, puis se relèvent et se fixent sur moi d'une manière effrayante. Il se tient roide et immobile : on dirait un des hommes de pierre de notre cathédrale. » Ma fille M... comptait alors ses neuf ans accomplis, et la santé de mon fils était florissante.

» Leur bonne était une domestique digne de toute confiance. Elle me dit à la même époque : « Madame croira peut-être que je me moque d'elle, ou que je suis folle ; mais ce que je vois me trouble la tête. Les joujoux du petit se remuent tout seuls, comme s'il y avait quelque chose dedans. Je les place sur le chambranle de la cheminée, et, petit à petit, ils arrivent par sautillements jusqu'au bord. Quand ils sont là, ils se jettent à terre. Ils ne peuvent plus se tenir en repos... »

Cependant quelques journées s'écoulent, et madame F***, un certain soir, jouissant d'une parfaite tranquillité d'esprit, vient de se mettre au lit. Elle dort, et, dans le calme *de son sommeil*, elle voit se dresser devant elle le fantôme d'un cousin que la mort avait enlevé. Sa pâleur est affreuse, sa couleur est celle d'un abcès (*sic*). « Votre fils va mourir, lui dit-il, et ne vous agitez point, car vous auriez beau faire, rien ne pourrait le sauver. »

Avertie par les visions de sa fille *éveillée* et par celles de son propre *sommeil*, la pauvre mère garde et concentre en elle les sinistres pressentiments qui lui serrent le cœur. On est au milieu de janvier. Le jour luit, la santé de l'enfant est merveilleuse, et c'est plaisir de voir un si bel et si vaillant garçon.

On vient de le lever ; il court, il s'amuse, il prend ses ébats ; la paix de la famille est profonde. Un cri perçant tout à coup déchire l'air, jeté par une des sœurs de cet enfant. Le dernier coup de dix heures retentit sur le timbre.

Madame F*** se retourne, et voit tomber devant elle son fils comme si la foudre l'eût touché ; un coup mortel et mystérieux le renversait. La mère se précipite sur lui, saisit un bassin d'eau bouillante destinée aux usages de la toilette, et, sans se donner le temps de le débarrasser de ses bottines, elle y plonge les pieds de l'enfant. L'enfant se ranime à demi ; mais, à dix heures du soir, et entouré de médecins, il expire. « Je n'ai rien négligé pour le sauver, me dit la mère ; mais j'étais si sûre de son sort !... »

M. F***, homme de science, et d'esprit vif et ferme, se trouvait alors pour quelques jours à Paris ; et, subitement, la volonté lui vint de quitter cette ville. Un de ses amis insistait pour le retenir : « Non, je ne puis rester. — Et pourquoi ? — Mon fils doit être mort ! » s'écrie-t-il contre toute vraisemblance, mais avec vérité. Un mystérieux pressentiment du coup inattendu qui l'avait frappé venait de lui traverser le cœur.

Cependant la douleur faisait plaie chez la mère éplorée, et bientôt, atteinte dans son âme et dans son corps, épuisée qu'elle était sous cette double cause de souffrance, il fallut la veiller de jour et de nuit.

Deux fois vingt-quatre heures après la catastrophe qui lui enlevait son fils, un proche parent vint prendre sa part des chagrins et des soucis de la famille. C'était un chef d'escadron en retraite, homme calme, intrépide, et des plus railleurs à l'endroit des Esprits. On attendait, vers une heure de la nuit, la visite de l'un des médecins des environs, et les convenances voulaient qu'un homme se tînt dispos et prêt à le recevoir : on le pria donc de veiller... Le vieil officier s'installe pacifiquement dans sa chambre et veille, car l'heure de la visite attendue n'est pas éloignée. Quelqu'un frappe doucement à sa porte : il se lève, *ouvre*, et voit devant lui je ne sais quel individu taciturne. Ce ne peut être là le médecin! c'est un homme d'une pâleur sinistre, profonde, et dont l'indécision le surprend. Il est vêtu, de la tête aux pieds, d'un nankin jaune qui brave la température de la saison, car on est en plein mois de janvier.

« Ce drôle est venu pour tenter un mauvais coup, et, sans doute, il ne s'attendait guère à me rencontrer. » S'étant tenu ce rapide discours, le brave officier saute sur une énorme clef qui se trouve à portée de sa main, et s'en fait une arme. L'homme livide se prend aussitôt à fuir et se dirige vers le balustre de l'escalier. Le militaire de se précipiter vers le fuyard. Mais il ne l'atteindra pas; car, au lieu de descendre les marches, le mystérieux intrus semble y glisser tout d'une pièce comme sur une rampe de glace : il se donne ainsi de l'avance et se retourne, une fois ou deux, pour planter un moment son regard fixe et profond dans le beau milieu des yeux du brave qui le poursuit et le menace. Au bas de l'escalier, le malfaiteur va se trouver pris. — Non, tout au contraire, il s'évanouit silencieusement comme une vapeur moqueuse, et sans qu'un des deux battants de la porte se soit entr'ouvert pour lui livrer passage. Le militaire ouvre aussitôt cette porte, et d'un coup d'œil embrasse la rue tout entière. Mais tout a disparu sous les rayons d'une lune d'hiver, dont les splendides clartés traversaient la partie supérieure et grillée de la porte.

Telle fut la fin de l'aventure, mais non point celle des molestations inhérentes à ce lieu possédé : car il arrivait assez fréquemment aux personnes de cette famille et aux gens de la maison d'apercevoir, au milieu de la cour, un enfant à grosse tête et à cheveux noirs, assis sur une pierre:

On s'efforçait de l'approcher, de le surprendre; mais il s'évanouissait comme une ombre; et, comme pour annoncer ces diverses sortes d'incidents, les persiennes des fenêtres s'ouvraient d'elles-mêmes en battant les murs, quelque fixité qu'on leur eût donnée... Les tourments et les malheurs éprouvés dans cette odieuse résidence [1] forcèrent enfin ces intrépides locataires à vider la place.

Depuis cette époque, un certain laps de temps s'étant écoulé, l'une des personnes de cette famille, établie dans une ville lointaine, remit les pieds dans cette maison; mais elle s'abstint scrupuleusement d'y coucher. Cependant, à peine était-elle de retour chez elle, qu'elle y avait ramené, comme en croupe, je ne sais quelle sorte d'Invisibles, s'exerçant au manége des Esprits frappeurs et remuant ses meubles de la plus étrange façon.

La famille entière, interrogée de la façon que j'ai décrite, me certifie ces phénomènes; et, pour ma part, je vis *maintes fois* l'un de ses membres, la jeune fille que j'ai rangée parmi nos médiums, les produire au gré de mes désirs. *Consacrée, je le suppose,* dès sa tendre jeunesse, par le fait de sa résidence dans ce lieu perfide, cette adolescente sentit se développer en elle, à l'époque de l'invasion du fléau des tables, une puissance de premier ordre. C'est assez dire qu'elle devint, dans ses rapports avec les Esprits frappeurs ou

[1] *Loca infesta;* lire P. Thyrée.

lutins, un intermédiaire, soit, en d'autres termes, un médiateur, un médium des plus remarquables.

Mais il est un fait de la plus insigne importance, et que nous devons signaler en terminant ce chapitre : c'est le nombre à peine croyable, et sans cesse croissant, des personnes en qui le spiritisme introduit l'un des principes les plus féconds et les plus actifs *de la folie*. L'Esprit perturbateur s'empare tantôt et directement des médiums, tantôt des simples curieux et des gens de bonne volonté qui se sont prêtés aux expériences et aux leçons de ces sous-agents spirites. Les statistiques les plus exactes ont constaté ce phénomène de santé publique dans les deux mondes, et donnent une opportunité aussi frappante que fâcheuse au fragment que nous nous apprêtons à transcrire, et que des journaux se transmettent l'un à l'autre. Le sujet qu'ils traitent nous étant inconnu, nous y déclinons toute responsabilité; mais nous supplions ceux qui le connaissent à fond de le rapprocher de notre propre sujet par le côté qui le recherche et s'y adapte.

LES MAISONS D'ALIÉNÉS, ET LA LIBERTÉ INDIVIDUELLE.

On nous communique le texte d'une pétition qui vient d'être adressée au Sénat, et qui va poser devant l'opinion publique une des plus graves questions de droit et de philosophie politique dont puisse se préoccuper une nation qui croit jouir avec plénitude de ce qu'on appelle si pompeusement les conquêtes de la révolution française.

Un mot d'abord sur les circonstances à la suite desquelles cette pétition s'est produite.

Dans une ville de province dont il est inutile d'écrire le nom, une double enquête administrative et judiciaire a eu lieu dans l'asile départemental des aliénés. — Un des fonctionnaires de l'établissement, appelé à déposer, a cru devoir parler suivant sa conscience :

« Voyant, dit-il, qu'on refusait de m'entendre ou de me croire, j'ai déclaré que je sortirais de l'asile pour faire connaître la vérité à qui voudrait l'entendre. C'est dans ces conditions, c'est dans ce but que je l'ai quitté, et c'est à vous, messieurs les sénateurs, que je viens dire la vérité.

» Vous la trouverez dans le mémoire ci-joint ; j'y ai résumé les résultats de quatre années d'observations et d'expériences.

» Je n'accuse aucun asile, pas même celui d'où je sors. — J'envisage les choses de plus haut ; je parle en général. Je dis que les abus sont possibles, sont faciles, et toujours sûrs de l'impunité, dans tous les établissements de ce genre. — Qu'on étudie la loi des aliénés et le règlement intérieur, qui n'est que l'application de cette loi, on se convaincra infailliblement de la nécessité de remédier à une organisation qui défie les investigations de la justice, et qui, en appelant des médecins seuls à garder, à placer et à visiter les malades d'esprit, — malades ou non, — dans les maisons dites de santé, met l'administration supérieure, aussi bien que la société et les familles, dans l'impossibilité de se renseigner exactement sur le sort de tant de malheureux. »

« Et comme conclusion, le pétitionnaire demande une *loi Grammont* en faveur des aliénés. »

« On comprendra sans peine l'importance des problèmes que cette pétition soulève ; et, si quelque chose nous étonne, c'est que le pays ait attendu jusqu'à ce jour pour se demander ce qui se passe dans les maisons de fous. De louables efforts ont déjà été faits pour donner l'éveil. Il y a déjà des années que le *Monde*, et avant lui l'*Univers*, attaquent la législation et la thérapeutique aliéniste. Dans les premiers mois de 1863, l'*Opinion nationale* avait publié deux lettres et une pétition au Sénat qui méritaient d'être remarquées. La pétition n'a pas même été rapportée, et les magistrats, le barreau, la presse, et surtout la presse qui se dit libérale, la médecine, enfin, ont fait comme le Sénat; rien n'a pu les faire sortir de leur silence. Et cependant il nous semble qu'il serait urgent d'aller au fond de la question. »

« Un mot tout nouveau a été prononcé, il y a deux mois, dans une occasion solennelle. Le plus accrédité des représentants de la médecine légale, M. Ambroise Tardieu, a pour ainsi dire installé ou inauguré, dans son discours de rentrée à la Faculté, une branche de la science officielle inconnue avant cette époque; il l'appelle la *Médecine politique;* institution d'invention récente, dont les attributions exorbitantes et mal définies peuvent devenir une menace permanente pour la première de nos libertés, et constituent toute une révolution dans notre droit public. Ce n'est pas moins, en effet, qu'une magistrature irresponsable et clandestine, *en contradiction flagrante avec le reste de nos lois;* car, chaque membre de cette magistrature médico-légale, centralisée dans la main du pouvoir, ou plutôt chaque médecin se trouve aussi riche que M. le duc de la Vrillière, qui, comme on le sait, avait toujours en poche une lettre de cachet au service de ses amis. Sur le simple certificat d'un médecin aux rapports, et même d'un docteur quelconque, la porte d'un établissement d'aliénés peut s'ouvrir à toute heure du jour ou de la nuit, et en voilà pour jamais. »

« Chose étrange : il y a en France un barreau qui s'intitule, avec un légitime orgueil, le premier barreau du monde; et, parmi ces jurisconsultes si profonds et si brillants, pas un seul ne se dit qu'il y a en ce moment trente mille Français détenus à temps ou à vie dans les asiles publics ou privés, et que ce sont, dans toute la force du mot, trente mille prévenus ou accusés qui se voient retranchés du monde sans pouvoir obtenir d'être ni entendus, ni défendus, ni jugés. — *La médecine l'a dit* : cela répond à tout. Singulière réponse pour un temps qui se vante d'être sceptique! Napoléon disait à Sainte-Hélène : « Si le peuple ne va plus à la messe, il ira chez mademoiselle Lenormand ou chez Cagliostro. » Tel se pique aujourd'hui de ne plus croire en Dieu, qui croit fermement en Sganarelle. Juste punition de l'incrédulité de nos jours, qu'il y ait en ce moment quelque chose comme trente-six millions de Gérontes dans la patrie de l'auteur du *Médecin malgré lui*. ».

« Pour nous, nous tenons à honneur de prouver aux représentants de la philanthropie et du libéralisme que la religion, qui semble n'avoir pour mission que de rappeler à l'homme ses devoirs, est aussi la meilleure gardienne de ses droits. C'est un journal clérical qui prend hautement la défense des principes de 1789, oubliés ou méconnus par ceux qui font profession d'en être les seuls défenseurs; et nous montrerons, une fois de plus, qu'il n'y a de véritable esprit de liberté que là où se trouve le véritable esprit de charité.[1] »

Rien de plus clair et de plus lugubre que cet article, et surtout à notre point de vue, celui des hallucinations du médium, à l'endroit des désordres intellectuels que causent, dans l'organisme humain, les démons que l'Évangile appelle en toutes lettres des Esprits de maladie : *Spiritus infirmitatis*[2]; hallucinations longuement exposées dans la seconde partie de notre livre des *Médiateurs et moyens de la magie*.

Il ne s'agit plus, *pour nous*, en effet, de ces crimes auxquels se sont prêtés, hélas! quelques médecins, si nous ajou-

---

[1] *Journal des Villes et Campagnes*. A. Delahaye. — Le *Monde*, 16 janvier 1864.
[2] Saint Luc, XIII, 2.

tons foi en Europe aux listes de la justice; crimes dont le résultat est de faire pourrir au plus vite, dans les oubliettes d'une maison d'aliénés, le pupille, la veuve, l'être faible ou odieusement circonvenu, dont de rapaces et audacieux spéculateurs, tuteurs ou parents, ont convoité la fortune. Non, il s'agit de médecins *consciencieux*, si ce n'est abuser du langage que d'appliquer une telle qualification aux faux fils de la science, à ceux qui se feraient une arme de leurs préjugés contre la raison même et l'évidence. Il s'agit au moins de la foule immense, et que nul ne saurait compter, de ces docteurs dont l'ignorance ou l'orgueil se roidit à l'endroit des causes propres à déterminer les hallucinations, les manies et les folies démoniaques; folies guérissables et réductibles par des moyens étrangers à l'art médical, mais que les traitements du médecin ou de l'aliéniste vulgaire ne servent qu'à redoubler ou à irriter.

Ainsi M. le Dr Moreau, s'élevant, de toute la hauteur du vrai savant, au-dessus de cette foule, constatait, en Belgique, des folies furieuses qui, après avoir résisté, sous d'affreux verrous, aux efforts extrêmes de l'art curatif, tombaient et cédaient, à la stupéfaction de gens plus simples qu'ils ne se figuraient l'être, devant les saints et imperturbables exorcismes de l'Église... Un peu plus tard, deux de mes amis, l'un desquels est de ces dignes représentants de la science médicale qui savent oublier pour mieux apprendre, visitaient, et nous ne dirons point en quel pays, un établissement d'aliénés moitié bagne et moitié château. Causant à loisir avec les habitants du lieu, ils en remarquèrent qui se prétendaient étrangement soulagés par la prière et l'eau bénite, lorsqu'ils parvenaient à s'en procurer; tout autre remède ne leur causait que fatigue. Mes amis, s'efforçant alors d'attirer sur cette singularité l'attention réfléchie du médecin de l'établissement, celui-ci les regarda de l'œil d'un homme qui croit découvrir une proie, et ses clients restèrent, bien entendu, sous les verrous.

Les noms dramatiques et mélodramatiques d'inquisition, d'oubliettes, de lettres de cachet... ont disparu ; mais, ô grand Dieu ! que de tortures, que de plaies sociales, — si nos autorités et nos pétitionnaires ne sont étrangement en défaut, — aurait à guérir le législateur, en sauvegardant la liberté, la sécurité, la vie du citoyen que peut atteindre le fléau de la médecine présomptueuse et incrédule ; car à ses yeux, la simple croyance au démon, telle que l'*enseigne* et la *peint* le rituel de l'Église, est un signe indubitable d'hallucination et de folie ! Aujourd'hui surtout que le spiritisme a multiplié d'une manière si prodigieuse les cas et les accidents de la folie; quel inappréciable service ne rendrait donc point une loi sage et humaine, en donnant au prêtre et à la famille le droit de pénétrer dans les oubliettes inscrites au titre de la folie, le droit d'introduire dans tout établissement aliéniste, avec l'expert et le juge ecclésiastiques, des conseils mixtes de magistrats et d'amis, un jury de gens graves et d'hommes initiés soit aux rouries hypocrites et audacieuses des pourchasseurs d'héritages, soit aux rouries plus habiles encore du démon, implacable ennemi du corps et de l'âme de l'homme ! Que si, d'ailleurs, nous indiquons le but de la loi, nous laissons aux experts le soin d'en formuler le texte.

Oh ! ce fut un bien stupide vandalisme que celui qui, dans le domaine de la science, osa bannir de la liste des faits admissibles et les phénomènes que nous décrivons et l'étude qui nous en découvre la source[1]. Puissé-je, pour ma faible

---

[1] Depuis que mes études m'entraînèrent à la recherche de ces phénomènes, j'en découvris un certain nombre en me donnant quelque peine, et dans les lieux où l'homme au regard indolent ne voit que la terre qui poudroie.

C'est en se donnant la même peine que le chasseur découvre et

part, contribuer à hâter le moment qui verra redresser cette singulière aberration de la raison de l'homme! Mais, quoi qu'il advienne, une conclusion sort et de ces observations et de mon expérience personnelle. Je la formule en ces termes :

CONCLUSION DE CE PREMIER CHAPITRE.

Parmi les phénomènes qu'il me fut donné d'apprécier à l'aide *de mes sens*, en compagnie de valides et d'excellents témoins, ceux que mon récit énumère accusent l'existence, au milieu de notre monde, d'une force invisible et motrice, d'une force intelligente et indépendante de nos volontés, mais qui se met en faciles rapports avec l'intelligence de l'homme. Cette force est donc nécessairement spirituelle.

Elle agit sur les corps animés, et, par exemple, sur l'organisation des médiums, d'une façon que, pour le moment, on me permettra de nommer magnétique.

Elle les pénètre, elle introduit en eux, en s'y introduisant, *une science et des facultés de passage* étrangères à leur personne, et quelquefois *supérieures* à leur nature. C'est là ce que nos pères appelaient, en langage technique, la science infuse.

Ce n'est point tout, et l'action qu'elle exerce sur la matière inerte est d'une qualité non moins prodigieuse ; car

débusque le gibier, dans le pays où le simple passant qui suit les routes battues ne saurait rien voir. Chaque animal, en effet, se tient immobile, ne se lève que devant la quête du chien ou le pas de l'homme, et chaque motte de terre, d'ailleurs, n'est point une pièce vivante empressée de faire ses avances au plomb et à la broche. Qui ne cherche point rencontre peu.

Ce que j'observai surtout, c'est que, dans les familles qui furent inquiétées ou désolées par ces fléaux, on s'attacha, jusqu'aux jours où nous les vîmes redevenir fréquents, à les couvrir sous un profond silence. Etait-ce, aux yeux de ces familles, comme une de ces maladies que l'on n'avoue jamais sans rougir? Y voyaient-elles quelque malédiction du ciel, ou, plutôt, *la fanatique incrédulité* du siècle arrêtait-elle leur récit devant la terreur du ridicule? Ce que je sais, c'est que, devant l'apparition de ces faits, on se cadenassait les lèvres.

elle semble, en s'y infusant, y infuser la pensée; elle lui donne un langage, le mouvement, une vie réelle, *mais inorganique*. Elle la transporte d'un lieu dans un autre, et la rapidité de ce transport en rend quelquefois le phénomène insaisissable à la vue.... Que s'il vous plaît de rapprocher et d'unir *les actes élémentaires de cette force,* décrits par ma plume dans leur simplicité, vous voyez naître et sortir de ces éléments combinés toute une série de phénomènes; ce sont ceux du magnétisme transcendant, que ses plus renommés professeurs, MM. Teste, du Potet, Éliphas, ne craignent plus de nommer la Magie; ce sont, en un mot, les phénomènes de l'antique sorcellerie : rien ne luira bientôt d'une clarté plus franche.

Or, j'ai dit, et je répète, que le témoignage de mes sens me fut confirmé, dans le cours entier de ces séances, par le témoignage des sens et le jugement de mes doctes et intelligents compagnons d'expériences. Et, de son côté, le témoignage de l'histoire que chaque siècle nous apporte en tribut, et que je sus étudier avec un soin dont le lecteur sera juge, s'ajoute et s'ajuste à celui des hommes de mérite qui me permirent de joindre mon expérience à la leur. Qu'imaginer de plus fort que la concordance de ces hommes de tous les temps, fondateurs ou disciples d'écoles religieuses et philosophiques si discordantes?

Et qu'objecter, lorsqu'un même et tacite sentiment les rapproche et les réunit sous la splendeur des sciences de notre dix-neuvième siècle; lorsqu'une même pensée anime ces hommes à recueillir, à passer au crible *les faits* qui se produisent, tout en repoussant de la main la plus impitoyable ceux que le monde physique peut engendrer ou expliquer, afin de ne laisser place qu'à ceux dont l'origine et la nature accusent un monde entièrement distinct? En vérité, quoi de plus sûr et de plus harmonieux que ce concert?

Ajouterai-je que, sur le nombre immense d'individus qui peuplent Paris, — et je mé restreins à cette unique ville, — plus de vingt mille investigateurs ont vu de leurs yeux, ont entendu de leurs oreilles, et soutiennent de leur intelligente parole la réalité des phénomènes dont j'expose la bien simple histoire?

Or, de ces témoins ambulants, les uns adorent le Christ, les autres non. Un grand nombre se rattachent aux groupes des écoles nombreuses du magnétisme, dont les éléments, bizarrement mélangés, offrent sur le terrain de cette croyance un si rare accord. D'autres, à côté de ceux-ci, occupent une ligne vague et neutre.

Aussi, lorsque ces hommes ouvrent la bouche, non plus *pour rapporter,* mais *pour interpréter les faits* qu'ils reconnaissent et qu'ils proclament à l'unisson, une discordance babélique éclate-t-elle à l'instant, et leur admirable concert se métamorphose-t-il soudain en une étrange cacophonie! Mais tous ces individus, mais toutes ces écoles, mais tous ces siècles, — et c'est là le fait dominant sur lequel il faut que notre attention s'arrête, — tous ensemble, disons-nous, s'inclinent devant l'*évidente réalité* des faits que nous avons décrits.

Or, le propre de ces phénomènes, c'est de nous conduire par une voie sûre à l'intelligence de l'*importante inconnue* que nos recherches poursuivent. Ils sont les éléments dont les combinaisons enfantent, composent et réalisent le monde fantasmatique de la magie! *Je les ai tenus et pesés;* n'était-ce point là ce que ma main devait faire avant de saisir la plume qui commence ce livre?

CHAPITRE II.

QUELS SONT LES AGENTS DES FAITS SURNATURELS, OU DU MERVEILLEUX ? — 1° DES ANGES.

Les bons anges. — Le rationalisme naissant jusque sous leur parole. — Exemples et doctrines tirés des livres judaïques. — Quelle confiance ils méritent ; comment ils se mêlent aux hommes, les protégent ou les châtient. — Leur action sur ce monde. — Ces vérités enlacées aux doctrines des philosophes magiciens ou théurges d'Alexandrie. — Exemples tirés de l'antiquité païenne. — Swedenborg et M. le Dr Brierre de Boismont sur ce point. — Engelbrecht et le même. — Le faux bon ange. — Autre bon ange dupant un théologien. — Ses merveilleux dessins. — Têtes de Jésus et de Marie visitées par M. de Mirville et M. des Mousseaux. — Les dessins, et le gouverneur Tallmadge. — Un de mes amis. — Autres traits. — L'ange d'Evangelista. — La sœur de charité. — Mademoiselle J... et conséquence. — Véritable office des anges. — La Madone de Verviers et l'Enfant Jésus, dont les doigts de pierre s'entrelacent. — Les Madones d'Italie et l'Église à l'époque où, dans le royaume de France et de Navarre, la sainte guillotine venait de succéder à Louis XVI.

Une myriade de faits surhumains, et par cela même merveilleux, se reliant à la famille de ceux dont le rapide défilé captivait tout à l'heure nos regards, vont se mêler au tissu de nos chapitres, et grossir sur notre route, en les simplifiant, le nombre et la variété des problèmes. Une question préalable, et relative à ces faits, se présente donc, qu'il importe au plus haut *degré de résoudre*[1].

Elle est bien simple, et la voici nettement posée : Les phénomènes que nous avons désignés sous le titre de surnaturels ou de surhumains existent ; ils ne peuvent exister sans causes ! Quels en sont donc les agents générateurs ? où les trouver ? qui nous les nommera ces agents, les uns réels et les autres *peut-être imaginaires :* ces agents hostiles les uns aux autres, ou bien alliés entre eux, ne fût-ce que

---

[1] Si *nous tranchons* quelquefois les questions par anticipation, c'est dans l'intérêt d'une marche rapide ; mais *nous les traitons aussitôt après*, et la clarté doit plutôt gagner que perdre à ce procédé.

de la manière dont le sont, dans les harmonies de notre monde, les ténèbres et la lumière ?

Le catholicisme *de tous les siècles* énonce et caractérise les uns. Ce sont ceux que le monde idolâtre lui-même n'a cessé de nommer et de décrire par la voie de ses plus doctes personnages. Les autres figurent sur une liste de découvertes successives et contradictoires, que proclament des écoles de physiciens matérialistes de toutes les dates. Mais leurs découvertes, sujettes à s'entre-heurter, ne seraient-elles point quelques nouveaux fantômes éclos des élucubrations de la science ? Si je n'en étais sûr, je le craindrais, car elles accusent pour auteurs quelques *spécialités* [1] scientifiques *égarées hors des limites de leur propre domaine*, et qui, *se dépaysant de la façon la plus étrange*, viennent, tête baissée, se ruer contre les escarpements d'où le théologien et le philosophe expérimentateurs contemplent et dominent le terrain de toutes les sciences.

Empressé que nous sommes d'exprimer les deux opinions contraires, nous dirons qu'au point de vue de la science traditionnelle, justifiée par *l'étude* et *l'expérience* contemporaines, les agents du surnaturel, ce sont : les anges de Dieu, les démons, et les âmes des morts [2]. Mais au point de vue fort étroit des demi-savants, dont l'esprit ne saurait prendre son essor au-dessus des domaines du règne animal, ce que nous appelons en langage ordinaire le surnaturel a *pour unique agent une force fluidique,* un fluide vital et *animique,* qui sait tout et ne se sait pas lui-même ; une âme universelle qui va se morcelant, se divisant à l'infini, se ressoudant sans cesse à elle-même [3].

[1] On m'excusera si j'use de temps en temps des termes en vogue.
[2] Je confonds ici les saints vivants et à miracles avec les anges de Dieu et les âmes célestes, de même que les suppôts vivants des démons avec ces mauvais esprits.
[3] On nomma ce Protée, suivant les temps : archée, feu vivant, fluide

Et d'abord, pour nous autres, gens du catholicisme, est-il quelque *solide raison* de croire à l'existence des anges de Dieu? à leur intervention dans les affaires de ce monde?

LES ANGES.

Si peu que les Écritures hébraïques contiennent un texte d'où résulte un sens limpide et clair, les anges bons et mauvais ne sont rien moins qu'un rêve. Ève vient de naître, et le démon s'introduit dans le serpent, de la même façon qu'aujourd'hui s'introduisent les Esprits visiteurs, que nous aurons à juger, dans les tables causeuses et fatidiques. Il parle, elle pèche; et bientôt des chérubins ardents gardent l'entrée du jardin de délices, d'où le péché, qui dégoûte et soulève Dieu, chasse l'homme sans retour [1]....

.... Après le terrible baptême de la terre par le déluge, les anges du Seigneur ne l'ont point encore entièrement désertée; ils conversent encore avec les patriarches. Abraham, assis à la porte de sa tente, au moment de la grande chaleur du jour, lève les yeux, et trois hommes lui apparaissent : ce sont les *anges* qui représentent le Dieu triple et un [2]. Le Livre sacré les appelle le Seigneur. *Ils mangent* le repas que leur sert Abraham, et lui disent : « Nous reviendrons vous visiter dans une année; vous aurez alors vu naître votre fils Isaac. » Et Sara s'était mise à rire, ainsi qu'avait ri d'abord Abraham, à cause de son âge et de l'âge de son mari. — Le rationalisme s'inaugurait ainsi jusqu'en

magnétique, fluide odyle, force biologique, lumière astrale, principe vital, etc., etc. Mais il est identique avec lui-même sous une myriade de noms différents. Est-il *un néant,* ou n'est-il que d'*une efficacité mesquine* dans son action? Nous espérons qu'à la fin de cet ouvrage on ne nous posera point cette question.

[1] Genèse, III.
[2] Si l'on veut savoir ce que les Juifs savaient de ce Dieu *triple et un,* il faut lire l'*Harmonie entre l'Église et la Synagogue,* Drach, 1844, v. 1, p. 277, etc.

présence et sous la parole même du Seigneur ! Mais le Seigneur, les reprenant tous deux dans la personne d'Abraham, lui dit : « Sara vient de rire, et pourquoi ? y a-t-il rien de difficile à Dieu[1] ? » — L'un de ces anges permet ensuite qu'Abraham débatte avec lui la question du salut de Sodome. Le Seigneur épargnera les villes immondes moins coupables *que les villes incrédules*, s'il peut y rencontrer seulement dix justes[2].

Deux de ces anges arrivent à Sodome, sous forme de voyageurs, et reçoivent l'hospitalité dans la maison de Lot. Les Sodomiens, qui ne les voient qu'avec des yeux charnels, exigent que ces hommes subissent leurs brutalités. Lot résiste, il est insulté ; mais aussitôt les anges se font connaître en le protégeant contre la fureur de ses concitoyens. Ils affligent *du plus singulier aveuglement*, et depuis le plus petit jusqu'au plus grand, tous ceux qui s'étaient répandus au dehors, de sorte qu'aucun d'eux ne peut plus retrouver la porte de la maison menacée qui frappe les yeux de tous ! La nuit s'écoule ; et, dès le point du jour, *les anges prennent par la main* les membres de la famille de Lot qui s'attardaient, et les conduisent hors de la ville, que dévore aussitôt le feu de la colère divine. Plus tard, l'ange du Seigneur arrête le bras d'Abraham près de lui sacrifier Isaac. Jacob, après avoir rencontré des anges sur son chemin, lutte contre un homme qui lui apparaît dans le désert, et cet homme est le Seigneur : c'est-à-dire toujours l'ange du Seigneur[3] !

Ailleurs, Dieu dit à son peuple : « Je vais envoyer mon ange afin qu'il marche devant vous, qu'il *vous garde* pendant le chemin, et qu'il vous fasse entrer dans la terre que

---

[1] Genèse, XVII, 17 ; XVIII, 12-13, etc.
[2] Genèse, XVIII. — Saint Matthieu, XI, 21-24.
[3] Genèse, XIX, XXII, XXXII.

je vous ai préparée. « Respectez cet ange; écoutez sa voix et gardez-vous bien de la mépriser, parce qu'il ne vous pardonnera point lorsque vous pécherez, et qu'il parle en mon nom! Mais si vous écoutez sa voix et que vous fassiez tout ce que je vous dis, je serai l'ennemi de vos ennemis et j'affligerai ceux qui vous affligent. » Quelle plus rassurante et admirable protection pour chacun de nous! et nous négligerions nos anges? — L'ange de Dieu, nous dit Moïse, marche devant, puis derrière le camp des Israélites; et cet ange est celui qui va les faire entrer dans les terres des Amorrhéens[1].

Dieu, pour châtier l'infidélité de David, envoie la peste dans Israël. Son ange exterminateur est le ministre du fléau; il marche, il avance d'un pas tranquille et méthodique et sûr, semblable à l'homme dont la faux moissonne. Soixante-dix mille hommes tombent sous ses coups en trois jours! c'est alors qu'il est permis à l'œil humain de le voir à l'œuvre. Et « déjà ce ministre du Seigneur étendait la main sur Jérusalem pour la ravager, lorsque Dieu, prenant compassion de tant de maux, lui dit : « C'est assez, retenez votre main. » L'ange était alors près de l'aire d'Aréuna, Jébuséen demeurant sur le mont Moria[2]. »

Sur le point d'entreprendre son pénible voyage, le jeune Tobie rencontre un jeune homme de belle apparence et qui s'était ceint pour la marche. Ne sachant point que ce fût un ange, il le questionne, et celui-ci répond : « Je suis un des enfants d'Israël, — car, par un effet de la miséricorde divine, nos anges s'identifient en quelque sorte avec ceux qu'ils gardent, — et je sais le chemin qui conduit chez celui que vous cherchez.... » Étant supplié par le père de Tobie de servir de guide à son fils : « Je le mènerai, puis je le

[1] Exode, XXIII, 20-23.
[2] II, Rois, XXIV, 16.

ramènerai; le temps s'approche où Dieu doit vous guérir, ayez courage! » — Le père répond : « Que Dieu soit avec vous dans votre chemin, et *que son ange vous accompagne!* »

Or ce jeune homme « *qui leur paraissait boire et manger,* tandis qu'il se nourrissait d'une viande invisible et d'un breuvage qui ne peut être vu des hommes », ce jeune homme qui conduit Tobie, qui le protége dans les moments périlleux [1], qui lui donne un moyen *sensible* et *sacramentel* de chasser les démons homicides, qui saisit un des plus redoutables *Esprits de ténèbres pour le lier en un lieu déterminé,* qui se charge des intérêts pécuniaires du jeune Tobie, qui le marie et qui, voyageant à sa place pour recouvrer une somme due, devient gaiement son procureur; ce beau jeune homme, le compagnon *visible* et *tangible* de toute cette vie de voyage, symbole de la vie humaine sous la tutelle de l'ange gardien, c'est le saint archange Raphaël! c'est l'un des sept anges qui sont toujours présents devant le Seigneur [2]. Qui sait l'histoire admirable des anges, sur lesquels nous avons de si doctes et antiques traités, sait la haute importance de ce rôle; qui ne la sait point, en trouvera de magnifiques aperçus dans les quatre derniers volumes de M. de Mirville. En tout cas, quoi de plus suave et de plus touchant que cet épisode! Mais Tobie vivait de la vie des justes!

Héliodore, au contraire, un de ces suppôts de despotisme qui n'ont d'autre conscience que la volonté, rouge ou noire, de leur maître, acceptait de son souverain l'ordre de faire la guerre au Dieu du ciel, et de piller son temple! Est-il quelque chose de plus simple et de plus facile? Voyez donc, vos yeux vous le disent; il arrive, et le peuple fuit, les femmes

---

[1] Tobie, VI, 2, 9.
[2] Tobie, Livre deutérocanonique, XII, etc., etc.

se noient dans les pleurs, les prêtres n'ont plus d'autres armes que la prière. Rien que cela, contre les armées du grand roi de Syrie! Le temple est vide, l'œil des ignorants n'y voit que de l'air. Un Héliodore n'y découvrira rien de plus! S'avançant le front haut à la tête de ses gardes, il frappe donc à la porte du trésor qu'il s'apprête à violer! On va lui répondre; patience! Car voici tout à coup les Invisibles devenus visibles! Un homme terrible, dont l'armure d'or étincelle, *monte un cheval magnifique qui, de ses pieds de devant,* abat l'orgueilleux profanateur. *Deux jeunes hommes, éclatants de gloire* et *de beauté,* apparaissent comme ses subalternes, se placent à ses flancs, et le frappent sans relâche. *Ceux qui lui obéissaient sont renversés* par une vertu divine! Et ce sont des anges qui portent ces coups *à la face de tant de témoins*[1]!

Lors donc que le temple est matériellement vide, la vertu de Dieu le remplit, et ses invisibles messagers y obéissent à sa parole. Mais, si ces ministres redoutables du Seigneur frappent et tuent, ils savent aussi guérir, et en un clin d'œil; ici donc, à la prière du grand prêtre, et au nom du Seigneur, *ces mêmes anges* s'adoucissent et rappellent à la vie Héliodore humilié.

Un ange encore, et je ne m'attache nullement à suivre l'histoire sacrée pas à pas, l'ange Gabriel, fut député du haut des cieux pour faire savoir à Zacharie que, de sa femme stérile et âgée, devait naître Jean, le saint précurseur de Jésus-Christ! Et, quelques mois à peine écoulés, le même ange, *toujours présent devant Dieu,* apparaissait à la vierge Marie dans sa maison de Nazareth, *authentiquement* transportée par les anges de Palestine en Italie, où nous la visitâmes avant le massacre de l'armée papale à Castelfidardo. C'était pour lui porter la nouvelle que dans son

[1] Machabées, l. II, cap. III. — Raphaël, Chambres, Vatican.

sein immaculé l'opération du Saint-Esprit allait engendrer le Verbe de Dieu[1].

Jésus, mort sur la croix, ressuscite par sa propre vertu dix-huit siècles avant que le livre de M. Renan, pétri d'ignorance et de platitudes, lui vaille dans une multitude de cœurs réfléchis et droits une résurrection morale. L'ange du tombeau dit alors aux saintes femmes qui venaient visiter le Dieu crucifié : « Ne craignez point, et hâtez-vous d'aller dire à ses disciples qu'il est ressuscité[2]. » Puis enfin, et comme dernier exemple de l'Écriture qu'il me semble opportun de rappeler, Hérode Agrippa vient de jeter saint Pierre dans un cachot; demain sera le jour du supplice de l'apôtre; il dort entre deux soldats, et deux chaînes le lient. Un ange du Seigneur apparaît tout à coup et la prison se remplit de lumière. *Il pousse le captif par le côté*, l'éveille, et les *chaînes tombent* des mains de Pierre, à qui le divin messager commande de se vêtir et de le suivre. Pierre, en obéissant à cet ordre, *se figure songer!* Mais deux corps de garde sont franchis; la porte de fer *s'ouvre* d'elle-même, et le chef de l'Église du Christ chemine dans la rue, en compagnie de l'ange, qui, l'ayant sauvé, disparaît; Pierre s'aperçoit alors que sa vision n'est point un rêve[3]. — Il y a bien là des anges, si je ne me trompe, des apparitions d'anges, de bons anges; et souvent ces Esprits sont revêtus de corps visibles, tangibles, et laissant de leurs missions ces traces évidentes que l'École appelle objectives.

Ces anges agissent, opèrent, et leur action frappe nos sens; elle nous est salutaire ou redoutable! De bons anges peuvent donc nous apparaître; et, que notre intelligence le juge nécessaire ou non, ils peuvent, compris ou incompris, se mêler à nos actes. Mais quoi de plus simple, et quelle

---

[1] Saint Luc, I. — Plus tard je décris ce transport de la santa Casa.
[2] Saint Matthieu, XXVIII, 5-7.
[3] Actes des Apôtres, XII, 5, etc.

CHAPITRE DEUXIÈME. 77

vérité plus alphabétique *pour un chrétien qui s'est tant soit peu soucié de s'instruire !* Devant la face de Dieu, « tous les anges ne sont-ils point des Esprits, *qui tiennent lieu de serviteurs et de ministres,* étant envoyés pour exercer leur ministère en faveur de ceux qui doivent être les héritiers du salut? et cet univers entier n'est-il point administré dans toutes ses parties par les anges [1] ? »

La sagesse, la justice et la miséricorde de Dieu ont donc leurs moyens et leurs heures, que nul, sans doute, n'aura la sacrilége prétention de savoir ou de régler, en adressant à ces ministres de la volonté du Très-Haut un téméraire appel.

Mais trop grande est notre richesse en faits *historiques* pour avoir à craindre de nous appesantir sur cette donnée fondamentale de l'existence et de l'action des anges sur notre monde ; et nous n'avons point l'*enfantine simplicité* de nous figurer que cette action soit plus incroyable lorsqu'elle se rend visible à nos yeux que lorsqu'elle se dérobe à notre vue !

Longtemps avant nous, les Juifs, édifiés par les faits publics de leur histoire et par le témoignage de générations successives, avaient les plus fortes raisons du monde « pour être persuadés que tous les domaines de la création, depuis le ciel jusqu'à la terre, et que les astres du firmament, les éléments de l'abîme, les montagnes, les plantes, les animaux et les hommes des soixante et dix peuples de la terre, étaient confiés à la garde d'Esprits particuliers[2] ».

Et ce que les lettres sacrées des Hébreux nous ont enseigné sous mille formes, les hauts docteurs de l'Église nous le répètent en disant : « Il n'y a rien dans le monde visible qui ne soit régi et disposé par la créature invisible[3]. » Les

---

[1] Saint Paul aux Hébreux, I, 14. — Voir mon dernier chapitre des *Médiateurs et moyens de la magie.*
[2] Görres, *Myst.,* v. III, p. 22; *Hist. et doctr. de toutes les sectes juives,* Beer, t. II; Brunn; 1823.
[3] Saint Grégoire, *Dial. IV,* ch. v.

Pères ont admis, d'accord avec les patriarches, dont Platon semblait répéter les paroles, qu'il existe divers Esprits préposés au gouvernement des choses matérielles! et saint Augustin a dit[1] : « Chaque être vivant dans ce monde a un ange qui le régit! » Saint Jean Damascène[2], de son côté, pense et exprime que le diable était du nombre des vertus angéliques qui président au gouvernement des choses terrestres.

A l'occasion de ces paroles du livre des Nombres : « *Aussitôt* que l'ânesse de Balaam vit l'ange, » Origène énonce que le monde a besoin d'anges qui régissent les animaux, les plantes, les arbres et tout ce qui est susceptible d'accroissement. Mais il ne faut point supposer de là qu'un ange soit destiné par sa nature à diriger les animaux plutôt que les plantes, parce qu'un ange, quel qu'il soit, a toujours une vertu plus haute et plus universelle que les créatures corporelles[3].

Enfin, Bossuet, qui, de son coup d'œil d'aigle, embrasse sur ce point la doctrine et la foi de l'Église, nous dit : « La subordination des natures créées demande que ce monde visible et inférieur soit régi par le supérieur, et la nature corporelle par la spirituelle[4]. » Et comme, d'après la doctrine de saint Augustin, « les corps les plus grossiers et les plus imparfaits sont régis par des corps subtils, — tels par exemple que *les impondérés* de la physique, — de même tous les corps sont régis par l'*esprit de vie raisonnable*. Quant à l'Esprit de vie qui a failli, et qui s'est fait déserteur en péchant, il est gouverné par l'Esprit de vie qui est resté fidèle et juste[5]. » En un mot, et selon la formule du Doc-

---

[1] *Quest.*, liv. LXXXIII, quest. 79.
[2] *De fide orthod.*, liv. II, ch. IV.
[3] Saint Thomas, *Somme*, quest. 110, art. 1er.
[4] *Sermon sur les anges gardiens.*
[5] *De Trinit.*, liv. III, ch. IV.

teur angélique : « Par rapport à la raison fondamentale, Dieu gouverne immédiatement toutes choses ; mais, relativement *à l'exécution*, il y a des choses qu'il gouverne par d'autres intermédiaires », ce qui veut dire par les anges [1].

Que si, poursuivant les mêmes recherches hors du domaine de l'Église, nous nous aventurions sur le terrain de l'histoire, chaque pas ferait briller à nos yeux en solides et riches lambeaux cette vérité catholique, enlacée dans le tissu de toutes les fausses religions et de chacune des philosophies qu'elles enfantèrent ! Mais, plus richement que partout ailleurs, verrions-nous resplendir ces vestiges des plus nobles vérités du monde chez les grands hommes de l'école d'Alexandrie, dont les philosophes éclectiques de nos jours célébrèrent, par les plus éclatantes fanfares, les lumières et la sagesse [2] !

Les pages de Jamblique reflètent à chaque ligne l'éclat merveilleux des archanges, l'éclat plus faible des anges, et les sinistres lueurs, le feu sombre des apparitions démoniaques.

---

[1] *Somme*, quest. 110, art. 1er. — Lire le dernier chapitre de mon livre *les Médiateurs*. Une brochure *savante*, originale et riche en faits que la statistique coordonne, me tomba sous la main, et fut pour moi l'occasion d'un article que je ne puis insérer en cet ouvrage. J'y vis *poindre* une vérité qui certainement n'était point dans la pensée de l'auteur. Je veux dire l'administration du monde par une puissance invisible, et présidant aux actes de l'homme, mais sans attenter à sa liberté. Etendre cette statistique, faite au point de vue de l'hygiène, et la compléter en lui laissant sa même forme, ce serait donner à la vérité que je signale une démonstration physique. (Voir la brochure *l'Homme physique dans ses rapports avec le double mouvement de la terre*, par le docteur Ch. Boudin, alors médecin en chef de l'hôpital militaire du Roule. Paris, 1851, chez Baillière.)

[2] Les théurges, ces philosophes à qui nous ferons quelques emprunts, se retrouvent tout entiers dans leur revivificateur, le plus illustre théurge de la Renaissance, je veux dire Cornélius Agrippa, né en 1486 et mort en 1534. Il était secrétaire de Maximilien Ier, professeur d'hébreu, et médecin. Voir sur la question actuelle, pages 287 à 302, *De occulta philosophia*, Lugduni, 1531. Nous consulterons plus d'une fois cet ouvrage.

« Les dieux se montrent à nous entourés d'autres dieux, dit-il ; les archanges nous apparaissent escortés d'anges, et les anges se manifestent par les œuvres qui conviennent à leur rang, *opera ordini suo congrua.* » Mais ces apparitions, mais ces œuvres, mais l'aspect fascinateur sous lequel les faux anges et les mauvais démons ont l'art de s'offrir à notre vue, jettent dans de faciles erreurs le prêtre lui-même. « Il lui importe donc, dit le philosophe théurge, de juger des apparitions de ces Esprits d'après la lettre de la règle... Et qu'il se garde bien d'oublier que tout signe d'orgueil et d'arrogance est antipathique à la nature des bons Esprits, des Esprits de vérité [1]. »

Ainsi, pour les philosophes mêmes de la magie, héritiers d'une partie de la doctrine de *Platon*, le discernement des Esprits était loin d'être une œuvre facile, et nous en lisons le plus positif aveu dans ces paroles de Porphyre : « Il existe une grande confusion dans tout ce que l'on pense de ces Intelligences, et l'on n'épargne point la calomnie à leur égard. » « Il est donc nécessaire, ajoute ce philosophe, d'entrer dans un plus grand détail sur leurs diverses natures.... Toutes les âmes *qui ont pour principe l'âme de l'univers* [2] gouvernent les grands pays qui sont situés sous la lune, et se conforment dans leurs actes aux lois de la raison. Ce sont là *de bons démons ;* et, soyons-en fermement convaincus, ils n'agissent que dans l'intérêt de leurs administrés, soit dans le soin qu'ils prennent de certains animaux [3], soit qu'ils veillent sur les fruits de la terre, soit qu'ils président aux pluies, aux vents modérés, au beau temps !... Nous leur sommes en outre redevables de la musique, de la

---

[1] Jamblique, *Des myst.*, ch. XIX : « Quand d'autres divinités, etc. »
[2] Doctrine du panthéisme, *qui est celle de la magie*, ce que nous verrons plus bas.
[3] *Pan ovium custos*, etc.

médecine ¹, de la gymnastique, et, disons-le d'un seul mot, de tous les arts! Il faut encore ranger dans la catégorie des *bons démons* ceux qui, d'après les paroles de *Platon*, sont chargés de porter aux dieux *les prières* des hommes, et qui rapportent aux hommes *les avertissements*, les exhortations et *les oracles* des dieux ². »

Voilà ce que formulaient les hommes de la plus docte gravité; voilà ce que croyaient les peuples. C'est donc en présence des doctrines et de l'histoire de l'antiquité tout entière que la théologie, usant de ses droits supérieurs, et faisant taire les incertitudes ou les divagations du monde ignorant, nous enseigne, à propos des anges, non-seulement leur existence et leur action terrestre, mais leur faculté naturelle de se former des corps ³, et, disons-le bien, des corps qui n'existent point seulement dans l'imagination de celui qui les voit ⁴, mais dont la substance et l'action sont positives. — Et si, dans l'espèce humaine, « la puissance motrice de l'âme est renfermée dans le corps auquel elle est unie », doctrine diamétralement contraire aux prétentions et aux phénomènes apparents du magnétisme animal, qui se figure que l'âme peut agir à distance sur la matière, et sans faire usage des organes corporels qu'elle anime; « la vertu de l'ange, — au contraire, — ne se trouve point restreinte à un corps quelconque! L'ange peut donc mouvoir d'un lieu à un autre les corps qui ne lui sont point unis ⁵. »

¹ La médecine magnétique des temples, etc. Voir mon livre des *Médiateurs*.
² Porphyre, *De l'abstinence*, liv. II, ch. xxxviii.
³ Schram, *Theol. mystica ad usum directorum*, Paris, 1848, t. II, p. 199 à 214.
⁴ Saint Thomas, *Somme*, quest. 51, art. 2 et 3.
⁵ Saint Thomas, *Somme*, quest. 110, art. 3. — Je cite souvent saint Thomas d'Aquin comme théologien suprême; il est juste de donner au lecteur une idée de sa valeur : « Saint Thomas, quel homme! quel génie! C'est la raison humaine élevée à sa plus haute puissance, au delà des efforts de son raisonnement; c'est la *vision* des choses dans

Vérité qui nous donne la clef de tant de miracles et de prestiges !...

le ciel. Ici-bas, la raison ne saurait ni monter plus haut, ni voir plus clair.
» On peut dire de saint Thomas ce que saint Augustin disait de saint Jérôme : « que personne n'a jamais su ce que saint Jérôme a ignoré. » Cet homme unique, cet homme dont la vie n'a pas atteint la moitié d'un siècle, a tout vu, tout connu, tout expliqué. Il n'est aucune erreur qu'il n'ait prévue, réfutée, pulvérisée d'avance. Sa *Somme* est le livre le plus surprenant, le plus profond, le plus merveilleux qui soit sorti de la main de l'homme... Saint Thomas a expliqué non-seulement le monde théologique et le monde philosophique, mais aussi le monde naturel. » (Le P. Ventura, *Conférences*, t. Ier, p. 128-129.)
J'ai souvent ouï dire au R. P. Ventura qu'au concile de Trente, — ce concile savant et auguste entre tous, — le plus insigne honneur fut rendu à la science presque infaillible de saint Thomas. Car le livre des Évangiles, dans les conciles que tient l'Église, est placé sur un pupitre d'honneur et environné de cierges allumés. Or, les Pères ne craignirent point de rendre à la *Somme* de saint Thomas le même hommage ; et, le plaçant en face du livre sacré, ils le prirent pour guide en cas de doute ou d'obscurité. C'était, en quelque sorte, proclamer infaillible ce saint docteur, si justement nommé l'Ange de l'école...
Saint Thomas, que le R. P. Ventura ne craint point d'appeler, au dix-neuvième siècle, l'Ange de toutes les écoles, disait : « Theologia *imperat* omnibus aliis scientiis tanquam principium, et utitur in obsequium sui omnibus aliis scientiis quasi usualis, etc. » (Lib. I, *Sentent. proleg.*)
L'illustre diplomate de la révolution, M. de Talleyrand, s'écriait donc avec raison : « Qui ne sait la Théologie *ne sait rien !* » Si l'on veut se rendre compte de la supériorité vraiment écrasante que la science théologique donne à l'homme, saint Augustin, sur lequel je m'appuierai souvent dans le cours de cet ouvrage, en est un bien frappant exemple, et c'est là ce que nous reconnaîtrons *en le comparant lui-même.*
« Voyez Augustin, tant qu'il a été manichéen, philosophe, ne sachant pas, ne voulant pas abaisser son front devant l'humble sublimité de la révélation chrétienne, il n'a rien su, rien compris à Dieu, à l'homme, à l'univers ; il a été pauvre, petit, obscur, stérile, il n'a rien écrit, rien fait de vraiment grand, de vraiment utile. Mais à peine, en devenant chrétien, commença-t-il à s'éclairer au flambeau de la foi, que sa raison grandit, s'éleva aux plus sublimes hauteurs de la philosophie et de la théologie ; son génie apparut dans toute sa grandeur, dans sa prodigieuse fécondité, enrichissant des plus importants développements la science de Dieu et de l'homme. Son intelligence rayonna de cette immense splendeur qui, se reflétant dans ses immortels écrits, depuis quatorze siècles, n'a cessé d'éclairer l'Église et le monde. Il en a été

Enfin, dans l'exercice de cette puissance angélique, quoi d'étonnant, et quoi d'incroyable? Le démon, pour sa part, est un ange déchu; et d'ailleurs, le plus invincible enchaînement de faits et de preuves nous démontrera que les esprits de ténèbres opèrent avec facilité les sortes de prodiges que nous venons d'énoncer, dans l'intérêt du mensonge et de la perte des âmes. De quel droit, après tout, la raison refuserait-elle à la nature toujours sainte et divine de l'ange le pouvoir des actes miraculeux [1]?

Certes, la puissance du démon est immense, et sa chute, en changeant son milieu vital, n'a point détruit sa merveilleuse nature. Autant toutefois la puissance des anges fidèles surpasse celle dont Dieu lui permet d'user, autant s'élève le ciel au-dessus de l'abîme [2].

Voilà ce que la tradition de l'histoire, voilà ce que *le bon sens* et la foi disent au catholique, dont le point de vue, *partagé par l'antiquité savante,* est celui que nous avions cru sage de faire prévaloir dans les pages principales de ce chapitre.

de même de saint Thomas. Loin d'avoir rien perdu de l'éclat de son génie à s'en tenir aux révélations divines avec la simplicité d'un enfant, c'est à cet esprit de foi, qui fut le fond de son savoir, qu'il doit l'abondance de ses lumières, la force de ses raisonnements, l'assurance de ses intuitions, la fécondité et l'utilité de ses travaux. Et Bossuet lui-même, est-ce qu'il aurait été ce qu'il fut s'il n'eût été croyant, s'il n'eût été chrétien? N'est-ce point par l'étude des saintes Écritures et des Pères qu'il a développé son génie? N'est-ce pas aux sources de la foi qu'il a puisé son élévation, sa grandeur et ses lumières? » (Le P. Ventura, *Conférences*, t. II, 1re partie, p. LVI, préface.)

Lorsqu'il m'arrive de m'appuyer sur la théologie et sur de tels docteurs, on voit quelle force je dois avoir. Je néglige pourtant encore moins celle que me donnent dans leurs écrits les adversaires de la foi chrétienne, quels qu'ils soient.

[1] Origène, *Contre Celse*, liv. II, ch. L et LI.

[2] Lire le rare et savant ouvrage de A. Rusca, théologal de Milan, choisi par le cardinal F. de Borromée pour écrire le traité *De inferno et statu dæmonum ante mundi exitium.* — Lire saint Thomas, *Somme*, cap. CIX, art. 4.

Mais notre but unique, *en cette première question,* n'est que de remettre en relief la naturelle et légitime croyance de l'homme à l'opération des bons anges au milieu de notre monde. Parmi les quelques exemples, *de fort inégale valeur,* que nécessite le développement de notre pensée, quelques-uns, tout en éveillant notre intérêt, nous laisseront cependant dans le vague ; d'autres, en nommant *à faux* les bons anges pour auteurs, auront au moins pour effet d'établir la foi de l'homme à leur action sur les choses ou les événements d'ici-bas ; les derniers, enfin, complétant le cours de nos recherches, ne nous permettront aucun doute sur la présence et l'opération manifeste de ces ministres du Très-Haut [1].

Puisons au cœur même du monde idolâtre notre premier récit, et rappelons-nous que, sous le règne des faux dieux, *les bons démons,* ce qui, littéralement traduit du grec, signifie *les bons esprits,* quelle que fût leur origine ou leur titre céleste, correspondaient à la notion du chrétien sur les bons anges.

Un certain jour, le poëte Simonide, rencontrant sur le rivage de la mer un cadavre jeté par le flot, céda à la pieuse inspiration de lui rendre les honneurs funèbres. Dès la nuit suivante, il eut un rêve, et l'homme auquel il avait rendu, sans le connaître, *ce funèbre et charitable devoir,* l'avertit de ne se point embarquer comme il en avait formé le projet :

---

[1] Leur action invisible est de tous les instants. Protecteurs des lieux et des personnes, les bons anges veillent de la plus infatigable vigilance partout où nous aventurons nos pas. Chaque homme est sous la tutelle de son ange gardien, qui le protége contre les périls (saint Thomas, *Somme,* quest. 113, art. 4), et le plus petit d'entre nous a près de lui son ange, qui voit sans cesse la face du Seigneur ! (Saint Matthieu, ch. XVIII, ⅴ 10, et *Comm.* de saint Hilaire, docteur de l'Église. *Postulationes ad æternum ac invisibilem Deum, ambitioso angelorum famulatu ac ministerio pervehuntur,* n° 5, ch. XVIII, *Coll. des Pères,* Job, ch. XXIII, ⅴ 23.)

« Si tu montes sur un navire, il t'arrivera malheur. » Simonide écouta d'une oreille docile cette voix prophétique, et, le vaisseau sur lequel il devait naviguer étant brisé d'un coup de mer, tous les passagers furent engloutis. Le poëte, reconnaissant de ce bienfait, en célébra la mémoire dans une pièce de vers [1].

Un autre trait confirmera peut-être, dans l'esprit du lecteur, le caractère extranaturel que l'historien prétend donner à ce rêve. Dans un poëme héroïque écrit en faveur de Scopas, sur la victoire remportée par ce Thessalien dans la lutte du pugilat, Simonide avait cru devoir mêler à l'éloge assez stérile et fastidieux de son héros les louanges plus poétiques des demi-dieux Castor et Pollux. Scopas, blessé de ce partage, s'en était fait un prétexte pour retenir une partie de la récompense promise. « C'est à vos demi-dieux, dit-il au poëte, de vous indemniser pour le reste. » Simonide se tut, et ne s'en assit pas moins stoïquement au souper de cet impie. Mais à je ne sais quel instant du repas, et tandis que chacun se livrait aux joies de la bonne chère, quelqu'un l'appelle et lui dit : « Deux jeunes hommes à noble visage vous demandent à la porte; descendez, descendez sans retard. »

Il sort, regarde et s'étonne de ne voir ni jeunes hommes ni qui que ce soit au dehors. Mais son étonnement est de courte durée; car à l'instant le plancher de la salle s'écroule, ensevelissant sous ses ruines et Scopas et ses joyeux convives.

Omnes scierunt numinis præsentiam
Vati dedisse vitam, mercedis loco.
Phèdre, liv. IV, fab. XXIII.

Ce double exemple, célèbre dans l'antiquité païenne, n'ef-

---

[1] *Memor autem beneficii, elegantissimo carmine consecravit.* (Valer. Max., *Fact. Dict. mem.*, liv. Ier, ch. VII, n° 44.)

farouche aucunement notre raison, et, *s'il nous plaît de l'adopter,* que devons-nous en conclure?

Les démons, pour assurer et honorer leur propre culte, ont-ils récompensé les vertus du poëte? Ou bien le Dieu de toute bonté permit-il à ses anges de rémunérer un homme de bien, en lui donnant, par ce double avertissement, le prix de deux actions pieuses? Je laisse, pour le moment, le doute à sa place, et je procède.

Bodin, cet écrivain de la Renaissance qui, selon M. Gasparin lui-même, était « sur beaucoup de questions en avant de ses contemporains », et qui traita si cavalièrement le christianisme, Bodin nous raconte, dans sa *Démonomanie,* l'histoire d'un homme de trente-sept ans que son ange guidait d'une manière sensible. L'ange l'éveillait et le tirait par l'oreille [1] pour lui dire tantôt qu'une chose était bien, et tantôt qu'une autre était mal.

Or, penserons-nous de cet homme qu'il était le jouet de quelque illusion suscitée par un faux ange de lumière? A défaut de preuves contraires, je le suppose et je le tiens pour probable; telle est même la raison pour laquelle je cite ce trait; et je veux ajouter, quelle que soit la pénétration de Bodin, que chaque jour nous voyons glisser sur le domaine que foulent les Esprits, et tomber dans les piéges les plus faciles à éviter, des personnes dont nous ne nous lassons point d'admirer la sagacité dès qu'elles se transportent sur un autre terrain. Et l'histoire entière de l'Église, dans le cours des siècles, n'est-elle point tissue d'exemples où les Esprits de l'enfer se travestissent en messagers de la miséricorde divine, dans le but d'égarer et de perdre les âmes?

Le comte Emmanuel Swedenborg, *ce célèbre visionnaire,* dit M. le Dr Brierre de Boismont, croyait avoir le

---

[1] *Dominus vellicavit me aurem diluculo.* (Isaïe, ch. IV, ❡ 4. P. 74, *Dém.*)

privilége de jouir d'entrevues avec le monde des Esprits. Il a donné dans ses écrits la description des lieux qu'il avait visités, des conversations qu'il avait entendues. « Le Seigneur lui-même, dit-il dans une lettre, a eu la bonté de se manifester en personne à son serviteur indigne, en l'année 1743. Il m'a révélé le monde spirituel; il m'a permis de m'entretenir avec les puissances spirituelles, et ce bienfait m'a été continué jusqu'à ce jour [1]. » M. Brierre doit céder un peu moins à sa pente maladive de confondre l'hallucination avec la vision, aujourd'hui que les Allan Kardec, les Pierrart et les Cahagnet, doublés des plus célèbres médiums, lui auront appris à connaître l'agent de nos grands spirites et les angéliques habitants de leur ciel.

Je laisse derechef au lecteur le soin de ranger au nombre des hallucinations, *naturelles* ou NON, le récit que va de nouveau lui faire entendre M. le D' Brierre de Boismont. — Les visions de John Engelbrecht ont beaucoup de rapports avec celles de Swedenborg. Après avoir passé un grand nombre d'années dans un état de souffrance et de mélancolie affreuse, *qui l'avait fréquemment porté au suicide*, ce docteur parut enfin mourir.

« Je sentis que la mort était proche et montait des extrémités inférieures aux supérieures; mon corps devint roide; je perdis le sentiment...; alors je fus emporté dans l'espace avec la vitesse d'une flèche lancée par un arc. Je me trouvai dans l'entrée de l'enfer; une obscurité effrayante, des nuages épais frappèrent mes regards; mon odorat fut péniblement affecté par une fumée, par une vapeur, une émanation d'une horrible amertume. J'entendis des lamentations et des hurlements horribles. De là, je fus transporté par l'Esprit-Saint dans un chariot d'or au milieu des splendeurs du ciel, où je vis les chœurs des saints anges, des prophètes et des

[1] *Des hallucinations*, etc., p. 238. Paris, 1845.

apôtres. Les anges avaient la forme de flammes de feu, et les fidèles se montraient sous la forme d'étincelles lumineuses. Le trône du Très-Haut était resplendissant. Je reçus alors un message de Dieu par l'intermédiaire d'un ange..... »

La joie d'Engelbrecht fut si grande alors, qu'à peine put-il trouver des mots pour exprimer ce qui se passa dans son cœur. « En revenant à moi, je sentis le corps se ranimer de la tête aux pieds! Peu à peu les forces me revinrent. Je me levai, et je ressentis une vigueur que je n'avais jamais éprouvée dans le cours de ma vie. La joie céleste m'avait tellement fortifié, que le peuple fut extrêmement surpris de me voir rétabli en si peu de temps. » Depuis ce moment, Engelbrecht eut plusieurs années de visions et de *révélations* fréquentes pendant le jour, les yeux ouverts, et sans aucun des symptômes de la maladie qui avait précédé la première vision. Il passait quelquefois huit jours, douze jours, trois semaines sans boire ni manger. Une fois, il resta neuf mois sans fermer l'œil. Une autre fois, il entendit pendant quarante et une nuits des anges chanter et jouer de la musique céleste. Il ne put s'empêcher de se joindre à eux. Les personnes qui étaient auprès de lui furent si transportées de joie, qu'elles se mirent à chanter avec lui pendant toute une nuit [1]. Les chapitres sur les hallucinations, dans mon livre des *Médiateurs*, serviront peut-être au lecteur à juger de la nature de ces stériles ou perfides visions, de ce ciel et de ces anges, si prodigues d'eux-mêmes ; en un mot, de ces phénomènes auxquels il est si souvent donné d'agir d'une manière objective et morale sur un certain nombre d'individus réunis, et se contrôlant l'un l'autre au moment même où ils subissent d'irrésistibles influences !

Choisissant maintenant un des exemples de cette espèce les plus faciles à pénétrer, et que l'état de notre public ne

[1] *Hall.*, Boier, p. 239, etc. Paris, 1845.

rend nullement inutile, quelque grossièreté qui s'y mêle, je prie le lecteur de vouloir bien franchir *avec moi* le seuil d'une maison que hantent quelques Esprits frappeurs et lutins. Le crayon d'un médium soumis au contrôle d'un somnambule [1] y établit notre correspondance sous l'inspiration et à l'aide des coups caractéristiques, *knockings, rappings, tippings,*... de l'un de ces Invisibles, qui affecte à mon endroit des élans de tendresse.

« J'aime M. des Mousseaux, se prend à dire le plus avenant de ces Esprits, un certain jour que j'entrais dans la maison dont il est le familier. — Bon ; mais M. des Mousseaux aime la religion, lui riposte avec malice une des personnes présentes. Quel est ton goût sur ce chapitre? Que te faut-il? — Dieu et la bonne sainte Vierge! La croix de Notre-Seigneur nous a déjà rachetés, elle nous sauvera. » Puis, tournant bride à l'improviste : « Mais voulez-vous que je vous aille quérir Molriva? je ne serai que le temps de l'éclair. » On accepte. O la faveur insigne! Car, savez-vous bien quel est ce Molriva, d'après la parole de nos Esprits frappeurs? Ce n'est ni plus ni moins qu'un ange de lumière!... Mais, si vous êtes du nombre très-exigu des catholiques qui possèdent la doctrine de leur petit catéchisme, vous le jugerez peut-être assez singulier dans son espèce ; car il fut homme, il a vécu, puis Dieu *l'a fait passer ange!* Voilà ce que vous devez commencer à croire, si vous ne craignez de lui déplaire ; et, sur sa parole, je vois quelques-uns de mes voisins faire acte de foi. Il s'en faut bien que la foi soit aussi rare qu'on le suppose !

Mais voici venir Molriva. Vous l'entendez, il s'annonce par une volée de petits coups *très-moelleux,* presque suaves et *angéliques;* car il a dans cet acte, selon l'usage de ces

---

[1] Voir le chapitre ci-dessus.

drôles [1], *son timbre nettement caractérisé.* De prime abord, il est facile de sentir que nous nous trouvons en présence d'un personnage tout confit et béat : je devrais dire *patelin* et cafard.

« Te voici donc, Molriva ? — Oui, je suis toujours prêt à répondre aux gens qui ont de la religion. — En ce cas, *parle vite*, et dis-nous la destinée future des deux enfants de ce monsieur que tu vois assis au milieu de nous. » Nous obtenons chaque fois pour réponse les petits coups doucereux de Molriva, que seconde *la course au clocher* du crayon de notre médium, sujet de rare puissance.

« Je vois l'ange du petit garçon. Dieu ! qu'il est beau, cet ange ! Il s'appelle Scaroldius, *qui* veut dire ange protecteur, *qui* guidera la rame de *sa* barque de vie, comme Dieu guidera *sa* barque dans l'éternité ; car la vie n'est qu'un fleuve rapide sur lequel on glisse, et si rapidement que, souvent, un enfant vit et meurt sans la comprendre » (*sic*).

Ce français n'est pas angélique, à coup sûr, mais il est littéralement dicté par l'ange Molriva.

« Cet enfant a tant de feu dans son regard ! Il sera bon, docile, excellent ; il aura bien de la religion. Il aimera *de* faire le bien, aura bon cœur ; il aura un bonheur inouï... Dieu le prédestine à de grandes choses. La prière sera sa base ; et, sur ce bâton de soutien, il ne faiblira jamais.

» Sa sœur sera plus vive, bonne aussi ; mais lui, plus ! Elle sera un peu entêtée. Elle aura une dévotion plus grande pour *la Vierge* que pour Dieu même. Elle se passionnera facilement ; son bon ange s'appelle Verva, *qui* veut dire *vérité pure.* Sa santé sera bonne ; mais il faut la tenir un

---

[1] On appela *drôles* ces esprits lutins, amis de la scurrilité, comme le sont les bateleurs ambulants, et vaguant *à l'exemple des âmes en peine,* selon l'expression du vulgaire. C'est ce qu'exprime le nom de drôle, ou *droll* en anglais, dérivé de *Troll,* ou de la racine germanique *trollen,* signifiant *errer, courir çà et là, to run about.*

CHAPITRE DEUXIÈME.

peu ferme pour la tête. Son cœur est si bon qu'elle deviendra d'un caractère charmant.

» L'avenir t'est-il donc connu, Molriva? — *Oui*. — Mais tu ne dois pas nous le révéler? — Non. — Aimes-tu M. des M***? — qui se moquait intérieurement de lui. — Oui. »

Molriva prit quelquefois plaisir *à guider les doigts inexperts* de notre médium sur un piano, d'où, grâce à cette inspiration céleste, elle tirait de suaves mélodies. Il fallait voir alors les pédales de l'instrument s'abaisser et se relever *toutes seules!*

Comme nous étions sur le point de nous retirer, nous rappelons à Molriva sa participation musicale aux mélodies exécutées par notre médium : « Te plaira-t-il de recommencer? — Oui; l'ordre de Dieu est que nous fassions le bien. Signé MOLRIVA, *ange*. »

Je ne sais si, de son vivant ici-bas, cet ange fut ou non dans les affaires; mais telle est la brusque formule qui nous annonce la fin de ses actes.

J'ai voulu littéralement reproduire l'horoscope tiré par Molriva; sachant fort bien que si l'un des anges du ciel se donnait la peine de parler une langue humaine, il la parlerait correctement et n'en violerait point les lois avec une si grossière ignorance : *ignorance qui n'était point celle de son médium*. Les anges, qui voient tout en Dieu, ont la science à un degré suprême, lorsqu'elle leur est nécessaire, et leur vie est un hommage perpétuel à toute règle fondée sur la raison. Un ange encore s'abstiendrait des coupables niaiseries auxquelles Molriva se mêle; un ange saurait se taire, ou donner la vérité sans altération. Or, dans certains détails oiseux que nous a dictés Molriva, mais que je supprime, il existe de positives et matérielles erreurs que le père des deux enfants me signale aussitôt que nous avons franchi le seuil de la maison.

J'ai vu, pourtant, j'ai vu, chose à peine croyable, *de bien profondes impressions produites,* par les fourberies de ce même *imposteur,* sur des âmes pleines de droiture et de candeur. Molriva fera pitié sans doute au grand nombre de ceux qui liront cet ouvrage ; mais qu'importent au démon les risées de tout un public, pourvu qu'il réussisse à surprendre une seule intelligence, une seule âme ! Et si Dieu ne permet pas toujours à ces sortes d'anges de se manifester à nous sous des formes de corps ou de langage aussi radieuses et pures que l'exige leur malicieux orgueil, il n'est point rare, non plus, que ces prodigieux séducteurs fassent jouer et briller à nos yeux des artifices que l'intelligence humaine ne déjoue guère, lorsque surtout elle est assez aveugle pour se livrer de gaieté de cœur à ces dangereux et illicites rapports.

Non, non, ne nous figurons jamais qu'un bon ange, qu'une âme unie dans le ciel aux embrassements de l'amour divin, puisse un instant s'exiler de la gloire et de la béatitude célestes, pour se prêter à ces puériles et ridicules manœuvres. Les bienheureux voudraient-ils, pourraient-ils se ravir aux félicités de leur ineffable extase, pour répondre aux niaises, aux téméraires, aux criminelles provocations qui, des humbles hauteurs ou des bas-fonds de ce monde, les sollicitent et les importunent ?

Voilà pourtant ce que se figurent tant de gens à courte vue, et dont l'habitude est de se refuser de croire à tout danger, lorsque le danger ne se présente point aux yeux de leur corps sous l'aspect d'un monstre furieux ou d'une arme menaçante !

Oh ! gardons-nous d'oublier un instant que la céleste majesté des anges ne peut se prostituer à nos caprices, et nous verrons aussitôt s'évanouir les plus fréquents écueils où notre intelligence se heurte, lorsqu'il s'agit pour nous de discerner la nature et l'action des Esprits. Puisse cette vérité ne nous sortir point de l'esprit, devant l'œuvre artistique et vraiment singulière que je m'apprête à décrire, et qui s'échappe toute glorieuse de la main d'un médium !

Ce médium, il faut le dire, est une femme douée d'un remarquable talent de peindre; et des connaisseurs de premier ordre prétendent que, dans la circonstance actuelle, cette particularité, loin de rien ôter au merveilleux, le grandit, parce que le plus illogique écart, parce que la plus flagrante et *difficile* violation des règles de l'art se manifeste dans les voies du crayon qui traça cette œuvre.

Quelques intimes s'étaient réunis à Paris chez une personne dont la position sociale commande un profond respect; le crépuscule épaississait ses ombres, et la nuit commençait à effacer les dernières teintes du jour. Entre ces personnes figurait un médium de fraîche date, et l'invitation lui fut adressée de demander *au bon ange,* que l'on supposait en train de s'acclimater dans cette maison, si les portraits du Christ connus dans le monde artistique étaient ou non ressemblants.

« Sont-ils d'une exacte similitude ? — Non, réplique le médium. — Bien ! Sachez de l'ange, maintenant, s'il se rappelle le visage du Christ et de sa mère; et, s'il a conservé le souvenir de leurs traits, ne saurait-il les rendre au monde religieux ? S'il le peut, qu'il exprime dans la physionomie du Christ la douleur du Fils de Dieu, contemplant d'un regard prophétique l'inutilité de ses souffrances pour la multitude des pécheurs opiniâtres. »

L'une des personnes présentes de se récrier alors sur l'heure du jour, dont les dernières clartés s'éteignaient : « Que n'allume-t-on d'abord les flambeaux ? — Non, je n'ai pas besoin de votre lumière ! » trace aussitôt l'Esprit dessinateur; et le crayon du médium de prendre son essor, vagabondant sur le papier.

Ce récit, que répète ma plume, je le reçus de la bouche même de celui qui fut le principal témoin du phénomène, et dans la maison duquel il s'accomplit; M. de Mirville et moi, nous l'écoutions de compagnie. Ma mémoire ne sera pas infidèle, et *la haute intelligence,* la moralité, LE CARACTÈRE dont est revêtu *notre grave interlocuteur,* ne nous permettent aucun doute sur la partie matérielle de son témoignage :

« Ce fut, nous dit-il, — au moment où il déposait sous nos yeux les deux originaux ; — ce fut sans porter son attention sur le papier, et « de longueur de bras, » c'est-à-dire à peu près à bras tendu, que le médium entreprit sa tâche et la termina. Le crayon semblait presque fou, tant ses écarts le jetaient hors des règles qui président au tracé des esquisses. Il fallait le voir, partant du bas de la tête, s'élancer d'une course vive et suivie en traçant le dédale de la chevelure; puis, en descendre, laisser naître de sa fuite le détail des linéaments du visage, et se jouer en enfantant, disons plutôt en jetant, en précipitant sur le papier ce chef-d'œuvre d'expression....

» Voyez comme ces yeux s'élèvent vers le ciel; voyez quelle divine accentuation dans les grosses larmes qui triomphent de la force d'âme du Christ et sillonnent ses joues! Élévation, profondeur, mélancolie céleste, que de choses indicibles dans ce regard! Et, dans ce visage, où la délicatesse et la pureté des lignes nous paraissent inimitables, l'expression morale et religieuse n'a-t-elle point tout l'idéal du grandiose? Mais ce qui nous semble non moins admirable que la beauté même de cette touche, c'est de voir les traits du Christ se répéter, en juste variante, dans les traits augustes de sa mère, cette mère aussi semblable à son fils que le permet la délicatesse du visage féminin. Quoi de plus sublime et de plus divin! »

CHAPITRE DEUXIÈME.

M. de Mirville et moi nous ne pouvons contempler sans stupeur ces deux pages étranges, et notre étonnement est loin d'étonner le personnage qui les vit si bizarrement naître sous le crayon :

« L'un de nos grands maîtres, M. Paul Delaroche, n'éprouva point, en leur faisant subir son examen, une surprise moindre que la vôtre, nous dit-il. A l'entendre, il ne pouvait soupçonner aucun peintre dont le crayon pût tracer pareille figure dans des conditions tellement anormales ! Un artiste, *moins que tout autre*, eût essayé des inutiles et scabreuses irrégularités de ce procédé ; et nous nous respectons trop pour attribuer au hasard qui produirait les caprices d'un parafe *ces deux magistrales figures*, ces deux types si prodigieusement judaïques. » Le curé d'une grande paroisse est du nombre de ceux qui crurent que cet Esprit *évoqué*, qu'il avait vu plus d'une fois à l'œuvre, était un ange céleste. Nous lui exprimâmes avec un profond respect notre opinion, si différente de la sienne....

Mais, parmi la foule de ceux dont la parole est grave et savante, pourquoi ne point citer, à propos de ces œuvres de *médium*, quelquefois attribuées à de simples âmes, le témoignage de Nathaniel Tallmadge, ancien gouverneur de l'État de Wisconsin ? On le jugera d'après ses paroles :

« *J'ai vu* des dessins du style le plus fin et le plus exquis, faits par des personnes *entièrement étrangères à cet art* ; ils étaient remarquables par une délicatesse de traits et d'ombres (*touch and shading*) qui défiait *le talent des artistes les plus distingués*. La main du médium, *involontairement entraînée*, termine ces dessins dans un espace de temps *incroyablement court. J'ai entendu* les artistes les plus éminents de Washington, *qui ont vu* ces médiums à l'œuvre, dire que ce qui s'opérait en une heure par la main de ceux-ci exigerait de leur part un jour entier, s'ils entreprenaient d'en faire la copie, encore ne pourraient-ils *égaler* l'original (*come up to the original*). Et tandis que le médium ne fait usage que *d'un seul et même* crayon, ils sont forcés, eux autres, d'avoir recours aux crayons de toutes qualités qu'ils possèdent [1]. » M. le comte Th. Walsh eut la bonté de me faire voir un des prodigieux dessins exécutés par ces incomparables artistes..

Quoi qu'il en soit, et sans insister davantage sur le caractère de nos anges parisiens, conversant, *jasant*, dessinant par l'entremise d'un médium, et dès que la fantaisie nous prend d'avoir un Esprit céleste à nos ordres, ce serait folie de se figurer que, parfois, Dieu ne permet point au démon de transformer assez glorieusement sa personne et son langage pour que des regards d'une perspicacité fort peu commune aient peine à le distinguer d'un ange de lumière [2]. Non, certes tous les anges de Satan qui se faufilent parmi nous sous le titre d'envoyés de Dieu ne se tiennent pas dans le crépuscule dont s'enveloppait notre ange dessinateur, et ne sont point d'ignares et grossiers griffonneurs, modelés sur la ressemblance de Molriva! Tous ne sont point diseurs de bonne aventure, participant du terre-à-terre et de la nature foraine de ce drôle. J'en sais qui, pendant de longs mois consécutifs, persévérèrent dans une tenue que des gens de la meilleure compagnie jugeraient irréprochable; et le lecteur me permettra de l'entretenir de l'un de ces incidents.

Un de mes plus honorables amis, grand voyageur, et

[1] Gros et fins, tendres et durs. « They would have to use the whole range of pencils »..., p. 54. *The Healings of nations*. Linton and Tallmadge, New-York, 1855. — La notoriété de ces phénomènes est authentiquement reconnue, ainsi que nous le verrons un peu plus bas; et celle du fait que je rapporte eut son retentissement à Paris, dans le monde d'élite qui se livre à ces sortes d'expériences.

[2] Voir mes chapitres sur les différentes sortes d'hallucinations, dans les *Médiateurs et moyens de la magie*.

mêlé jadis *aux grands et lointains intérêts* de la diplomatie, est un catholique aussi spirituel que défiant. Son esprit vif et curieux l'engagea dans les hautes régions des sciences physiques, qui durent à ses expériences et à sa perspicacité quelques progrès. Aussi, les Esprits le jugèrent-ils digne de leurs plus astucieuses et réitérées tentatives ; et, *longtemps avant d'infester les tables de Paris*, ils tombèrent un beau matin du haut de leurs nuées et s'abattirent sur les pinacles de son hôtel. Ils arrivaient du ciel en droite ligne, et se disaient messagers de Dieu ! Le fait était étrange, à cette époque. Bref, on leur ouvrit les fenêtres, sinon les portes, afin de se donner le temps de les regarder au visage, et les premières périodes de leur commerce eurent quelque chose d'entraînant et de suave. Je ne sais, cependant, quelles bizarreries firent bientôt tache à leur auréole et donnèrent naissance au soupçon. C'est ainsi, par exemple, que le goût leur vint de s'exprimer dans une langue toute mystérieuse dont ils dictaient l'alphabet et les termes, et dont l'étude était la perte d'un temps précieux ; ils avaient recours, d'ailleurs, à ces coups caractéristiques qui sont devenus la voie la plus ordinaire de correspondance, et la façon de dire un peu sans gêne des Esprits frappeurs et lutins. On peut observer, il est vrai, que, le plus souvent, leurs communications se transmettaient à l'aide de révélations intérieures, mais révélations fort positives, et que, de temps en temps, *plusieurs* personnes éprouvaient *à la fois*.

On écrivait alors sous leur dictée, et *leur parole* retentit même un jour d'une manière audible. Bientôt après, ils prirent un plaisir assez vif à se faire voir, mais ce fut à l'un des élus seulement de ce cercle restreint, et l'incessante répétition de cette faveur ne tarda pas à lui devenir un odieux privilége. Il est inutile de dire que, parmi ces personnes aussi éveillées que vigilantes, les actes de ces obsédantes Intelligences subissaient un commun contrôle. On s'assurait, à l'aide des moyens que la critique suggère, de la réalité des prestiges qui renaissaient avec le pain quotidien, et dont chaque témoin, sans cette mesure de prudence, eût été tenté de se rendre compte par la théorie plus souvent absurde que philosophique des hallucinations. Je parle d'après la complète certitude que m'ont acquise sur ces divers incidents mes interminables interrogations, jointes à mes investigations tolérées et aidées par la sage et infatigable complaisance de ce monde ami.

Un grand nombre des scènes de cette longue et complexe épreuve se déroulèrent à domicile ; et, cependant, ces mêmes phénomènes ne craignirent point le grand air, car ils suivirent leur cours au dehors. Ils furent plutôt activés que dérangés par l'exécution d'un voyage.

« Vous ne vous décidez point encore à voir en nous des messagers du ciel ; vous hésitez à nous croire, leur disaient ces Esprits angéliques, et Dieu nous garde de blâmer les excès de votre prudence ; elle n'est que trop légitime ! Mais il est des signes de notre mission. La nuit est sombre ; vous êtes égarés, regardez bien ; levez les yeux, et, voyez là-bas, dans le ciel, une croix lumineuse ! elle vous indique la voie que vous devez suivre. » Les yeux levés voyaient *aussitôt* resplendir le signe du salut, et, plus d'une fois, ces improvisations de météores *semblèrent* préserver nos voyageurs d'imminents périls !

Mais la variété même de ces étranges scènes ne pouvait en racheter la fatigue et le tourment, — et ce signe est caractéristique, car les anges de Dieu sont des anges de paix.

L'ordre chronologique n'étant point celui que j'adopte en mon récit, je dirai que l'un des passe-temps de ces Esprits moniteurs était de conduire le crayon et de le diriger à l'aide de la parole interne[1]. « Vous êtes entourés d'Esprits de

[1] État de médium, alors innomé.

toute nature, » disaient-ils. Et des Esprits de diverses apparences semblaient justifier leur dire, *en se rendant visibles.*
— « Instruisez-vous donc à reconnaître aux signes occultes, mais indubitables, dont ils sont marqués, les démons, ou les âmes impures et souffrantes. Rien ne vous importe plus à bien savoir, car ces esprits parviennent sans cesse à vous apparaître *sous nos formes,* à vous parler *en notre nom*, à nous suppléer, à continuer l'œuvre *de nos rapports* avec l'homme aussitôt que nous nous absentons. Les absurdités, les obscénités, dont ils éprouvent le besoin d'entremêler leurs discours, jettent ainsi le discrédit sur notre parole, car on se figure nous surprendre dans un perpétuel et honteux désaccord avec nous-mêmes. Vous voyez alors s'éloigner de nous, avec mépris, les hommes que ne distinguent point une sagesse et un tact consommés. Et voilà comment périt, au grand dommage de l'humanité, le bénéfice de ces manifestations spirituelles que le Seigneur voulait bien permettre! »

Ainsi parlaient ces anges de comédie, et les signes de vérification indiqués par eux comme propres aux Esprits dont le crayon qu'ils inspiraient traçait la figure étaient suivis d'une multitude de visions, où chaque personnage apparaissant justifiait leur parole par son art à cacher la marque qui gravait sur lui sa honte ou sa faute. Je signalerai même le petit mélange de ruse et d'orgueil coquet que ces révélateurs prêtaient *aux saintes âmes* du purgatoire. « Lorsque ces âmes vous visitent, disaient-ils, ne vous y trompez point, chacune d'elles porte sur ses vêtements quelque chose de noir, ne fût-ce qu'une ligne, ne fût-ce qu'un point! Mais ce point, mais cette ligne, elles le cachent avec la plus exquise des sollicitudes. Il est vrai que, d'un seul mot, vous découvrirez, si bon vous semble, tout le mystère. Il vous suffit, lorsque ces Esprits se montrent à vous, de leur dire : Lève le bras, laisse flotter ta robe, développe ton vêtement; ils sont obligés de vous obéir, et la tache cachée par eux apparaît tout aussitôt. »

Ce qu'il y a de certain, c'est que cette manœuvre s'accomplissant à la parole, au moment des apparitions, mettait en évidence la marque noire et la honte simulée de ces mauvais comédiens, dont les assurances tendaient à faire oublier que les âmes du purgatoire sont moins orgueilleuses que saintes, moins empressées de cacher leurs dévorantes souillures que de supplier les chrétiens d'y répandre les purifications et le baume de la prière!...

Quelquefois, sous la dictée de ces esprits, des pages, de longues pages d'une admirable poésie sortaient de la main la plus inexperte! De riantes images, des sentiments d'une fraîcheur ineffable s'encadraient dans un rhythme dont ils charmaient l'oreille, ou s'épanouissaient avec les fleurs de leur prose gracieuse et ravissante.

Mais, là *comme ailleurs*, les délices de ces rapports mystiques aboutissaient, au travers de complications et d'artifices infinis, à l'invariable but que se proposent les anges déchus. Il en sortait toujours *quelques bons petits germes* d'erreur, destinés à grossir en s'attachant soit à l'esprit, soit au cœur.

Et, ce que je ne saurais trop répéter, c'est avec quelle verve pieuse ces Esprits insistaient sur la nécessité constante des œuvres de foi, de pénitence et de charité; sur l'ineffable avantage de la communion eucharistique... Quoi de mieux, donc, et quoi de plus saint, en effet, si la condition posée à la répétition de ce plus méritoire de tous les actes chrétiens n'eût point été la profanation même du sacrement, c'est-à-dire l'entretien d'un commerce habituel avec ces *directeurs* étranges et l'humble soumission à leurs conseils [1]!

---

[1] C'est à de pareils artifices que succombait misérablement un savant plein de droiture, M. de Caudemberg, encouragé par les théologiens

Ardents à prêcher et à *peindre* les délices de l'amour divin, ardents à décrire l'ineffable bonheur de la patrie céleste, ardents à recommander, et coup sur coup, des pèlerinages ou des œuvres de surérogation dont l'abus fatigue et épuise la piété, *ces bons anges,* doués d'une patience, pourvus d'une habileté *vraiment incomparables,* et couverts du voile de la dévotion tendre, finissaient donc invariablement par diriger leurs ouailles vers des croyances ou des pratiques devant lesquelles on hésita, devant lesquelles on recula, devant lesquelles, enfin, la lumière se fit et devint éclatante.

Dieu, qui garde les gens de cœur pur et droit, garda ces chrétiens que leur intelligence et leur science, toutes seules, n'eussent point préservés des dangers de ce commerce. Au milieu des prestiges que multipliaient à l'envi ces rusés perturbateurs de consciences, il fit luire ses pures clartés. Une direction légitime et sage délivra la maison tout entière de l'obsession de ces bons anges, refoulés enfin dans leur ciel, qui n'a rien de commun avec celui des catholiques.

Mais, devant ces passées de la *bête fauve,* nous resterions fort au-dessous du limier qui relève les voies, si nous omettions d'observer que cette longue série de vertigineuses manifestations s'était ouverte à la suite d'un accident physique et d'un traitement magnétique.

Quiconque se donnera la peine de parcourir les remarquables ouvrages de M. le D⁰ Billot les trouvera remplis de prodiges du même ordre, prodiges trop fortement attestés pour être contestables, et que l'œil voyait éclore *sous l'incubation du magnétisme.* C'était, et nous le devons observer, un magnétisme tout particulier, celui dont les agents se

qu'il mentionne en tête de son triste ouvrage. Ici, grâce à Dieu, régnaient chez le maître de la maison non-seulement *des sentiments religieux*, mais une forte instruction chrétienne *et une sage direction*.

donnent pour des *anges de lumière,* et gouvernent leurs ouailles par les pratiques de la haute et tendre dévotion ; c'était, en un mot, le magnétisme séraphique, c'est-à-dire la branche la plus perfide de cet art [1].

J'ai vu *souvent,* j'ai vu, depuis, dans le tourbillon du monde, ces bons anges, ces consommés chasseurs, y mettre moins de cérémonie que dans les réunions auxquelles assistait le savant Dr Billot, ou que dans l'hôtel d'où je sors, et obtenir les plus brillants succès [2]. J'en fus plus d'une fois confondu !

Gardons-nous bien, cependant, gardons-nous, avec toute la vigueur *et toute la raison* de notre foi, de ne point accueillir avec une sage et juste faveur la croyance aux œuvres visibles et à l'apparition des bons anges. Car, à côté des saintes Écritures, qui, dans les premières lignes de ce chapitre, *nous exposaient cet article de foi,* l'Église offre à nos yeux les procédures de *ses tribunaux* de canonisation, dont le caractère, *à la fois* PHILOSOPHIQUE *et sacré,* est d'une singulière rigueur : et qui le sait mieux que ses

[1] L'étudier dans les fortes pages que M. d'Orient consacre au magnétisme, v. 2 et 3 : *Accomplissement,* etc. Paris, 1850, quai Malaquais, 15. Je ne dis rien des autres œuvres de ce pseudonyme.

[2] De patientes études et de précieux secours m'initièrent aux ouvrages et aux documents que tiennent en réserve sur la question du surhumain spiritualiste, « *spiritualism* » l'Amérique et *les principaux États de l'Europe.* Par leur masse, par la *simultanéité* de leur publication, par la position scientifique et la haute distinction d'un grand nombre de leurs auteurs, ces documents ont constaté de la manière la plus décisive la réalité des phénomènes extranaturels. Les très-nobles adversaires qui se sont évertués à faire sortir de ces phénomènes une interprétation tant soit peu conforme aux lois de la nature se sont inclinés au moins devant le fait de *leur existence.* Tels sont, par exemple, Dods, Mahan, Rogers, Gregory et d'autres savants distingués que je cite plus bas. Mais ce que j'ai l'intention d'exprimer, en désignant du bout du doigt ces myriades de témoignages que le vent de la circulation emporte dans toute les régions du monde savant, c'est que la science et l'expérience de mes amis, jointe à mon expérience toute personnelle, marchent en parfait accord avec *la puissance collective* de ces écrits.

CHAPITRE DEUXIÈME.

ennemis? Or ces témoignages, devant lesquels se sont inclinés, et que s'honorent d'admettre avec un profond respect les plus doctes, les plus sacrées et les plus fortes têtes du catholicisme, ne serait-il point absurde à de simples catholiques de ne les accueillir qu'avec dédain?

Sous l'inspiration de cette pensée, aussi sage que chrétienne, j'ouvre une de ces vies de saints fortement étudiées, que notre siècle voit réapparaître; une biographie savante et suave, rédigée sur la foi de pièces authentiques; une œuvre que nous croyons suffisamment louer en rappelant que nous la devons aux pieuses et utiles recherches de M. de Bussière [1], l'un des membres de la diplomatie française.

« Sainte Françoise Romaine, nous dit cet historien, commence par recevoir de Dieu, dans la personne de son ange gardien, un moniteur invisible et qui ne laisse passer aucune de ses fautes impunies. Dès que la jeune Françoise tombe en quelque péché, un soufflet retentit sur sa joue : elle se sent frappée, et les assistants entendent le bruit du coup [2]. La sainte n'aperçoit point celui qui la frappe; mais elle comprend que cette main, qui ne la ménage point, est la main d'une puissance saintement amie.

Plus tard, un jour qu'étant ravie en extase, elle *contemple*, autour du trône de Notre-Seigneur, les chœurs d'une innombrable multitude d'Esprits angéliques, les yeux du Rédempteur se fixent sur un ange de la quatrième cohorte, la cohorte des Puissances. Jésus ordonne à cet Esprit sublime de prendre soin de Françoise, sa fidèle ser-

---

[1] Auteur de la *Vie de sainte Catherine de Gênes*, suivie de son fameux *Traité sur le purgatoire;* de l'admirable livre de *Sainte Rose de Lima ou du Pérou*, etc., etc. Chez Plon.

[2] Les anges de Dieu frappèrent Héliodore et le guérirent. *Leur bonté*, comme celle de Dieu, peut se manifester dans *la haine et la correction du mal*, si grand ou si léger qu'il soit.

vante, et *de rester visible pour elle à ses côtés*, ainsi que l'était l'archange aux fonctions duquel il succède.

Le messager céleste obéit avec amour! Jusqu'à sa mort, *elle ne cesse plus de le voir*, et, quoique cet ange soit invisible pour d'autres yeux que ceux de Françoise, son action devient quelquefois *sensible pour les personnes* qui se tiennent auprès *de la sainte*[1].

Le charme et la gravité des choses de Dieu s'entremêlent dans cet ouvrage, éblouissant de récits que confirment les plus importantes autorités; et pourtant nul ne me blâmera, je l'espère, si je place à la suite, mais fort au-dessous de cet extrait, une pieuse anecdote que je tiens d'une source bien pure : elle ne figure pourtant, dans ces pages, qu'à titre d'exemple de dernier ordre.

Plus tard, on jugera si je suis trop crédule et si ma critique, pour les faits que j'accueille, est assez sévère. Le lecteur trouvera sans doute le nombre de mes preuves assez grand pour me permettre de l'intéresser à des faits qui me paraissent solides, mais qu'il ne doit accepter que sous bénéfice d'inventaire.

Vers les premiers mois de l'année 1854, et dans une fort grande ville de France, la sœur *** soignait un malade de culte dissident, et que sa famille s'était vainement efforcée de ramener au sein de l'Église. Une nuit, vaincue par la fatigue, et succombant au besoin de goûter quelque repos, la sœur se retire, elle se couche et s'endort. Mais, au bout

---

[1] La parole de la sainte avait pour sanction ses miracles. Lire cet ouvrage. Paris, 1848, p. 44, etc., 324, etc. Voir les procès-verbaux et les autorités relatées. Aux gens qui hésitent devant le miracle, je propose encore l'*Étude savante* de M. de Montalembert sur sainte Élisabeth de Hongrie. Hallucinations! répéterait sans doute le premier docteur en médecine venu. La plupart de ceux qui écrivirent sur l'hallucination furent bien positivement hallucinés. Voir notre traité sur ce sujet, dans notre livre des *Médiateurs et moyens de la magie*. Paris, 1863.

d'une heure environ, je ne sais quel bruit singulier la fait tressaillir et la réveille...... ses rideaux sont tirés...... elle regarde... ils s'entr'ouvrent... et cependant, examen fait, il n'y a là rien, ni personne...

Contre son habitude, et quelle que soit son émotion, elle parvient à se rendormir. Mais à peine est-elle assoupie qu'un autre bruit soudain brise de nouveau son sommeil. Elle s'inquiète, et, tandis qu'elle raisonne son trouble, trois coups distancés et distincts sont frappés comme par les mains d'un homme invisible. Elle est seule dans l'appartement. Ce bruit ne vient et ne peut venir du dehors. Du vide complet que sondent et découvrent clairement ses regards, une voix sort et dit; « Allons : *à votre devoir !* » En un clin d'œil elle est debout. Elle se rend à la chambre du malade, dont elle voit l'état, subitement empiré, dénoter une mort imminente.

« Ma sœur, est-ce que je vais mourir? lui dit aussitôt et tranquillement le malade, qui semblait l'attendre. -- Mais pourquoi cette question? J'espère bien que non!...... Vous savez cependant qu'il est bon de se tenir toujours prêt. — Oui; mais suis-je sur le point de mourir? — En vérité, je ne puis le savoir. Auriez-vous donc le désir que j'avertisse votre ministre? —Oh non! pas de ministre! C'est un prêtre catholique qu'il me faut. Allez, courez, et *celui que je veux* est celui que vous trouverez *de service,* et sur la paroisse : celui-là même, quel qu'il soit, et non pas un autre. » La sœur y court, et reparaît avec le prêtre chargé du service nocturne. A partir de ce moment, il s'écoule une heure. Le malade abjure, se confesse, reçoit les saintes huiles et meurt. L'état du mal n'a point permis au prêtre de lui administrer le sacrement de l'eucharistie.

Nous ne rencontrons ici, remarquons-le soigneusement, ni provocation téméraire ou impie de la part d'une personne vivante à un Esprit, ni simulacre d'évocation, ni dessein, de la part d'une intelligence invisible, d'amuser, d'étourdir, de séduire une âme. Le résultat de la manifestation est conforme aux vœux et aux doctrines de l'Église; l'Esprit qui se manifeste est donc pur et saint. Or, c'est par la fin vers laquelle se dirigent les œuvres des Esprits, c'est par la doctrine à laquelle elles aboutissent que l'Église les juge et les classe.

De ce récit, je passe à celui d'une seconde anecdote, et dont le principal personnage est une gracieuse et fort intime amie de ma famille.

C'est une jeune personne remarquable par son haut bon sens, douée d'un esprit ferme et modeste, et dont ni l'éducation ni la position sociale ne laissent rien à envier. Si je la disais belle, pieuse, et d'une charité tendre, je risquerais de lui inspirer un sentiment tout autre que celui de la reconnaissance.

Appartenant à la France par son origine, elle est la fille d'un membre du sénat américain; et la scène que je décris se passait à Washington, il y a quelques années. L'attention publique ne se portait pas encore, dans le nouveau monde, vers les redoutables phénomènes du spiritualisme, prélude invariable d'égorgements fraternels et d'épouvantables catastrophes.

« Mon père, allant passer la soirée hors de chez lui, sortit en fermant à double tour la porte du dehors, *me dit* un jour et tout spontanément mademoiselle J***. Il emporta les clefs, et, ma sœur aînée restant avec moi, nous fermâmes, intérieurement les portes de notre chambre commune; tout étant parfaitement clos, et personne ne se trouvant plus dans l'appartement, nous pensâmes à nous mettre au lit.

» Mais à peine étions-nous couchées, que de grands coups se firent entendre à l'une des entrées de notre chambre. Nos portes étaient précédées de celle dont mon père, après l'avoir soigneusement close, avait emporté la clef. — « Nommez-vous, si vous voulez que nous vous ouvrions », m'écriai-je. A l'instant, et pour toute réponse, les mêmes coups retentirent à l'autre entrée. Nous nous gardâmes bien d'ouvrir....

» Les coups cessèrent, et je ne tardai que peu d'instants à m'assoupir. Je dormis sans me réveiller de la nuit; mais, le lendemain, je trouvai ma sœur, qui avait eu le courage de respecter mon bon appétit de sommeil, toute tremblante et terrifiée. « Non, non, je ne voudrais pour rien au monde passer en cette chambre une seconde nuit ! » me disait-elle. Mais elle fermait hermétiquement les lèvres sur les détails de sa peur.

» Cependant la crainte des railleries de mon père, homme de très-haut courage, changea sa résolution; et, le soir venu, nous nous couchâmes, n'omettant aucune des justes précautions que l'inquiétude suggère. Les coups frappés aux deux portes se firent derechef entendre; puis régna le silence, et, tout aussi facilement que la veille, je m'endormis. Mais, cette fois, ma sœur eut son tour de profond sommeil, tandis que le mien éprouva bientôt quelque trouble. J'entendis marcher dans notre chambre, où nulle autre personne n'était enfermée que ma sœur et moi.

» La lune jetait au travers de nos vitres une douce clarté. Ce fut assez pour que je pusse, et fort distinctement, apercevoir auprès de mon lit *comme une figure de femme*. Je la vis, et j'eus peur ! Je ne dis rien, et ce fantôme fut également muet. Mais il se pencha sur moi, fit du pouce un signe de croix sur mon front, un signe de croix sur ma bouche, puis un signe de croix sur ma poitrine. *Je le sentis* et sans y rien comprendre, car alors j'étais protestante, et le genre de mon éducation me laissait ignorer de *la plus belle ignorance* ce qu'est, et ce que signifie le signe manuel de la croix.

» Ces trois *attouchements* caractéristiques étant terminés, la figure, doucement taciturne, s'inclina vers mon chevet : elle baisa mon front, puis ma bouche, puis ma poitrine aux endroits qu'elle avait signés. Cela fait, elle s'évanouit et disparut comme disparait une ombre (*like a ghost*)!

» Au moment de son réveil, je m'empressai de tout raconter à ma sœur. — Oh! c'est étrange; et ce que tu viens de me décrire, c'est exactement ce que j'ai vu, c'est la même apparition qui me tint éveillée la nuit passée, pendant que tu dormais. Mais elle ne m'a rien dit; elle ne m'a point touchée, elle s'est contentée de m'apparaître, de marcher dans la chambre et de s'y évanouir.

» Je ne me fis point faute, on le supposera pour mon honneur, de presser de questions et d'objections mademoiselle J***, notre amie. — Il est certain que vous aurez rêvé, lui dis-je, endormie d'abord, éveillée plus tard? — Non, me dit-elle, à coup sûr, et je vous en réponds. Ma sœur et moi nous entendîmes les coups en même temps, et de la même manière. Elle eut sa nuit de vision, j'eus la mienne; et, quant à la physionomie de la personne fantasmatique, son récit confirme le mien. Maintenant, comment eussé-je *imaginé* ces trois signes de croix tracés sur ma personne, et selon la manière des catholiques à l'évangile? J'ignorais jusqu'au signe de croix ordinaire; et, si jamais j'entendais parler des catholiques, c'était en termes qui ne me donnaient pour leur foi que du mépris; enfin, je ne sus l'usage et la valeur de ces signes qu'après les avoir décrits à une personne de mon intimité. — Bien; et que signifie pour vous cette apparition? — Je n'en sais rien. — Mais vous fûtes marquée au signe de la croix, et ce signe est devenu le vôtre? Contre toutes vos prévisions, et quelques années plus tard, il y a deux ans, vous devîntes catholique? — C'est vrai. — Votre sœur aînée ayant vu presque les mêmes choses ne fut point marquée du même signe? Est-elle restée fidèle à son protestantisme ? — Oui, toujours ! »

Je pose les faits et je déclare n'entendre en tirer aucune conclusion, quel que soit le jour sous lequel ils se présentent à mon esprit. Je suis narrateur, et, pour le moment, c'est assez.

Mademoiselle J*** ne me raconte cette anecdote que parce qu'elle sait la nature de mes études. Autrement, elle redoute le ridicule, et se tait! Au moment de la narration, elle compte sa vingt-quatrième année (26 mars 1856).

Mais quelle que soit la netteté, quelle que puisse être la sûreté de ces témoignages *individuels*, élevons-nous au-dessus de cette sphère, et terminons ce chapitre par des certitudes qui ne fassent guère disparate avec celles qui figurèrent aux premières *pages* de ce livre. Voici donc la question qui se pose:

Il nous est dit, et dans l'intérêt de notre gouverne en ce monde, que pour le Très-Haut « les anges sont des Esprits qui tiennent lieu de serviteurs et de ministres [1]. » Il nous est dit « qu'il *n'y a rien*, dans ce monde visible, qui ne soit régi par *la créature invisible* [2]; et ces créatures supérieures ont pour mission de protéger nos personnes et de diriger, de ramener nos âmes dans les voies de Dieu ». Eh bien donc, si la foi de saint Paul et de saint Grégoire est la nôtre, aurons-nous à nommer d'autres agents que les saints anges, à la vue des miracles historiques dont il plut à la miséricorde divine de couvrir le monde à certaines époques, et l'Italie, par exemple, dans le cours de l'année 1796? Commençons notre récit par un fait antique et isolé, pour

---

[1] Saint Paul, Héb., ch. I, v 14.
[2] Saint Grégoire, *Dial.* 4, ch. v. — « O source éternelle d'amour!... vous employez *au service de l'homme* le ministère des anges. » (Liv. III, *Imitation*, ch. x, v 2, 3.)

revenir aussitôt aux prodiges innombrables et éclatants de la période moderne.

A Verviers, dans le pays de Liége, le 18 septembre 1692, une température lourde, un dérangement notoire dans les conditions atmosphériques et des bruits souterrains inexplicables, grondant partout, répandaient l'alarme dans les cœurs.

L'église des pères récollets était remplie de chrétiens qui priaient. Une image révérée de la sainte Vierge, extérieurement placée sur le portail, semblait regarder la foule de ceux qui entraient, étendant sur eux son sceptre doré. L'Enfant Jésus, dont la statue de pierre, comme celle de sa mère, en était éloignée de deux pieds, et placée sur un piédestal distinct, élevait la main pour bénir. Les fidèles, en se rendant à la messe, ne manquaient guère de saluer d'un *Ave* ces deux saintes images. Or, comme un Père récollet venait d'offrir le saint sacrifice et se retirait, un immense retentissement de clameurs attira sur le parvis les masses que renfermait l'église.

En un instant, et devant quatre mille témoins, les deux statues s'étaient spontanément tournées l'une vers l'autre, leurs mains s'étaient rapprochées, elles s'étaient jointes *et leurs doigts s'étaient entrelacés*, le sceptre que Notre-Dame portait seule se trouvait alors soutenu par la main droite de Jésus unie à la gauche de Marie. Toute la ville, en ce même jour, put juger du prodige opéré dans ces deux statues de pierre.

Mais le souvenir de ce fait éclatant pouvait se perdre ou s'altérer ; or donc, pour le conserver dans sa fraîcheur et sa fidélité parfaite, on ne se contenta nullement de l'assentiment universel. Les notaires publics de la cité furent chargés de rédiger, sur loyale information, les détails authentiques du miracle, attestés par serment et le crucifix en main, par ceux des plus respectables bourgeois que l'on disait l'avoir vu de leurs yeux. Lambert de Bâtis, Lambert Navez, Anne Polis, Catherine Delvaut, Jean Quintin, Matthieu Coffin, Catherine Bertholet, Marie d'Olme, Henri Herset, Herman Géron, Hubert Follet, et une multitude d'autres notables signèrent ces déclarations reconnues et approuvées comme régulières par Bernard de Hinnisdael, coadministrateur de la principauté de Liége.

Et, peu de jours après, l'Europe apprit que le 18 septembre, *au moment même du miracle* opéré dans les deux statues, un épouvantable tremblement de terre avait désolé d'autres pays. Plusieurs villes de la Sicile avaient été englouties dans ce désastre, où cent quatre-vingt mille personnes avaient trouvé la mort.

Les bonnes gens de Verviers daignèrent croire, et nous croyons avec eux, que leur dévotion à la sainte Vierge les avait préservés de ce contre-coup dont les perturbations atmosphériques et les grondements souterrains leur avaient donné le pressentiment [1].

Pour ma part, j'ai causé avec des personnes aussi savantes qu'honorables, et qui m'ont affirmé avoir vu dans une même église des statues se tourner vers elles, les suivre de la tête et du regard partout où elles portaient leurs pas, et s'incliner pour les saluer. — Ajoutons qu'elles rapportaient aux agents du spiritisme *ce prestige*, cette vision, qui n'eut point pour monument un changement d'état durable et vérifiable, tel que celui des statues de Verviers.

Mais nos yeux doivent se reporter sur l'Italie, à la date de l'année 1796, car je n'ai point encore suffisamment vérifié *les analogues de l'époque actuelle*. Voyez, voyez :

---

[1] *Abrégé des changements miraculeux dans l'image de la sainte Vierge*, etc., 2ᵉ édit.; Liége, 1740; in-12. — *Légendes de la sainte Vierge,* Collin de Plancy; Paris, sans date, in-8º, p. 180, etc.

comme si Dieu voulait prémunir l'Église contre les fléaux de la révolution et de la guerre qui s'épanchent sur le monde; comme s'il voulait ramener à lui, par la prière et l'expiation, les cœurs insoucieux ou rebelles, il semble que, tout à coup et simultanément, les anges de mille sanctuaires se réveillent. Tout à coup a cessé, sous la voûte des lieux consacrés au culte, l'apparente immobilité de ces adorateurs invisibles; et, s'ils agissent, c'est pour donner *l'aspect et le mouvement de la vie* aux images bénites, aux peintures et aux statues qui représentent ceux dont ils sont les anges, et que vénère la piété des fidèles.

Mais, observons-le bien! ces prodiges ne s'accomplissent point en tous lieux; ils ne se répètent pas à propos de chaque image! car alors l'incrédulité, dont la *manie*, dont la folie est de prétendre découvrir la clef de chaque miracle dans des *explications naturelles* plus merveilleuses que le miracle expliqué, l'incrédulité s'écrierait : Quoi de plus simple! il n'y a là qu'une loi générale, mais encore inconnue! Il n'y a là qu'un effet de lumière, un mirage *sui generis,* une hallucination collective, une perturbation fluidique, une influence astrale, météorique... ou que sais-je, dont le coup frappe au milieu des flots de la multitude, jusqu'aux cerveaux les plus sains! etc., etc... La pathologie, qui borne *ses miracles* à ceux du genre explicatif, y trouverait des mots superbes, des sur-composés à faire pâmer d'aise et de stupeur les gens assez candides pour se réjouir de palper du billon, lorsqu'on leur a promis de l'or.

Mais non! non! chaque image n'enfante point un prodige et ne remue point la foule! Celles qui s'animent, qui se colorent, qui respirent, qui élèvent ou abaissent leurs regards, qui répandent des larmes abondantes, ces images sont tout simplement nombreuses. Vous les voyez à Rome, à Ancône, dans les Marches, et dans quelques autres lieux :

il serait assez long de les compter. Les unes sont peintes sur toile, sur panneaux, sur papier, à fresque, en ronde bosse; les autres sont de bois, de cire ou de pierre; et tantôt ce sont des œuvres récentes, tantôt leur date accuse une haute antiquité. Pour le voyageur mécréant, pour le libertin et les faux sages de toutes nations, celles-ci étaient un objet de risée, ou de blasphème; celles-là recevaient plus tranquillement les visites des amateurs et les hommages des fidèles dans les basiliques les plus fréquentées de la capitale du monde chrétien, ou dans de très-simples oratoires! Aujourd'hui, *les témoins* s'amoncellent; ils accourent par *centaines de milliers*, ils admirent la puissance de Dieu, ou se confondent d'étonnement en présence de ces objets du culte *suant le miracle*. Ces témoins, ce sont des évêques et des docteurs, ceux qui sont le plus intéressés à redouter les miracles de contrebande; puis, ce sont, en même temps, des gens du monde, des médecins, des artistes, des savants, des voyageurs, des incrédules, des négociants, des soldats, la masse des hommes et des femmes du peuple; c'est le monde entier *représenté par toutes les classes!* Et ces spectateurs avertis et défiants ont huit longs mois de surnaturel incessant pour examiner, pour scruter ces saintes effigies d'où le Merveilleux ruisselle! Leurs mains, leurs yeux sont admis à les mesurer, à les examiner, à les dessiner, à les palper, à les manier, à les approcher en tous sens, à toute heure, armés des verres les plus grossissants et des instruments de vérification les plus précis; enfin, ce que les plus intrépides scrutateurs ne peuvent se défendre de voir et d'éprouver, en face de cette interminable série de prodiges, d'autres témoins le voient et l'éprouvent au même instant; car, au premier mouvement de ces phénomènes, les cris et les *vivat* de la foule éclatent *avec la précision d'une décharge de mousqueterie!*

Mais, écoutons bien! écoutons mieux encore, car le miracle moral suit et talonne le miracle matériel : les larmes inondent les yeux; *la componction remue les cœurs; le repentir transforme les gens;* d'éclatantes conversions étonnent les cités; et, frappés de stupeur, de nombreux incrédules ont senti leur résistance défaillir, si grande, si vive et si profonde est l'émotion qui les ébranle aux pieds de ces simulacres vivants, sous l'influence de ces images qui s'animent.

Voyez, voyez! lorsque toutes les précautions, lorsque toutes les inventions de la méfiance s'organisent et se multiplient contre l'erreur ou la fourberie, contre les illusions de l'esprit ou les jeux de la lumière; voici les yeux de ces toiles peintes, de ces papiers crayonnés, de ces statues de pierre ou de bois qui s'ouvrent et se referment lentement, les prunelles s'élèvent vers le ciel, elles *s'abaissent* avec une ineffable douceur sur la foule et la parcourent de *droite à gauche*, par exemple, dans toute l'étendue du globe de l'œil! Ces images ravivent leurs couleurs et revêtent l'éclat passager d'une beauté qui leur était étrangère. Ce sont des visages où la vie circule et palpite; le souffle de la respiration soulève leur poitrine, et leurs yeux brillent jusqu'à scintiller. Mais, dans ces mouvements de la vie, rien n'est saccadé; nulle secousse, nulle oscillation ne trahit un effet de l'art; tout est grave, tout s'accomplit avec une grâce singulière, et l'on observe dans ces simulacres des phénomènes que, sur la matière immobile et morte, la main de l'artiste ne saurait produire.

Quelques-unes, — et tous les yeux sont là pour exercer leur contrôle, — quelques-unes de ces statues *changent de couleur* en s'animant : celle-ci se couvre d'une sueur prodigieuse; une autre verse des larmes dont l'abondance, après avoir trempé je ne sais quelle quantité de linges, baigne

CHAPITRE DEUXIÈME.

l'autel qu'elle surmonte. Mais il faut y insister et le redire : ces prodiges ne sont point l'œuvre d'un jour unique. Ils durent et se prolongent pendant un mois, deux mois, six mois, huit mois!... chaque incrédule, chaque sceptique a le temps de s'en rassasier à loisir, et d'appeler d'un bout à l'autre du monde ses plus doctes amis à son secours. Oh! qui que vous soyez, que nul respect humain, que nulle terreur ne mette obstacle à vos recherches, quel que puisse être le motif qui vous inspire, car les curés des paroisses et les hauts docteurs de la théologie vous donneront eux-mêmes le plus encourageant exemple. Toute facilité vous est offerte de manier et de froisser ces tableaux, de palper et de sonder ces statues. Des échelles sont appliquées aux autels; des savants, des anatomistes, des dessinateurs, des incrédules et des croyants y mènent une vie commune d'observation, s'y rencontrent et s'y succèdent.

Or, notons-le bien : ces hommes, là-bas, ce sont des philosophes qui s'en vont courant aux diverses églises; leur regard s'arrête et se fixe tantôt sur cet œil unique de l'image, et tantôt uniquement sur l'autre. Ils se distribuent les différents rôles de l'observation; craignant le mensonge et l'illusion de leurs sens, ils entassent épreuves sur épreuves; et, quoique voyant de leurs yeux, quoique touchant de leurs mains, ils épient silencieusement la foule; ils cherchent à s'assurer si les mouvements et les transports de cette masse de spectateurs concordent avec chaque phase des phénomènes dont la répétition les bouleverse...

Ainsi, maintes fois, l'antiquité païenne vit-elle, dans l'ordre parallèle ou démoniaque, des statues de dieux s'animer, remuer, parler, marcher et disparaître [1]...

---

[1] Le chapitre : les Statues animées, dans mon livre, fort utilement exploité, grâce au ciel! de *Dieu et les dieux*, 1854, touche ce sujet, que je traite plus à fond un peu plus tard.

Cependant, du sein de ces innombaables multitudes, nulle contradiction ne parvient à s'établir; un démenti serait couvert, en face de nouveaux phénomènes, par d'innombrables démentis; et, sans qu'un souffle l'arrête ou la ralentisse, la sévère inquisition romaine décide qu'il est impossible de ne point reconnaître, dans cette intarissable succession de phénomènes, un prodige sans nom! Le pape Pie VI, cédant aux répétitions de l'évidence, forme et institue pour suivre et décrire le cours de cette veine intarissable de miracles, un tribunal que préside le pieux et savant cardinal della Somaglia. Ce tribunal fonctionne, et les dépositions, les *interrogations* juridiques de neuf cent soixante-deux témoins confirment authentiquement les faits *contemplés par la multitude,* et les transportent, avec les rares honneurs du Grand Triomphe, dans la partie la plus sûre du domaine de l'histoire. L'Italie reconnaissante veut en conserver le souvenir, et le souverain pontife, fondant une solennité que chaque année ramène, accède aux vœux des fidèles; il s'empresse de consacrer la mémoire de ces miraculeux avertissements par la composition d'un office qui ne puisse en permettre l'oubli. Chaque année l'Église proclamera donc une fois de plus, devant l'autel, l'infinie puissance du Dieu qui, dans le monde spirituel aussi bien que dans le monde physique, créa non *moins l'exception que la règle*; du Dieu qui, par sa seule et unique volonté, peut toutes choses; mais qui, pour ministre ordinaire de cette volonté sainte, prend ici-bas les anges bons et les anges mauvais, dont les œuvres, si discordantes aux yeux de ceux qui ne savent en saisir l'ensemble, se réunissent en concert pour chanter sa gloire[1].

[1] *Histoire de l'Église,* de Bérault Bercastel, vol. II. Voyez les noms des sanctuaires, les autorités à l'appui, etc., pages 282 à 293, v. II, et lisez le *Decretum approbationis* die 28 februarii 1797..... « *Satis*

CHAPITRE DEUXIÈME.

CONCLUSION.

Jugeons-nous qu'il soit temps de relier d'un coup d'œil la longue série de faits déposés, à l'endroit de *la nature et des fonctions angéliques*, dans le texte des Écritures sacrées, et dans les procès-verbaux de l'Église ? Consentons-nous à prêter, à ouvrir l'oreille, avec une intelligente simplicité, aux miracles où figurent les anges, et que les peuples les plus éclairés de ce monde acclamèrent successivement d'une voix ferme et constante ? Croyons-nous juste, en un mot, d'accueillir sur le chapitre de ces messagers du ciel et l'histoire des faits attestés par la raison du genre humain, et la doctrine invariable du catholicisme ?

Que si cette preuve de bon sens et de droiture ne coûte point à notre orgueil, une vérité sera pour nous constante, et les philosophes païens la professèrent eux-mêmes aussi haut que nous ; elle se résume en ces termes :

« Parmi les agents du surnaturel en ce bas monde, *la raison* et la foi religieuse s'accordent à décerner aux bons anges une haute et large place d'honneur.

» Mais, si les âmes des bienheureux ne se mêlent en aucun cas aux œuvres de la magie ; mais, si jamais ces

» superabundeque comprobatam fuisse veritatem »,...etc.« *Signé* Julius
» Maria, cardinalis della Somaglia ; Franciscus Mari notar. ut supra
» deputatus... et concessio officii cum missa 24 junii anni 1797. Car-
» dinal. della Somaglia canonic. Phil. lib. secret..... »

Ces merveilles ne trouvèrent alors que deux contradicteurs : un Joseph Berington, qui, à cinq cents lieues de distance, dans le *London chronicle* du 5 janvier 1797, combat, *au nom du bon sens*, le témoignage de trois cent mille témoins ; puis un gazetier de Milan, s'appuyant sur un quiproquo... (V. *Hist.* de Bérault, *id.*, p. 288.)

C'est au nom *du même bon sens* que nos dénégateurs modernes combattent ou ce qu'ils n'ont point vu, ou ce qu'ils ont voulu mal voir ! Ces choses troublent l'esprit, me disait l'un d'eux, homme du reste fort remarquable et plein d'honneur ; on ne doit point chercher à les voir ! — Un autre, devant moi, tournait *le dos* à des phénomènes en voie de s'accomplir ; ce n'est jamais par ce côté que la vérité nous saisit.

âmes ne peuvent tomber sous le pouvoir de ceux dont l'ignorance ou la perversité se prête à des œuvres réprouvées, parce que ces âmes reposent entre les mains de Dieu, parce que sa miséricorde, parce que sa justice et sa gloire les couvrent, comment les chœurs sublimes des saints anges seraient-ils dépouillés de cette insigne et céleste prérogative [1]? »

Croyant d'une foi ferme et nourrie de lumières à la libre et visible intervention, dans les choses de ce monde, des anges unis à la volonté de Dieu, refusons donc invinciblement de nous laisser séduire, *en leur nom,* par ces gens simples ou perfides qui prétendent tenir de bons Esprits en laisse, et les renfermer, ou les soumettre à leurs ordres, tantôt dans le bois mort d'un meuble, tantôt dans le bras de chair d'un médium !

Adresser *témérairement* aux anges de Dieu le simple vœu de les voir apparaître, de quelque fausse et vaine humilité que s'enveloppe la formule de ce vœu, c'est prévariquer, c'est repousser loin de soi la nature angélique et sainte, c'est l'éloigner autant que peut l'éloigner le mal. Mais, intimer ses ordres aux anges célestes, c'est progresser au delà du mal ordinaire; c'est pratiquer l'*évocation magique* dans sa plus stupide insolence, et le Seigneur professe son abomination pour ces criminelles manœuvres. Comment donc se familiariser à la pensée qu'en récompense de nos folles bravades, ou de la singulière et coupable ignorance qui caractérise notre curiosité, le Dieu trois fois saint ait à nous expédier au gré de nos caprices ses messagers célestes, ses anges de paix et de gloire ? Oh ! quel homme de bon sens

---

[1] Lire l'évêque Binsfeld, *De conf. mal.*, Trev. 1596; p. 98. Livre de la Sagesse, ch. iii, ⚹ 1 ; saint Matthieu, ch. xxii, ⚹ 30, etc. Voir plus bas une Étude sur Samuel et la Pythonisse. Une exception très-rare, biblique et antérieure à l'ouverture du ciel par notre Sauveur, ne détruirait nullement la règle.

osera s'imaginer que le Souverain des hauts potentats du ciel avilisse de gaieté de cœur l'insigne majesté des Esprits bienheureux et nous les jette aux mains, ainsi que cet ange Molriva de tout à l'heure, comme le dernier des jouets, comme les instruments forcés de nos intérêts mondains, de notre basse cupidité, de nos équivoques plaisirs, de nos futiles commérages ?

Eh quoi ! les infuser à notre voix dans nos crayons ou dans nos tables; les y enfermer comme des réactifs de laboratoire dans leurs récipients, et les prostituer à nos manies d'expériences !

Mais, un mot encore, car il contient une pensée bien simple et de bien haute philosophie chrétienne. Dieu, dont *la parole expresse* institua, comme docteurs et interprètes de sa loi, les uniques pontifes de son Église visible, Dieu pourrait-il se contredire et réduire à néant la valeur et la suprématie de cette Église en donnant la haute main sur notre éducation morale et religieuse et sur la direction de nos âmes à la parole de ses anges, *subordonnés* chaque jour aux folles ou sérieuses fantaisies de l'homme ? Et s'il assujettissait ses ministres angéliques à cette humiliation, que subissent ou recherchent les anges de ténèbres si souvent métamorphosés en anges de lumière, sa justice ne devrait-elle point répandre au milieu des fidèles, et JUSQU'A LA PRODIGALITÉ, *le don* si précieux et SI RARE du discernement des Esprits [1] ?

Non, non, le bon sens nous crie assez haut que l'erreur et la confusion naîtraient pêle-mêle de cette double voie de l'enseignement; et, déjà la simple expérience de nos contemporains a reconnu de quels fléaux cette *parole angélique* affligerait le monde social, puisque, en dépit des contradictions monstrueuses dont se hérissent les doctrines

[1] Saint Paul, I, Corinth., XII, 10.

éditées sous le nom des habitants de la céleste demeure, chaque jour signale au milieu de nous le succès des mensonges de ces angéliques messagers.... je veux dire de nos plus brillants Esprits de cabinet [1] !

Je crois, oui certes, je crois fermement à l'action sensible des bons anges, mais en dehors de toute oiseuse ou coupable provocation de la part de l'homme. Je sais, avec l'Église, — et selon les termes pleins de justesse de l'Anglais Glanvil, — que les bons anges ne recherchent point la vaine gloire et l'ostentation; je sais qu'ils auraient horreur de travailler, à l'exemple des démons, à nous inféoder à leur puissance [2].

Je sais qu'ils ne laissent tomber un regard sur nos faibles et misérables personnes que dans l'intérêt de notre salut, c'est-à-dire pour le triomphe de l'Église et la gloire du Dieu dont ils sont les serviteurs et les ministres. Je sais que, rarement, leur action s'exerce sans échapper à nos sens. Et pourtant il s'en faut que ma raison éprouve le moindre scandale si, de temps en temps, la justice et la bonté divine veulent que leur bras ostensible protége le juste et qu'il punisse l'impie. Je sais que le profanateur Héliodore tombe sous leurs verges, et que le jeune Tobie doit à leurs glorieuses phalanges le plus compatissant et le plus gracieux des guides !

Cependant, aussitôt que le bruit de quelque prodige angélique circule et me frappe l'oreille, je m'alarme, je me

---

[1] Lire surtout le livre ennuyeux et puéril, quoique si dangereux, *des Esprits*, du pseudonyme Allan Kardec, livre écrit sous la dictée des Esprits. — *Id.* la masse des documents américains. A ce propos, je ne puis trop remercier mon *très-savant* et honorable ami M. le comte Eugène D. de Richemont, que Dieu vient de rappeler à lui, de la quantité de matériaux utiles et rares qu'il a mis entre mes mains, et des lumières que sa vive intelligence a répandues sur mes recherches. Je ne dis rien encore du livre de M. de Caudemberg.

[2] *Sadducismus triumphatus*, p. 46.

recueille et je me tiens l'œil au guet, sachant que non-seulement l'homme est sujet à l'erreur et au mensonge, mais que la ruse favorite du démon, c'est de se travestir sous le faux semblant des anges de lumière et de gloire !

Que si, toutefois, la nécessité de se prononcer en quelque grave et douteuse occurrence éclatait sous mes pas, ma perplexité ne saurait être grande; car, pour le catholique *intelligent* et fidèle, l'Église est là. L'Église a toujours, au service et pour les besoins de chacun de nous, de sages pasteurs ! Ce n'est point toujours le premier venu ; sainte Thérèse, saint François de Sales et tant d'autres docteurs nous en avertissent ; mais, qui veut se donner quelque peine à chercher trouve ce trésor, et le trouve vite. Dieu, qui refuse sa lumière aux superbes, la prodigue aux humbles [1].

CHAPITRE TROISIÈME.

LE SECOND AGENT DU MERVEILLEUX, OU CELUI QUE LES PEUPLES ANCIENS ET MODERNES ONT NOMMÉ DÉMON, MOT DONT LE SENS LITTÉRAL EST ESPRIT.

Le démon est-il un mythe? — Son histoire et les grands exemples. — Traditions catholiques. — Prêtres et philosophes de l'idolâtrie. — Leur nature, leur puissance et leur malice. — Les Pères de l'Église. — Exemples hardis, et pourquoi. — Kérope en Livonie et Jérusalem. — Saint François de Sales démonologue, exorciste et accusé de sorcellerie. — Ma propre expérience soumise au lecteur. — La crosse du pasteur levée contre l'ennemi. — Temps actuels. — Mgr Bouvier le théologien. — Exemples et doctrine. — M. l'abbé Huc. — Ce qu'il raconte à l'auteur. — Valeur contestable de son témoignage. — Visite de MM. de Mirville et des Mousseaux au P. Bonduel, missionnaire chez les peaux rouges, et cité par le P. Ventura. — Son musée. — Révélation de la science la plus antique et de la magie démoniaque. — Exemples de premier ordre. — M. de B... et la sibylle de l'Etna. — Époque de la grande révolution française. — Le progrès. — La sibylle dépassée, et M. le baron de Goldenstubbe, 1858. — Exemples. — Mot de Bossuet.

[1] Saint Matthieu, xi, 25.

— Philosophes théurges d'Alexandrie. — Leur accord avec les bulles papales et le grand magnétiste Dupotet, doublé du mage Éliphas. — Résumé de l'Église. — Le rituel romain et ses mystères. — Admirable lettre de l'an 1443, nous apprenant ce que c'est que la vigilance des évêques qui tiennent de l'œil le démon, ce que c'est que l'invariable fixité des doctrines de l'Église : manuscrit publié par M. de Bernoville, conseiller référendaire à la cour des comptes. — Conclusion.

Le second agent du surnaturel serait-ce donc, en vérité, le démon, c'est-à-dire une force spirituelle et naturellement invisible, une intelligence angélique et dépravée ?

Mais le démon, mais ce faux ange de lumière que je viens de nommer, existe-t-il ? est-il un mythe ? un épouvantail ? une réalité ?

— Puis, si cet Esprit de malfaisance existe, daigne-t-il, peut-il prendre, prend-il une part effective aux phénomènes surhumains, aux prodiges dont la répétition étonne, étonnera, ne doit cesser d'étonner notre monde, et surtout lorsqu'il subira les crises de l'avénement du grand Omniarque rêvé et préparé par le socialisme, nous voulons dire le dernier Antéchrist ?

Dès la première feuille du livre sacré, le démon s'introduit dans le corps du serpent, de même que nous le voyons plus tard s'introduire dans les animaux pythonisés, et dans les tables circulaires ; il verse par la parole, dans le cœur de la femme, le venin qui *révolutionne* la terre et qui *consomme* le plus complet, le plus magnifique des homicides [1] :

[1] Ange éblouissant de gloire, celui qui fut homicide *dès le principe,* entrevoit, dans une révélation de l'avenir, qui sert d'épreuve à sa fidélité, le Verbe de Dieu unissant à soi la chair d'un animal ! de l'animal humain ; et ce Christ, ce Verbe fait homme, il faut reconnaître en lui le Fils de Dieu, le roi du ciel, le souverain des anges ; il faut l'adorer.
Ange radieux, prince de légions angéliques, obéissez donc à celui qui, par un côté de sa double nature, n'est qu'un chétif animal pétri de boue. — Oh ! non ! périsse cet animal humain, dût la révolte bouleverser le ciel !
Voilà, si je ne me trompe, et, sauf l'exactitude des termes, la tra-

un homicide contenant en germe tous ceux qui, par la suite, doivent gorger l'enfer ou maculer de sang la surface de ce globe : un homicide dont la conséquence directe est l'assassinat juridique du Calvaire, où ruisselle le sang régénérateur de l'homme-Dieu.

Écouter le démon, dès le jardin d'Eden, ce fut donc mourir! aujourd'hui comme alors, écouter le démon, c'est mourir encore! Et, qu'il s'exprime par la gueule venimeuse d'un reptile, qu'il nous parle par les lèvres ravissantes ou grimacées d'une pythonisse, qu'il se rende intelligible par un trépied, par un guéridon, par un meuble de nos appartements, par un être vivant ou par un objet inanimé, peu nous importe *le médium*, c'est-à-dire *le médiateur* et *le moyen* de ce commerce. Le résultat est identique, et la curiosité coûte cher! C'est là ce que le premier homme, *enfant de Dieu*, n'apprit que trop tard; c'est là ce que les hommes actuels, *enfants de la femme*, veulent à peine apprendre et retenir!

Consultons l'histoire, et, dès l'origine des temps, la puissance du démon se pose au milieu de nous et progresse. Elle se répand, et la terre est conquise; le monde accepte sa loi, subit et encense sa divinité. La race des hommes s'unit, par les habitudes d'un étroit commerce, aux anges de la réprobation, aux inventeurs, aux fauteurs des œuvres magiques, et le déluge universel fait une première fois justice, par un baptême de mort, de cette universelle iniquité[1].

Cependent la race humaine sort des ruines de ce monde!

dition sur le crime de l'orgueilleux rationaliste qui fut *homicide* DÈS LE PRINCIPE, et que la pensée bien arrêtée de son homicide précipita du haut de son trône dans l'abîme.

[1] Görres, *Mystique div. et diab.*, vol. III, p. 44, livre dangereux au premier chef, car il fourmille de vérités, de bons sentiments, d'erreurs scientifiques et religieuses, d'hérésies. — Je le cite et le combats souvent. — *Id.*, F. de Rougemont, *Peuple primitif*, vol. I*er*, p. 49-106, etc. Auteur *protestant* et livre remarquable, etc., etc.

L'un des plus grands hommes de ces temps nouveaux, qui sont pour nous d'une si prodigieuse antiquité, ce fut Abraham[1]. Et la science de ce patriarche, que *les peuples magiciens de Chanaan* appelaient *un prince divin*, était un objet d'admiration pour les habitants de la ville de Charres prosternée devant les Esprits des astres et capitale de la plus antique et grandiose idolâtrie, siége d'une religion démoniaque restaurée et fondée sur de nouvelles bases[2].

Élu par le Dieu saintement jaloux, et pour le servir, Abraham avait connu les dieux que l'on adorait dans sa famille[3], où l'horreur que ce culte inspirait au Seigneur avait été le motif de son élection; et le premier soin du patriarche, la plus active de ses sollicitudes, ce fut de prémunir ses descendants contre les prodiges que multipliaient autour des demeures de l'homme ces Esprits de mensonge et de révolte, ardents à détourner des voies de Dieu, vers leurs propres voies, les membres disséminés de la famille humaine. Mais cette preuve de l'action sensible des démons, tirée du culte qu'ils avaient entraîné l'homme à leur rendre, cette preuve descendue jusqu'à nous par les traditions qui, par-dessus les eaux du déluge, atteignaient Moïse[4], l'Écriture sainte se borne à l'indiquer aux chapitres de l'histoire

---

[1] Les prêtres et les savants de l'Égypte, cette région de la science et de la sagesse, s'étaient inclinés devant *la supériorité* d'Abraham, conservateur de la vérité qui est une, et dont la doctrine répandait des flots de lumière au milieu de la diversité babélique de leurs opinions. — Lire Josèphe, *Histoire des Juifs,* liv. I, ch. vii, § 8; — Philo, *Bibl. Antiq.*, liv. I, etc., etc. De même, le patriarche Joseph, après Abraham, son bisaïeul, « *instruit les Princes* de la cour du roi d'Égypte, et *apprend la sagesse aux anciens de son conseil* ». (Psaume 104, § 22.) Moïse dut donc *à ses pères,* et à l'inspiration divine, ce que l'on prétendit qu'*il devait* à l'Égypte. Lire *id.,* sur la grandeur d'Abraham, mon livre *Dieu et les dieux.*

[2] Deutéron., ch. xviii, § 10 à 13, etc., etc., et *Dii gentium dæmonia,* p. xcv, etc.

[3] Josué, ch. xxiv, § 2, etc.

[4] *Peuple primitif,* § 1, p. 19, etc., etc.

d'Abraham. Il est vrai qu'un peu plus tard le contexte des livres sacrés nous l'offre dans sa plénitude.

Dépositaires de la parole divine, ces livres s'ouvrent, et nous entendons aussitôt éclater les menaces de Dieu contre les imitateurs des peuples chez lesquels les œuvres démoniaques de la magie se sont enracinées; et, qu'*à cause de ses crimes*, il se propose d'exterminer sous le fer d'Israël[1].

Est-il un langage qui peigne en traits plus saisissants cette vérité que celui de l'Ange de l'école, le plus accrédité de tous les docteurs : « La seconde cause qui *a mis le sceau à l'idolâtrie*, et qui en a été la consommation, provient des démons. Ils se sont EUX-MÊMES proposés à l'adoration des hommes, en *donnant des réponses* PAR LE MOYEN DES IDOLES, et *en opérant certaines choses qui semblaient des prodiges*. D'où le Psalmiste s'est écrié : « Tous les dieux des nations sont des démons[2]! »

Loin de nous la pensée de suivre le démon pas à pas dans le dédale presque effacé des premiers âges du monde! Mais à peine nous éloignons-nous de ses traces primitives, que l'histoire écrite, qui succède à la tradition, nous décrit cet infatigable tentateur agissant par les mains d'une race de privilégiés, ou d'initiés, comblés de la faveur des hommes.

Tournons les yeux, par exemple, vers une ère que nous pouvons appeler le fond des siècles, et déjà nous voyons éclater le grand jour de la publicité sur les œuvres de magiciens dont *une école entière* a pour piédestal les marches du trône de Pharaon. Ces hommes opèrent à nos yeux des œuvres vraiment prestigieuses et supérieures aux forces de l'homme. Elles s'accomplissent par la grâce d'une puissance occulte, engageant la lutte *contre la puissance divine* et la soutenant, sans un désavantage trop sensible, jusqu'à l'heure

---

[1] Deutéronome, XVIII, 10 à 13.
[2] Ps. XCV, ⅴ 5; saint Thomas d'Aquin, *Somme*, II, quest. 94, art. 4.

où il plaît à Dieu de se révéler et d'agir en maître. Alors nous entendons ces princes de la magie confesser de leur bouche leur défaite, et proclamer le triomphe du Seigneur représenté par Moïse : « *C'est le doigt de Dieu qui agit.* » Ce cri leur échappe enfin! Puis eux-mêmes, condamnés à porter, gravé sur leur propre personne, un signe, un témoignage, un stigmate de leur défaite, ils sont atteints et frappés dans leur chair[1].

Le temps marche, et l'infection démoniaque tend à gagner le peuple élu. Mais le Seigneur veille et voit! Sur son ordre, Moïse dénonce la peine de mort contre les Israélites qui consulteront l'*Esprit* de Python, ou contre ceux que cet Esprit *possède* et inspire[2]. C'est, et je le répète, à titre d'expression suprême du dégoût que le Seigneur a conçu contre tout commerce avec ces Esprits, que les nations chananéennes sont passées au fil de l'épée! Dieu ne peut tolérer, sur le sol où son peuple doit veiller *à la conservation des vérités religieuses*, la répétition de crimes qu'il abhorre, et qui *déjà datent de si loin!*

Plus tard, lorsque la synagogue expira, déposant son héritage aux mains du Christ, naquirent et brillèrent les

---

[1] Exode, VIII, 19, VII à XI. — Ce que j'avance au nom des livres saints *sur la magie*, je l'ai retrouvé dans les livres hermétiques de l'Égypte, cités à ce propos par saint Augustin (*Cité de Dieu*, VIII, 23, 24), et desquels Champollion Figeac a dit : « Champollion le jeune les *a étudiés à fond*, et il a déclaré *publiquement*, malgré les jugements hardis ou hasardés qu'en ont portés quelques critiques modernes, que ces livres renferment réellement une masse de traditions purement égyptiennes, et constamment d'accord avec les monuments les plus authentiques de l'Égypte. » Voir *Égypte ancienne*, éd. Didot, 1847, p. 139. — *Id. Les Papyrus égyptiens*, traduits par M. F. Lenormant, etc., et publiés par le *Correspondant* du 25 février 1858, etc., reproduisent cette lutte de l'Égypte contre Moïse.... la *mort de Pharaon dans la mer Rouge*, etc.... C'est un des plus précieux morceaux dont le catholicisme démoniaque ait enrichi le catholicisme divin ; je le cite ailleurs.

[2] Deutéron., ch. XVIII, 12, etc. Lévitique, ch. XX, 27, etc.

Pères de l'Église, que des gens d'une rare et précieuse ignorance ont accusés d'emprunter aux théurges leurs notions sur les Esprits de ténèbres! Comme si, de leurs propres yeux, ces docteurs n'eussent point contemplé d'assez près les œuvres et *la défaite* de ces Esprits.

Mais, à défaut d'expérience personnelle, quel besoin pour ces hommes de savoir et de génie, quelle nécessité d'apprendre et la nature et la puissance des démons à une autre école que celle où la science n'a cessé de déborder en restant catholique? École fondée sur la tradition patriarcale, sur les livres de l'Ancien Testament, sur la parole encore retentissante des apôtres, et sur les Évangiles fraîchement écrits! Si nous jetions le plus rapide des coups d'œil sur quelques-uns seulement de ces Pères, qui, mieux que Tertullien, nous prodiguerait les saisissantes expressions de la vérité sur la nature et sur les actes des démons? Prêtons l'oreille à ses paroles :

« La subtilité de ces Esprits leur donne une merveilleuse aptitude *à pénétrer* la double substance de l'homme. *Le corps* et *l'âme*, les fruits, les moissons, l'air que nos poumons respirent, peuvent être atteints et viciés par leur sinistre influence et leur contact impur. Et lorsque les magiciens évoquent les morts, lorsqu'ils suscitent des fantômes, c'est à l'aide et avec le secours des démons[1]. »

Les magiciens *qui ont commerce avec les Esprits,* dit Origène, et qui les évoquent selon les préceptes de l'art magique, afin de les asservir à leurs volontés, ces magiciens voient leurs vœux s'accomplir, *mais pourvu* que le nom, *pourvu* que la puissance de Dieu, pourvu qu'une force supérieure aux démons n'y cause aucun obstacle. Oui, lorsque les démons acceptent un rôle dans les actes des magiciens, c'est par leur odieuse puissance que sévit la

[1] *Analyse apolog.*, ch. XXII, XXIII.

famine, que règnent les chaleurs excessives, que la stérilité frappe les champs, les arbres, les vignes, et que se répand cette corruption pestilentielle de l'air qui détruit à la fois les fruits de la terre, les animaux et les hommes[1].

Les démons, reprend saint Cyprien, s'introduisent *dans les statues*[2] et dans les simulacres que l'homme adore; ce sont eux *qui animent la fibre des victimes,* qui inspirent de leur souffle le cœur des devins; et *qui donnent une voix aux oracles.* Souvent trompeurs et trompés à la fois, ils se donnent pour tâche de jeter le trouble dans la vie, de pénétrer nos corps, de répandre dans nos esprits de secrètes terreurs, de nuire à nos santés, et de torturer nos membres. Ils espèrent ainsi nous amener à leur rendre un culte, à solliciter d'eux la guérison de ces maux, et de quelle sorte les guérissent-ils donc, si ce n'est *en cessant de les produire?* Leur but unique est de nous éloigner des voies de Dieu[3].

Le démon osa bien frapper la chair du saint homme Job, puis s'essayer contre Notre-Seigneur lui-même, qu'il transporta sur le pinacle du temple et sur le sommet de la montagne[4].

Quoi d'étonnant, ajoute saint Grégoire de Nazianze, s'il s'attaque à l'âme pure d'une vierge, en se prêtant aux désirs criminels d'un jeune homme dont l'espoir se fonde sur les pratiques de la Magie[5]? Et ces œuvres magiques, s'écrie

---

[1] *Contre Celse,* liv. Ier, n° 60. — Liv. VIII, ch. XXXI; *id.* — Doctrine de l'Église dans le Rituel, p. 293, etc., *Rituale Romanum, Mechliniæ,* 1854, exorcismes, etc.

[2] Voir mon chapitre des Statues animées, *Dieu et les dieux,* 1854. — Je traite ailleurs plus à fond cette question alors indiquée.

[3] Saint Cyprien, *De idol. vanit.,* liv. Ier, p. 452; v. *id.* saint Basile, Reg. XI, § 14. — « *Lædunt enim primo,* dit aussi Tertullien, *post quæ lædere desinunt, et curassé creduntur!* » *Apolog.*, c. XXII; — v. *id.* saint Augustin, *Cité de Dieu,* VIII, 23, 24, etc.

[4] Job, ch. II, § 7; — Saint Matthieu, ch. IV, § 5, 8.

[5] *Oratio,* XIV, n°s 9, 10, *Analyse;* j'ai rapporté l'histoire de cette tentation dans mon livre *Mœurs et pratiques des démons,* etc.

saint Augustin, dont la clairvoyance évangélique ne se lasse guère de nous signaler les actes sensibles des démons, est-ce que les lois humaines séviraient contre elles avec une si terrible rigueur s'il était possible de les attribuer à des dieux qui fussent dignes de nos adorations ? Qui les a donc rendues, ces lois anciennes ? Ce ne sont pas les chrétiens, à coup sûr[1] !

Garde à nous donc, et ne nous assoupissons point un instant ; car « *le diable ne se repose jamais ;* non plus que les damnés dans l'enfer[2] » !

Un des plus formidables champions de l'Église, un de ces hommes que Dieu suscite à côté des plus colossales hérésies pour les dominer et les marquer au front, saint Athanase, nous dit dans les termes les moins équivoques : « Les démons répandent en nous la terreur et le trouble, la confusion des pensées et la tristesse, la concupiscence et le désir du mal, que suit le dérèglement des mœurs.... L'attaque et les *apparitions* de ces Esprits sont quelquefois accompagnées de bruit, de cris et de tumulte[3]..... » Quoi de plus complet et de plus clair en moins de mots ?

Saint Augustin nous dit, enfin, que les démons sont tombés des plus hautes demeures du ciel dans les bas-fonds de notre ténébreuse atmosphère[4]. Et saint Jérôme commente les paroles de saint Paul qui, donnant aux démons le nom de Princes de ténèbres, nous enseigne que nous avons à lutter contre ces Esprits de malice répandus dans l'air. L'opinion constante de tous les docteurs, ajoute ce

---

[1] *Cité de Dieu,* liv. VIII, cap. xix ; — v. *id.* Lactance, p. 30 verso, 34 recto, *De falsa rel.,* liv. II, ch. xv, xvii. Bâle, 1532.

[2] Selon ces paroles d'un psalmiste : « Ils seront dans un labeur éternel, et ils vivront sans fin. » Ps. 48. Saint Bonaventure, le docteur séraphique, *Opp.,* t. vi, *Diœtæ salutis,* tit. III, cap. ii, édit. 1668.

[3] *Vie de saint Ant.,* c. xxxviii.

[4] *In hujus aeris imam caliginem. Enchirid.,* ch. xxviii.

Père, c'est que *l'air* qui nous entoure *est rempli de Puissances* qui nous sont hostiles[1], et que SOUVENT NOUS VOYONS DE NOS YEUX[2].

Lorsque les démonologues, *catholiques* ou *non*, prennent leur point d'appui sur les Écritures saintes, sur les autorités de l'Église, et *sur celles de la philosophie païenne* depuis Hermès, et dès avant ce sage peut-être jusqu'aux derniers des théurges, nous leur permettrons, je pense, de nous décrire et de nous rappeler l'existence des démons, leur pouvoir sur les êtres et sur les éléments de ce monde. Oui sans doute, aux yeux des patriarches, héritiers des traditions antédiluviennes de la race humaine; aux yeux des chefs inspirés du peuple de Dieu; aux yeux clairvoyants des prophètes; aux yeux fidèles des évangélistes, puis aux yeux des Pères de l'Église, légataires des traditions et de la doctrine des apôtres, le démon n'est rien moins qu'un mythe. En un mot, d'après la parole et la pensée de ces hommes de génie, dont l'expérience personnelle est si forte, c'est-à-dire dans la ferme opinion de tout ce que le catholicisme connaît d'infaillible ou de grand, le démon existe, le démon agit et se manifeste à nos sens, le démon sait, tantôt avec fureur et tantôt avec art, se ruer sur nos corps, se rendre visible à nos yeux, se rendre palpable à nos mains, travailler, impressionner, charmer notre imagination et tenir *à nos oreilles,* aussi bien qu'à nos âmes, un langage intelligible et séducteur.

Dans les régions qui s'élèvent ou qui s'abaissent au-dessus et au-dessous du sol que foulent nos pas, laissons donc s'agiter les tourbes inquiètes et farouches des mauvais Esprits.

---

[1] *Quod aer iste plenus sit contrariis fortitudinibus.* Sur saint Paul *in Ephes.*, VI, ℣ 12.

[2] *Sæpe externo sensu quædam videmus,* liv. V, ch. VII; Rusca, le savant théologal de Milan, de la Bibl. Ambroisienne, *De inferno.* — *Id.* Mercure Trismégiste, Asclépias, ch. XII. — *Id.* Apulée, *Du Dieu de Socrate,* p. 138 à 141; édit. Nizard, etc., etc.

CHAPITRE TROISIÈME.

Que ces ministres aveugles du Très-Haut puissent, sans scandaliser notre raison, ouvrir les cataractes du ciel, élaborer la grêle et darder la foudre ; qu'ils inspirent le vent des tempêtes, qu'ils l'animent de ses plus sinistres fureurs ; qu'ils ébranlent et convulsionnent le sein de la terre, car il appartient à ces malices aériennes, lorsque Dieu le permet, de puiser à pleines mains dans l'arsenal des fléaux pour atteindre l'homme et pour l'éprouver dans ses biens et dans la personne, quelquefois même pour lui porter le coup de la mort [1].

Ce langage est hardi, je le sais bien, mais quel qu'en soit mon étonnement, il n'est plus inopportun. Et ces vérités dont la résurrection cause aujourd'hui même quelque surprise, on les acceptera tout à l'heure, tandis qu'hier encore on les eût déclarées inacceptables, on les eût huées de toutes parts, grâce *à ces défaillances de la foi* qui furent et *si honteuses pour notre intelligence, et si fatales à la raison publique.*

Soutenus donc que nous sommes par l'inébranlable avant-garde d'autorités dont les rangs viennent de se déployer sous nos yeux, osons imiter les gens qui, sans tâtonner, se plongent avec courage, et d'un soudain élan, dans le bain de glace auquel le médecin les condamne ; osons choisir quelques-uns de nos exemples parmi ceux dont l'aspect, crispant les fibres même *du catholique déshabitué de réfléchir* [2] et de croire, a pour effet de le réveiller en sursaut et

---

[1] Bible, livre de Job, ch. i; Tobie, ch. vi; Rois, liv. IV, ch. xix, ὖ 35. Mille docteurs, que nous citerons chemin faisant, et les bulles et extrav. des papes Innocent VIII, Alexandre VI, Jean XXII, Léon X, Adrien VI, Sixte V, etc., etc. Voir *id.* les philosophes théurges que nous citerons et qui comptent parmi les patriarches *du moyen âge de la magie.* Voir enfin les successeurs de ces philosophes et les observations récentes d'un nombreux public. — *Per Angelos malos.* Ps. LXXVII, ὖ 49.

[2] L'irréflexion et l'ignorance ont les mêmes effets ; d'où cet axiome du droit : *inconsideratio et ignorantia æquiparantur.*

d'ouvrir aisément les yeux sur ses objets qu'on l'appelle à voir. Mais aux calculs de notre hardiesse, nous promettons de marier la prudence; et, quelque dignes de crédit que soient les autorités secondaires que nous mettons en ligne, nous nous garderons bien de ne point les doubler de ces autres autorités devant qui s'inclinent et la saine raison du catholique, et toute intelligence insoumise à d'autres lois que les lois rigoureuses du bon sens.

Dans son rare et curieux traité sur les lieux infestés par les démons (*Loca infesta*), le savant théologien Pierre Thyrée, disciple et contemporain de saint Ignace de Loyola, entre dans le vif d'une multitude de questions de détail sur les localités qui paraissent avoir un charme d'attraction pour les Esprits de malfaisance.

Les lieux fécondés par le carnage, et les cimetières, occupent un rang privilégié sur cette liste, nous dit Thyrée, et, parmi les champs qui durent à ces apparitions leur célébrité, ceux de Kérope, en Livonie, figurent en première ligne. Kérope est une des places arrachées jadis par le fer de la Pologne aux Moscovites, dont les armes avaient engraissé du sang des soldats de l'Allemagne les plaines environnantes. Depuis ces affreux massacres, des scènes intermittentes d'apparitions ne cessèrent de se succéder en ces lieux, et cette plaine devint le théâtre des plus singuliers prestiges. Or, nul doute ne peut rester dans l'esprit quant aux auteurs de ces jeux sinistres : ce sont des démons[1] !

Lorsque la lune illumine les nuits de ses clartés les plus pures, *et que les fantômes apparaissent*, quiconque veut se convaincre peut les contempler de ses yeux, et sans possibilité d'erreur. Les voyez-vous montés sur leurs chevaux, que leur malfaisante ardeur aiguillonne et pousse autour des

---

[1] Nous verrons, plus tard, pourquoi ces Esprits ne sont pas des âmes.

remparts? Les pauvres bêtes, haletantes, écument, s'épuisent, succombent et meurent. C'est là ce que voulaient leurs cavaliers. Et puis, là-bas, apercevez-vous ces autres spectres que vous vous efforceriez en vain de saisir? Leur costume est celui des Moscovites; ils courent et portent sur leurs épaules des charges énormes de froment. Que cherchent-ils à faire? Oh! le voici : sous les yeux bien ouverts de tous les spectateurs, ils précipitent leur fardeau dans le lac d'une villa qui confine à la citadelle. Épouvanter et mal faire, voilà leur but[1]. Mille faits de ce genre, observons-le bien, se sont répétés, et « dans des circonstances qui les rendent très-assurés », selon l'expression de Bossuet[2]. Cependant si le choix, fait à dessein, de ce récit m'attire quelques reproches de témérité; si l'on suppose que le docte et religieux Thyrée s'avise follement de prendre à témoin *les générations successives* de toute une cité où chacun peut ramasser de ses mains le froment jeté dans le lac par les fantômes sous les yeux de tous, je le veux bien, et c'est là même que j'attendais le lecteur chrétien. Il me permettra, cette fois, de le ramener sans miséricorde aux livres sacrés, qui pour tout catholique sont la vérité même, et qui, pour tout homme de sens, et de loyale science, sont *le monument principal de l'histoire.*

Antiochus se préparait à porter une seconde fois la guerre en Égypte. « Or, il arriva que l'on vit DANS TOUTE LA VILLE DE JÉRUSALEM, PENDANT QUARANTE JOURS, des hommes à cheval *qui couraient en l'air,* habillés de drap d'or et armés de lances comme des troupes de cavalerie; on vit

---

[1] Thyrée, *Loca infesta,* Michael-ab-Isselt. Un peu plus bas, je rapporterai sur la malheureuse Pologne, pour laquelle Dieu fera, je l'espère, des miracles, si les peuples les plus intéressés à la sauver ne veulent rien faire, quelques faits que je tiens de la bouche de son grand poëte Mickiewitz, mort assez récemment, et qui désira me voir.
[2] *Sermon sur les démons,* Exorde, p. 38.

des chevaux rangés par escadrons courir les uns contre les autres; on vit des combats de main à main, des boucliers agités, une multitude de gens armés de casques et d'épées nues, des dards lancés, des cuirasses et des armures où brillait l'or.

» C'est pourquoi tous priaient Dieu que ces prodiges tournassent à leur avantage. » Mais ils étaient les signes avant-coureurs d'un affreux désastre; car Jason, s'étant emparé par surprise de Jérusalem, y fit un impitoyable carnage. « Il n'épargna pas ses concitoyens, et il oublia que *le plus lamentable bonheur, c'est d'être heureux dans la guerre que l'on fait à ses proches*[1]. »

Devant ce prodige biblique, excluant par là même toute pensée d'hallucination, et offert en spectacle pendant un laps de *quarante jours* à tous les habitants d'*une ville immense*, la présence et les actes de ces légions d'êtres spirituels, *bons* ou *mauvais*, reçoivent-ils une démonstration *assez historique* et assez complète, pour nous permettre de rapporter des faits pareils à ceux de Kérope?

Doué de la sainteté la plus éminente, et répandant dans ses écrits le charme d'une philosophie dont la force et la suavité captivèrent l'époque même d'incrédulité à laquelle, grâce à Dieu, nous succédons, saint François de Sales, dans le cours de ses rudes travaux d'apôtre, se vit obligé d'étudier les œuvres ostensibles et la puissance provocante des démons, contre lesquels il eut à soutenir, en faveur des brebis de son troupeau, de si redoutables combats. Ouvrons donc les pages toutes fraîches encore de son dernier historien (1854), et, les parcourant en gens à qui la valeur des termes du langage est familière, demandons-nous s'il est une seule des affirmations de ce chapitre sur les Esprits de malice que ne justifient point les appréciations et les

[1] Macch., ch. v, ⚹ 2.

paroles formelles de cet homme *à la fois philosophe et apôtre.*

« Le démon, furieux de tout ce que faisait le saint apôtre pour détruire son règne dans le Chablais, chercha à s'en venger ; et l'on vit dans cette province plusieurs personnes possédées tourmentées par cet éternel ennemi de tout bien. Elles eurent recours à François, qui, *en prononçant sur elles les exorcismes de* L'Église, délivra les unes, soulagea au moins beaucoup les autres et fit ainsi tourner la malice de l'enfer à la gloire de l'Église. *Les ministres hérétiques*, voyant avec dépit *les conséquences* que les peuples tiraient de là *en faveur de la religion catholique*, travaillèrent à répandre des idées contraires. Les uns, redisant leur vieille calomnie, publiaient que le prévôt[1] était un sorcier et un magicien qui levait les maléfices *par la puissance du démon ;* les autres, plus artificieux, disaient que ces possessions n'étaient qu'un effet naturel de l'imagination en délire, ou des nerfs malades ». On eût cru, vraiment, entendre les grands pathologues de notre époque se délectant de leur adresse à métamorphoser le diable en névrose !... D'autres enfin « allaient jusqu'à nier qu'il existât des démons, ou qu'ils eussent pouvoir d'agir sur les corps ; et, à l'appui de ces mensonges, on répandait de toutes parts un livre impie, rempli d'injures et de calomnies, composé par un prétendu médecin de Paris, contre les exorcismes qu'emploie l'Église catholique ». Car déjà *le provincial* prenait goût aux billevesées scientifiques datées du sein de la capitale. « François crut devoir réfuter cet écrit, non moins dangereux que pervers ; ce qu'il fit par un traité de la *Démonomanie*, ou des possédés du démon. Dans ce traité, qui n'a jamais été

---

[1] Saint François de Sales fut prévôt du chapitre de Genève, l'an 1593 ; c'était la première dignité du diocèse, après celle de l'évêque ; vol. Ier, p. 92.

imprimé, mais dont la maison de Sales a conservé longtemps le manuscrit dans ses archives, il commença par établir que *la nature angélique communique avec la nature humaine;* que, depuis le péché, Satan *est en rapport avec l'homme,* tantôt pour le porter à mal et livrer à son âme les plus rudes combats; tantôt, lorsque Dieu le lui permet, — ainsi que l'Évangile et l'*Histoire sacrée* ou PROFANE attestent qu'il l'a souvent permis, — pour *tourmenter son corps, le* TRANSPORTER EN DIVERS LIEUX, l'agiter, le renverser, *agir et parler par ses organes,* de sorte qu'il en est comme le maître et le possède. L'auteur établit ensuite l'étendue et les limites de la possession, *qui ne peut jamais aller jusqu'à forcer la volonté, et lui faire offenser Dieu malgré elle*[1]. »

Que si tel est le pouvoir des Esprits de malice, que si les faits que j'ai rapportés sont possibles, que s'ils sont certains, n'ai-je point déjà dit, pour ma part, de quelle sorte *j'appris de mes propres sens* que des Esprits futiles et méchants parcourent les champs de l'air, traversent les densités de ce monde, habitent à nos côtés, se tiennent aussi près de nous que l'ange divin qui nous garde, et, nous suivant, nous épiant, s'ouvrent mille voies de séduction pour pénétrer et s'asseoir dans nos cœurs? Combien de fois ne fus-je point le témoin de phénomènes que des forces spirituelles pouvaient seules réaliser, et dans le but unique de nous placer la main sur le fruit défendu!

Il suffisait, veuillons nous le rappeler, de jeter ces mots à tel ou tel Invisible : Frappe, et il frappait; bat le rhythme de cet air, et il le battait; imite les bruits de revenants, et il imitait ces bruits; marche; fais briller des traits lumineux, et vous l'entendiez marcher, et la lumière brillait en traits

[1] *Vie de saint François de Sales,* par M. l'abbé Hamon, curé de Saint-Sulpice, à Paris; vol. Ier, liv. II, p. 241. Paris, 1854, Lecoffre.

fantastiques... Enfin, des faits que nul de nous ne pouvait alors savoir, ces Invisibles, aiguisant notre curiosité, s'amusaient à nous les apprendre, et souvent aussi leur bon plaisir était de nous enseigner des doctrines erronées et perfides. — Étaient-ils donc, ou non, quelque chose? N'étaient-ils point autre chose que nous-mêmes? Et ce quelque chose était-il doué d'intelligence et de puissance? Mais s'ils n'étaient que néant, qui donc répondait à leur place? qui nous instruisait? qui cherchait à nous jeter dans l'erreur? Car les théories biologiques, odyles, etc., etc., se réfuteront *d'elles-mêmes*, au fur et à mesure de notre marche. Lorsque l'Absurde a fait quelques pas, la fatigue le tue.

Mais en présence de ces invasions du peuple de l'air et de l'abîme, dont chaque jour multiplie les tentatives jusque sous le crucifix, jusque sous les pieuses images des sanctuaires de nos familles, je ne puis trop bénir les *sages* et *saintes* paroles d'un évêque que l'Église militante comptait hier au nombre de ses plus savants docteurs. Elles sont, sur l'actualité de la question, un enseignement; elles sont une autorité que le lecteur, et le prêtre surtout, pourraient nous accuser de taire! Que l'oreille attentive s'ouvre donc un instant pour les recueillir.

Des textes sacrés « et de l'enseignement de l'Église, *infaillible* dans ses doctrines, s'écrie Mgr Bouvier, il résulte que nous sommes environnés de puissances ténébreuses qui *nous veulent* du mal, et qui *peuvent nous en faire* BEAUCOUP, DANS LE CORPS et dans l'âme. » Il est impossible de révoquer en doute tous les faits attribués à l'intervention des démons : ce serait renverser la certitude historique par sa base, et nous jeter dans le pyrrhonisme universel. Or, *ce que les démons ont fait dans un temps, ils peuvent le faire dans un autre*, à moins que Dieu, qui a tout pouvoir sur eux, ne les en empêche. « Les opérations de magie, de divination, de maléfice, de sortilége et d'évocation des morts, sont donc aussi possibles maintenant qu'autrefois ! »

Il n'est bruit, depuis quelque temps, que des fameuses « tables qui, étant interrogées, *ont très-intelligiblement répondu.* » Les faits de cette nature nous ont paru d'abord « *si extraordinaires* ET TELLEMENT ABSURDES, que nous avons commencé par les nier *absolument.* Mais ils se multiplient de telle sorte, ils sont attestés par des personnes si dignes de foi, qui, certainement, ne veulent point tromper, *et qui ont pris toutes les précautions possibles pour ne pas être trompées elles-mêmes,* que nous ne voyons plus moyen de les nier encore : AUTREMENT IL FAUDRAIT DOUTER DE TOUT ! car des faits revêtus de ces conditions *sont élevés au degré de la certitude historique.* » Or, « ces faits admis comme certains, il en faut chercher la cause. » Et ce n'est point dans la nature physique, *puisqu'ils nous offrent les traces les plus positives d'intelligence.* « On ne peut les attribuer *à Dieu, aux anges* ou *aux saints ;* de telles manifestations *seraient indignes d'eux!* La conséquence est qu'on ne peut leur assigner une autre cause que *le grand séducteur du monde, et ses immondes satellites.* Nous avons voulu connaître et examiner *les diverses explications* qu'on a données de ces faits ; *aucune ne nous paraît admissible, à part celle que nous donnons ici,* et que d'autres ont déjà cru devoir à leur conscience de signaler aussi [1]. »

Que « si l'on demande pourquoi l'empire des démons *s'est affaibli* parmi nous, pourquoi leur action, autrefois si

---

[1] Mgr Bouvier, auteur d'une théologie moderne ; Lettre circulaire au clergé de son diocèse au sujet des tables tournantes et parlantes, 14 février 1854. — *Id.* Voir mes expériences personnelles, dans mon livre *Mœurs et pratiques des démons;* dans ma Lettre terminant la brochure de M. de Mirville : *Question des Esprits, ses progrès dans la science,* p. 249. Paris, 1855; Delaroque; — et, ci-dessus, chap. I.

visible, *semble* avoir disparu, nous dirons qu'étant ange de ténèbres, ils ont dû fuir devant le flambeau de la vérité qu'est venu nous apporter l'Évangile. La foi chrétienne[1], *les sacrements de l'Église,...* les ont confondus et forcés de se dérober à la honte de se voir vaincus. Mais aujourd'hui, comme autrefois, dans les régions où règne encore l'idolâtrie, *se multiplient, aussi bien que chez les anciens* païens, les prestiges par lesquels les démons manifestent leur *présence* et leurs *opérations !* »

« Toute espèce de superstitions est connue à Siam, écrivait M. Brugnière en 1829 : les sortiléges, les enchantements, les maléfices, les philtres, les évocations des morts, en un mot, tous les affreux secrets de la magie noire !.... Et tout cela se fait avec le secours de ces démons qu'ils appellent des *Phi*. Ces opérations produisent des effets si extraordinaires qu'il est impossible de les expliquer naturellement. Les *apparitions du démon* ont lieu *si fréquemment, et d'une manière* SI PUBLIQUE, qu'il y aurait *de la mauvaise foi* si l'on s'obstinait à les nier ! Il faudrait, pour cela, accuser d'imposture MM. les vicaires apostoliques et les missionnaires, qui témoignent non-seulement avoir vu, *de leurs propres yeux* les opérations du démon, mais encore les avoir examinées avec toute l'attention dont un homme *instruit* et *prudent* est capable.

» Généralement, parmi les autres peuples infidèles, même chez les sauvages, la croyance aux démons et les pratiques superstitieuses tendant à obtenir leur intervention ne sont pas moins visibles ni moins usitées. Les anciens missionnaires parlent, dans les *Lettres édifiantes*, *d'idoles qui s'agitent d'elles-mêmes ;* d'objets fixés solidement contre

[1] Et lorsque cette foi s'éteint, lorsque les pratiques magiques reparaissent, celui que l'homme infidèle invoque reprend naturellement le dessus. Là où Dieu n'est point, dit le grand docteur saint Hilaire, la place est au démon. Répétons ce mot à satiété.

une muraille, et qui obéissent à la voix lorsqu'on leur ordonne de s'éloigner; d'un homme transporté d'un chemin à un autre; en un mot, de prodiges de la plus infinie variété [1].

» Les incrédules de *tous les siècles*, rejetant le monde des Esprits, qui ferait d'eux des hommes supérieurs à ce qu'ils se sentent être, ne voient dans ces sortes d'opérations que des résultats de causes secrètes, mais naturelles, ou de manœuvres frauduleuses habilement conduites. Souvent même, au lieu de commencer par constater la réalité du fait, ils posent en principe que le fait serait absurde, et le nient sans examen. — *Ce n'est pas ainsi que procédaient les Pères de l'Église et les docteurs* [2] ! »

Eh bien, la méthode impartiale de ces investigateurs sacrés est celle que nous nous sommes proposé de suivre pour les faits qui réclament notre garantie. Et chaque fois, nous pouvons le dire, qu'il nous arrivait de nous éloigner des royaumes où règne la civilisation chrétienne, pour nous engager par la pensée dans les pays idolâtres que signale le mandement du savant évêque, nul spectacle ne devenait plus fréquent pour nous que la répétition de ces hauts faits, qui réduisent l'homme à s'écrier : « Voilà celui que l'Église nomme le démon; ce sont là ses œuvres! » Là surtout nous faisions appel aux témoignages, et usage de tous les procédés de l'enquête, lorsqu'il nous était possible de saisir des témoins vivants.

L'un de ces derniers est celui qu'on appelait le Père Huc, ancien missionnaire, démissionnaire, hélas! accident qui, je l'avoue, ne tend guère à corroborer la confiance. Auteur de très-remarquables voyages à la Chine et au Thibet, il m'accueillit fort gracieusement, se mit à ma disposition, et

---

[1] Même mandement; et voir les *Annales de la Propagation de la foi*, vol. V, p. 129.

[2] Même mandement, 14 février 1854.

me dit : « En vérité, je vous affirme que, là-bas, au Thibet, par exemple, il se voit encore, tous les jours de la vie, des choses assez singulières. Ainsi, l'arbre Kounboum, c'est-à-dire l'arbre aux dix mille images, cet arbre *qu'il fut impossible à la culture de multiplier*, et qui naquit de la chevelure de l'un des *Avatars*, c'est-à-dire de l'une des incarnations du dieu des Hindous, vous le connaissez bien [1]? il vous fut décrit; mais je puis vous répéter que je l'ai vu, bien vu, parfaitement observé! Chacune de ses feuilles, en s'épanouissant, reproduit soit une lettre, soit une sentence religieuse, écrite en caractères sacrés. Et ces lettres sont, dans leur genre, d'une netteté si parfaite, que les ateliers typographiques de Didot ne vous offrent rien de plus pur. Ouvrez les feuilles que la végétation s'apprête à dérouler, et vous y découvrez, sur le point d'apparaître, les lettres ou les paroles distinctes qui sont la merveille *de cet arbre unique!* Que votre attention se transporte des feuilles de la plante sur l'écorce de ses rameaux; et de nouveaux caractères frapperont vos regards! Ne vous lassez point de scruter, cependant; soulevez les feuillets de cette écorce, et D'AUTRES CARACTÈRES encore se montreront au-dessous de ceux dont la beauté vous aura frappé.

Car, ne vous figurez point que ces couches superposées *répètent une empreinte identique*. Non; nullement, c'est tout le contraire; et chaque lamelle soulevée vous offre son type distinct. Comment donc supposer la supercherie? J'ai fait au delà du possible pour découvrir un simple vestige de ruse humaine, et mon esprit désarmé ne put en conserver le soupçon [2]. » Si M. l'abbé Huc avait conservé la foi du prêtre, il ne devait point mentir; — si elle s'était échappée

[1] M. de Mirville a rapporté ce fait dans son bel ouvrage : *Des esprits*, 3ᵉ édit., p. 276.
[2] Mon sagace et spirituel interlocuteur me rappelle aussi ces prêtres en qui leur Dieu s'est incarné; ces Bouddha qui meurent, et dont

de son âme, quel intérêt avait-il à se condamner, en tenant un langage propre à démontrer les vérités de la foi ? En tout cas, je m'abstiens de porter très-haut ce témoignage, car j'écris l'histoire !

Mais sortons des puissants empires de l'Asie, et courons un instant à la recherche de véritables sauvages. Le 24 avril 1855, donnant le bras à M. de Mirville, et accompagné *de l'un de nos savants amis,* je rends visite à M. l'abbé Florimond-Joseph Bonduel. Ce prêtre courageux est le fondateur de la mission des sauvages Mennomonis, enclavés aujourd'hui dans les États de l'Union ; et la tribu qu'il évangélise habite non loin du lac Michigan, dans le voisinage de Green-Bay, au nord du lac Showano, c'est-à-dire

l'âme, ou plutôt dont *l'Esprit divin,* court aussitôt animer un autre corps.

Quelquefois c'est un tout jeune enfant, et trop tendre encore pour articuler la parole humaine. Et pourtant, saisi par le dieu qui s'incarne en lui, ce bambin parle. (Même phénomène chez nos camisards. Voir l'histoire si remarquable de ces sectaires, H. Blanc, 1859.) Il raisonne, il se fait reconnaître, et s'écrie : « Je suis le Lama, je suis le Bouddha, qui vient de mourir en tel ou tel temple ; j'ai quitté ce vieux corps de là-bas ; me voici dans un corps nouveau. » Or ce qu'il avance, il le prouve en racontant à ceux qui l'interrogent, et qui l'ont connu dans sa vie passée, les détails les plus intimes de son existence antérieure.

Mais l'observation, la singularité qui me parut la plus frappante, la voici : c'est qu'à l'âge où la raison commence à se développer chez ces enfants réincarnés, rendus si prodigieux par LA SCIENCE INFUSE d'une vie passée, *cette science s'évapore et disparaît.*

Alors, celui qui logeait en eux pour les inspirer, celui qui est l'âme véritable de l'idolâtrie, a suffisamment dressé leur âme, et les a rendus capables de s'acquitter par eux-mêmes de leurs fonctions sacerdotales et divines. Il se repose désormais du soin de son culte sur ses nouveaux vicaires. Mais ce prodige n'est point constant.

Il est un fait dont le récit peut nous intéresser encore, ajoute l'ancien missionnaire. Je ne l'ai point vu ; mais, parmi les innombrables témoins de ce prodige, j'en ai connu que je savais *être intéressés à le nier,* et la certitude que j'en acquis me semble aussi forte que si je la tenais de mes yeux.

Ce prodige est une simple peinture, une simple toile conservée dans une lamaserie, et représentant un paysage. Chacun peut la contempler à loisir. Nulle mécanique interne ne saurait exister dans cette simple

CHAPITRE TROISIÈME.   143

au 45° de latitude, et au 87° de longitude de Washington.

Infatigable et naïf soldat du Christ, M. l'abbé Bonduel eut l'heureuse idée de songer aux intérêts de la science, et de rapporter de sa mission toute une cargaison d'objets intéressants et rares, colligés par ses soins chez les sauvages. Nous avons peine à nous lasser de cette vue. Au sens du pieux et intelligent missionnaire, plusieurs de ces objets établissent la filiation des peuples, ou quelque éducation reçue jadis par des tribus ou des émigrants antérieurs. Nous distinguons parmi ces curiosités des bandes d'écorce ayant presque la souplesse et l'aspect du cuir : elles sont couvertes de dessins au trait, exécutés avec un art hiératique qui rappelle celui de la haute et religieuse antiquité[1] !

toile, et nulle recherche imaginable ne permet d'y supposer un artifice, une supercherie.

Eh bien, ce tableau, si semblable à tout autre d'ailleurs, a son ciel, et ce ciel a sa lune ; mais ce n'est point une lune immobile et morte ! On dirait la lune même qui nous éclaire, ou du moins son reflet *vivant*. Chaque phase, chaque aspect, chaque mouvement de notre lune se répète dans l'aspect, dans le mouvement et la marche de la lune du tableau sacré. Vous voyez cet astre en peinture former, promener son croissant ou son orbe, resplendir, s'éteindre dans les nuages, poindre ou s'abîmer à l'horizon de la manière le plus étrangement correspondante à la vue de l'astre réel. C'est, en un mot, la reproduction la plus servile et la plus resplendissante de ce pâle flambeau des nuits, qui reçut les hommages de tant de peuples *savants et idolâtres*. (Voir *Dieu et les dieux*.)

Ce prodige, que je m'abstiens de donner à autre titre que celui de renseignement curieux, paraît-il impossible devant les tableaux animés de l'Italie en 1796? etc. (Voir, ci-dessus, chapitre des Anges.)

Les magiciens de Pharaon surent aussi, pendant un temps, imiter la puissance divine lorsqu'elle opérait par les mains de Moïse. C'est par une série de prestiges de cette nature que Dieu, *lorsque les hommes ont encouru les arrêts de sa justice*, permet aux démons de soutenir *les dogmes absurdes* et LA MORALE ATROCE *de l'idolâtrie*.

[1] M. l'abbé Bonduel, qui vient de séjourner chez les peaux rouges, dit le R. P. Ventura, « raconte, comme les ayant vues de ses yeux, d'horribles choses touchant les traitements cruels que Satan fait subir à ces malheureuses populations qui se sont données à lui. Cette condition lamentable des serviteurs de Satan est, du reste, aujourd'hui prouvée et confirmée par ce qui se passe sous nos yeux. *Il est évident*

L'une d'elles est un zodiaque et contient, entre les animaux qui la caractérisent, des espèces étrangères à l'Amérique, et encore inconnues des sauvages. Parmi ces différents objets d'archéologie, quelques-uns sont formés de roseaux et de bois connus sur les bords du Nil, mais que jamais, nous dit le missionnaire des Mennomonis, ne vit croître le sol du nouveau monde. Ceux-ci sont des instruments de leur culte, et ceux-là touchent plus *directement* à la magie. Quelques-uns ont déjà frappé nos regards dans les hiéroglyphes égyptiens ou sur la face des obélisques. Le miroir magique est au nombre de ces morceaux, et nous rappelle par son usage les idées, les notions et les procédés des peuples de l'Asie et de l'Égypte, adonnés aux sciences occultes et aux pratiques de l'art noir. La science magique de ceux qui, dès les premiers siècles, adorèrent les Esprits recteurs et dieux des astres, passa sur ces singuliers instruments.

C'est *uniquement* sur ce terrain, parce qu'il a le démon pour seigneur, que nous désirions suivre le pieux missionnaire, et quelques paroles y résument sa longue expérience.

« Dans chaque tribu, nous dit-il, le chef de la magie porte le nom de mauvais médecin ou de fabricateur de poisons[1] ; il opère sous l'inspiration des mauvais manitous, c'est-à-dire des mauvais Esprits; et, tandis que le bon médecin traite les maux à l'aide de ses ressources botaniques, et se contente d'user de la vertu des simples, le mauvais médecin

---

que nous sommes en pleine magie, et que Satan, évoqué par les procédés qui ont toujours été pratiqués par les peuples les plus superstitieux, est au milieu de certaines réunions; qu'il règne en maître sur certaines maisons, et sur certains Esprits, etc. » (P. Ventura de Raulica, *Conférences,* t. III, p. 407-8, Paris, 1855; Gaume frères, éditeurs.)

[1] *Veneficus....* chez les Latins; *phamarkeus...* dans le monde grec; *chasaph* chez les Hébreux, avec qui les sauvages n'ont pu se concerter récemment! Nous verrons, plus bas, le plus vigoureux rameau de la médecine se confondre avec la magie, dès l'origine des temps.

compose des poudres, des philtres et des mélanges magiques. C'est dans les dépouilles des animaux les plus féroces, telles que les peaux de chats sauvages et d'ours gris, *grey bears*, ajoute le missionnaire en plaçant entre nos mains quelques-uns de ces échantillons, que le magicien renferme ses poisons, c'est-à-dire les ingrédients qui lui servent de charmes. Veut-il pratiquer ses maléfices, vous le voyez aussitôt se coiffer et s'affubler de quelques-unes de ces peaux qui sont comme le vêtement sacré, comme les insignes terrifiques de son sacerdoce. Le mauvais médecin est un homme dont la personne inspire un mélange de terreur et de mépris ; cependant, comme de temps à autre il donne des signes indubitables d'une puissance étrangère à notre nature, on a recours à son savoir-faire en cas d'urgence. Les Indiens observent d'ailleurs que la mort de ces hommes est presque toujours violente et malheureuse ; telle fut, par exemple, celle du magicien dont vous maniez les ustensiles et la défroque [1].

» .... Le tambour, ou tonneau magique, sur lequel vous vous amusez à frapper, nous dit le civilisateur des Mennomonis, est l'*instrument d'appel* du magicien, et l'*effet* m'en est devenu familier. Aussitôt que cet homme projette une invocation à son mauvais manitou, soyez sûr qu'il va gagner sa tente et s'y renfermer ; puis il se met à psalmodier un chant monotone et répète à satiété ses formules, telles que celle-ci par exemple :... Le missionnaire qui la fredonne reporte notre pensée sur le véritable *carmen*, c'est-à-dire sur le charme antique....

» Lorsque l'opération devait réussir, nous dit le R. P. Bonduel, j'entendais bientôt auprès de lui comme la chute d'un

---

[1] Cette remarque est consignée chez presque tous les démonologues, M. Dupotet l'a répétée, voir plus bas. — Görres, vol. III, p. 63, *Myst.*, rappelle ce fait d'observation à propos des Hindous du Malabar. Je retrouve encore l'équivalent de tout ce que nous rapporte ce digne missionnaire dans le 4ᵉ vol. de Görres, p. 30, 31, etc.

corps lourd, et semblable à celle d'un énorme paquet...; *j'entendais aussi* comme le bruit d'une voix tremblante et *inarticulée*[1], et ce n'était point de la ventriloquie, je vous assure!... *Je voyais* enfin la *lourde tente* du sauvage, haute de plus de quinze pieds, se soulever, se pencher tantôt d'un côté, tantôt de l'autre, et sembler quelquefois au moment de se renverser, *à la façon de vos tables parlantes.* C'est le moment où s'accomplissaient de mystérieux entretiens entre le mauvais médecin et le démon, visiblement docile à son appel!...

» .... Les deux petites statuettes ou poupées de bois que vous maniez, ajoute le bon missionnaire dont nous remuons pièce à pièce tout le musée, sont ce qu'ils nomment le charme amoureux; et je fus, à plusieurs reprises, témoin de ses effrayants effets. Ces statuettes, — d'environ deux pouces de longueur, — représentent l'homme et la femme; vous les voyez attachées l'une à l'autre par *des ligatures*[2], ou liens sacrés, et adossées à un petit sachet d'étoffe bourré d'*ingrédients*.

» Lorsque le mauvais médecin usait de ce charme pour inspirer des sentiments à quelque Indienne et surmonter ses antipathies bien connues pour tel ou tel homme, on voyait...; j'ai vu ces femmes, saisies de fureur érotique, partir comme un trait, suivre et poursuivre l'homme indiqué dans les forêts pendant des jours entiers.... Et ce n'est point sur un fait isolé que je me prononce; car j'eus à déplorer plus d'une fois les exemples de ce genre odieux de possession[3].

---

[1] C'était le mot des Grecs : Δαιμονίων φωναί ἄναρθροι εἰσί, oracle de Dodone. (Voir mon livre de *Dieu et les dieux*, 1854, p. 326.)

[2] Les ligatures ont un rôle magique considérable chez tous les peuples de la terre, et nous les décrirons : voir *Dieu et les dieux*, 1854.

[3] Quiconque s'est occupé sérieusement du magnétisme l'a vu, et je le vis, de mes yeux, produire de semblables effets. Nous citons de pareils exemples tirés des Pères de l'Église. Il s'en rencontre un autre extrait des propres écrits de Thérèse, cette sainte admirable, racontant

» Mais voici le fait qui m'a le plus vivement frappé. La tribu, vers la fin des hivers, arrivait quelquefois sur le bord d'un fleuve que soudait encore à ses rives une couche de glace de six à huit pieds d'épaisseur. Au signal donné pour le départ, on avait compté sur un dégel antérieur, et la surprise était pénible ; la solidification des eaux ôtant au fleuve sa grande propriété commerciale, il n'était plus une route qui marche, une voie qui transporte les fardeaux. Cependant les convenances du pauvre commerce de pelleteries des Indiens exigent que l'on puisse charger sur le fleuve liquide des marchandises laborieusement apportées à dos et provenant d'énormes distances. Moment critique pour nos malheureux sauvages, et jour de triomphe pour le mauvais médecin. Car la tribu, désolée et ballottée entre ses bons instincts et le cri de ses besoins, se laissait aisément pousser hors des voies de la conscience par le démon, dont l'art est de mettre à profit ces tristes rencontres. On se tournait alors vers le magicien : « Allons, alerte ! à l'œuvre ! et fais venir ton manitou. » L'homme dans le cœur duquel il fait nuit, selon la locution indienne, invoquait aussitôt son manitou.

» Instantanément, s'il était exaucé, vous eussiez vu l'ouragan accourir comme du fond des airs, siffler et mugir, la glace se briser, flotter au gré du courant, disparaître et permettre à l'eau de marcher, entraînant les barques dans son cours[1] ! »

---

ce qu'elle eut *tout le loisir d'observer*, dans un cas fort intéressant pour elle-même. (Voir sa vie écrite par elle. Bouix, p. 52, 53 et 54.)

[1] Plusieurs autres missionnaires affirmèrent aussi à M. l'abbé Bonduel avoir été témoins de ce phénomène. Ce sont là les *tempestarii* que je retrouve dans les capitulaires de Charlemagne et ailleurs. — Un ouragan furieux, terrible, éclata comme la foudre au milieu d'un air pur, et devant d'assez nombreux témoins, à *l'instant même* où, dans une partie de plaisir, l'un de nos plus savants et spirituels économistes proférait des paroles d'évocation. Le fait m'avait été maintes fois

Ainsi donc, et de nos jours aussi bien que du temps de nos pères; ainsi dans les salons, les boudoirs, et *les cuisines* des peuples civilisés; ainsi chez les barbares ou chez les sauvages, le démon n'a cessé de manifester et son être et son pouvoir malin ou séducteur par des actes qui *frappent les sens*. Tôt ou tard, et partout, il renaît et se ravive dans la juste proportion où nos péchés contre la foi éloignent et tuent celui que la raison des peuples et de l'Église appela le Sauveur.

Certaines époques nous offrent des groupes, des masses, des avalanches de faits prodigieux qui proclament le démon pour auteur; d'autres temps, plus avares de sinistres phénomènes, ne nous permettent de reconnaître que çà et là les cas isolés de son action sensible. Mais quelle différence saisissons-nous entre ces époques, si ce n'est celle du plus ou du moins? Une anecdote où ce pouvoir éclate en traits visibles se présente à ma pensée, et j'ai lieu de la considérer comme indubitable; elle est loin cependant de réunir autour d'elle les conditions qui me permettraient de la parer de ce titre aux yeux de la critique rigoureuse.

Au moment où le fait qu'elle nous transmet s'accomplit, les épidémies *de manifestations* démoniaques semblent être à peu près calmées. Les rois de l'enfer se reposent, ou, pour mieux dire, n'agissent plus que sous enveloppe, car ils viennent de se choisir dans la lie de l'espèce humaine des substituts que l'ardeur du crime anime, dévore, et rend dignes

---

raconté, mais je voulus le tenir de sa bouche, et j'ajouterai qu'il n'en fut pas le moins étonné. Si quelque personne sérieuse me demande son nom, je le lui dirai; c'est un nom connu du public savant. Les livres saints, les auteurs et les démonologues sacrés, d'accord avec les adeptes des sciences occultes, constatent mille faits de cette nature. Je me borne à renvoyer, pour le moment, au livre de Job, ch. I, ≬ 12, 19; à l'évêque Binsfeld, *Malefici possunt ad libidinem amorem flectere*, p. 534; *Tempestates movere*, p. 248; *De conf. malef.* — Delrio, liv. II, quest. 11. — Bulle d'Innocent VIII, etc., etc.

CHAPITRE TROISIÈME.

de les représenter : ministres d'envie et de rages inassouvissables pour lesquels le sang qui coule à flots a d'incomparables délices[1].

Le lecteur, à qui je me garde d'exagérer mes autorités, me pardonnera cette anecdote, parce qu'elle a son charme; parce que, réduite à sa plus simple expression, elle ne peut faire tache à la gravité de ce chapitre; parce que, enfin, les quelques lignes dont je la fais suivre sont la preuve mille fois répétée de la vérité de ce prodige. Je la reçus de la bouche d'un homme aussi docte que sagace, et qui, naguère encore, avant les phénomènes dont il fut témoin, soutenait avec aplomb les thèses les plus hostiles au christianisme. Dans la brochure : *Question des Esprits, ses progrès dans les sciences*, M. de Mirville, qui l'entendit en même temps que moi faire la narration suivante, le désigne en ces termes : « M. le baron de N***, occupant une position officielle et considérable », etc, p. 88; veuillons lui prêter une oreille bienveillante :

« M. de B*** appartenait par sa naissance à l'une des plus nobles familles de nos provinces méridionales, nous dit le baron de N***; mais son père, ayant pressenti l'infernale tourmente de 1793, avait eu la prudence de lui faire parcourir la carrière des études médicales. Lorsque la catastrophe révolutionnaire éclata, M. de B***, réduit à quitter notre France, cingla tristement vers la Sicile, et, tout lesté de science curative, il élut domicile à Palerme. Au-dessus de cette ville, dans une grotte étroite, suspendue aux flancs de l'admirable promontoire qui l'annonce et la précède, vécut et mourut Rosalie, cette grande sainte dont il plut à Dieu de découvrir la retraite par une série de miracles... Mais revenons à notre docteur[2].

[1] Règne des Marat, des Carrier, etc., etc.
[2] Je reçus de cette ville, que je perdis de vue il y a si longtemps,

» La crédulité n'est point une maladie qui se plaît à hanter le cerveau de notre jeune médecin, tant s'en faut! Et nous sommes loin de l'accuser sur ce chapitre; mais il était né pour apprendre, et rendait de bonne grâce les armes à l'évidence. Un beau jour, il entendit très-sérieusement parler d'une sibylle qui vivait et prophétisait au pied de l'Etna. Une sibylle! Ce mot lui fit dresser les oreilles, et le sourire de l'ironie lui crispa doucement les lèvres. Mais on en parla derechef, puis encore! et mille bouches autour de lui de le redire à l'unisson. Oui, certes, elle est un véritable prodige!

» De cette nouvelle, déposée dans l'esprit du docteur, il naît, il sort, au bout d'une assez brève période d'incubations, la plus irrésistible envie de voir : il verra. Le voici donc, un beau matin, partant, trottant, piquant des deux sa vaillante monture, et courant étudier l'*industrie* de la prophétesse. S'il ne rencontre point une sibylle, il a du moins la certitude de trouver l'Etna fidèle à son poste; et cette rareté vaut bien l'autre, il n'aura point perdu son temps!

« Une sibylle, qu'est-ce après tout? se disait le jeune et classique docteur. C'est une intrigante émérite, au dos voûté par l'âge; c'est un visage anguleux, flétri, fripé, ridé, noirci par les ans et par la malice; ce sont des yeux éraillés, hagards, injectés de sang; ce sont quelques restes de crocs d'un ivoire branlant et jauni, c'est une voix qui chevrote et s'éteint! Et je cours au-devant de ce prodige? Imbécile que je suis!... » Le docteur, heureusement, n'avait nul besoin de ses jambes pour cheminer, trotter, avancer, et son cheval, qui fort heureusement n'était point né raisonneur, mettait,

un traité intitulé *La fede cattolica e lo spiritismo*, par Melchior Galeotti, préfet des études et professeur de patrologie du séminaire archiépiscopal — Palermo, 1863. — J'y vis avec un grand plaisir les bons témoignages rendus à mes ouvrages sur la magie, et les services qu'un simple laïque peut rendre, lorsqu'il poursuit ses travaux avec simplicité, p. 14, 27, 31, etc.

sans se fatiguer, un pied devant l'autre. Un certain soir, le soleil se couchant comme la veille : « Vous êtes arrivé, halte là, monsieur le voyageur ! Le docteur tressaille et descend : — « C'est ici que la sibylle ?... — Monsieur, la sibylle est là-bas, vous voyez, là-bas où le toit fume. »

» Une femme d'une toute petite trentaine de fraîches années, éblouissante, d'une beauté sans culture, et dont le visage laisse resplendir le type italien dans la pure régularité de ses lignes, est assise à l'entrée d'une chaumière qui s'adosse au pied du volcan. — « La sibylle de l'Etna, ma belle enfant, s'il vous plaît ? — Devant vous, Monsieur, dit une voix douce et grave. — Toi ? — Moi, reprit-on d'une voix douce et fière. — Toi, la sibylle ? et tu saurais me dire mon passé, tu saurais m'apprendre mon avenir ? — Mais *ne peux-tu* donc essayer et juger ? » — On entre, et la porte semble hospitalière. — « Voici du papier, *tiens*, *écris* tes demandes ; mais non, *tu* le croirais préparé, ce papier ; n'as-*tu* pas un carnet ? — Oui. — Déchires-en donc une feuille et pose hardiment tes questions. »

» Tout en parlant, elle jetait de ses menus doigts quelques herbages secs dans la cheminée ; puis elle y attisait le feu. Des tourbillons d'une fumée noire s'élevèrent ; et le papier, présenté lestement à la flamme, dont les éclairs traversaient cette spirale épaisse, fut presque aussitôt retiré. Une réponse s'y trouvait lisiblement écrite ; elle était juste ! Ce fut un coup de foudre pour le docteur ; mais il voulut réitérer l'épreuve. On la répète, et je ne saurais dire ni combien de fois, ni sous combien de formes ; jamais pourtant ne se lassa la patience de l'angélique sibylle.... Je dis angélique, et à telles enseignes que le docteur, oubliant sa clientèle, et toute prudence, passa dans sa chaumière de longues, mais de rapides journées. La pythonisse ne l'avait reçu que trop gracieusement dans son étroite et fascinante intimité.

« Par quelle voie donc opères-tu ce prodige, amie? se risqua-t-il bientôt à lui dire. — Moi, rien de plus simple. Un Esprit s'est mis à mes ordres; ils ne sont point rares auprès de l'Etna[1]! et ce que je lui demande en ce genre, il le fait. Aussitôt que le feu s'allume et que la fumée s'élève, il sort de cette vapeur tourbillonnante, et trace des caractères sur le papier, qui, partout où *sa griffe* ne l'a point touché, *reste pur et blanc*. Observe bien l'endroit où la griffe a griffonné la réponse; le papier, sans être consumé, sans être détruit, y est brûlé; la place y est noircie; elle est écrite, en un mot, mais tu n'y verras pas trace d'encre.

» Pourtant, dit-elle, il est des époques où l'Esprit me soutient qu'il cesse d'être libre et que, si je l'appelle, il ne peut venir. J'ai bien, il est vrai, de grands moyens pour l'y contraindre, et si je m'y aventure, il accourt; mais c'est avec des colères épouvantables, et ses menaces me grondent longtemps aux oreilles. Dans ces moments-là, j'ai peur; et je me sens comme à la veille de quelque chose de terrible : il ne faut point le braver. »

» Plusieurs semaines s'écoulèrent encore, et le docteur, dévoré de sollicitudes et sevré de toutes nouvelles de sa famille[2], vint, un certain jour, conjurer le médium de l'Etna de poser à son Esprit une question d'urgence. « Demain, dit-elle, oui, mais aujourd'hui point! Il ne peut venir aujourd'hui, je n'oserais l'y contraindre. — Il le faut, il le faut pourtant, amie. Me laisseras-tu dans une anxiété si poignante? Tu l'interrogeras; je t'en supplie... je le veux ! » Dominée par ce mélange d'angoisse et de volonté, la belle et tendre sibylle allume son menu paquet d'herbes

[1] Lire, sur les Esprits des volcans, le grand théologal Rusca : *De inferno et statu dæmonum*, etc.
[2] La philanthropie et la théophilanthropie préparaient alors leur règne, un nombre effrayant de guillotines aidant les hommes à s'entr'-aimer.

sèches, et le papier que sa main présente se met en contact avec les tourbillons de flamme et de fumée. Mais à peine en est-il touché, qu'elle tombe comme sous un coup de massue, perçant l'air d'un affreux cri de détresse ! Son démon l'avait horriblement brûlée ; et, comme souvenir de sa colère, il laissait sur le bras de sa pauvre dévote *l'empreinte d'une main de feu*, tracée en traits *profonds* et *corrects*[1].

« Ce démon-là, sais-tu bien ce qu'il prétend être? dit la sibylle, un jour qu'elle était redevenue calme et sereine. Il se donne pour un chef de légion, et se nomme E...el. Quand tu mourras, gardes-en le souvenir... tu le sauras... » M. de B*** frémit, revint à des sentiments moins curieux et moins tendres, et cessa d'assez bonne heure d'être jeune.

» Il y a plus de vingt ans (1855), nous dit mon grave et spirituel interlocuteur, que, pour la première fois, M. de B*** me raconta cet épisode de sa vie. Il était alors âgé de soixante-douze ans, plein de sens et fort religieux. J'étais assez sûr de son honneur et de sa gravité pour le croire sur parole, aussi bien que si j'eusse vu ce qu'il racontait. « Je vous affirme *sur mon âme*, répétait ce vieillard vénérable *ayant un pied dans la tombe*, je vous affirme la complète vérité de ma narration... » Mais, *alors*, l'esprit de doute et de négation avait frappé les intelligences d'un tel crétinisme à l'endroit de ces choses, qu'en les racontant, qu'en y ajoutant la moindre foi du monde, on ne pouvait que prendre rang parmi les surnuméraires de Charenton !.... »

Que de progrès depuis cette époque ! et que nous serions

---

[1] Une proche parente de M. Benezet fut ainsi cruellement mordue par un de ces Invisibles; mordue jusqu'au sang... et longtemps on put voir les traces de ces sévices, qui ne furent qu'un épisode au milieu des plus singulières manifestations. Le nom de M. Benezet est, à lui seul, tout un témoignage! A Paris même il n'est guère moins connu que dans le Midi... Lire son intéressante brochure : *Des tables tournantes et du Panthéisme*, Paris, 1854; p. 38, 39, etc.

naïfs de nous étonner de si peu! « Aujourd'hui, nous dit M. le baron de Guldenstubbé [1], à qui nous laissons la parole, la découverte de l'écriture *directement surnaturelle* peut être constatée par des expériences *répétées à volonté*, en présence des incrédules qui doivent fournir eux-mêmes le papier pour éviter l'objection de papiers chimiques... C'est précisément dans l'*application de la méthode expérimentale* aux phénomènes surnaturels directs, ou miracles, que résident l'originalité et la valeur de cette découverte, qui n'a point de précédents dans les annales de l'humanité; car jusqu'ici les miracles n'ont pu être répétés. Il a fallu se contenter, pour prouver leur réalité, du témoignage de ceux qui les ont vus. De nos jours, où toutes les sciences progressent par la voie expérimentale, l'observation et le témoignage traditionnel les mieux établis ne suffisent plus quand il s'agit d'un phénomène extraordinaire qu'on ne peut pas expliquer par les lois de la physique. L'homme, *gâté par les expériences palpables* des physiciens, et devenant chaque jour de plus en plus étranger à toute notion de philosophie, ou de simple logique, l'homme n'ajoute plus foi au témoignage historique [2], surtout quand il s'agit des phénomènes mystérieux qui révèlent l'existence des puissances invisibles et supérieures aux forces et aux lois de la matière inerte. Aujourd'hui, en matière morale, de même que dans les sciences exactes, notre siècle demande des faits et des observations (p. 14); c'est là ce que nous apportons...»

Plus de cinq cents expériences ont été faites depuis la journée à jamais mémorable du 13 août 1856, par l'auteur et ses deux amis, le comte d'Ourches et le général baron

[1] *Pneumatologie positive et expérimentale*. La réalité des Esprits, et le phénomène merveilleux de leur écriture directe. — Paris, chez Franck, 67, rue Richelieu. 1857, par le baron de Guldenstubbé.
[2] L'homme a tellement perdu les yeux de l'esprit qu'il ne lui reste de confiance que dans les yeux du corps! Singulier éloge de ce siècle!

CHAPITRE TROISIÈME.

de Bréwern ; plus de cinquante personnes ont pu constater le phénomène étonnant de l'écriture directe des génies invisibles, en donnant elles-mêmes leurs papiers [1].

La plupart de ces expériences ont eu lieu dans la salle des antiques, au Louvre, dans *la cathédrale de Saint-Denis*, dans les *différentes* églises et dans les *cimetières* de Paris, ainsi que dans le logement de l'auteur, rue du Chemin-de-Versailles, n° 74, où le premier phénomène a été constaté le 13 août 1856. Les écrits les plus remarquables sont signés, et *toujours en présence de témoins oculaires*, par les plus grands génies de l'antiquité, tels que Platon, Cicéron, Virgile, Jules César, Octavien Auguste, Juvénal ; — et par les [plus grands apôtres du christianisme, tels que saint Jean et saint Paul, etc., etc. Ces écrits, grecs et latins, contiennent des maximes de philosophie et de morale, ayant principalement rapport à la vie future des hommes. (P. 15, 31.)

Les rois et les reines de France, depuis Dagobert jusqu'à Louis XVIII, depuis la reine Blanche jusqu'à Marie-Antoinette, ont de même tracé quelques *figures magiques* sur leurs monuments à Saint-Denis et à Fontainebleau [2]. Ces *figures*, tracées directement par les Esprits, *ont opéré quelquefois des guérisons miraculeuses* ET INSTANTANÉES, étant appliquées aux malades, conformément aux ordon-

[1] Voici les noms de *quelques* témoins oculaires, dont *la plupart* assistèrent A PLUSIEURS expériences : M. Ravené senior, propriétaire d'une belle galerie de tableaux à Berlin ; M. le prince Léonide Galitzin, de Moscou ; M. le prince J. Metschersky ; M. le docteur Georgii, disciple de l'illustre Ling, actuellement à Londres ; M. le colonel Toutcheff ; M. le docteur Bowron, à Paris ; M. Kiorboë, artiste distingué, à Paris, demeurant rue du Chemin-de-Versailles, n° 43 ; M. le colonel de Kollman, à Paris ; M. le baron de Voigts-Rhetz ; M. le baron Borys d'Ouexkull, p. 15, etc., etc.

[2] Voir les tableaux de tous ces *fac-simile* à la fin du volume. — J'eus entre les mains deux originaux que me fit voir un très-digne et intelligent *témoin oculaire*.

nances du *médium* ou de la somnambule de l'auteur, *endormie* par lesdites figures [1] ! (P. 34, 35, *ibid.*)

La première fois que l'étranger de distinction dont nous rapportons les paroles expérimenta, ce fut en mettant « du papier blanc et un crayon taillé dans une boîte fermée à clef, et en portant cette clef toujours sur lui-même, sans faire part de cette expérience à personne. Il attendit en vain douze jours ; mais quel fut son étonnement lorsque, le 13 août 1856, il remarqua certains caractères mystérieux tracés sur le papier ! A peine les eut-il remarqués, qu'il répéta *dix fois, pendant cette journée* à jamais mémorable, la même expérience ;... l'expérience fut couronnée chaque fois d'un succès complet. »

« Le lendemain, 14 août, l'auteur fit de nouveau une vingtaine d'expériences en laissant la boîte ouverte, et en ne la perdant pas de vue ; c'est alors *qu'il* vit que des caractères et des mots de la langue esthonienne se formèrent ou furent gravés sur le papier, *sans que le crayon bougeât.* Depuis ce moment, l'auteur, voyant l'inutilité du crayon, a cessé de le mettre sur le papier. Il place simplement un papier blanc sur une table, chez lui, ou sur le piédestal des statues antiques, sur les sarcophages, sur les urnes, etc.; au Louvre, à Saint-Denis, à Saint-Étienne du Mont [2]. Il en est de même des expériences faites dans les différents cimetières de Paris. » (P. 68.)

Ajoutons que, « pendant la première quinzaine, à dater

---

[1] Dæmones « lædunt, lædere desinunt, et curasse creduntur ». Tertul., Ap. XXIV. On remarquera, dans tout le cours de mon ouvrage, l'alliance intime qui existe entre ce spiritualisme, la magie, le magnétisme, l'hérésie et la haute révolution, résultat infernal de l'orgueil des doctrines, ou des leçons données par les Esprits contrairement à ce que l'Église enseigne. Le livre que je cite en ce moment est à lui seul une longue preuve de la remarque que j'énonce.

[2] Où sainte Geneviève traça les initiales de son nom *sur son tombeau*, dit avec aplomb M. de G. — Voir p. 78, 79, *ib.*

du jour de la découverte de l'écriture directe, les tables *sur lesquelles les Esprits écrivirent* se promenèrent seules et vinrent rejoindre l'auteur dans une autre chambre, après avoir traversé *plusieurs fois plusieurs pièces.* Elles marchèrent tantôt lentement, et tantôt avec une vitesse étonnante. L'auteur leur barra souvent le chemin à l'aide de chaises; mais elles firent quelques détours en continuant leur course vers la même direction. L'auteur a vu même deux fois un petit guéridon, sur lequel les Esprits avaient l'habitude d'écrire en sa présence, *transporté dans l'air* d'un bout de la chambre à l'autre [1]. » Voilà donc les Esprits franchement écrivains, et nous en connaissions d'autres avant ceux-ci. Ainsi Dieu lui-même, qu'ils imitent et qu'ils parodient, traça-t-il sur les tables de pierre du Sinaï la loi qu'il donnait à Moïse! Ainsi la main sans corps du festin de Balthazar, singée par les mains que fait apparaître le médium Home, écrivait-elle les mystérieux caractères que devait expliquer Daniel, à la grande terreur du roi sacrilége.

Mais, dans notre pensée, qui seront ces merveilleux Invisibles? Sera-ce ou Virgile, ou César, ou saint Jean, ou saint Paul, ou la reine Blanche, ou la douce et sainte Geneviève? Oh non! Et si l'auteur, dans la naïveté de sa bonne foi, nous l'affirme, sa plume elle-même formera notre opinion sur la nature des Esprits empressés de sanctionner *l'étrange christianisme,* le christianisme *protestant qu'il professe.*

« Le clergé, nous dit M. de Guldenstubbé, a laissé tomber de ses mains débiles le sceptre de la science, que les naturalistes ont ramassé pour bafouer la plus sublime et la plus sainte des religions. *L'absurde crainte des démons* [2] a

---

[1] P. 70. 71. — Mêmes faits chez M. Benezet, brochure citée ci-dessus. Mêmes faits opérés par le médium Home, voir chapitre suivant; mêmes faits ailleurs, *en ma présence.*

[2] Avec lesquels l'Église, dans sa haute sagesse, défend tout commerce, parce qu'elle les connaît à fond! Elle a permis, d'ailleurs, elle

rendu les prêtres et les théologiens orthodoxes inaptes à combattre par la voie expérimentale les matérialistes et les incrédules! L'âge d'or du christianisme fut sans contredit contenu dans les premiers siècles après l'avénement du Christ. (P. 18, 25.) Mais « le nombre des adeptes ayant cru, et les besoins religieux ayant augmenté, les hommes inspirés par l'Esprit-Saint ont cessé d'être les seuls interprètes du christianisme. Une classe d'*hommes de métier*, le sacerdoce, les remplace! »

« L'établissement du sacerdoce fut donc, dans l'histoire du christianisme comme dans celle des premières religions, une des principales phases de la décadence. Le sacerdoce entraînant avec lui une hiérarchie mondaine, une église trop *visible* et trop matérielle, un pouvoir social et souvent une alliance monstrueuse de l'Église et de l'État [1], devait altérer le caractère simple et céleste du christianisme positif [2]. »

a toléré du moins, que quelques-uns de ses enfants dociles étudiassent les phénomènes modernes, et je suis du nombre de ceux qui leur consacrèrent une étude soutenue. Mais ce que l'auteur demande, ce serait, pour le clergé, la pratique de la magie!...

[1] La CÉSARÉOPAPIE, mot qui semble créé pour peindre les chefs de l'État et de l'Église, *church and state*, en Angleterre, dans le vaste et menaçant empire qui couvre l'ancienne Scythie, etc., etc.

[2] Tout le monde sait et lit, dans l'Évangile, que le christianisme primitif est celui *du sacerdoce institué par Jésus-Christ dans la personne des apôtres...* Mais que serait donc une Église sans sacerdoce et sans chef, c'est-à-dire sans enseignement fixe et sans unité? Elle serait, non plus une assemblée, ce que signifie le mot Église, mais un éparpillement de sectes protestantes, inspirées comme le sont les sectes du *protestantisme spiritualiste* de nos jours, chacune par un Esprit différent ou opposé! Est-ce que les doctrines de nos Esprits écrivains, frappeurs ou non, ne sont point *toutes, à l'exemple de toutes les sectes de l'hérésie*, en désaccord ou en guerre les unes avec les autres?

« Quant aux doctrines de l'Église, reprend M. de Guldenstubbé, l'influence du *polythéisme* se fit bientôt sentir; le monothéisme sublime fut peu à peu absorbé dans la théorie de la Trinité. L'invocation des saints dégénéra en une véritable adoration. Enfin, grâce à l'adoration de Marie (la *Mariolâtrie!*), Dieu a changé même presque de sexe au

Telles sont, à côté des Esprits *dont il daigne s'inspirer*, les bien claires et si pitoyables doctrines de M. le baron de Guldenstubbé! Passons au travers, en notant les faits; et bientôt rien ne nous paraîtra plus naturel que ces répétitions d'actes étranges, que ces inattendues et soudaines provocations d'Esprits qui déjà, d'un bout de l'Amérique aux confins de l'Europe, poussent aux curiosités périlleuses, aux doctrines subversives de toute religion et de tout ordre politique, à la folie et au suicide, tant de gens que leur imprudente haine contre l'Église ou leur ignorance égare.

Et comment, alors, ne point trembler de l'explosion de ces phénomènes qui viennent nous visiter au cœur même de nos familles, et dans lesquels la foule, légère et mobile, ne découvre guère encore qu'une mystification ou qu'un passe-temps? phénomènes pris à contre-sens de l'interprétation de l'Église et des siècles les plus éclairés de l'idolâ-

moyen âge. Toutes ces erreurs devaient aboutir à l'idolâtrie *dans les siècles d'ignorance, durant le moyen âge.* » (P. 26, 27.)

Que d'erreurs, que d'ignorance, ou que de haine! Eh quoi, le dogme de la Trinité n'était-il point, dès le principe, formulé dans le signe de la croix? n'était-il point dans le symbole que composèrent les apôtres avant de se disperser? Et les Juifs, avant les chrétiens, n'en avaient-ils point une connaissance traditionnelle? Mais lisez donc l'*Harmonie entre l'Église et la Synagogue* du savant Drach, cet ancien rabbin! Et vous ignorez encore par quel *concile*, à Éphèse, Marie fut proclamée, plus haut encore que dans le symbole apostolique, mère de Dieu: *Miriam Theotocos*. — Vos *medium* ne sont que des médiateurs entre les Esprits qui les ont élus et vous-mêmes; et vous ne voulez point vous humilier devant la sainteté de CETTE GRANDE MÉDIATRICE que Dieu avait désignée par ses prophètes pour unir dans la chair le Dieu sauveur à l'humanité, le ciel à la terre....

..... Le moyen âge a couvert le monde de chefs-d'œuvre artistiques et philosophiques. Les Anselme, les Bernard, les Bonaventure, les Thomas d'Aquin, sont les habitants de ces siècles d'ignorance où s'élevaient nos plus insignes monuments. Mais quels génies postérieurs ont surpassé ces nombreux génies, effacé leurs titres de gloire?

Et comment *le bon sens* et *la science* du lecteur me démentiraient-ils lorsque je range au nombre des démons les Esprits familiers, les Esprits écrivains, tentateurs et menteurs, dont tant de philosophes aujourd'hui nous étalent les exploits?

trie, par quelques savants dont l'orgueil se guinde et dont la science déconcertée et à bout de vent, malgré tout ce qu'elle en contient, *Scientia inflat,* aboutit au grotesque.

Dieu veuille détourner de nos têtes ce mal avant-coureur, ce sinistre présage des temps où, selon le grand apôtre, « le prince des puissances de l'air déchaîne les Esprits qui exercent leur pouvoir sur les incrédules et les insoumis [1] ! » « Esprits si nombreux et si forts, dit un des grands hommes de son siècle, et l'un des plus merveilleux docteurs de l'Église, que sans la grâce de Dieu, que sans les anges préposés au soutien de notre faiblesse, rien en nous ne résisterait à cette formidable conjuration de ruses et de haines [2]. »

Et gardons-nous bien de nous figurer que l'opinion des hommes de génie les plus compétents se soit modifiée sur ces malignes puissances avec le cours des siècles. Non, non, « si Dieu ne retenait leur puissance, dit Bossuet, l'une des plus vigoureuses intelligences qui remuèrent le monde des idées, nous les verrions agiter ce globe avec la même facilité *que nous tournons une petite boule* [3]. » Et tels sont pourtant les gentils lutins, les diablotins candides ou rieurs qui nous semblent si caressants, si divertissants quelquefois, ou si risibles dans leur faiblesse enfantine !....

Résumant en quelques mots sa propre croyance, celle de l'Église universelle et du paganisme, Bossuet donne donc à l'orgueil croissant de son siècle une haute leçon, dont notre époque doit s'emparer avec empressement, si ses propres besoins lui sont connus :

« Qu'il y ait dans le monde un certain genre d'Esprits

---

[1] *Filios diffidentiæ,* saint Paul, *Ephés.*, ch. II, ⋎ 2.

[2] Saint Hilaire, docteur de l'Église : *Neque enim infirmitas nostra, nisi datis ad custodiam Angelis, tot tantisque spiritualium cœlestium nequitiis obsisteret. — In psalm.* CXXXIV, ⋎ 17; id., *in psalm.* CXLIII, ⋎ 11.

[3] Premier sermon sur les démons, premier point, p. 45.

CHAPITRE TROISIÈME. 461

malfaisants, que nous appelons *démons*, outre *le témoignage* ÉCLATANT *des Écritures divines*, c'est une chose qui a été reconnue par LE CONSENTEMENT COMMUN DE TOUTES LES NATIONS, ET DE TOUS LES PEUPLES. Ce qui les a portés à cette créance, ce sont *ces effets extraordinaires et prodigieux qui ne pourraient être rapportés qu'à quelque mauvais principe, et à quelque secrète vertu*, dont l'opération fut *maligne et pernicieuse*. Et cela se confirme encore par CETTE NOIRE SCIENCE DE LA MAGIE, à laquelle plusieurs personnes *trop curieuses* se sont adonnées *dans toutes les parties de la terre*. »

Cependant, « à Dieu ne plaise que j'oublie si fort la dignité de cette chaire que de vouloir établir *par des raisons* ou *des autorités étrangères* ce qui nous est si *manifestement* enseigné par la sainte parole de Dieu, et *par* LA TRADITION ECCLÉSIASTIQUE. Mais j'ai cru qu'il ne serait pas inutile de vous faire observer en ce lieu que *la malignité des démons est* SI GRANDE QU'ILS N'ONT PU LA DISSIMULER, et qu'elle a même été découverte par les idolâtres qui étaient leurs esclaves, et *dont ils étaient les divinités*[1]. »

Ce que la dignité de la chaire ne permettait guère au docteur épiscopal de démontrer, les humbles feuillets d'un livre écrit par un laïque le permettent et l'exigent. Voilà pourquoi les autorités profanes de toutes natures surabondent et se succèdent dans mes chapitres. Que s'il est un savant moderne dont l'œil se fatigue vainement à découvrir ce que distinguaient d'une vue si claire et des hommes de la trempe de Bossuet, et les hommes les plus éminents du monde idolâtre, je lui permets de m'appeler un visionnaire, un halluciné. J'y mets pourtant une condition : c'est que, s'élevant

[1] Bossuet, premier sermon sur les démons, p. 38, 39, t. VIII, Paris, 1845.

vers le soleil de la vérité à la hauteur où s'est élevé l'Aigle de Meaux, il nous signale, *avec une juste équivalence d'autorité,* les illusions d'optique qui faussèrent la vue de cette puissance si doctorale ! c'est qu'il fasse équilibre *par des preuves,* et non *par des paroles académiques,* au témoignage *savant* et *motivé* de tous les peuples !

Sinon nous reprendrons avec Bossuet notre essor vers le vieux monde, en dehors du monde chrétien ou judaïque ; et d'abord nous rencontrerons devant nous les théurges. Ce sont les philosophes les plus accrédités de l'idolâtrie ; ce sont les derniers rejetons des nombreuses et successives écoles du Platonisme, dont Socrate, le fondateur ou le coryphée, avait pour *maître* et pour *conseiller suprême un démon*[1] ! Ce sont encore les dernières bouches savantes de cette Égypte, où la science et la religion vivaient d'une seule et même âme. Légataires universels de la philosophie gréco-orientale, ils étaient devenus par cela même les légataires universels des hauts mystères de la religion[2] ?

« Quant aux dieux qui sont dans le ciel, nous dit Porphyre, cet illustre théurge, je pense que le premier est le soleil, et que nous pouvons convenablement leur comparer le feu, *comme étant de leur nature.....* Mais il ne faut leur sacrifier aucun animal..... Je connais un homme véritablement pieux, et qui ne sacrifie jamais un animal aux dieux. Il tient

---

[1] Rien de mieux avéré que ce fait. On ne le nia que lorsque tout fut nié, *sauf les doctrines* du néant ! Mais le 18 et le 20 août 1856, M. Granier de Cassagnac prit la plume et redressa, avec un singulier bonheur de logique, un des membres de l'Institut, M. Lélut, qui dans l'histoire du démon de Socrate ne voulait voir que l'échantillon d'un certain genre de folie ! Il démontra clairement au public, dans deux spirituels et vigoureux articles du *Constitutionnel,* dont tout Paris a conservé le souvenir, la certitude historique du fait contesté, et l'illogisme des arguments sur lesquels s'était reposé le fort malencontreux savant.

[2] On peut lire, sur ce point, le savant opuscule de M. l'abbé Chesnel : *Du paganisme et de son principe,* Paris, 1853. Côté surhumain du polythéisme, p. 134, etc., etc.

en réserve de telles victimes *pour les démons,* bons ou mauvais[1]. Ces êtres *invisibles,* que *Platon appelle indistinctement des démons,* ont reçu de la part des hommes des honneurs égaux à ceux *des dieux*, et un culte tout pareil. Une croyance *universelle* veut qu'ils sachent se rendre nuisibles; elle veut que leur courroux s'allume contre ceux qui omettent de leur rendre UN CULTE LÉGITIME ! » et semblable à celui que les dieux récompensent quelquefois en se manifestant. Ainsi, disent les Phéaciens que décrit Homère, « les dieux se sont fait connaître à nous lorsqu'ils *nous ont apparu* dans les temps où nous leur avons offert des hécatombes solennelles. *Assis à notre table, ils ont participé à nos festins.* S'ils rencontrent dans son voyage un Phéacien isolé, ils daignent quelquefois lui servir de guide et lui manifester leur présence. Je puis dire que notre origine et notre piété nous rapprochent d'eux autant que le sang et le crime unissent les cyclopes et la race féroce des géants[2], » c'est-à-dire cette race d'hommes qui doivent leur redoutable et malfaisante puissance à la puissance des mauvais démons.

Mais revenons à Porphyre et procédons par voie d'analyse ;

Les démons sont invisibles; mais *ils savent se revêtir* de formes et de configurations sujettes à de nombreux changements, ce qui peut s'expliquer par leur nature, qui a quelque chose de corporel ! Leur demeure est dans le voisinage de la terre; et *je ne sache pas un mal qu'ils n'osent commettre!* Ils se livrent à leurs mœurs violentes et détestables, lorsqu'ils peuvent échapper au contrôle et à la vigilance des bons démons. Tantôt alors ils usent de la force brutale, et tantôt ils ont recours à la ruse[3].

Un des plus grands maux que commettent les démons

---

[1] *Des sacrifices des dieux et des démons,* ch. II.
[2] Odyssée, liv. VII, *milieu*.
[3] Chap. II. *Des espèces de démons bons et mauvais,* Porphyre, *ibid.*

malfaisants, c'est qu'*étant les auteurs de toutes les calamités* qui désolent le monde : *des pestes, des disettes, des tremblements de terre, des sécheresses, des incendies,* et de tant d'autres fléaux, ils en rejettent l'odieux sur ceux dont les œuvres sont le contraire des leurs. Ils s'appliquent à nous écarter de la juste volonté *des dieux,* et à se faire adorer; leurs délices sont dans ces actes désordonnés, et ils aiment à se faire prendre pour des dieux ! Ce leur est un jeu d'allumer en nous des passions perverses, de souffler au milieu du monde des opinions étranges, d'en faire sortir les séditions, les guerres et les bouleversements; puis de vous dire après cela : « Ces calamités sont l'œuvre des dieux ! » Et, sur ce point, on voit des philosophes tomber dans les mêmes erreurs que le vulgaire [1]. — Plus tard, les bulles de nos papes sur la magie tiendront à peine un autre langage que celui de cet implacable ennemi du Christ. Il ajoute :

« C'est par l'entremise de ces mauvais démons que s'accomplissent les sortiléges. La magie n'est autre chose qu'un effet de leurs opérations, et les hommes qui nuisent à leurs semblables *par des enchantements* rendent de grands honneurs *aux mauvais démons, mais surtout à leur chef. Ces Esprits* ne s'occupent que de nous tromper, à grand renfort d'illusions et de prodiges; *leur ambition* est de passer pour des dieux, et leur chef veut qu'on le reconnaisse pour *le Dieu suprême* [2] !

» Cependant les théologiens (*païens*) permettent d'immoler de temps en temps des animaux aux mauvais démons afin d'éloigner de nos personnes les maux dont ces Esprits nous affligent [3].

» Les dieux, les *anges* et les *démons*, dit Jamblique,

---

[1] Porph., *ibid*.
[2] *Ibid*.
[3] Porph., *Des sacrifices*, ch. Des espèces de démons.

apparaissent, de même que les âmes, par le fait des évocations. *Les mauvais démons* se montrent environnés de bêtes féroces, et cherchent à nous *donner la mort...* Lorsque, dans les opérations de la théurgie et dans l'exercice des fonctions sacerdotales, une faute est commise, gardez-vous de croire que ce soient les divinités bienfaisantes et appelées par vos vœux qui se rendent à votre parole : non, ce sont les mauvaises divinités, mais sous le faux semblant des bonnes! car les mauvais Esprits revêtent souvent les dehors des bons, et se donnent un rang fort supérieur à celui qu'ils occupent. La jactance est le caractère qui les trahit [1].

» Les bons démons nous apparaissent *en réalité,* tandis que les mauvais ne se montrent que sous forme de fantômes. Les sensations qu'ils excitent font croire à la présence et à la vue d'une chose, quoique cette chose soit réellement absente [2].

» Il me paraît inutile de promener au delà nos regards sur les siècles lointains. Il y a quelques années, — et que de progrès depuis! — M. Dupotet, l'un des continuateurs de ces philosophes, l'un des modernes grands maîtres de cette même école, traçait les lignes suivantes d'une plume résolue :

« Me voilà en chemin, et, je puis le dire, *en plein Merveilleux!* Je vais heurter toutes les idées et faire rire nos illustres savants; » car « je suis convaincu que des agents d'une grande puissance existent *en dehors de nous,* qu'ils peuvent *entrer en nous,* faire mouvoir nos organes et nous

[1] Jamblique, *Mystères des Égyptiens,* chapitre : En quoi diffèrent les démons, les âmes, etc., et le suivant.
[2] Jamblique, *ibid.* Ce phénomène est celui de l'hallucination *démoniaque,* et nullement naturelle, que la plupart de nos docteurs ignorent. Il se multiplie sous la main des médiums, et dans les cas de lycanthropie. Dans le fameux théurge du quinzième siècle, chez Cornélius Agrippa, et dans les grimoires, ou *Clefs de Salomon,* etc., nous retrouverons ces mêmes données, avec quelques variétés de formes.

opprimer. C'était, au reste, la croyance *de nos pères* et *de toute l'antiquité.* Toutes les religions admettent la réalité des agents spirituels¹. On a donné une forme au malin Esprit... Est-ce simplement une figure, et la traduction d'une idée? Non; c'est la forme même du démon. — Tous les malheureux initiés à l'art de la sorcellerie... le peignent de la même manière; ils l'ont vu dans les scènes nocturnes du sabbat², et je crois plus à la terreur de tous ces gens-là et à leur témoignage, qu'aux témoignages qui me seraient donnés par les rédacteurs des *Débats*³. »

« Me souvenant des innombrables phénomènes *que j'ai produits à la vue de milliers d'êtres;* voyant l'INDIFFÉ-RENCE BESTIALE de la science OFFICIELLE, en présence d'une découverte qui transporte l'esprit dans les régions de l'inconnu (*sic*); vieux, *au moment où il faudrait naître,...* je ne sais s'il n'eût pas mieux valu pour moi partager l'erreur commune⁴. »

» J'ai laissé écrire des choses mensongères sans les réfuter... Tantôt c'est la pure ignorance qui parle, et je me tais; tantôt encore le demi-savoir, élevant la voix, cherche à s'imposer, et je ne fais que me tâter pour savoir si je prendrai la parole. Est-ce nonchalance ou paresse? La peur a-t-elle le pouvoir de glacer mon esprit? Non; aucune de ces causes n'enchaîne mon intelligence : je sais seulement qu'il faut prouver ce qu'on avance, et ceci me retient. Car, *en justifiant mes assertions,* en montrant LE FAIT VIVANT *qui prouve ma sincérité* et *la vérité,* je traduis EN DEHORS

---

¹ P. 598, *Journal du magnétisme,* à la rédaction duquel participent *des savants,* des médecins, etc. Dupotet, n° 477, 1853. Ce journal anticatholique répète ici Bossuet et l'Évangile. Ces intelligences dissidentes, dès qu'elles ne nient point les faits, se réunissent forcément dans la vérité.
² Voir plus tard LES SABBATS.
³ *Id.,* p. 542, n° 475, 1853. — Dupotet.
⁴ *Id.,* p. 588, 9; n° 496, 1854.

DU TEMPLE *l'inscription sacrée que* NUL PROFANE NE DEVAIT JAMAIS LIRE [1] !

» Vous doutez de la sorcellerie et de la magie ? O vérité, ta possession est un fardeau [2] ! »

» Oui, nous dit le pseudonyme Éliphas, il a existé, il existe encore une magie puissante et réelle; oui, *tout ce que* LES LÉGENDES *en ont dit était vrai*. Ici, seulement, et contrairement à ce qui se passe d'ordinaire, les exagérations populaires n'étaient pas seulement à côté, mais au-dessous de la vérité. »

Seulement, si nos instincts nous entraînent vers les études magiques, observons que, tandis que « le diable se donne au magicien », homme d'étude et d'orgueil, « le sorcier », homme de misère et de passions brutales, « se donne au diable ». Entre les deux, voilà la différence, etc., etc. En un mot, la toute-puissance est à nos pieds, et nous l'y ramassons si bon nous semble; car « un signe qui résume, en les exprimant, toutes les forces de la nature; un signe qui a toujours manifesté *aux Esprits* élémentaires et autres une puissance supérieure à leur nature, les frappe naturellement de respect et de crainte, et les force d'obéir [3] ! »

Rien de plus clair que ces aveux et que ces croyances. Par où donc, maintenant, les mauvais démons et, le plus souvent même, les bons démons des *philosophes*, par où les démons des théologiens idolâtres et des *magiciens* de nos jours ou de l'antiquité, diffèrent-ils de ceux que notre plume retrace ? de ceux que nous a peints et de ceux que nous peint, de concert avec les traditions patriarcales et l'an-

[1] LES SABBATS, p. 588, *ib.*, n° 496, 1854. P. 416, n° 469; Dupotet, 1853.
[2] P. 589, n° 496, *id.;* Dupotet, 1854. Il ne s'agit, on le comprend, que de la vérité dont se nourrissent les magiciens. J'ajoute que *plus d'une* fois *je vis* M. Dupotet faire ce qu'il énonce.
[3] Nous verrons qu'elle est autre encore, *Dogme et rit. de la magie*, livre détestable, vol. Ier, p. 48 à 53; Éliphas Levi, 1856, p. 416 à 417, vol. Ier, etc.

cienne synagogue, l'Église même de Jésus-Christ ? de ceux, en un mot, que nous offrent et le catholicisme démoniaque et le catholicisme divin, c'est-à-dire l'universalité des hommes ?

Renfermant dans un pli de son manteau la sagesse entière de tous les siècles, l'Église a résumé sur ce point, afin de l'offrir à notre intelligence, la science de tous les philosophes, amis ou ennemis de la foi. Pourquoi donc, *si je veux* me résumer moi-même, si je veux bien comprendre l'Église, et, par elle, toute vérité universelle, n'ouvrirais-je point à propos du démon le livre de son rituel ? Est-il manuel plus explicite, et qui nous enseigne par des leçons d'*une pratique* plus ouverte et plus franche la foi du prêtre et du fidèle qui comprennent ce qu'ils lisent, à la présence du démon dans tous les éléments de ce monde; leur croyance à l'effronterie de son orgueil, à ses niaiseries, à sa bassesse, à ses cruautés, à ses ruses [1] ?

O vous, gens honnêtes, mais gens de foi tremblante, buvez quelques bonnes gouttes de votre plus tonique cordial, et suivez-moi, de grâce ! En quelques pas j'irai bien loin, car *j'aurais honte de la qualité de ma raison*, si je rougissais de ma foi.

Le prêtre bénit le sel et dit : « Créature du sel, je *t'exorcise* au nom du Dieu vivant... deviens la santé de l'âme et du corps ! Partout où tu seras jeté, que l'*Esprit immonde soit mis en fuite;* que tout caprice, que toute ruse, que toute malice du diable s'évanouisse. »

Le prêtre, se tournant vers l'eau pour la bénir, lui dit : « Créature de l'eau, au nom du Dieu tout-puissant, le Père, le Fils et le Saint-Esprit,... *sois exorcisée.* — Reçois la

[1] J'ai sous la main deux exemplaires du Rituel romain; l'un de 1851, approuvé par Son Ém. le cardinal Engelbert, archevêque de Malines; l'autre de 1852, approuvé par Mgr l'archevêque de Paris. — C'est le Rituel de Paul V, revu par le plus savant des papes modernes, par le contemporain de Voltaire, Benoît XIV.

puissance *de mettre en fuite l'ennemi*, de l'arracher, de le déraciner lui-même, *non moins que* ses anges apostats.... Seigneur, que cette créature de l'eau, qui sert à vos mystères, ait la puissance de *chasser les démons et de mettre en fuite les maladies.* Sur quelque maison, sur quelque lieu appartenant aux fidèles que vienne à tomber cette eau, faites que toute impureté disparaisse, faites que l'Esprit de peste et que le souffle de la corruption cessent de résider ! Arrière tous les piéges tendus par l'ennemi qui se cache ! arrière tout ce qui peut nuire *au repos ou à la santé des habitants !* » « Seigneur, *vous qui brisez les forces de la puissance rebelle*, Seigneur, vous *qui domptez la férocité de votre ennemi rugissant*, faites que toute aspersion de ces créatures du sel et de l'eau repousse tout assaut de l'Esprit immonde, et chasse au loin la terreur que répand le serpent venimeux ! » Le prêtre bénit les cierges et dit : « Seigneur, bénissez ces lumières ;... partout où elles seront allumées ou placées, *que les princes des ténèbres se retirent,* qu'ils tremblent *frappés de terreur*, eux et leurs ministres ; qu'ils fuient de ces demeures, qu'ils n'aient plus l'insolence *de troubler ou de molester vos serviteurs* [1]. »

Ne craignons point de dire, cependant, que, maintes fois, les luttes avec l'ennemi sont opiniâtres et furieuses. Elles dépendent du degré de puissance de l'Esprit qui nous attaque, et rien de moins rare que de voir le succès se mesurer à la sainteté, à la foi de l'exorciste ; aux épreuves que Dieu veut imposer à la foi du public ; à la patience, à la foi même de celui que le démon possède [2].

---

[1] Edit. de 1854, p. 294 à 296, etc., etc.
[2] Saint Marc, VIII, 22. J'ai prié vos disciples de le chasser, mais *ils ne l'ont pu*. — Les disciples dirent en particulier à Jésus : « D'où vient que *nous n'avons pu* chasser ce démon ? » Il leur répondit : « Ces sortes de démons ne peuvent être chassés par aucun autre moyen que la prière et le jeûne. » (Saint Marc, IX, v. 17, 27, 28.) Si les mains les plus habituées au miracle, et dans le temps même où le miracle entrait

Le succès se mesure encore au châtiment que le démoniaque a provoqué de la justice d'en haut; il se mesure à mille causes que nous ne saurions approfondir sans nous engager au milieu de *la vaste et ardue question des exorcismes*. Et d'ailleurs, les mêmes raisons ne sont plus aujourd'hui pour que les choses se comportent ainsi qu'aux jours où, devant la parole du Christ et des apôtres, la lumière divine devait rentrer triomphalement dans le monde et chasser aux yeux de tous les peuples, sur toute la ligne de l'idolâtrie, le prince du mensonge et des œuvres de ténèbres et de haine!

Cependant, lorsque l'homme rempli de vertus divines, *Divina fretus virtute*, que l'Église se choisit pour exorciste, veut s'assurer du fait de la possession diabolique d'après les règles précises que le Rituel lui trace, il se pénètre de ces conseils : « L'exorciste portera son attention sur les ruses et les fourberies, *artibus aut deceptionibus*, dont usent les démons, afin de lui donner le change. Car une de leurs habitudes est d'entasser les mensonges, *plurimum fallaciter respondere*, et de ne se manifester qu'avec peine, afin de rebuter l'exorciste par la fatigue; ou bien afin que la personne *qu'ils possèdent semble ne point être possédée*. Que l'exorciste, encore, ne s'attache point aux vaines questions; qu'il réprime ou méprise les rires, les scurrilités, les facéties du démon. Qu'il ordonne au démon de dire s'il est détenu dans le possédé par suite D'UNE OPÉRATION MAGIQUE, ou par le fait de *ces signes sacramentels* qui servent à communiquer les sorts et les maléfices, *operam magicam, aut malefica signa vel instrumenta*. Enfin, si quelqu'un de ces signes *était avalé* par le possédé, *qu'on*

dans le régime apostolique, n'ont pu toujours réussir sans lutte, quelles doivent donc être la sainteté, l'humilité, la persévérance de nos exorcistes! Un des livres qui en mettent le plus complétement en relief les effets est l'*Histoire de Nicole de Vervins, ou la Possédée de Laon*, de M. l'abbé Roger. *Recommandation* pontificale. Chez Plon, 1863.

les lui fasse vomir ; et, s'ils sont ailleurs, qu'il les découvre, et qu'on les brûle [1]. »

L'exorciste invoque alors le Seigneur, et s'approchant de celui que le démon possède, il dit : « Père tout-puissant, qui avez condamné aux feux de l'enfer le tyran transfuge et apostat; vous qui avez envoyé votre Fils unique en *ce monde* pour *qu'il l'y écrasât* tout *rugissant*, accourez; que votre secours nous arrive; arrachez à ce démon qui le désole l'homme fait à votre image, et que la terreur de votre nom saisisse *cette bête qui ravage votre vigne?* Inspirez à vos serviteurs la confiance de combattre contre ce détestable dragon, et de combattre avec courage. »

« Qui que tu sois, *Esprit immonde*, je te le commande, ainsi qu'à ceux de tes compagnons qui obsèdent ce serviteur de Dieu : par le mystère de l'Incarnation.... dis-moi ton nom, dis-moi *le jour et l'heure où tu sortiras de ce corps*, et donne *un signe* » qui s'ajoute à ta parole. « Mais garde-toi bien de faire le moindre mal *à cette créature*, à ceux qui l'entourent, ou *à leurs biens*. »

« Je t'exorcise, Esprit très-immonde, ennemi qui te rues sur ta proie, *fantôme* ou LÉGION! *Incursio adversarii, omne phantasma, omnis legio.* Celui-là même te commande qui *t'ordonna de te précipiter du haut des cieux dans les entrailles de la terre.* Écoute et tremble, Satan, ennemi de la foi, ennemi du genre humain, introducteur de la mort, ravisseur de la vie, toi qui te refuses à toute justice, *racine de tous les maux*, promoteur des vices, âme de l'envie, origine de l'avarice, cause de la discorde, prince de l'homicide que Dieu maudit, auteur de l'inceste et du sacrilége, inventeur de toute obscénité, professeur des plus détestables actions et grand maître des hérétiques, — *doctor hæreticorum.* Eh quoi! tu te tiens debout; tu oses

[1] Rituel, *ib.*, 416 à 419, etc., etc.

résister, et tu sais que le Christ Notre Seigneur arrive pour détruire et renverser tes œuvres ! *perdere vias tuas!*

» Seigneur, que celui qui portait avec lui la terreur s'enfuie, frappé de terreur et défait. O toi *qui es l'ancien serpent,...* tremble devant le bras de celui qui, ayant triomphé des douleurs de l'enfer, *devictis gemitibus inferni,* a ramené les âmes à la lumière[1].

» Eh quoi ! *bête féroce,* tu oses lutter ? tu te révoltes ? — *Sed qui truculente reniteris? quid temerarie detrectas?* toi qui t'es rendu coupable envers le Dieu tout-puissant, et Jésus-Christ Notre Seigneur, que tu as osé tenter et crucifier ! — Je t'adjure, au nom de l'agneau qui a marché sur l'aspic et sur le basilic, et qui foule sous ses pieds le lion et le dragon ! *Il te sera dur de résister, il te sera dur de te ruer contre l'aiguillon !* Plus tu tardes à sortir, et plus terrible sera ton supplice ; car ce n'est point l'homme que tu méprises, c'est celui qui règne sur les vivants et sur les morts, celui qui viendra les juger, celui qui jugera le siècle par le feu, *sæculum per ignem.* Fais place à Jésus-Christ ; fais place au Saint-Esprit, qui, par son bienheureux apôtre Pierre, *t'a précipité devant le public dans la personne de Simon le mage : — te manifeste stravit in Simone mago.* Il n'y a plus à différer ; le Seigneur, le dominateur suprême approche, un feu dévorant le précède[2]. »

Et ces exorcismes, auxquels succèdent d'autres exorcismes encore, se répètent jusqu'à ce que la victoire ait prononcé !....

Que le lecteur résume donc les termes précis de ces formules, qui ne sont plus la foi de tous les chrétiens, tant s'en faut, hélas ! mais qui SONT ET SERONT LA FOI CONSTANTE *de l'Église, et de ses plus savants ennemis.*

L'Église croit-elle au démon ? croit-elle à ses œuvres,

[1] Rituel, 421, 422, 435, 426 à 432.
[2] P. 429 à 433.

à celles de ses œuvres *qui tombent sous les sens?* croit-elle aux fantômes? croit-elle à la magie? croit-elle aux sorts, aux maléfices? croit-elle à l'immense participation dans le mal de celui qu'elle appelle l'auteur de tous les crimes, de celui qu'elle accuse, l'homme aidant, d'avoir crucifié le Christ? croit-elle à l'action terrible du démon sur nos biens et sur nos corps[1]? Le voit-elle ou non partout, et partout digne du nom de force de ce monde, *Mundane force*, que lui donne Rogers en s'essayant *à le matérialiser?* Croit-elle à l'orgueil, à l'opiniâtreté de ces anges de révolte? Et puis, à côté de *cet incommensurable orgueil,* croit-elle, et que nos rationalistes y pensent, *à ces dernières petitesses de la ruse, à ces bassesses de la scurrilité,* contre lesquelles elle prémunit l'exorciste et qui, pour les beaux esprits que ronge l'ignorance, sont le dernier de tous les scandales[2], celui qui, mieux que tout autre, leur fait dire : Votre *ange déchu,* votre démon est trop niais, il est trop bête, en vérité : donc je le nie[3].... Combien de chrétiens inquali-

[1] Vide suprà, et Luc, IV; saint Marc, V-IX.
[2] Rit., 417, 418, et dans les médiums ou dans les tables possédées de nos salons.
[3] Voir *id.* sur cette question le Maître des sentences, Pierre Lombard, *De rerum corporal. et spiritual. creatione,* distinct. 7, liv. II. Le plus savant *des philosophes,* saint Thomas d'Aquin, dit l'Ange de l'école, *Somme,* quest. 51; art. 4; quest. 110, art. 3, 1re partie. — Delrio, *Disquis. magicœ.* — Ant. Rusca, le savant théologal de Milan, dans : *De inferno et statu dæmonum ante mundi exitium,* d'un bout à l'autre. — Bossuet, les deux sermons sur les démons. — Saint Alph. Liguori, *Theol. moralis,* 1834, vol. II, p. 233, 234, n° 475, etc. — Benoît XIV, *De servorum Dei beatificatione,* liv. IV, ch. III, § 3, etc., etc., et, de nos jours, le père J. Perrone, célèbre professeur de théologie au collége romain, *Prælectiones theolog.,* 1842, vol. Ier, p. 57, etc. — Le R. P. Ventura, dans ses deux lettres à M. de Mirville et à M. G. des Mousseaux, etc., etc. — Baltus, *Réponse à l'Histoire des oracles.* — Exode, ch. VII, VIII. — Tertullien, *Apol.,* ch. XXII, XXIII, etc. — Saint Augustin, *Cité de Dieu,* liv. VIII, ch. XXIII, XXIV. — *De confessionibus maleficorum et sagarum,* p. 404. — Saint Athanase, *Vie de saint Antoine,* ch. V, XXXVI, LII, LIII, etc., et tout l'ouvrage de Pierre Thyrée, *Loca infesta...* et *De terriculamentis nocturnis...* P. Thyrée,

fiables craindraient de pécher contre le bon goût s'ils croyaient tout ce que croit l'Église !

Mais en somme, ce que c'est que le démon, ce que sont ses œuvres de séduction, ses faux miracles, ses prestiges, ses incessantes attaques, et ce qu'est en même temps la science vraiment apostolique et l'infatigable vigilance d'un évêque, voilà le simple et magnifique tableau que nous saisissons d'un coup d'œil dans un ouvrage que l'année 1863 vient de marquer de son millésime. Il a pour titre : *Mélanges concernant l'évêché de Saint-Papoul*, et contient à la fois le texte et la traduction d'un manuscrit de l'an 1443. Nous le devons aux recherches savantes et véritablement dignes d'un magistrat chrétien, de M. H. Hennet de Bernoville, conseiller référendaire à la chambre des comptes. — La simplicité, le goût exquis qui règnent dans cette publication sont l'une des grandes puissances du Vrai [1]. L'objet de cet intéressant et docte écrit est une de ces sources, ou fontaines sacrées et prétendues miraculeuses, dont nous avons décrit à fond l'histoire dans notre livre de *Dieu et les dieux*[2].

« Pierre, par la miséricorde divine, Evêque de Saint-Papoul, etc., etc..... Comme nous avons été averti, il y a quelques jours, qu'une multitude ignorante de laïques, dont plusieurs des fidèles de notre diocèse, se portait vers une certaine fontaine située au territoire du lieu dit *les Plaines*, du diocèse de Mirepoix, afin de guérir leurs langueurs et d'y obtenir, dans toutes leurs maladies et les maux que Dieu leur inflige, la grâce de la santé, on nous a demandé si la visite de cette fontaine, — *concursus circà fontem*, — les

---

jésuite contemporain de saint Ignace de Loyola, professeur de théologie et prédicateur à Trèves, Mayence et Wurtzbourg, où il mourut en 1604, édition de 1589; Lyon. Je citerai d'ailleurs une masse d'*auteurs païens* ou de *savants et de philosophes magnétistes modernes* placés à un point de vue différent de celui du catholicisme.

[1] Paris, Lainé, rue des Saints-Pères, 19, gr. in-8°, 432 pages.
[2] Ch. XLII, et autres, 1854.

ablutions, la boisson de son eau, les invocations qu'on y fait pour obtenir la santé, ne devaient pas être réputées des actes superstitieux, éloignés de la sincérité de la foi, et renfermant un péché. Et comme c'est le devoir d'un chrétien de ne pas taire la vérité à ses amis, et de ne pas cacher la parole pour le temps du salut, comme le dit l'*Ecclésiastique*, ch. IV, nous dirons de prime abord, et en nous réservant pour un plus mûr examen, ce que dit l'apôtre : « Satan » se transforme souvent en ange de lumière, et l'astuce des » démons *joue la curiosité humaine lorsqu'elle veut découvrir ce qu'elle ne doit pas chercher en dehors des limites de la doctrine chrétienne.* » Et, ailleurs, le même apôtre dit encore, Épître II aux Thessaloniciens, ch. II : « Que » dans les derniers temps, l'avénement de Satan se fera au » milieu *des prodiges menteurs et des séductions de l'iniquité, pour ceux qui n'ont pas reçu la charité ;* et, pour » cela, Dieu leur enverra des agents d'erreur, afin de les faire » croire à des mensonges trompeurs ; ils embrasseront des » croyances puériles, parce qu'ils n'ont pas voulu croire aux » doctrines sacrées : *Ideo mittet illis Deus operationes » erroris ut credant mendaciis, et, non sustinentes doc-» trinas sacras, ad fabulas convertantur.* »

Au temps du bienheureux apôtre Barthélemy, une grande foule accourait au temple d'Astaroth, dans lequel *était un démon* qui prétendait guérir les maladies[1], donner la lumière aux aveugles, et des remèdes à tous ceux qui le visitaient. Or le démon ne venait pas à leur aide en les guérissant, mais bien en cessant de les tourmenter, de manière à avoir l'air de les avoir guéris lorsqu'il ne faisait que cesser de faire mal. Saint Barthélemy enseignait que les hommes qui s'é-

---

[1] Les prétentions du médium Home sont les mêmes. Lire sa vie écrite par lui-même, pauvre livre ! Paris, 1863. Dentu, p. 22, 36, 143, etc., etc.

loignent de la pureté de la foi qui est due au vrai Dieu deviennent le jouet de superstitieuses curiosités.

«.... Dans tout ce qui est disposé pour l'obtention de certains effets naturels; si on n'emploie les causes naturelles que pour les effets qui leur sont propres, telles que des herbes et des eaux qui sont éprouvées par l'usage comme remèdes, il n'est pas interdit d'essayer ces effets, parce que la nature opère par une force que Dieu a donnée aux choses elles-mêmes. Mais si on recherche d'autres effets que ceux qu'elles peuvent donner naturellement, en employant de vaines observances, c'est alors user de signes sacramentels et de pactes avec le démon; — *sic adhibentur quasi signa et pacta cum dæmonibus.* — Alors, comme le dit saint Augustin, livre V, *De civitate Dei*, de telles pratiques doivent être réputées superstitieuses, comme tendant à faire honorer la créature au-dessus de Dieu, parce que nous rendons à la créature un honneur sans fondement, et que nous le refusons au Créateur. Boire de l'eau des fontaines où quelque saint a été martyrisé, de celle, par exemple, que nous lisons avoir jailli lorsque la tête de saint Papoul fut coupée, ou de celle de saint Julien, soldat et martyr, ce n'est pas chose défendue, parce que nous rendons de la sorte hommage à Dieu et au mérite de son saint. Mais là où l'hommage n'est pas rendu à Dieu à cause des mérites de quelque saint en ce même lieu, boire soi-même et faire boire aux animaux l'eau de ces fontaines prétendues miraculeuses, à quelque époque immémoriale qu'en remonte l'usage, surtout si, auparavant, l'autorité diocésaine n'a pas fait une enquête et une procédure en forme, en usant des exorcismes réguliers; en portant, s'il le faut, la sainte Eucharistie et les reliques des saints; en chantant des litanies et en priant Dieu de préserver son peuple des illusions et des déceptions hallucinatives du démon, — *ab illusione et fantasmatica deceptione*, — prévenir, en un mot, de soi-même la déclaration de l'Église : voilà ce qui est, à notre sens, vain, curieux, téméraire et superstitieux. Dieu seul fait la nature, et, comme dit saint Bonaventure... vii : « La grâce vient » de Dieu, et non du pouvoir de la nature. »

» Or, comment approuver les moyens employés pour obtenir la santé lorsqu'on y voit, comme dans le cas présent, figurer des prosternations contraires à toutes les règles (*enormæ*) et des sacrifices détestables, offerts par des laïques et par une foule ignorante ? La piscine probatique, dont parle saint Jean, ne guérissait pas par son pouvoir naturel ; mais il fallait qu'*un ange* du Seigneur descendît pour en remuer les eaux, et, *par l'ordre de Dieu*, lui donnât une vertu curative. — La volonté de Dieu était ici bien certaine. On doit éclairer la foule, et non pas la suivre !

» Éprouvez donc les Esprits, mes frères très-chers, et voyez s'ils viennent de Dieu. *Recourez à la sainte mère Église* avant de décider témérairement qu'une chose est sainte. Pourquoi l'Église a-t-elle imaginé les exorcismes, si ce n'est pour dissiper les fantômes et les interventions de Satan, et chasser les Esprits immondes ? Les bains thermaux constituent un remède éprouvé et certain ; mais prétendre qu'une fontaine à eau bourbeuse, — *paludosus*, — et qui n'est dédiée à aucun saint, a le pouvoir de guérir toutes les maladies, c'est de la témérité ; y recourir avant la déclaration de l'Église, et avant les *exorcismes* réguliers, c'est faire un acte mauvais. »

» Soyez donc sur vos gardes, mes fils très-chers, parce que, comme dit saint Pierre, le démon, votre ennemi, rôde autour de vous comme un lion rugissant cherchant quelqu'un à dévorer ; résistez-lui ; soyez fermes et prudents dans la foi. Déjà, à ce que nous entendons dire, on commence à voir, dans divers pays, des prodiges menteurs, des apparitions d'hommes morts qui semblent marcher dans les airs. Ce sont là des prestiges de Satan, de faux prodiges par lesquels il cherche à détourner les hommes de la vraie foi; aussi il est dit à tous : Veillez ! »

» En foi de quoi nous avons donné les présentes lettres pour l'information de nos diocésains, le xxiie jour du mois de juin, dans notre demeure épiscopale de Saint-Papoul, sous notre sceau pontifical, l'année mccccxliii (1443) de Notre-Seigneur. »

Semble-t-il au lecteur que les paroles de l'évêque d'il y a quatre cents ans aient quelque chose à envier aux dignes et saintes paroles de notre contemporain Mgr Bouvier?.... Et devant cette concordance nécessaire des ministres de la vérité, je supplierais l'un des prêtres les plus estimés de l'une des grandes paroisses de Paris de vouloir bien enfin répondre lui-même à cette demande qu'il m'adressa jadis, et plus d'une fois : « — Le T. R. P*** voit-il toujours des démons partout? » — Hélas! ce savant théologien avait, à cet endroit, les yeux de saint Pierre et de saint Paul [1], si semblables à ceux des évêques que nous venons de rencontrer.

CONCLUSION.

Oh, maintenant, si je sais bien ce que croit l'Église, si je comprends sa parole, je comprends bien encore le paganisme avec ses oracles, avec ses prestiges, avec ses statues animées, que j'ai décrites il y a longtemps. Je comprends le paganisme, et ses croyances, depuis et avant Homère. Je comprends et ses grands poëtes initiés, et ses philosophes : Platon, Plutarque, Apollonius de Tyane, Jamblique, Porphyre, Celse, Proclus ! Nul de ces hommes d'élite qui ne soit *en dehors*, et *souvent ennemi du catholicisme*; nul

---

[1] Saint Pierre, I, ch. v, 8 ; — saint Paul, Eph., vi, 12, etc., etc.

dont la science ou le génie ne fasse époque! Et, pourtant, que sortira-t-il de cette importante pléiade grossie d'une foule de hauts magnétistes et de magiciens, qui, de nos jours, se sont élevés aux extrêmes hauteurs des sciences naturelles et philosophiques?

De l'accord de toutes ces puissances réunies en faisceau, quels que soient les termes du langage, sort-il une autre voix pour enseigner et l'existence et les actes des démons, que celle qui pourrait être la voix du catholicisme?

Ainsi donc, s'il est quelque raison de croire aux enseignements de la *synagogue ancienne* et de l'*Église;* s'il est bon d'ajouter foi non-seulement aux traditions sacrées, mais *à l'histoire,* mais à ce concert de témoignages humains que *la philosophie* environne de conditions rigoureuses *avant de l'appeler certitude,* oui, cela est incontestable, le démon existe. Il existe, il agit sans cesse, il agit infatigablement; nous sommes le but principal de ses œuvres, nous sommes le point de mire constant de sa haine; quelquefois enfin, ses actes, ou ses formes visibles, rendent manifestes à nos sens son action et sa présence!

Celui que la passion domine, celui que le faux zèle aveugle ou que son esprit épais alourdit, s'armerait vainement de sophismes et de colères contre cette *active* et prodigieuse existence. Une fureur de cyclope ne ferait voler que d'inoffensifs éclats contre une si puissante et terrible vérité : vérité pleine de la plus majestueuse poésie, et qui relève l'homme que Dieu destine à combattre et à vaincre de tels monstres. Non, non, ne craignons point de voir jamais ébranlé sous les coups de l'ignorance ou de l'orgueil ce fondement colossal du monde religieux, et de toute philosophie, de toute histoire, de toute science rigoureuse et complète.

Oui donc, le démon existe; oui donc, l'un des assidus agents du Merveilleux en ce bas monde, c'est bien le démon.

Et pour nier cette vérité de gros bon sens, cette vérité banale à la fois et sublime, qui reste-t-il en face de nous? Il reste, ma foi, ceux qui, — savants ou non sur tout autre point, — ne peuvent trouver contre celui-ci d'autres arguments que la vigueur de leur ignorance; ceux qui ne peuvent se faire contre une telle évidence d'autre armure que la croûte écailleuse et terne de leurs préjugés; ceux que nulle étude loyale et profonde n'a fait descendre et pénétrer des stériles hauteurs de leur suffisance dans les entrailles de la question.

Devant *la raison universelle*, et sur ce terrain qu'elle explore et possède, en vérité, ces gens-là sont trop peu de chose pour que, s'ils s'essayent à lui barrer le passage, elle ne leur passe point sur le ventre.

CHAPITRE QUATRIÈME.

TROISIÈME AGENT DU MERVEILLEUX. — L'AME HUMAINE SÉPARÉE DE SON CORPS, OU LE REVENANT.

Les revenants. — Croyance universelle et cause de la pratique des évocations. — Étude de l'évocation de Samuel par Sédécla d'Endor. Philon, Josèphe, les Rois et l'Ecclésiaste. — Exception et règle. — L'âme séparée du corps se prête-t-elle à ce rôle? — Les dieux mânes qui ont vécu, ou l'âme démon, génie, héros, lémure, lare ou larve et houen en Chine. — Manière d'attirer les âmes : débris de cadavres et surtout de celui qu'elle anima. — LE SANG. — Rôle magique du sang. — Usage et prohibition. — Homère, temps antérieurs et la Bible. — Sacrifice pour descendre aux enfers. — La magicienne Circé. — Terreur de Tirésias. — Effet du glaive sur les âmes, soif de sang des âmes qui sont démons. — Erreur des anciens et même de quelques Pères sur ce besoin famélique de sang. — On a cru que le sang nourrissait, chez les Esprits, un corps gazéiforme. — Les traditions démoniaques, descendues de Caïn, sont transmises par les descendants maudits de Cham, instituteurs de Bal-ac, prêtres soleil et serpents. — Effet effroyable du viol de la nature dans les grandes évocations. — Accord de l'Église et des magiciens. Pourquoi diminue la soif de sang des âmes. — Ce qu'elles sont. — Bénéfices de leurs raffinements à la Brutus. — Ame de Robespierre

CHAPITRE QUATRIÈME.

évoquée sous nos yeux. — Contrôle. — Évocation de Judas. — Interrogatoire savant, conduit par M. de Saulcy, de l'Institut. Les apparitions peuvent être une réalité; mais comment est-ce qu'elles s'accomplissent ? — Opinion des grands théologiens. — Manière de les entendre. — Ames du ciel, du purgatoire ou des damnés. — Terrain glissant et scabreux. — Ce sont les anges, bons ou mauvais, qui représentent les âmes. — Opinions et exemples. — Conclusion générale. — Mot final du livre que saint François de Sales appelle son directeur.

S'il est une croyance non moins universellement répandue que celle de l'action des anges et des démons sur les êtres et sur les choses de ce monde, c'est à coup sûr celle de la visite et de l'apparition de l'âme des morts; et pour le dire en termes pittoresques et crus, c'est la croyance aux revenants.

La sacrilége pratique des évocations repose sur cette foi vulgaire et inébranlable, que Dieu même sanctionne en frappant ce crime de ses plus implacables anathèmes; car, dès qu'il s'exprime par la bouche de Moïse, voici ses paroles : « Qu'il ne se trouve personne parmi vous... qui use de sortilége et d'enchantement... ou qui *interroge les morts* pour apprendre d'eux la vérité. Le Seigneur *a en abomination toutes ces choses*, et il exterminera tous ces peuples.... à cause des abominations qu'ils ont commises [1]. »

Docile aux conseils du prophète Samuel [2], le roi Saül a renouvelé les prohibitions de Moïse contre les évocateurs [3]. Mais Dieu, plus tard, a rejeté Saül; Dieu lui refuse désormais la faveur *de ses saints oracles*, et le désespoir entraîne au crime d'évoquer les morts le roi même du peuple élu. Sa désobéissance doit être punie.

---

[1] Deutéron., xviii, ⅴ 10, etc.

[2] L'étude suivante sur l'apparition de Samuel n'est pas sans intérêt; nous recommandons au lecteur de méditer certaines parties des textes que nous citons.

[3] Rois, I, ch. xxviii, ⅴ 3, *et Saül abstrahit magos et hariolos de terra*. Josèphe, *Hist.*, liv. VI, ch. xv.

Si le docte Philon est l'interprète exact de l'opinion des Hébreux, Saül s'était dit : « Que je bannisse les sorciers et les devins de la terre d'Israël, et *mon nom me survivra !* » Le mobile de son décret n'avait donc point été son pur et désintéressé respect pour le Seigneur ; mais une pensée de vaine gloire l'avait vaincu [1]. Dieu, sans doute, pour le punir de cet orgueil inexpié, le condamnait à la honte d'aller consulter les oracles diaboliques que proscrivaient ses propres édits.

« Allez, et cherchez une femme qui ait *un Esprit de Python,* » dit alors Saül rempli de terreur à ses officiers [2]. Or, ceux que Saül interrogeait répliquèrent : « N'y a-t-il point à Endor Sédécla, fille de Débicundianite, *qui a séduit le peuple d'Israël par ses sortiléges ?* » Et Saül, se couvrant de vêtements pauvres [3], s'achemina de nuit vers cette femme, accompagné de deux des siens. En l'abordant, il lui dit [4] : « Lisez pour moi l'avenir au moyen d'un Esprit de Python, et évoquez CELUI que je vous dirai : *divina mihi in Pythone, et suscita mihi quem dixero* [5]. — Oh ! non, non ! et Saül est trop à redouter pour que je vous obéisse, reprit Sédécla... Cependant, les paroles de Saül ayant rassuré cette femme, elle vit *descendre Samuel* [6]. « Vous êtes Saül, s'écria-t-elle aussitôt ; pourquoi m'avoir trompée ? N'êtes-vous pas le roi Saül ? » *car elle l'avait su de ce*

---

[1] *Ut sibi nomen faceret.* Philo, *Biblicar. antiquit. lib.,* p. 248, edit. antiquit. var. aut., Lugduni, 1560.

[2] Reg. XXVIII, ℣ 7 ; — et Philo, *ibid.,* p. 249.

[3] Reg., I, XXVIII, ℣ 8 : *Induit vestimenta sua non bona,* Philo, p. 249.

[4] Reg., I, XXVIII, ℣ 8 : — Philo, *ibid.,* p. 249 ; — Josèphe, *Hist.,* liv. VI, ch. xv.

[5] Reg., I, XXVIII, ℣ 8 ; *Eleva mihi Samuel,* — Phil., *ibid.,* p. 249.

[6] *Cum videret Samuelem* DESCENDENTEM, Phil., p. 249, *id.* — *Cum autem vidisset Samuelem mulier.* I, Reges, XXXVIII, ℣ 12, et, *sans que la Pythonisse eût fait aucun enchantement,* ajoute la pharaphrase. Bible Vence, D. même chapitre.

fantôme. Et je ne sais quoi de divin étant observé par elle dans le spectre du prophète, elle en fut surprise et troublée [1]. « Voici quarante ans que *je fais profession d'évoquer* DES MORTS au service des étrangers; mais JE N'AI JAMAIS VU SEMBLABLE APPARITION; JAMAIS RIEN DE PAREIL NE SE VERRA [2]! — Que voyez-vous donc? — Ce que je vois? il y a là des dieux. Ce sont des dieux que vous avez eu la volonté que je vous fisse voir [3]. — Et comment est-il fait? demanda vivement Saül. — C'est un vieillard vêtu d'une robe blanche, que recouvre un manteau : deux anges le conduisent [4]. »

Or, reconnaissant Samuel aux traits de cette peinture, le roi s'inclina. La voix de celui qu'il ne voyait point se fit entendre : « Demain, lui dit LE REVENANT BIBLIQUE,

[1] Josèphe, liv. VI, ch. xv.
[2] *Ecce quadraginta anni sunt ex quo* ELEVO *mortuos allophylis,* SED HÆC SPECIES *non est visa, sed nec postea videbitur.* Philo, ibid., 249.
[3] *Interrogas me de diis; species ejus non est hominis.* Philo, *ibid.,* p. 249. — *Deos vidi* ASCENDENTES DE TERRA, *ait mulier.* I, ch. xxviii, ẏ 13. — Les Hébreux ont un pluriel pour le nom de Dieu, qui est *un en trois* personnes. Dans le verset suivant le singulier reparaît. Deux anges accompagnaient-ils l'apparition? Je le supposais, et Philon le dit.
[4] *Vir senex ascendit, et ipse amictus est pallio.* I, Reg., ch. xxviii, ẏ 14. — *Vestitur stolam albam superpositam diploidem; et* DUO ANGELI DEDUCENTES EUM... *Et memoratus est Saül diploidis quam disruperat Samuel dum viveret.* Phil., *ibid.,* p. 250... Ce que la Pythonisse voit, Saül ne le voit point; mais ce que Saül entend se réalise aussitôt.
ET QUE PENSAIENT alors beaucoup de Juifs du caractère de ces apparitions? Philon nous le peint; car il s'agit de faire REMONTER un mort; cependant, au lieu de cela, c'est un homme d'aspect divin qui *descend d'en haut,* accompagné de deux anges, d'après la tradition judaïque.
Mais l'Écriture seule est certaine, et nous y entendons la Pythonisse s'écrier, en s'adressant au roi, lorsqu'elle voit paraître Samuel *avant d'avoir fait aucun enchantement* : Oh! vous êtes Saül! — Et qu'avez-vous vu? — J'ai vu des dieux qui montaient sortant de la terre, c'est-à-dire de la région des limbes. Bible Vence, Drach., I, R., xxviii, 12, 13.
Sur ce point, la vision se comporte selon l'attente de la Pythonisse, c'est-à-dire du médium, préoccupée de son opération magnético-magique! En 1853, dans son IVᵉ vol., p. 409, M. de Mirville donne une évocation de Samuel. L'une ne répète point l'autre.

demain, vous serez avec moi, vous et vos fils; et le Seigneur abandonnera le camp d'Israël aux Philistins[1]. Demain donc, vous serez au nombre des morts! » Et l'événement justifia la prophétie, dont les paroles eussent détourné Saül de livrer bataille, s'il était possible à l'homme de se soustraire au jugement de Dieu.

Samuel disparut après avoir dit à Saül : « Pourquoi donc, en m'évoquant, avez-vous troublé mon repos[2]? » Or l'Écriture sainte, d'accord avec la tradition et la foi très-expresse des historiens nationaux *que j'ai soin d'entremêler à son récit*, se prononce sur ce point contre la possibilité de toute hallucination. L'apparition est une réalité, ce qu'elle déclare non-seulement dans le texte assez limpide de ce chapitre, mais dans le livre de l'Ecclésiastique, où voici ses paroles : « Samuel, *après sa mort, parla* au roi, *lui prédit la fin de sa vie;* et, *sortant de terre,* il haussa *sa voix* pour prophétiser la ruine de sa nation, à cause de son impiété[3]. »

D'après le catholicisme judaïque, qui forme la tête du catholicisme chrétien, il se rencontre donc des cas bien avérés où les âmes des morts se mettent en rapport sensible avec le monde des vivants!

Mais qu'il me soit permis de le dire dès le principe : O vous qui vous faites soit *une affaire de sentiment,* soit *un jeu,* de la pratique d'évoquer les âmes, vous commettez *une abomination,* sachez-le bien!... et gardez-vous de vous imaginer que Dieu récompense les folies de votre cœur, les témérités de votre ignorance, ou votre crime, en prostituant

---

[1] Reg., I, xxviii, ℣ 19; — Phil., *ibid.*, p. 250; — Josèphe, liv. VI, ch. xv.

[2] *Quare inquietasti me, ut suscitares?* Reg., I, xxviii, ℣ 15.

[3] *Et notum fecit regi, et attendit finem vitæ suæ, exaltavit vocem suam de terra,* ch. xlvi, ℣ 23. Le prophète parle comme sortant du Schéol ou des limbes.

CHAPITRE QUATRIÈME.

à vos désirs la majesté de ses élus. Que si, par un miracle de la colère divine, l'âme que vous évoquez *descend* ou *monte* vers vous, rappelez-vous ce que le prophète dit à Saül : « Dieu te condamne, et tu vas mourir. » Et que, si Dieu, selon les voies ordinaires de sa justice, permet à quelque mauvais Esprit d'encourager par ses réponses la répétition de ce crime, votre bonheur sera-t-il plus grand? Devant ces bouches de mensonge et de mort, comment échapperez-vous à la magie de quelque illusion sinistre? Et que ces illusions coûteront de larmes [1] !

Mais, outre les Juifs et les chrétiens, ayons de suite une place pour les idolâtres et pour les magiciens de profession.

Au second siècle, Apulée résume dans ses livres la doctrine du mysticisme que développeront les théurges à l'endroit de l'âme humaine. Écoutons : « L'âme humaine est un démon que notre langue peut nommer Génie. Elle est un *dieu immortel*, et qui, cependant, naît en quelque sorte avec l'homme [2]. Nous pouvons dire, en conséquence, qu'elle meurt de la même façon qu'elle naît.

» Elle naît en quittant un monde où son existence précède celle de la vie que nous connaissons. Voilà pourquoi les dieux, qui la considèrent dans l'ensemble de ses phases, lui font subir les peines qu'elle a méritées dans une vie antérieure [3]. Elle meurt en se séparant du corps dans lequel elle a, comme dans un frêle esquif, traversé cette vie. Et c'est là, si je ne me trompe, l'énigme de ces inscriptions tumu-

---

[1] J'avoue, dit Pluche, *quelque rétif qu'il soit sur ce chapitre,* que « Dieu a quelquefois permis aux Esprits de ténèbres de répondre par quelques apparences équivoques aux désirs des magiciens et des peuples séduits. Mais ce qu'il accordait à des cupidités naturelles *en était la punition*. Vol. II, p. 76, *Histoire du ciel.* Croire lui est dur!

[2] *Du Dieu de Socrate, Apul. class.,* Nisard, p. 143 à 145, avec ce qui suit, analysé.

[3] Lire Jamblique, *Des mystères,* chapitre des Invocations. Cette hérésie figura parmi celles qui affligèrent l'Église, et fut condamnée.

laires, si simples pour les initiés : *Aux dieux mânes qui ont vécu!* Mais cette sorte de mort ne les réduit point au néant : elle a seulement pour effet de les faire passer à l'état de *lémure.* Les lémures sont des mânes, ou des fantômes, que nous désignons du nom de lares. Lorsqu'ils nous témoignent quelque bienfaisance, nous honorons en eux les dieux du foyer domestique ; mais si leurs crimes les condamnent à vaguer, nous les appelons des larves! Ils sont alors le fléau des méchants, et la vaine terreur des bons [1].

« Les dieux et les anges, dit Jamblique, *nous apparaissent* dans l'ordre et dans la paix ; les démons, en répandant autour d'eux un trouble subversif de l'ordre ; *les héros,* au milieu du mouvement et avec précipitation ; et quant AUX AMES ORDINAIRES, il en est d'elles à peu près comme *des âmes* des héros, si ce n'est qu'il y a moins d'ordre et de persistance *dans leurs apparitions*[2]. »

Et Porphyre ajoute : « L'âme ayant, même après la mort, une certaine tendresse pour son corps, une affinité proportionnelle aux violences qui rompirent son union spirituo-corporelle, *nous voyons* nombre d'âmes voltiger éplorées autour de leurs débris terrestres ; nous les voyons même rechercher avec empressement les restes de cadavres étrangers, mais *avant tout, le sang fraîchement versé,* qui

---

[1] *Inane terriculamentum.* Ce mot d'Apulée est celui du docte théologien Thyrée, dans son livre *De terriculamentis nocturnis,* qui explique si bien l'interprétation que je donne, dans *Mœurs et pratiques des démons,* du psaume xc. *Non timebis à timore nocturno.* (Voir la critique dont m'honore M. A. de Gasparin, vol. II, p. 538.)
Interrogés s'il y avait chez eux des fantômes, les Hindous du Malabar répondirent : Oui, mais nous les tenons pour *de mauvais Esprits.* Ce sont surtout *les âmes de ceux qui se tuent,* ou qui périssent d'une mort prématurée. *Ces âmes voltigent sans cesse,* et sous forme de fantôme. La nuit leur est favorable, ELLES SÉDUISENT LES SIMPLES ET LES SOTS, et TENTENT les autres de mille manières. Elles causent des maladies, des fièvres... et leur but est de faire aux hommes tout le mal possible! Görres, *Mystique,* liv. III, p. 63.

[2] Apulée, *Mystères,* ch. : « Lorsque ce sont d'autres divinités, » etc.

semble leur rendre, pour un instant, quelques-unes des facultés de la vie! Aussi les enchanteurs abusent-ils souvent de cette connaissance dans la pratique de leur art. Nul d'eux qui ne sache faire violence aux âmes en les évoquant, soit à l'aide de quelques débris des corps qu'elles animèrent, soit en les appelant au-dessus des vapeurs du sang[1]. »

« Je ne puis empêcher ces affreuses sorcières, s'écrie le poëte Horace, de recueillir des ossements!... Voyez, voyez le sang qu'elles versent dans cette fosse, pour en *faire sortir les âmes* dont elles attendent les oracles[2]. »

Remontons cependant bien au delà du siècle d'Auguste. Jadis, tous les peuples gravissaient les hauts lieux; car non-seulement les dieux y descendaient, mais c'était là surtout que se versait dans une fosse le sang des victimes qui attire les âmes, et permet d'y converser avec tel ou tel mort, en éloignant les autres spectres par la vue de l'épée. Tel est le motif de la défense expresse faite aux Israélites de s'assembler sur les hauts lieux; ou, ce qui revient à peu près à la même chose, de tenir leur assemblées *auprès du sang*[3]. Homère, dès une époque bien reculée déjà, retrace et nous peint en termes vivants *la doctrine* et le cérémonial de

---

[1] Porphyre, *Des sacrifices*, chapitre du vrai culte.

[2] Nec prohibere modo... quin ossa legant... Cruor in fossam confusus, ut inde manes elicerent, animas responsa daturas, liv. I, sat. 8.

[3] *Non comedetis juxta sanguinem,* ou *super sanguinem* ou *circa fossam victimarun sanguine conspersam.* Lévitique, xix, ẏ 26. — La Bible Vence. Drach, *id.*, 1829, *traduit différemment,* mais rectifie sa traduction par une note importante. Le μὴ ἐσθίετε τῶν ὀρέων : « Vous n'irez point manger sur les montagnes, » qui est la traduction des Septante, avait la même signification que sacrifier. Tout sacrifice impliquait manducation, *communion,* ou assimilation de la victime à ceux qui en faisaient le mets principal de ces repas idolâtriques, servi autour d'une fosse arrosée de sang. — Lire, *ibid.,* Pluche, *Histoire du ciel,* vol. II, p. 72, 73, — rapportant ces vers de Silius Italicus :

> *Eductumque tene vagina interritus ensem,*
> *Quæcumque ante animæ tendunt potare cruorem,*
> *Disjice.*

l'évocation des âmes. Cette doctrine *traditionnelle, fort antérieure aux temps* d'Homère, ce qui est presque dire remontant jusque vers le déluge, passe *des mains du poëte initié* jusqu'à nous, et traverse, sans s'altérer, les religions idolâtres ou les sectes hérétiques les plus fameuses[1], et les assemblées sabbatiques de toutes les époques et de toutes les nations. Aussi verrons-nous l'*Église démoniaque* rester fidèle à des points de doctrine et à *des formules* de grimoires qui, des plus antiques magiciens de l'Asie et de l'Égypte, descendent *littéralement* aux mains des grands hommes du paganisme gréco-romain, tels que Caton le Censeur, et, par les successeurs de ces maîtres, ainsi que nous le verrons, aux mains de nos plus ignares bergers.

.... Les âmes ont besoin de sang, il leur faut du sang pour réapparaître, pour se reprendre à la vie, pour se nourrir. Oui! mais ce n'est point un sang aussi vil que celui qui coula dans leurs veines. Ce qu'il leur faut, c'est un sang rédempteur, et par conséquent divin! grande tradition *partout présente,* mais partout défigurée, et ce fut en l'exploitant avec leur infernale habileté que les dieux-démons multiplièrent d'un bout à l'autre du monde idolâtre l'abomination des sacrifices humains[2].

Mais, Homère nous appelle. « Nous pénétrons, dit Ulysse, jusqu'au lieu que nous indique la magicienne Circé, et l'enfer s'ouvre à nos regards. Armé de mon glaive, je

---

[1] Lire saint Epiphane contre les hérésies.... Les gnostiques sont confondus, *par Rome idolâtre*, avec les chrétiens, jusqu'à ce que Tertullien ait parlé. *Apologet.*, cap. vii. Il y aura peu de différence entre les gnostiques et les templiers corrompus, etc., etc.

[2] Dans le monde qui nie le Christ, cette tradition subsiste. Voir sur les sacrifices humains chez les Juifs modernes : 1°P. L. Drach, deuxième lettre, Paris, 1827; 2° Hamont, *l'Égypte sous Méhémet-Ali*, Paris, 1843; 3° A. Laurent, *Relation hist. des affaires de Syrie et procédure complète dirigée en* 1840 *contre les Juifs de Damas*, Paris, 1846, 2 vol. in-8°; 3° Rupert, *l'Église et la synagogue*. Paris, 1861.

creuse une fosse profonde dans laquelle je répands, en l'honneur du peuple des mânes, le miel et LE VIN, l'eau limpide et la fleur de farine[1].

» Après avoir adressé *aux morts* mes prières et mes vœux, j'égorge les victimes sur la fosse. Le *sang coule* en noirs torrents. Du fond de l'Érèbe s'élève alors de tous côtés le peuple léger des ombres... On voit confondus les femmes, les vieillards, les jeunes filles, une foule de guerriers *couverts de blessures profondes* et *chargés d'armes* ensanglantées. Ces ombres *se pressaient autour de la fosse avec des hurlements affreux;* j'étais glacé par la terreur... Cependant, LE FER A LA MAIN, j'ose écarter la foule des ombres, sans leur permettre d'approcher du sang avant que Tirésias — que je voulais évoquer — eût rendu ses oracles[2]. Le fantôme d'Elpenor, l'un de mes anciens compagnons et dont je n'étais séparé que par la fosse, ne cessait de m'exprimer sa douleur et ses vœux; mais je tenais d'un bras ferme *mon glaive nu sur le sang.* Εφ αἱματι φασγανον ἐχων.

» Tout à coup *s'élève* l'ombre pâle de ma mère! J'attache sur elle un œil baigné de pleurs, et mon cœur est troublé par le désespoir. Mais, quelque effort qu'il m'en coûte, je ne laisse point approcher du sang cette ombre chérie avant d'avoir consulté Tirésias!... » Enfin le prophète blanchi par l'âge, celui qui est l'honneur de Thèbes, Tirésias, apparaît. *Il tient en main son sceptre d'or!* « Fils de Laërte, me dit-il, recule de la fosse; RETIRE TON GLAIVE, et laisse-moi

---

[1] J'ai fait voir dans mon livre de *Dieu et les dieux*, 1854, que le sacrifice *du pain* et *du vin* était à peu près universel avant le Christ, ch. XLI, et que les sacrifices humains et l'anthropophagie sont des crimes liés à la doctrine démoniaque.

[2] Un autre chapitre nous dira l'effet que, de tous temps, et *aujourd'hui même,* les armes produisent sur les Esprits et sur les fantômes. Ces effets ont-ils quelque chose de réel et de *naturel?* sont-ils une de ces mille déceptions que les Esprits de mensonge ont un intérêt à créer? C'est là ce que nous expliquerons.

m'abreuver de ce sang! αἵματος ὄφρα πίω. C'est alors que je te dévoilerai l'avenir! » L'ombre approche, *s'abreuve du sang noir* et me dit : « Un dieu sèmera des obstacles sur ta route; tu n'échapperas pas à l'œil de Neptune; il nourrit un ardent courroux contre toi!... » Le devin parle, m'instruit et se tait.

» Mais je vois, près de la fosse, *l'ombre de ma mère*, immobile et muette. Elle ne lève même point sur moi ses regards. « Par quel moyen, ô divin Tirésias, pourra-t-elle me reconnaître ? » — « Celui des morts auquel tu permettras de s'approcher de cette fosse, et de *s'abreuver de ce sang, ne tardera pas à te reconnaître* et t'instruira de ce qui peut t'intéresser. Mais celui que tu en écarteras fuira dans la nuit profonde. »

» Tirésias se retire. Ma mère enfin s'approche et *touche de ses lèvres le sang noir des victimes*. « O mon fils, dit-elle soudain, comment es-tu descendu dans ce séjour des ténèbres? » Elle me parle, je l'écoute tout ému, puis, trois fois je m'élance pour la serrer contre mon sein; et trois fois elle s'envole de mes bras. Ainsi disparaît une ombre fugitive, un songe léger....

» Cependant, envoyées par *la redoutable Proserpine*, accourent *les ombres* des femmes et des filles des plus grands héros; elles se pressent en foule *autour de la fosse sanglante*. L'ordre de Tirésias se retrace à mon esprit; *mon épée* brille aussitôt dans ma main intrépide, et *ne leur permet point de s'abreuver, toutes à la fois, dans le sang des victimes*. Elles s'approchent tour à tour, et je les interroge alors à loisir[1] ! »

Il faut donc du sang, mais surtout celui qui coule dans nos veines, à *ces prétendues âmes*; et cette exigence est *un des caractères antiques* qui nous servent à reconnaître, sous

[1] *Odyssée,* liv. II, commencement.

ce masque humain, les démons. Les passions curieuses ou cupides de l'homme qui s'aventure à consulter ces Esprits sous le nom d'âmes ne seront satisfaites qu'à ce prix! C'est là le point où il faut que l'humanité cède, et tombe dans leurs lacs! De propre en proche, et servis par leurs insatiables oracles, ils s'acheminent vers la destruction de l'homme par l'homme, vers la libation du sang humain, cet objet universel de leurs plus chères délices[1]; ce sang que tantôt le couteau sacré leur prodigue, et que, d'autres fois, les peuples qui se fatiguent et qui se ravisent leur marchandent et leur lésinent[2]! L'odeur de la chair et les vapeurs du sang sont donc devenues l'objet essentiel des grands sacrifices; et l'avidité des dieux pour ces immolations dépasse, à certaines époques historiques et dans certains pays, tels que le Mexique devenu l'asile de quelques débris chananéens, toutes les limites imaginables. De là naît cette erreur du monde idolâtre, à laquelle même se sont associés quelques-uns des Pères de l'Église, que les dieux, nommés par ceux-ci des démons, se nourrissent des exhalaisons de la victime[3].

[1] Voir à ce sujet un mot sur la vallée de Tophet, ou la Géhenne, devenue le nom même de l'enfer dans l'Évangile; vallée célèbre par les *sacrifices sabbatiques*, et qui touche aux murs mêmes de Jérusalem. Hinnom, Pluche, *Histoire du ciel*, vol. Ier, p. 155. — *Idem*, le R. P. Ventura de Raulica, t. Ier, p. 44. Il tesoro nascosto... Sopra i misteri... nella storia evangelica della Passione. Roma, 1847, — etc., etc.

[2] Lire le chapitre des Sacrifices, etc., dans mon livre *Dieu et les dieux*, 1854.

[3] Tertullien, *Apolog.*, cap. XXII, saint Cyprien, *De idol. vanit.*, lib. I, p. 452. Les Pères ne sont point exempts d'erreurs, et il ne faut adopter de leurs magnifiques ouvrages que ce que l'Église s'en appropria.

Dans Robertson, dans les manuscrits de Ternaux et Brasseur de Bourbourg, on verra à quel point les Mexicains poussaient la rage de ces sacrifices, dont leurs prêtres étaient insatiables, et que, déjà, j'ai décrits ailleurs.—*Idem*, jadis, la race Punique ou Chananéenne, guidée par ses géants, ou serpents, chefs de tribus et de magie, tels que Cadmus (*Dieu et les dieux*, serpents et Dracontia, *ibid.*, L., 1854); plusieurs pénétrèrent au Mexique.

Jamais, dans le monde antique, on ne vit fléchir cette croyance à la vertu du sang ou de la chair pour attirer les âmes, c'est-à-dire ces êtres invisibles dont le nom trompe ceux qui les appellent; ces êtres « qui se livrent aux mêmes actes que les mauvais démons », et qui ne sont en somme que des démons. Pieusement conservée, cette foi se développe dans les pages du grand maître de la magie du seizième siècle, le philosophe Cornelius Agrippa... « Les âmes dont les corps sont privés de sépulture, nous dit ce théurge, celles qu'une mort violente sépara de leurs membres et qui errent encore autour de leur cadavre, *ont pour véhicule, pour char, un fluide, un Esprit humide et trouble* [1]. Elles peuvent être attirées, alléchées par une substance douée d'affinité pour leur nature.... — Tanquam circa cognatum aliquod eas alliciens. — Ces *vapeurs*, *ces fluides* ou ces émanations, qui jadis les unissaient à leurs corps, donnent donc un moyen facile de les évoquer.... Il faut y joindre certains bruits, des chants, des lumières, un cérémonial tout particulier. — Cognitis his mediis per quæ, quondam, *suis conjungebantur corporibus*, per consimiles vapores, liquores, nidores, facile evocari posse et allici. — Mais ce qu'il importe d'observer, c'est que deux sortes d'évocations existent. Dans l'une, *on force le cadavre à se lever*, et *le sang y est indispensable*, — non fit absque sanguine; — on la nomme nécromancie; tandis que la seconde n'est que la scyomancie; on se contente par elle d'évoquer *les ombres*[2]. » Et si les ombres peuvent se passer de sang, nous voyons *du moins* avec quel bonheur elles s'en désaltèrent.

Le moyen âge avait donc hérité ces pratiques détestables des philosophes platoniciens d'Alexandrie, que ces savants

[1] Erreur universelle que propagea la magie, et qui fait partie de son *catholicisme;* nous le verrons. *Et adhuc in turbido illo humidoque spiritu, circa cadavera sua oberrant.* Voir ci-dessous.

[2] Cornelius Agrippa, *De occulta philosophia*, p. 354; 1531, Lugd.

initiateurs avaient héritées d'Homère, et les ancêtres d'Homère les devaient eux-mêmes aux premiers siècles du monde, assez rapprochés du déluge [1], à certains peuples de la Chaldée, aux Éthiopiens, aux habitants de l'Égypte descendus par le sang, par les traditions et par l'âme, de Cham et de Caïn; de ceux qui disaient d'eux-mêmes, comme plus tard les pontifes initiateurs des Gaules et de la Grande-Bretagne : « Je suis un Druide, je suis UN ARCHITECTE, je suis un Prophète, je suis UN SERPENT [2] ! Je suis un Bal-Ac, c'est-à-dire un soleil-dragon [3]. »

Ces pratiques, qui répugnent à si juste titre aux instincts et à la raison de l'homme, n'attestent-elles point la ténacité de la foi des peuples, leur inébranlable croyance au pouvoir de l'âme des morts de réapparaître et de se mêler aux vivants[4] ?

« Les êtres que l'on dit bien morts, prétend M. Dupotet, et dont on ensevelit le cadavre, voient et entendent distinctement autour d'eux. » Leur état n'est qu'une sorte de somnambulisme avancé, qui ne leur laisse aucun espoir de réveil en

---

[1] Par exemple, aux Chananéens, Sagesse, XII, ỳ 4, 5, etc. « Denique, omnia experimenta sua, per *trucidatorum* cadavera et ossa et membra, et *quæ ex illis sunt* operatur, *quoniam illis adsit* DÆMONICA POTESTAS *ipsis amica;* ideoque improborum dæmonum defluxus *facile pelliciunt,* propter *similitudinem proprietatemque valde familiarem;* qui cum in rebus terrenis humanisque *possunt quam plurimum,* illorum opera freti necromanci, illicitos accendunt amores, *immittunt* somnia, *morbos,* et odia, passionesque consimiles ad quas tunc POSSUNT ETIAM CONFERRE VIRES ANIMARUM *illarum quæ adhuc in spiritu humido turbidoque involutæ,* circa exuvias suas oberrantes eadem quæ improbi dæmones committunt. » Id., De occult. phil., Corn. Agrippa, p. 355, Lugd., édition de la cour de cassation.

[2] From, Taliessin, Bathurst : *Archeolog. soc. of the antiq.* London, v. XXV, p. 220 ; voir dans mon livre *Dieu et les dieux,* 1854, p. 488.

[3] *Ibid.*

[4] Les traditions de la magie sont antédiluviennes. Voir, par exemple, le premier volume du *Peuple primitif,* p. 19, etc.; ouvrage d'un protestant. La chaîne magique, attachée à l'arbre du fruit défendu, arrive en se déroulant jusqu'à MM. Dupotet, Éliphas Lévy, jusqu'à nous, et bientôt, ou un peu plus tard, elle arrivera aux mains de l'Antechrist.

chair, mais qui va leur livrer l'espace pour demeure. Aussi peut-on *les retrouver*, et voilà « comment tous les peuples ont eu cette idée, *qu'ils les voyaient vaguer autour des tombeaux!* » Voilà pourquoi nous éprouvons une sorte de terreur en approchant du lieu où gisait tout à l'heure un cadavre... Tout semble nous dire : Abstiens-toi, tu ne te connais pas.

« Que si, pourtant, vous osez vous livrer aux pratiques de l'évocation, « il vous sera rendu, en retour de la vie que vous dépensez, un froid qui gèlera vos os [1]. Il faut que les rayons de l'âme soient rassemblés par une grande contention de l'esprit, et dirigés SUR LES RESTES *de celui que l'on veut revoir.* Il faut qu'il y ait pour un instant union, mariage, ou PLUTÔT VIOL *de la nature.*

» Souvent alors l'évocateur devient méconnaissable; ses traits se bouleversent, il y a quelque chose *en lui* de ressemblant à la mort, et, sans nul doute, il y participe; car la moitié de ses forces, au moins, passent vers le trépassé, qui, de son côté, comble le vide [2].

» Mais lorsqu'il s'agit de tombeaux, de sépulcres ouverts et de revenants, on participe bientôt à ces scènes, *qui ne sont point imaginaires!* On doute si l'on vit soi-même et si l'on n'est point ombre, tant on éprouve de saisissement et de terreur. Croyons-le bien, c'est rarement en vain qu'on trouble le repos des morts. L'ombre évoquée *peut s'attacher à vous,* vous suivre, agir sur vous, jusqu'à ce que vous l'ayez apaisée; et nous ne pouvons l'apaiser, ainsi que nous le verrons bientôt, que *par un pacte* qui nous lie plus fortement encore à cette ombre formidable. »

[1] La vie que l'on dépense avec ces Esprits est surtout celle de l'âme, mais *c'est aussi celle du corps;* on s'en convaincra dans cet ouvrage. Tout est perte, et perte incalculable, dans notre commerce avec ces Esprits.

[2] *Id.* Voir p. 246; l'évocateur est alors pythonisé : nous le verrons.

CHAPITRE QUATRIÈME.

Écoutons, écoutons bien ! car ce n'est point un dévot qui parle ; c'est un professeur de magie, dont j'ai souvent suivi les paroles et les actes ; c'est un témoin, et presque une victime de scènes terribles où sa témérité l'entraîna ; — « *Faire apparaître un mort, le déranger dans les combinaisons* qu'il subit, cela *peut être un crime*, et voilà pourquoi le frisson saisit tout opérateur. Il croit *instinctivement* commettre une mauvaise action, et que cette espèce de violence *aux lois de la nature ne saurait rester impunie*... Nos vivants éclairés se moquent de *cette croyance antique*. Ils ne considèrent point que les nations qui nous précédèrent, pour avoir d'autres lois et d'autres mœurs, n'étaient au fond ni moins instruites ni moins savantes que nous¹ ! » Elles avaient poussé aussi loin que possible la science révolutionnaire du bien et du mal, que le serpent-soleil avait déposée dans la main de nos premiers parents.

Mais, en tout cas, le siècle a marché ; le progrès est réel, et les Esprits, évoqués ou non, qui viennent *sous forme d'âmes* prendre part aux scènes surhumaines dont s'étonne notre monde, savent bien véritablement se faire tout à tous ! Aujourd'hui le sang répugne à notre délicatesse, et les tombeaux nous épouvantent ! Plus de sang donc, ou presque plus, puisque l'on ose à peine le verser ; plus de scènes sépulcrales ! Les âmes des morts daignent changer de goûts, et nous exempter de ces effrayants préliminaires ; elles nous attirent par les frivolités, quelquefois même par les grâces et le charme de leur commerce ; et, tout le premier, je m'intéresserais peut-être à *ces nouveautés d'autrefois*, s'il était permis au chrétien d'ignorer les malédictions que les Écritures accumulent sur la tête de l'évocateur² !

¹ Dupotet, *Magie dévoilée*, grande et 1ʳᵉ édit., in-4°, p. 202, 245, 200, 212.
² Voir Cahagnet, *Arcanes de la vie future*, etc. *Idem*, les expériences authentiques de mille autres évocateurs, magnétistes, etc., parmi

Déjà nous nous étions *assurés* que des Intelligences, que des Esprits invisibles, quoique réels, se donnent à nous pour des âmes de morts; déjà nous avions constaté que, maintes fois, lorsque ces âmes équivoques visitent leurs connaissances d'ici-bas, elles leur révèlent des particularités inouïes et ne s'éloignent qu'après les avoir laissées convaincues de l'identité de leurs personnes!... Déjà nous avions acquis, par de *sérieuses et complètes recherches, la certitude philosophique* DE CES FAITS; certitude que les gens qui *savent oublier pour mieux apprendre* peuvent si facilement acquérir! Mais l'incident des tables parlantes a, depuis cette époque, étrangement multiplié les preuves du commerce que je décris, et simplifié les difficultés de ces rapports!

Il est vrai que, si le sang versé n'est plus la condition première du succès, rien ne change aux contradictions et aux mensonges qui ne cessèrent, en aucun temps, de caractériser les épisodes de ce commerce! Il est vrai que rien ne diminue le danger que ces tables, ces crayons, ces miroirs magiques, que ces médiums, que *ces instruments de nature morte ou vivante,* couvrent sous leur innocente physionomie. Mais ce qui surtout et toujours reste vrai, c'est que ces conversations illicites, assaisonnées d'une astuce dont les calculs *bouleversent en nous toute notion de certitude, de justice et de morale,* nous mettent « en rapport avec des Esprits qui nous font payer plus tard ce peu de complaisance », lorsqu'ils ne le font point payer à l'instant même! En un mot, il est certain, et nous venons de l'entendre, que les magiciens et l'Église tombent d'accord sur les dangers terribles auxquels succombent si fréquemment ceux

lesquels M. Regazzoni, *que je vis* à l'œuvre. *Idem,* une multitude de témoignages et d'écrits sortis de la *plume des hommes les plus savants,* en Angleterre, en Allemagne, en Amérique : Hare, Dods, Mahan, Rogers, Gregory, Spicer, Edmonds, etc., que j'ai vus ou lus.

dont la témérité se joue aux ténébreux agents de l'art occulte [1].

Lorsque l'Église, lorsque l'instinct, lorsque le bon sens nous épouvantent sur les dangers de ce commerce de contrebande entre le monde des vivants, et le monde des Esprits dont la prétention est d'avoir animé des corps, qui donc sera jamais en mesure de nous rassurer, et d'écarter de nos têtes le péril?

Et puisque les démons, dont la mémoire est indéfectible, sont témoins de tous nos actes, auditeurs de toutes nos paroles, et maîtres de tant de secrets que nous avons cru dérober à toute oreille attentive, à tout œil vivant; puisqu'ils excellent à se transformer en anges de lumière [2], et savent revêtir une si grande variété de formes et d'apparences, quelle peine éprouveraient-ils donc à nous donner le change en se transfigurant en âmes? Les anges de Satan ont-ils vu brider de plus court leur puissance, depuis que saint Augustin s'est écrié : « Ces Esprits sont trompeurs, et *non par nature*, selon la pensée de Porphyre, mais *par malice*. Ils se font dieux *et âmes de trépassés ;* mais ils ne se font point démons, comme il le dit, car ils le sont en effet [3]. »

---

[1] Cahagnet, *Arcanes*, vol. Ier, p. 168. — Dupotet, *Magie dévoilée*, 1re édit., p. 153, 182, 196, 224, etc., et mille autorités diverses; Görres, *Mystique*, vol. IIe, p. 62, 63, etc., 1re édit., ste F.

[2] Corinth., II, § 14, ch. XI.

[3] Simulant deos, et animas defunctorum, *C. de Dieu*, lib. X, cap. II. *Id.* Rusca : *Quoad* ANIMAS *vero, quamvis fallant, sœpe dæmones earum simulacra mentientes*, lib. I, cap. XLIV, p. 109. Déjà Tertullien nous avait formellement découvert le secret de cette ruse : *Non, non, ce ne sont point les âmes des morts qui vous apparaissent, et gardez-vous de vous y laisser surprendre : ce sont des démons qui en usurpent l'aspect.* (*De anima Comment.*, par Delrio. *Disq. mag.*, liv. II, quest. 6, sect. 2. *Nunc in angelos lucis se* TRANSFORMANT, *nunc Dei* SIMULANT, *nunc* SANCTORUM HOMIMUM, *et qui horum possunt personam effingere, non poterunt spiritum vel* PURGANDORUM *vel* DAMNATORUM *hominum?* Thyrée, *Loca infesta*, p. 54, 55. Cette ruse éternelle est signalée par tous les grands docteurs de l'Église.

Tout hostile qu'il se montre au catholicisme, le célèbre Bodin marche donc d'accord non-seulement avec cette doctrine magistrale, mais avec des milliers de faits que l'histoire et que l'expérience nous apprirent. Écoutons :

« Le diable pousse des plaintes, dit Bodin, comme s'il endurait grandes douleurs, et dit être *l'âme* d'un tel ou d'un tel, *pour tenir* TOUJOURS *les hommes en erreur*. Nous en *avons assez d'histoires !* » « Pierre Mamor, ajoute-t-il, rapporte au livre des Sorciers une histoire où il escript que Satan se disoit l'âme d'un défunt de Confolens-sur-Vienne, en la maison d'un nommé Caplant, en l'an 1458, qui gémissoit comme s'il eust souffert grand douleur, admonestant qu'on lui fist dire *grand nombre de messes* et qu'on fist des voyages, *révélant* BEAUCOUP *de choses* OCCULTES ET VÉRITABLES. Mais on lui dict : « Si tu veux qu'on te croie, dis : *Miserere mei, Domine, secundum magnam misericordiam tuam* ».... ce qu'il ne voulut faire, et s'enfuit en frémissant de dépit d'être moqué [1] ! »

Une autorité laïque, mais singulièrement éclairée au dire même de M. de Gasparin [2], malgré la dette qu'elle paye aux préjugés de son siècle, de Lancre, nous donne cet avis remarquable : « Si l'*âme* qui prétend être bienheureuse apparaît et revient fort souvent, il faut tenir pour certain que c'est un démon, lequel ayant failly *son coup de surprise*, revient et apparaît plusieurs fois pour le tenter encore; car *une âme ne revient plus quand elle est satisfaicte !*... que si c'est une âme qui se die être d'un damné, il faut croire que c'est un démon; vu qu'à grand peine laisse-t-on jamais sortir les âmes des damnés,... sinon par aventure, comme en l'exemple qui se lit ès chroniques de saint Dominique, où le réfectoire fut trouvé par les religieux tout plein

[1] *Id., Démonom.*, p. 300, 407.
[2] V. II, p. 154.

de moines décédez qui se disoyent damnés ; ce que Dieu leur faisoit dire pour attirer les religieux vivants à une meilleure vie ¹. »

L'un des plus illustres adversaires des champions de la croyance aux sorciers, Jean Wier lui-même, ce savant médecin que de savants contemporains nous citeront tout à l'heure, prend la parole et dit au nom de sa propre expérience : « Ne croyez pas qu'il soit bien difficile au diable de *représenter faussement* les *figures des âmes qui sont hors des corps*, de se pourmener à l'entour des tombeaux, et d'espouvanter par apparitions les héritiers des défunts et autres; c'est à cette fin de contraindre *les simples*, et ceux qui se fient moins en Dieu, à faire *des services illicites*, des voyages défendus, sous ombre de religion, des payements damnables pour les convois, obsèques et obits, *selon la forme qu'on leur en baille*. Il tâche aussi de confondre ceux qui ne sont fermes en la foi, et de tromper par tous moyens ceux qui sont asseurés, pour essayer de les ébranler en quelque manière que ce soit² ! »

Il n'est, en définitive, ni contraire à l'autorité ni contraire à la raison, de croire aux apparitions des âmes des morts, et même des damnés. Le ciel peut vouloir, par de *très-rares exceptions*, « donner aux hommes un haut enseignement, et les frapper d'une salutaire terreur ³ ». Mais, *le plus souvent*, lorsque nous nous figurons revoir ces voyageurs d'outre-tombe, nous ne voyons qu'un ange trompeur⁴ ; le plus souvent ces relations, que notre consentement peut

¹ De Lancre, *Inconstance*, p. 370, 1.

² P. 23-24 des cinq livres de l'*Imposture des diables*, par J. Wier, année 1567.

³ Saint Thom. d'Aq., *In suppl. quæst.*, 69, a, 3.

⁴ Schram, *Théol. myst.*, p. 246. V. IIᵉ, appuyé sur le savant pape Benoît XIV. — *Id.*, v. le grand théologal A. Rusca, *De inferno*, lib. 1, cap. xliv, p. 109, etc.

rendre si criminelles, ne nous donnent pour interlocuteur qu'un démon ! Or quel démon, si notre oreille se prête à sa parole, ne saura faire sortir de son fonds pervers assez de faussetés et d'astuce pour nous séduire et pour nous perdre ? Car tel est le but unique de ces princes du mensonge. Mais, leur plût-il de rester invisibles, et c'est là le plus grand nombre des cas, le piége le plus ordinaire et le plus fructueux de leur commerce, c'est encore de se donner à nous pour des âmes sorties de ce monde. Ils empruntent alors, pour converser avec nous, le premier signe de convention qui se trouve accessible à notre intelligence. Ce seront les mouvements de tel ou tel meuble ; ce seront les coups frappés par un bras invisible, et tels que je les entendis mille fois ; ce sera l'écriture rapide d'un crayon, écrivant *sans le secours des doigts* de l'homme ; ce sera la fidélité surprenante d'un médium, écrivant dans la langue et le style du mort, imitant sa main courante, et que l'on voit varier à chaque relais de nouvel Esprit postillonnant sur son papier.

Or, pour ces intelligences spirituelles qui, depuis le premier moment de leur création, accumulent des trésors de science, et dont la mémoire angélique ne fléchit et ne se trouble sous aucun fardeau ; pour ces êtres, dont l'infatigable malice nous assiége et nous espionne sans se rebuter d'aucun ennui, quoi de plus facile et de plus simple que ce rôle ? Se décident-elles à le jouer ? oh ! tenez alors pour certain que l'habileté de leur jeu sera prodige, si quelque raison secrète ne les jette dans *les plus volontaires* erreurs. Et, pour les gens de vulgaire intelligence, nulle ruse ne sera plus féconde en périls que *ce calcul de bévues;* car à peine auront-elles été commises, que vous les entendrez se récrier, d'un air d'importance et de supériorité tristement comique, sur l'ignorance et la stupidité de ces prétendus Esprits. Or, de quels termes qualifier cette misérable bonhomie de l'homme qui se laisse abuser, au moment où il bafoue celui qui l'abuse? Comment ne point redouter, pour *les masses*, la malice et la duplicité de ces êtres qui les déroutent et les dupent, en dérobant l'art sous le voile épais de l'ignorance et de la simplicité? Comment, enfin, penser que l'inexpérience des hommes de la foule, — soit dans les salons, soit ailleurs, — puisse tenir contre ces coups de maître, contre ces chefs-d'œuvre de fourberie, contre ces *raffinements à la Brutus*, où *le génie conspirateur*, en se couvrant du masque de la bêtise et de la folie, persifle la médiocrité qui l'insulte [1] !

Témoin de quelques scènes où les Invisibles qui se donnaient pour des âmes de morts trouvèrent parmi les auditeurs une foi docile, et me parurent être de véritables démons, je puis, chemin faisant, soumettre un de ces exemples à mes lecteurs. Je les prie de me suivre dans une des maisons hantées où j'étudiai la question sur le vif; car d'étranges phénomènes s'accomplissent à la journée dans ce lieu. Des Invisibles semblent y attendre notre bon plaisir pour se mettre en rapport avec nous, et les escarpements du ciel, si vous les croyez, ne leur sont pas moins accessibles que les profondeurs de l'enfer. Libre à vous de les éprouver, disent-ils, en les y députant. L'un de mes voisins est du nombre de ceux qui ne se figurent commettre aucun mal, aucune imprudence, en s'essayant à l'évocation *d'une âme*. S'adressant à l'un des Esprits familiers du logis : « Es-tu Kab-el, et veux-tu nous aller chercher Maximilien Robespierre ? » — pardon de ce nom hideux, lecteur honnête ! — Une volée de coups affirmatifs, *frappés par l'Invisible,* nous a transmis sa réponse; elle est suivie d'un silence de quelques instants.

« Es-tu donc arrivé, Robespierre? s'écrie l'un de nous,

---

[1] Voir saint Augustin, *Cité de Dieu,* liv. X, ch. II; A. Rusca le théologal, liv. I, ch. LXIV, *De inferno;* l'évêque Binsfeld, *De conf. mal.,* p. 97, Trèves, 1596.

qui s'impatiente. — Oui, » répliquent aussitôt d'autres coups. Mais le timbre de ces *knockings*, qui change chaque fois qu'un Esprit *prétend* en remplacer un autre, n'est plus le même que celui des coups de Kab-el, et il serait bien impossible de s'y méprendre.

Les vibrations de la planche fort mince, de l'intérieur de laquelle nous demandons généralement que sortent ces bruits, *sont devenues* plus dures, et les sons plus secs; ils prennent, sous l'action du prétendu Robespierre, *une singulière aigreur;* et, dans leur *étrange accentuation*, il y a quelque chose de sinistre et d'effrayant que je ne saurais rendre. Chacun en demeure frappé. Les réponses que je rapporte nous sont transmises tantôt par LES DEUX COUPS de l'Invisible qui signifient *non*, tantôt par des volées de coups équivalant à l'affirmative, et quelquefois encore par le crayon du médium ou du pythonisé. Ce crayon part comme un ressort au signal donné par les coups que frappe l'Esprit inspirateur, RÉGULATEUR SENSIBLE de cette mystérieuse correspondance. *Un* somnambule contrôle, à notre profit, ces opérations par lesquelles la vérité de son propre dire est elle-même contrôlée[1].

« En quel état te trouves-tu, Robespierre? — Errant, errant toujours! — Veux-tu qu'on prie pour toi? — Non, répliquent les coups *avec fougue*. — Et pourquoi? — Que me ferait la prière? — Comptes-tu sur la miséricorde de Dieu? — Personne ne songe à moi. — Penses-tu que Dieu te pardonnera? — Oh! sa miséricorde est grande; mais mes fautes sont *semblables à l'éternité!* partout elles me poursuivent. — Tu ne veux pas, lui dit l'interlocuteur, que je prie pour toi? — Non. — Que penses-tu de ton décret sur l'Être suprême? — J'étais fou. — Ton but n'était-il pas de jeter de la poudre aux yeux du peuple? » Deux coups

[1] Chose expliquée dans un chapitre antérieur.

d'une extrême roideur ébranlent le bois, et disent : « Non. — As-tu trouvé quelque bonne foi chez tes amis? — Non ; tous ils m'ont abandonné, trahi! — Ne croyais-tu pas à l'Évangile? — Non ; guère. — Qu'est-ce qui t'avait arraché de l'âme la foi de ta jeunesse? — Je ne puis pas le dire. — Quels ouvrages avais-tu lus sur la religion? — De trop mauvais, *j'aurai* dû les *anéantirs* (*sic*). — Nomme-les. — Non; » réplique un coup *dont l'aigreur* est effrayante [1].

« Robespierre, donnerais-tu des conseils si tu le pouvais? — On ne voudrait point m'écouter, et je fais horreur à tous; mais j'en *donnerai* de contraires à ce que j'ai fait. — Que penses-tu de Danton? — Point je ne veux parler. — Et de Marat? — Lui!... Qu'on le laisse en repos. Oh! il souffre trop; ne le narguez pas. — Tu éprouves donc de la pitié pour lui? — Oui. — Quand tu t'es conduit comme tu l'as fait, croyais-tu bien faire? — A qui *de* me poser cette question (*sic*), si ce n'est à D...!!... Enfin, je peux vous dire non.... — Tu voulais donc le pouvoir par amour pour le pouvoir? »

Ici, le prétendu Robespierre voulut-il paraître humilié de cette question? Je le suppose; car, ni les coups de l'Invisible, ni le crayon du médium ne nous y répondent. Nous restons une demi-minute à peu près en suspens! Mais soudain, trois coups espacés, sonores presque à la façon du métal, et terribles, retentissent, sortant comme de l'épaisseur d'un mur solide et plein qui nous avoisine. Le mur *en paraît ébranlé*. Nous tressaillons, et, d'un commun aveu, c'est la première fois que des coups de cette force frappent

---

[1] Ma plume transmet habituellement l'orthographe littérale de ces *Esprits,* et je remarque qu'âmes, démons, ou soi-disant anges, ils ne savourent guère moins la violation des lois du langage que celle des autres lois de ce monde. Il semble que la pensée de l'ordre, fût-ce en matière grammaticale, rallume et fasse flamboyer en eux les instincts de la révolte. Cette habitude ne leur est pourtant point *une règle*, car, une règle, ce serait de l'ordre encore!

et étonnent les oreilles de cette maison! Il serait difficile d'en rendre l'effet[1]!

« Qu'est-ce donc que cela, Robespierre? — C'est un Valbin qui me garde et qui, *pour moi*, vous a répondu: Oui[2]! — Il est quelques hommes politiques que tu as sauvés, Robespierre; cela te sera-t-il compté? — Oui; mais je me suis enfoncé ailleurs (*sic*)! »

Tandis que le médium écrit ces paroles, *la planche vibre sous les coups de l'Invisible*. « Tu vois le mal que tu as fait, et le bien que tu aurais pu faire; dis que tu te repens! — Je me *repantirai?*... J'ai versé trop de sang!... — Sais-tu si ceux à qui tu as fait le plus de mal t'ont pardonné? — Il reste encore des familles dans le cœur desquelles j'ai porté le deuil pour jamais! — Es-tu là, Kab-el? dit l'un de nous. — Mais il ne peut pas y être; non. » Tout aussitôt Kab-el frappe, et ses coups, *très-reconnaissables*, remplacent ceux du prétendu Robespierre. « C'est donc toi? — Oui; » puis il écrit ces mots de bateleur, qui sont à peu près les dernières paroles d'Auguste expirant, ce modèle des Césars! « Bon; êtes-vous content[3]? — Oui; mais il faut que tu marches, Kab-el, et que nous t'entendions tous. » Presque à l'instant, l'Invisible marche, mais son pas est mesquin. C'est celui d'un gros rat qui piétine à son aise tout à côté de nous, sur le parquet. Nos yeux, richement éclairés par de bonnes lampes, ne peuvent saisir la plus faible apparence d'un être visible. Cependant, la table qui se trouve

---

[1] Je m'exprime avec cette fermeté, bien que sachant l'histoire piquante du petit ramoneur de M. Morin.

[2] Voir ci-dessus, quant aux Valbins. — Les visions de l'enfer, dans la savante monographie de sainte Françoise Romaine, de M. Th. de Bussierre, ont plus d'une page où se confirment *les dire* des mauvais Esprits de nos expériences. Voir p. 102, etc..... Ce rapprochement n'est point sans intérêt; 1 vol., chez Plon.

[3] Voir Suétone, *Vie d'Auguste*, fin : « Ai-je bien joué *mon rôle?* Applaudissez. »

CHAPITRE QUATRIÈME. 205

près de nous, et à laquelle *personne ne touche*, est soulevée, agitée, secouée brutalement et à diverses reprises.... « Où coucheras-tu cette nuit, Kab-el? — Là, dans ce fauteuil, bonsoir, mes bons amis! »

Évocation de Judas. — Ce second exemple faisant double emploi, et ne s'accomplissant point devant moi, je le place en note. L'interrogatoire qui va suivre a lieu, *comme le premier*, devant plusieurs témoins d'élite ; il est fait par M. de Saulcy, qui me le remet pour le publier si bon me semble, et qui lui donne la garantie de sa parole. M. de Saulcy, membre de l'Institut, spirituel et courageux explorateur de la Palestine, est auteur d'un attrayant ouvrage sur l'art judaïque. Ses questions excitent donc l'intérêt au double point de vue de l'étude qui nous occupe, et de l'archéologie sacrée.

L'âme de Judas est appelée — « Es-tu Judas? — Oui. — Seras-tu forcé de répondre la vérité sur toutes les questions que je vais t'adresser au nom du Christ? — Oui. — Es-tu le dernier des brigands et des damnés? — Oui. — Quel jour est mort le Christ? Réponds en français. — V. — Est-ce vendredi? — Oui. — Était-ce avant midi? — Non. — A quelle heure juste? — Trois heures. — Que se passa-t-il alors à Jérusalem? — Deui... — Est-ce deuil? — Oui. — Étais-tu déjà mort? — Non. — Combien d'heures après t'es-tu tué? — Trois heures deux minutes. — Par quelle porte es-tu sorti pour te pendre? — Genat... — A combien de pas était-elle du Calvaire? — Deux cent trente-trois. — Es-tu allé directement au Haceldama? — Non. — Où t'es-tu donc arrêté? — Caï. — Est-ce chez Caïphe? — Oui. — Qu'y as-tu laissé? — Ar. — Combien de pièces? — Trente. — Y en avait-il plus? — Non. — De quel pays étaient-elles? — Hébraï. — Frappées au nom de qui? — Machabée. — Quel est le nom du faubourg vis-à-vis du Haceldama? — Oph. — Est-ce Ophel? — Oui. — Était-il enfermé dans les murailles de la ville? — Non. — L'aïn-Radjel est-il le Bir-Eyoub, ou la petite source du fond de la vallée? — Oui, la petite source. — La porte Dorée est-elle celle sous laquelle a passé Jésus-Christ? — Oui. — Qui l'a construite? — Hé... — Est-ce lui qui occupait le trône lors de la naissance de Jésus-Christ? — Oui. — En es-tu sûr? — Non. — Quel était le surnom de celui qui régnait? — Ant... — Depuis combien d'années P. Pilate était-il gouverneur? — Neuf. — (Vérification faite, le compte est juste.) Dis-nous le nom de l'endroit de l'Ascension. — Be... — Est-ce Béthanie? — Oui. — L'église de l'Ascension s'élève-t-elle bien à l'endroit où elle doit être? — Non. — Le tombeau de David était-il à Sion? — Non. — Hyrcan a-t-il pillé ce tombeau? — Non. — Est-ce bien vrai? — Oui. — La citerne de la porte de Damas est-elle bien celle de Gilion? — Oui. — Écris-moi le nom du roi qui a fait bâtir le grand pont. — Sa.... — Est-ce Salomon? — Oui. — Qui l'a fait couper? — Po.... — Est-ce Pompée? — Oui. — Le balcon est-il aussi de Salomon? — Non. — De qui est-il? — Ez... — Est-ce Ezéchias? —

Oui. — Qui a bâti le mur qui vient contre El-Aksa? — Man... — Est-ce Manassé? — Oui. — Quel est le nom actuel du lieu où il est enterré? — Jo... — Est-ce la vallée de Josaphat? — Oui. — Est-ce au nord ou à l'est? — Au nord. — Au-dessous de Kbour-el-Molouk? — Oui. — Combien de rois sont enterrés là? — Deux. — Où fut donc enterré Osias? — Kbo... — Est-ce Kbour-el-Koda? — Oui. — Au nom de Jésus-Christ, as-tu menti? — Non. — Le tombeau du grand prêtre Jean est-il bien celui que j'ai pris pour tel? — Non. — Est-il à la grotte de Jérémie? — Oui. — Et le tombeau d'Alexandre était-il là? — Oui. — Le tombeau d'Hélène est-il bien où je crois? — Oui. — Le tombeau des Hérode se trouve-t-il bien là où l'on dit? — Non. — Où donc est-il? — Diongis. — Est-ce près de Jérusalem? — Oui. — Est-ce par Babel-Kalil? » Pas de réponse.

« Ton nom? — Judas d'Iscara. — Où es-tu? — Enfer. — Tu peux donc en sortir? — Non. — Y es-tu en totalité ou en partie? — En totalité. — Souffres-tu? — Oui. — C'est toi qui as trahi Jésus-Christ? — Oui. — Pourquoi? — Beelzébut. — Comment cela? — Argent. — Est-ce à un arbre ou à une construction que tu te pendis? — A un arbre. — Existe-t-il encore? — Non. — Te repens-tu? — Non. — Les oliviers de Gethsemani existaient-ils du temps de Jésus-Christ? — Oui. — A-t-il prié dessous? — Oui. — Devons-nous croire au christianisme et obéir à Jésus-Christ? — Oui. — Est-il plus fort que toi? Es-tu forcé de lui obéir? — Oui. — Connais-tu les taureaux de Ninive qui sont à Paris? — Oui. — Quel est le roi qui les a fait faire? — Hasaraddon. — Es-tu menteur? — Oui. — Une canaille? — Oui. — Un triple gueux? — Oui. — Es-tu obligé de nous obéir? — Oui. — Viendras-tu quand nous t'appellerons? — Oui. — Va-t'en. » (24 juillet 1853, etc.) — Hélas! que de gens aussi bien posés auprès de leurs princes que cet apôtre l'était auprès du Christ, prirent ce misérable pour patron, depuis que l'Europe s'épuise à coudre l'une au bout de l'autre des révolutions!...

SUITE. — GRANDE QUESTION.

Grande et bien difficile question, en définitive et au milieu de ces sources d'erreurs, est celle de savoir si *les âmes des morts* communiquent véritablement avec les vivants, et s'il dépend de notre caprice de troubler la paix des tombeaux à l'aide de sacriléges manœuvres.

Lorsque Dieu s'élève, dans le Deutéronome, contre ces détestables tentatives, rappelons-nous que l'écrivain inspiré, passant en revue les principaux artifices du démon, s'écrie: « Qu'il ne se trouve personne parmi vous... qui use de sortilége et d'enchantement; personne qui consulte ceux qui ont l'esprit de Python..... aucun de *ceux qui interrogent* LES MORTS *pour apprendre* D'EUX *la vérité*[1]. » Serait-ce donc à dire que les morts interrogés tressaillent à notre voix, qu'ils accourent en serviteurs obéissants, et qu'ils s'empressent de nous jeter aux mains les secrets violés de l'avenir ? Non certes ! Le livre sacré formule sa pensée en usant des termes qui répondent aux idées reçues, voilà tout ; c'est par un même procédé de discours qu'il prodigue le nom de *dieux* aux démons, dont il démasque le néant de puissance, mais que les Gentils adorent[2].

Cependant, par une exception des plus rares, et dans je ne sais quel inscrutable dessein, Dieu permettra-t-il à tel mort de répondre au vivant qui l'évoque ? Cela se peut : et devant la scène redoutable où figure l'ombre de Samuel, nous sommes loin de nier la possibilité des apparitions humaines. Ce que toutefois l'un des livres sacrés nous enseigne, c'est que « les âmes des justes sont dans la main de Dieu, et que le tourment ne touchera point ces justes, car ils demeurent en paix[3] ».

L'art pervers des évocations *ne trouble* donc ni leur repos ni leur divine extase. Non, certes, il n'appartient à l'homme ni de remuer, ni de troubler ces justes. Et si la criminelle curiosité des vivants ne peut se les assujettir, moins encore seront-ils courbés sous l'empire des démons, dont la malice se prête aux sinistres opérations de la magie.

Si donc les justes apparaissent en ce monde, il faut que cette apparition soit le résultat de leur volonté pure ; volonté confondue par la plus parfaite union de l'amour avec celle de Dieu même, au sein duquel est pour eux tout mouvement de cœur et de pensée, toute séve et tout charme de vie !

---

[1] Ch. XVIII, ⱽ 10, 11.
[2] *Dei gentium dæmonia*, p. 95, ⱽ 5.
[3] Sagesse, ch. III, ⱽ 1, 2, 3, et Deutéron., ch. XXXIII, ⱽ 3.

Que si, de la sphère purement céleste, nous abaissons nos regards vers les âmes du purgatoire, croyons bien qu'elles aussi ce sont de saintes âmes ; et bien que quelque tache effaçable donne encore pâture en elles aux feux purificateurs de la justice, déjà cependant elles vivent dans l'amour pur et divin. Dieu seul est le centre irrésistible de la divine attraction qui les déplace et les vivifie en les rapprochant de sa gloire. Il n'y aurait donc moyen de soulever d'autres âmes hors de leur monde, pour les élever aux bords du nôtre, que celles qui, à la vue de leurs souillures et de l'ineffable pureté de Dieu, cherchèrent, éperdues de honte et désespérées, un refuge dans l'éternel abîme. Triste et lugubre ressource des évocateurs, en vérité ; mais cette ressource extrême, il faut encore lui prescrire de rigoureuses limites !

Ainsi lorsque Nicence, c'est-à-dire le mauvais riche de l'Évangile, supplie Abraham, qui repose dans la gloire de son Dieu, de laisser Lazare descendre vers lui, afin que cet enfant du ciel, si déshérité sur la terre, puisse le rafraîchir *un seul instant,* que répond le patriarche au nom du Seigneur ? « Il y a *pour jamais* un grand abîme entre vous et nous [1]. » Or, l'*inimaginable* puissance du péché creuse, entre la terre et le gouffre des damnés, un abîme qui ne leur est guère plus facile à franchir que celui dont nous entretient Abraham. Mais le livre sacré nous parle, écoutons : « Comme le nuage se dissipe et passe, ainsi celui qui descend dans l'abîme *ne remontera plus.* Il ne reviendra plus dans sa maison, et le lieu d'où il était ne le reconnaîtra plus [2] ! » Telle est la vérité *générale.*

Cependant la théologie catholique, *qui contemple et*

[1] Saint Luc, ch. XVI, § 24. — Voir la conférence magnifique du R. P. Ventura *sur l'éternité des peines,* et la note sur l'histoire *réelle* du mauvais riche, d'après saint Chrysostome, Enthymius, etc., etc. (*Conférences,* v. III, p. 491.
[2] Job, VII, 9, 10.

pénètre dans leur harmonieux ensemble tous les textes réunis des livres divins, la théologie se garde d'élever un éternel rempart entre nos yeux et la vision *des âmes*. Elle pense que, plus d'une fois, *les bienheureux* ont reçu d'en haut une mission pour la terre, et que, tout aussitôt, leur vélocité, leur volonté sainte, les a fait apparaître à nos regards et briller de la gloire des élus.

Au sens des grands docteurs de cette science, la présence *des âmes souffrantes du purgatoire* est un enseignement de portée divine, et qui réveille de sa torpeur notre charité pour nous et pour autrui. Elle est une grâce consolante pour les amis de l'âme à qui la miséricorde de Dieu s'est ouverte; elle est une faveur, une récompense exceptionnelle de leur foi au dogme de la communion des saints. Elle est une grâce inappréciable pour les âmes à qui Dieu permet de solliciter nos pieux suffrages; et la certitude qu'elles nous apportent de leurs affreuses souffrances redouble en nous la crainte des feux qu'allume et attise le péché... L'apparition *tout exceptionnelle* de ces âmes a donc, pour le catholicisme, sa raison d'être!

Enfin, les damnés eux-mêmes peuvent se dresser aux yeux des vivants. Ils peuvent, à l'exemple des démons, les tourmenter et les poursuivre. Ils peuvent exercer sur des coupables et sur des complices une vengeance anticipée. Ou bien, peut-être encore viennent-ils faire éclater *en notre faveur* la miséricordieuse colère de Dieu, qui, pour nous forcer à rentrer dans son cœur, leur inflige l'obligation de nous apparaître en semant devant eux l'épouvante [1].

Et, sans excès de témérité, n'appliquerait-on pas à ces sortes d'apparitions, les plus rares qui soient au monde, *un*

---

[1] Lire le P. Thyrée : *Loca infesta*, p. 14, l'évêque Binsfeld : *De conf. mal.*, p. 96 à 100; Schram : *Theol. mystica ad usum directorum*, v. II, p. 212 à 219; saint Thomas : *in suppl.*, quest. 69, art. 3.

des sens de ce texte de Tobie : « Dieu conduit aux enfers et il en retire; et personne n'échappe de sa main[1]. »

Jamais pourtant, sachons-le bien, ce prodige n'a pour cause la fausse puissance des magiciens; cette puissance d'emprunt que les démons, valets des hautes œuvres du Très-Haut, mettent au service de leurs adeptes! Jamais, non jamais, la volonté du mage n'exercera le plus léger empire sur les âmes qui se sont une fois plongées, au signal des anges du Seigneur, dans les éternelles fournaises du désespoir! Si donc il arrive que, pour un instant, le prince de l'enfer nous rende, ou plutôt nous laisse apparaître une de ses proies, croyons-en de toute notre âme le savant évêque Binsfeld, interprète de la véritable doctrine, ce ne peut être en qualité *de complaisant* ou *de vaincu* de l'homme; ce ne peut être en Esprit dompté par les impérieuses paroles de la magie[2]!

Mais quiconque se contentera d'effleurer le grave et terrible sujet de l'apparition des âmes s'y laissera facilement égarer, fût-ce même en s'attachant aux pages de docteurs aussi remarquables par la profondeur de leurs études que par l'étendue de leur expérience. Car, trop souvent il arrive au superficiel investigateur de prendre à la lettre une portion de texte, et de négliger les circonstances qui dominent et gouvernent pour le moment la plume de ces maîtres; celles, par exemple, où, loin d'attaquer *le fond de la doctrine,* ils ne cherchent à nous inculquer d'autre certitude que celle de la réalité du phénomène!

Un exemple de cette manière de dire s'offre à nous dans les paroles de l'archevêque Olaüs, primat de Scandinavie, *sur la forme* des apparitions qui troublèrent le repos de ses

---

[1] Le texte grec *dit seulement* : « Vous conduisez jusqu'au tombeau, et vous en ramenez... » (Ch. XIII, 2.)
[2] *De confess. malef.*, p. 96 à 99.

ouailles. Ce prélat était, et déjà nous le savons, l'un des savants Pères du concile de Trente. «,D'après le témoignage des écrivains sacrés et des auteurs profanes, nous dit-il, les démons nous apparaissent; ils nous rendent des services, et, pour nous pousser dans l'erreur, ils épuisent à nos *yeux tous les moyens imaginables d'illusion*. Mais, chez nous, dans le Nord, ce domaine, cette véritable résidence de Satan, il serait impossible de dire sous *combien de formes les démons se produisent*, et vainement nous essayerions de peindre *la multiplicité de leurs ruses*. Démontrer aux hommes de *science* et de *bon sens, prudentibus et doctis,* ce qu'ils savent si complétement déjà, ce serait peine inutile. Mais bien plus inutile encore serait la tâche de mettre ces vérités en relief, et de les proposer à ces gens *curieux* et *légers qui semblent communiquer à toute raison, et à toute autorité,* l'INCURABLE INSUFFISANCE DE LEUR ESPRIT : *curiosis et vanis, quibus* NULLÆ *rationes aut auctoritates* SUFFICIUNT. Ce que je veux pourtant signaler, c'est que des Esprits, c'est que des fantômes apparaissent *à ceux qui furent leurs amis: spiritus ceu umbras apparere amicis;* c'est qu'ils leur tendent la main et leur indiquent, au milieu de gémissements et de soupirs, les lieux où ils sont condamnés à se rendre [1].

[1] *Quo ituri.* De gentib. Septemb^bus, p. 143, 127, 128. Faits confirmés de nos jours par des ouvrages anglo-américains modernes, que publièrent des savants tels que le grand juge Edmonds, ancien président du Sénat, Rogers, Bovee, Dods, Gregory, professeur à l'université d'Édimbourg. Parmi les faits innombrables de cet ordre, voici ce que racontait à qui voulait l'entendre l'homme du monde le moins catholique, l'illustre lord Byron.
Le capitaine Kidd me dit : « Une belle nuit, je m'éveillai dans mon hamac, et je sentis sur moi quelque chose de pesant. J'ouvris les yeux, c'était mon frère en uniforme et couché en travers de mon lit. Je voulus me figurer que cette vision n'était qu'un rêve, et je fermai les yeux pour m'endormir. Mais le *même poids* se fit sentir, et je revis mon frère couché dans la même position. J'étendis la main, et *je touchai* son uniforme; *il était mouillé!* J'appelai; quelqu'un vint, et cette forme humaine disparut. J'appris plus tard que, *cette même nuit,* mon

Mais ces apparitions sont-elles ou non celles d'âmes humaines qui jadis animèrent des corps ? — Rien ne nous dit que ce soit impossible ; toutefois, et si légèrement que plane au-dessus de l'un de ces cas une vapeur de doute, gardons-nous d'oublier les avertissements réitérés des Pères et des grands docteurs. Ils se répètent avec autorité à la page où l'Église catholique, apostolique et romaine, adresse à son exorciste cette *officielle* et magistrale parole : « Commande à l'Esprit immonde de se taire, pour ne répondre qu'à tes questions ; et garde-toi bien de le croire s'il *se donne pour l'*AME D'UN MORT, pour *un* SAINT, pour *un* ANGE DE LUMIÈRE [1]. »

Mais, sur cet important sujet, où *nulle règle* absolue ne nous est tracée, il semble que la théologie ne se prononce qu'avec une hésitation singulière, et une défiance bien positive d'elle-même ! Après avoir mesuré de l'œil, après avoir doucement tranché la question et déclaré ces apparitions possibles, on croirait la voir se raviser et revenir sur elle-même. Eh bien, que nous veut-elle donc ? Elle veut, à coup sûr, nous avertir, par cet excès de réserve, des difficultés devant lesquelles elle se rencontre ; difficultés tellement énormes que la science laïque, dépourvue des moyens qui fondent la certitude et l'unité, ne saurait les aborder sans livrer d'avance ses jugements à l'ironie des plus ineffables déconvenues.

frère s'était noyé dans l'océan Indien ! » (Rapporté dans *Night side of Nat.*, vol. Ier, p. 153.) Voir *idem*, lord Byron, sur les apparitions de son ami Shelley, et du moine de son château de Newstead, abbaye que ses ancêtres avaient reçue de Henri VIII, le digne père de la reine vierge. A chaque occasion solennelle, le fantôme de ce moine jette le trouble dans l'esprit des membres de la maison des Byron. Lord Byron, le grand poëte, l'esprit fort, *l'a vu de ses yeux*, etc., etc. (*De Résie*, t. 2, p. 585, 6, 7.) Si parmi tant de traits analogues je choisis ceux qui concernent Byron, c'est à cause de la garantie qu'y ajoute le nom de cet insigne sceptique.

[1] *Rituel romain*, p. 476, 7, édit. 1852, Paris.

DERNIÈRE PHASE DE LA QUESTION DES AMES DES MORTS.

Docile au mouvement que la question nous paraît suivre, nous la reprenons donc, en quelque sorte au moment où les hésitations de la science sacrée semblent se manifester, et nous disons : Il ne s'agit plus de savoir s'il est possible aux anges, bons ou mauvais, de se mettre en rapport avec ce monde sous le nom des âmes humaines, ou sous la physionomie de nos morts! question déjà nettement tranchée par l'affirmative.

Mais il s'agit de prononcer si *ces âmes*, si ces personnes *elles-mêmes*, peuvent jamais en réalité *nous apparaître*: Il s'agit de dire si, dans les cas mêmes où l'Église les nomme comme *présentes*, elles ne sont point *véritablement* ailleurs, et simplement *représentées* à nos yeux par une figure qui reproduit leurs traits.

« Quelques-uns d'entre les morts peuvent être transportés parmi les vivants, nous dit saint Augustin ; et non que cet acte s'opère par la vertu de leur nature, car il n'a lieu *que par un effet de la puissance divine;* mais lorsque de tels faits s'accomplissent, la présence de ces morts est-elle chose positive et réelle? ou bien, ne sont-ils rendus présents que par des *anges* revêtus de leur ressemblance et de leur forme ? C'est là ce que je n'ose affirmer[1] ! »

Plus d'une fois encore cette question s'agita, depuis la mort du grand évêque d'Hippone. « *Est-ce donc l'âme elle-même*, nous dit un docteur moderne couvert d'approbations épiscopales ; est-ce l'âme, ou *sainte* ou *damnée*, qui se manifeste à nos sens, lorsque nous croyons la voir apparaître? ou bien n'est-ce, au contraire, que *l'ange bon ou mauvais* du mort qui s'empare de sa ressemblance lorsque la pensée de ce mort nous visite ? »

---

[1] *De cura pro mortuis ger.*, ch. xv.

L'opinion commune des docteurs, au nombre desquels figure et s'élève l'Ange de l'école [1], c'est que ce prodige s'accomplit par l'opération des *bons* ou des *mauvais* Esprits.

S'agit-il, par exemple, des apparitions de la sainte Vierge, des saints, ou des âmes du purgatoire? Elles sont *en général impersonnelles* : c'est un ange, et, le plus ordinairement, c'est leur ange gardien qui les représente. Il en est ainsi des apparitions de Dieu; Dieu a ses anges spéciaux qui ne quittent point sa face, qui en sont le plus intime reflet...

Dieu lui-même apparaît donc, et la Genèse nous dit : « Le Seigneur apparut à Abraham en la vallée de Mambré; mais il se rendit visible sous la forme de trois hommes. » Et ces *trois hommes* qu'il appelle *Seigneur*, — leur parlant comme s'ils n'étaient *qu'un seul*, — ce sont *des anges* qui se sont revêtus de la forme humaine. Ils *mangent*, ou plutôt consomment le repas que leur a préparé le patriarche; ils lui annoncent la naissance prochaine d'Isaac, et la ruine de Sodome pour *le lendemain!*

Comment donc s'expliqueront ces événements merveilleux et ces contradictions apparentes? Oh! facilement pour qui sait les voies de Dieu conversant avec la créature humaine. Mais je veux que l'un des plus puissants docteurs de l'Église, je veux que saint Augustin lui-même ouvre la bouche pour nous instruire.

Les trois personnages étaient les trois personnes de la Trinité sainte! Mais ces trois personnes résidaient en trois anges, *chargés de les représenter*. Elles étaient *descendues en eux*, de même que Dieu descend dans les prophètes qu'il inspire; et c'est par le ministère de ces Esprits de sainteté que leur action se manifestait. Enfin, ces célestes représentants des personnes divines, qu'ils portaient en eux, se ren-

---

[1] Saint Thomas. *In supplem.*, q. 69, art. 3.
[2] Ch. xviii, 1, 2.

daient sensibles à l'œil humain en revêtant la forme humaine, d'où s'échappait quelque rayon divin, révélateur de leur gloire [1].

S'agit-il, au contraire, de l'apparition des damnés? S'agit-il de ces âmes dont l'état nous tient dans les perplexités de l'indécision, et que couvre un voile équivoque? Oh! croyons alors que ce sont les anges de l'enfer qui les représentent. Et, lorsque Dieu ne les tient en bride, leur but est de nous entraîner dans l'erreur ; juste châtiment de nos offenses ou de notre témérité [2]!

Cependant, et malgré ces graves *opinions*, la croyance aux apparitions *directe* n'est-elle point un fait incontestable, et dont la date remonte à la plus haute antiquité? J'ai peine à rencontrer, -- après l'apparition de Samuel, -- quelque

[1] Sed profecto aliquid erat, quo ita excellebant, licet tanquam homines, ut in eis esse Dominum, sicut assolet esse in prophetis... Angelos autem fuisse Scriptura testatur, non solum in hoc Genesis libro... *Cité de Dieu*, liv. XVI, ch. XXIX. *Id.*, liv. II, *Contre Maximien*, évêque arien, ch. XXV, n° 5, etc.

[2] Schram, *Anal.*, vol. II, p. 242 à 246, *Theol. myst. ad usum directorum*. — Thyrée, *Loca infesta*, p. 54, 55. Avis solennel et digne de toute attention à ceux qui se livrent de gaieté de cœur à ces pratiques folâtres, sous lesquelles l'évocation des morts se prête, en forme de passe-temps puérils, aux mœurs rieuses et ennuyées de notre époque. Que dire encore, et comment ne point appliquer la même règle d'appréciation au phénomène de notre propre esprit, de notre propre personne, nous apparaissant à nous-mêmes?

« Un jour, éprouvant je ne sais quelle inquiétude d'esprit, je me promenais à cheval le long d'un sentier conduisant à Drusenheim, nous dit Gœthe, le triste et célèbre Gœthe ; et tout à coup je me vis *en double*, je me vis à cheval, avançant vers moi, mais *dans un costume qui n'était pas le mien* — (nous reverrons un peu plus tard ce phénomène du *doppel danger*) ; — c'était un vêtement gris, à galons d'or... *Mon double* disparut, et huit années se passèrent! puis, un beau jour, je me trouvai *précisément* à la même place, et j'étais *exactement* vêtu de ce costume. Le souvenir de cette apparition me revint alors et me frappa. » — Je cite Gœthe à cause de son nom et de son incrédulité. *Night side*, liv. 1, p. 481, 482. D'autres exemples seront rapportés, où celui qui se voit en double est *vu par d'autres* que par lui-même. En Allemagne, cette vision est comme un signe de mort prochaine.

chose de plus positif à cet égard que *le langage* même de l'évangéliste, qui, sans user de la moindre précaution de discours, nous décrit *un triple* et remarquable *miracle* renfermé dans *un même et unique phénomène*. Le mont Thabor en est le théâtre, et ce nom seul rappelle la transfiguration radieuse de Notre-Seigneur, ENCORE HABITANT DE LA TERRE. A côté de Jésus-Christ, apparaissent Élie, CET HÔTE D'UN AUTRE MONDE, mais que la mort N'A POINT ENCORE DÉPOUILLÉ DE SON ENVELOPPE TERRESTRE, et Moïse, le grand prophète DONT L'AME ET LE CORPS étaient, depuis des siècles déjà, séparés l'un de l'autre. Rien *ne semble* plus clairement établir et légitimer la croyance aux apparitions *directes* que ce texte sacré : Pierre, Jacques et Jean « virent paraître Élie et Moïse *qui s'entretenaient avec Jésus* [1] »; et rien pourtant, en cet exemple même, ne les démontre avec rigueur.

Mais, un grand nombre de saints, nous objectera-t-on, avaient la parfaite connaissance du rôle merveilleux que Dieu leur faisait remplir, soit de leur vivant dans le phénomène de la bilocation, soit après leur mort, par suite des pieux hommages rendus en présence de leurs reliques et aux pieds de leurs autels. Ils apparaissaient donc bien réellement devant les vivants; ils assistaient donc de la manière la plus directe à l'apparition dont ils avaient la conscience.

Vous vous le figurez, vous le soutenez, et cela n'est point chose impossible; mais, en vérité, je suis bien loin de le savoir. Est-ce donc que, vivants ou morts, et les faisant représenter par un de ses anges, Dieu ne pourrait faire pénétrer jusqu'aux yeux de leur esprit la notion du miracle dont ils semblaient être aux myopes habitants de la terre les agents directs et uniques?

Dans la vie admirable de sainte Françoise Romaine,

[1] Saint Marc, IX, 1, 2, 3; id., saint Matthieu, XVII, 1 à 4.

publiée en 1858 par M. le vicomte de Bussierre, et dont les faits capitaux s'appuient sur les plus sérieux documents, *peut-être* rencontrons-nous un de ces rares exemples. Car, l'Esprit qui semble être l'ange gardien et l'inséparable compagnon du fils de la sainte lui apparaît *en même temps* que ce fils.

Un jour, tandis que, dès l'aurore, la dame dei Ponziani, c'est-à-dire sainte Françoise, offre à Dieu ses prières à l'ombre de son oratoire, une éblouissante clarté tout à coup l'environne : son cœur est inondé d'une joie surnaturelle et dont elle ignore la cause, *bien qu'elle ait pleine et entière conscience d'elle-même*. Elle lève les yeux, et son fils, Évangélista lui-même, est à ses côtés. Elle le voit tel qu'au moment de sa mort, mais ses traits, transfigurés et radieux, répandent une lumière dont l'éclat ferait pâlir le soleil. Dieu cependant donne aux yeux de Françoise la force de le contempler ; et, tout auprès de son fils, elle aperçoit un autre enfant de même âge, mais, qui pourrait le croire ? d'un éclat de beauté bien supérieur encore.

La sainte s'efforce de parler, et ses lèvres se refusent à la parole. Elle veut serrer ce fils sur son sein ; mais le corps aérien d'Évangélista se dérobe à ses caresses... Cependant la langue de Françoise se délie ; elle exprime sa pensée par la parole, et son fils lui répond : « Il y a neuf chœurs au ciel, élevés les uns au-dessus des autres, et dont les supérieurs révèlent aux inférieurs les secrets divins. Vous voulez savoir où je suis ; apprenez donc que la bonté du Seigneur me place au second chœur, dans la première hiérarchie des archanges. Là, *j'ai le compagnon que vous me voyez* ; et, s'il est plus beau que moi, c'est que son rang est supérieur au mien. Cet Esprit vous est envoyé par la Majesté divine [1]

[1] Comment cet ange peut-il être au ciel le compagnon de l'âme d'Évangélista, et sur terre le gardien de Françoise ? — Réponse. — L'ange Raphaël qui n'a cessé d'accompagner, *sous forme humaine*, le jeune Tobie, et de lui servir de guide *et d'homme d'affaires* (cap. IX,

pour vous consoler dans votre pèlerinage terrestre : *vous le verrez* jour et nuit à vos côtés, et, en toutes choses, il vous assistera! » (Pag. 85 à 87.)

Eh mon Dieu ! se diront quelques personnes habituées à traiter de légende tout ce qui est miracle, ce ne fut là qu'une douce hallucination de la pieuse mère d'Évangélista ! La douleur et le sentiment maternel expliquent assez naturellement les suaves transports du cerveau de la sainte.

J'admettrais pour ma part, et de bon cœur, je le confesse, la *toute naturelle* explication de ce phénomène, si, dans la vie de la sainte, étudiée comme étudie M. de Bussierre, il n'était ajouté qu'à partir de ce moment l'archange ne cessa de l'accompagner sous une forme qui lui fut visible. Pour une sainte dont la vie *fut féconde en miracles éclatants*, et réalisés à l'ombre même du saint-siége, l'hallucination ne paraîtrait-elle pas un peu longue ? Et quel homme doué de quelque gravité scientifique, et sachant la rigueur excessive, inimaginable, des procédures romaines, osera dire que, dans l'Église, un mal appelé folie par la médecine conduise à la canonisation ?

Que si quelqu'un refuse de croire à cette vision, n'en parlons plus ! Elle a sa grâce et son sens ; elle aura force et valeur pour le grand nombre des lecteurs ; mais, ainsi que tant d'autres faits prodigieux, elle fait partie de mon superflu. Les procès-verbaux de canonisation des saints offrent par milliers des exemples analogues, aussi philosophiquement constatés que jamais certitude puisse l'être.

Et quant à ces apparitions lumineuses et consolantes,

̽ 9, Tobie), lui dit en le quittant : « Je suis l'ange Raphaël, l'un des sept qui sommes présents devant le Seigneur (*qui adstamus ante Dominum*). *Il paraissait*, à la vérité, que je mangeais et que je buvais avec vous (*videbar quidem*), mais je me nourris d'une viande invisible et d'un breuvage qui ne peut être vu des hommes. » Cap. xii, ̽ 15, 19, version latine *Vulgate*. Tobie. Bible Vence-Drach.

mettons toutes nos forces à l'observer, elles n'étaient provoquées ni par aucune œuvre évocatrice, ni par aucune témérité de prière! Dieu les envoyait spontanément, et à son heure. Mais la croyance aux apparitions, la croyance à la représentation des personnes mortes, et, qui mieux est, des personnes vivantes par *leur double,* c'est-à-dire par leur ange, régnait aussi chez les Juifs; et, grâce sans doute à la lente et constante autorité de la tradition, elle y avait pénétré les esprits du temps de notre Sauveur.

Ainsi, par exemple, Hérode a fait jeter dans un cachot le chef des apôtres. Il y est renfermé, lié de deux chaînes, et le voici couché, reposant entre deux soldats, tandis que la garde veille à la porte de sa prison. Mais l'ange de Dieu, revêtu de splendeur, apparaît dans la geôle, et les chaînes de Pierre tombent. Il sort et se rend à la maison de Marie, mère de Jean, surnommé Marc. Il frappe à la porte et parle. Une fille du nom de Rhodé, ayant reconnu la voix, s'écrie : « Mais Pierre est là! — Oh ! vous avez perdu l'esprit, reprennent ceux qui savent la captivité de l'apôtre ; ce ne peut être Pierre, car il est dans les fers. » Et comme elle affirme le bien reconnaître : « *Mais c'est donc son ange?* lui réplique-t-on! Ὁ ἄγγελος αὐτοῦ ἐστίν[1]. » Que de lumières dans les livres saints, si nous savions les lire *avec l'Église!* que de lumières encore dans *les grands* et *savants travaux* de l'Église sur la vie des saints, et sur les miracles qu'elle y propose à notre admiration!

CONCLUSION.

Ce que démontre la pratique *universelle* de l'évocation *des âmes,* depuis les époques les plus reculées du monde jusqu'à nos jours, c'est donc, en définitive, la foi du genre humain, PHILOSOPHES ET SAVANTS EN TÊTE, — à l'appa-

---

[1] *Actes des apôtres,* XII, 15.

rition des âmes, à leur présence, à leur action possible sur notre sphère.

Mais ce que reconnaît le Catholique, témoin ou examinateur de ces phénomènes, c'est que, le plus souvent, il ne se rencontre qu'illusions sous ces réalités apparentes ; c'est en outre que, la plupart du temps, ces prétendues âmes ne sont que des démons.

Ou bien, et si le phénomène est spontané, s'il est divin, si c'est un saint qui nous apparaît, il est probable alors même, et d'après la parole des docteurs nourris de *l'Écriture* et *de la tradition,* que ces apparitions *réelles* ne sont point *la réalité que nous pensons.* Elles ne seraient qu'une représentation angélique ou démoniaque de la personne que nous nous figurons voir.

Cependant, l'apparition directe et réelle des âmes ne doit point être considérée comme impossible, et quelques exemples semblent rendre ce fait probable[1].

Les âmes humaines peuvent donc, *du consentement des hommes de toutes croyances*, être l'un des agents de nos phénomènes surnaturels. Mais ne nous y fions guère ; et les plus saintes parussent-elles se présenter à nos yeux, suivons à cet égard le conseil du conseiller le plus intime de saint François de Sales :

« Que si, par une merveille de la grâce divine, pareille faveur nous arrivait *en surprise ;* que si, par des marques *presque évidentes,* il vous semblait que ces choses vinssent de Dieu, *gardez-vous d'abord d'y ajouter foi !*

» NE CRAIGNEZ POINT DE LES REJETER !

» Cette résistance, fondée sur la vue de votre misère, ne peut être désagréable à Notre-Seigneur. Et si c'est lui qui agit en vous, il saura bien vous le faire connaître sans qu'il

---

[1] Dici non debet *nunquam* humanos spiritus *autoprosopous* ad superos redire, αὐτοπρόσωπους ! Thyrée, *Loca infesta*, p. 55.

vous en arrive aucun mal, parce que *celui qui donne sa grâce aux humbles n'a garde de les en priver lorsqu'ils s'humilient*[1].

CHAPITRE CINQUIÈME.

CHAPITRE INCIDENT RENDU NÉCESSAIRE PAR CEUX QUI LE PRÉCÈDENT.

Le langage intérieur. — Les âmes des morts. — Les anges, les démons, un esprit, peuvent-ils tenir à l'homme un langage interne? Oui. — Bizarreries de ce langage quelquefois douteux. — Certitudes. — Exemples bibliques, exemples contemporains. — Reprises d'exemples appartenant à l'Église.

Conclusion. — De ces faits ressort la nécessité de veiller sur soi, puis encore la nécessité de discerner l'hallucination naturelle de l'hallucination démoniaque, inconnue de la science moderne, et qui se produit assez souvent.

Les anges, les démons, et les âmes humaines *séparées de leur corps*, viennent de passer à tour de rôle sous nos regards; notre premier coup d'œil ne chercha guère à saisir, en les envisageant, que la part réelle ou possible de chacune de ces intelligences dans les phénomènes surhumains de notre étroite sphère.

Une très-importante recherche ne doit-elle point maintenant compléter et clore ces premiers chapitres; et, pour l'exprimer d'un mot fort clair, pensons-nous que *de purs Esprits* puissent, *en échappant aux sens* de l'homme, se rendre présents *à son âme?*

Croyons-nous ces êtres doués *des tacites moyens* de tenir à l'âme un langage positif et intérieur? En un mot, le discours interne, ou le silencieux parler des Esprits à notre âme, est-il un phénomène que notre raison nous permette de comprendre et d'admettre?

---

[1] *Combat spirituel*, ch. LXVI; petit ouvrage exquis que, dans ses lettres, saint François de Sales appelle son livre favori, son directeur.

Oui, sans doute; et si déjà les anges, si les démons, si les âmes des morts, si les Esprits bons ou mauvais sortent, selon les temps ou les lieux, de la nuit ou des splendeurs aveuglantes de leur invisibilité pour nous apparaître, aucune raison n'existe de limiter à cet acte sensible l'action de telles puissances; aucune ne veut qu'entre ces *êtres spirituels* et notre *esprit* les rapports ne soient admissibles que par des voies qui frappent nos sens!

Et certes, pour le *philosophe* ou *pour le chrétien*, rien n'est moins contestable que cette communication intérieure et facile entre *des Esprits libres de liens corporels* et le nôtre! Oui, le démon, — si nous le choisissons pour exemple, — conservant son privilège de nature angélique, possède, professe et exerce l'art de nous induire au mal, sans céder à la nécessité de nous révéler sa présence. Oui, pour surprendre nos âmes, l'Esprit de malice et de mensonge descend en nous, et mêle sa parole intérieure au langage que nous tient notre conscience. Tel est même le superlatif de son art dans l'exécution de cette manœuvre, que, lorsqu'il verse en nous cette parole, nous croirions le plus souvent nous parler à nous-mêmes, si notre Esprit, averti par la science de ceux qui le forment, ne se repliait attentif sur sa propre pensée; si, quelquefois, nous n'entendions en nous comme *une lutte* de deux voix, l'une à l'autre étrangère; comme le bruit *de deux volontés* hostiles qui se heurtent; si, quelquefois encore, ce grand maître de la sourde et trompeuse parole ne nous révélait dans son langage interne une série de choses, un ensemble de faits que nous avions la positive certitude d'ignorer d'une parfaite ignorance.

Dans le monde DES SCIENCES ET DES ŒUVRES OCCULTES, ces phénomènes internes ne sont point aussi clair-semés que notre ignorance se le figure, et rien ne transparaît plus netlement que cette vérité dans les livres saints, où les auteurs inspirés aiment quelquefois à soulever un coin du voile qui dérobe à nos yeux le monde invisible. C'est au travers de ces accidentelles et étroites ouvertures que les lettres sacrées nous laissent tout à coup plonger sur le jeu de notre plus terrible ennemi, de celui que désigne par excellence le nom de tentateur, mais qui, sous l'œil partout présent du Dieu du *ciel* et *de la terre*, ne saurait, en *nous* ou *hors de nous*, exécuter un mouvement que notre commun Créateur ne lui ait permis. « J'ai vu le Seigneur assis sur son trône, dit le prophète Michée, et toute l'armée du ciel autour de lui, à droite et à gauche; et le Seigneur dit : *Qui va séduire* Achab, roi d'Israël, afin qu'il marche contre Ramath, en Galaad; et *qu'il y périsse?* » Car Achab avait mérité la mort.

Or, « l'Esprit malin s'avança, et se présentant devant le Seigneur, il lui dit : « *C'est moi!* J'irai et *je serai un* » *Esprit menteur dans la bouche de ses prophètes.* » Le Seigneur répliqua : « Tu le tromperas, tu auras le dessus; » sors de ma présence, et fais comme tu as dit[1]. »

« Maintenant donc, ajouta Michée s'adressant au roi qui se repaissait avidement des flatteuses paroles de ses devins, maintenant le Seigneur a mis *un Esprit de mensonge en la bouche* de tous vos prophètes qui sont ici, et le Seigneur a prononcé votre condamnation. » — « Cependant, Achab voulut combattre; mais une flèche décochée AU HASARD suivit la route que le ministre de la justice divine lui traçait; le roi mourut, et les chiens léchèrent son sang, selon la parole du Seigneur[2]. »

Ailleurs, « Satan s'élève contre Israël, et il excite David à faire le dénombrement de son peuple[3]. » — « Le roi dit

---

[1] Rois, liv. III, ch. XXII, ⱽ 19 à 23.
[2] *Id.*, suite; ⱽ 23, 30, 34, 35, 38.
[3] *Paralipomènes*, liv. I, ch. XXI, ⱽ 1, 2, 3.

donc à Joab : « Allez, et que ce recensement soit fait. » Mais Joab de lui répondre : « Pourquoi recherchez-vous une » chose qui doit être imputée à crime à Israël ? » Et, cependant, le roi David persévère dans cette pensée qui l'obsède ! .

» C'est que, tout déchu qu'il est, le démon, en sa qualité d'ange, sait faire descendre en nous sa muette parole et se rendre intelligible à nos âmes[1]. » Pour ma part, j'ai dit connaître tout particulièrement des personnes qui furent, pendant une série de mois, surnaturellement nourries, *en présence les unes des autres, de ce langage intérieur.* L'une d'elles est M. le comte de ***, mon honorable ami, que distingue une intelligence aussi cultivée que riche et sérieuse. Pleines de défiance d'elles-mêmes, et redoutant le singulier mirage des hallucinations, *elles exigèrent*, et l'on sollicita d'elles, des signes et des preuves auxquels ne pouvaient se refuser leurs merveilleux inspirateurs. Elles les obtinrent, et je les connus. Je suspends donc un instant les exemples bibliques qui se pressent sous ma main, et j'en romps le fil afin de jeter, entre ces certitudes religieuses, un récit qui les répète sous la garantie toute récente de la parole humaine.

Parmi les personnes dont se compose la réunion d'intimes que je désigne, figure un ecclésiastique fort incrédule aux faits démoniaques, mais non point au démon ; je ne sais comment exprimer cette fréquente et bizarre inconséquence ! Il se rencontre avec plusieurs hommes d'âge mûr, adonnés à des études et à des professions sérieuses ; au milieu d'eux est un tout jeune homme. Celui-ci est devenu, sous les yeux de tous, le principal instrument des phénomènes les plus étranges, et la date de leur éclosion précède *de quelques années* l'ère des tables savantes. Les Esprits dont ces personnes sont obsédées ne se servent que dans les plus rares

[1] Saint Matthieu, I, ✝ 20, etc.

circonstances d'un langage audible, et dont le son frappe l'oreille, mais leur parole muette et inspirée se fait sans cesse entendre. Or, il arriva bientôt que quelques-unes de ces personnes, liées entre elles par les liens de la famille ou de l'affection, entreprirent de concert *un lointain voyage,* et que ces Esprits, si l'on veut me passer l'expression, les suivirent en croupe. L'un d'eux précédait la calèche, et la plupart du temps il se rendait visible aux yeux du jeune de X., qui se plaisait à décrire ses allures. — « *Le bon ange* conducteur me parle, se prit-il à dire un beau jour. — Mais qui nous le prouvera? — Ce que je vais dire en son nom! Halte là, cocher; et nous, messieurs, descendons. Avancez de vingt pas. Creusez là, sous l'herbe de cette vieille prairie; la terre y sera bien dure : creusez jusqu'à la profondeur de dix-huit pouces; à ce point vous découvrirez l'anneau pastoral de saint Augustin.... »

On se mit à fouiller cette terre que, depuis plus de vingt ans peut-être, le fer du cultivateur n'avait point effleurée, et bientôt un anneau d'or, — était-il ou non de saint Augustin? — brilla dans le sol à la profondeur énoncée. Une autre fois, ce fut une croix de bois et de nacre, perdue jadis par un pèlerin qui s'en revenait de la terre sainte; ce fut encore une médaille; ce furent successivement d'autres objets de dévotion, dont la collection passa sous mes yeux. La fouille faisait sortir du sol chacun de ces objets à quelques pas de la route, dans des lieux que l'on traversait *ensemble et pour la première fois,* la nature de l'endroit indiqué démontrant l'impossibilité de toute imaginable supercherie. Or, les rieurs commençaient à perdre contenance; car on se trouvait non-seulement en pays inconnu, mais à près de deux cents lieues déjà du point de départ! Il faut ajouter que, par la bouche du jeune de X., l'Esprit inspirateur décrivait d'avance, avec une minutieuse précision, les objets qui'il se plaisait à faire découvrir. Menteur ou véridique, qui le saura jamais? il en nommait *à son gré* les propriétaires, morts depuis bien des siècles. Mais un jour, et comme on continuait de voyager, le chien du jeune de X. précédait en courant la voiture. « Attention, messieurs, s'écria-t-il, car mon chien va fournir trois courses; il s'arrêtera trois fois. Observez avec exactitude sa troisième station, et là, creusez la terre : vous y découvrirez un antique anneau d'argent, reconnaissable à ces deux signes... » et son crayon traça les deux signes. Quelques instants après, le chien s'élança, fit un écart, et fournissant trois courses successives, il s'arrêta. Le sol aussitôt creusé justifia la parole du parleur interne, *du bon ange* dont les perfides intentions ne furent démasquées que beaucoup plus tard.

Ce dont je puis répondre, pour ma part, c'est qu'un homme sensé *rougirait* de ne point accepter le témoignage de ces personnes, aussi distinguées d'esprit que de cœur, et dont je répondrais autant que de moi-même. Je ne fus point en position de les voir à l'époque même de ces phénomènes, que l'on cachait alors! Mais depuis, et maintes fois, je les interrogeai, je les pressai de questions; et tantôt je les rencontrais isolément, tantôt en présence les unes des autres. Pièces en main, elles me convainquirent par leur accord de la réalité de cette série d'épisodes.

« L'Esprit me parle, dit encore un jour le jeune de X. à son père. Il m'ordonne de vous dire une chose.... mais.... je ne veux.... — Et que te dit-il, donc? » Au même instant, le même inspirateur apprenait au père ce qu'il venait de révéler au fils. Il s'agissait d'un mariage de famille, et le futur portait un nom des mieux connus de France. Mais l'époque, oh! l'époque était ridiculement éloignée.

« Bah! se récria le père, le futur dont il parle n'existe pas! Il n'y a dans cette maison que deux fils, et l'un et

CHAPITRE CINQUIÈME.

l'autre sont mariés !... » Erreur, car il en existait un troisième ! Et plusieurs années s'étant écoulées, *une fortuite rencontre* amena le mariage depuis longtemps prédit. J'y fus présent, et j'ajouterai ceci : c'est que la prédiction s'était radicalement effacée de la mémoire du père. Il fallut, pour la lui rappeler, lui remettre sous les yeux une lettre de famille, écrite de sa main, et qui, séance tenante, avait si longtemps d'avance relaté cette promesse de l'avenir. Le *hasard* faisait revoir le jour à cette lettre.

Ce que je sais encore, c'est que plusieurs médiums *me* rendirent témoin de l'indubitable vérité de ces sourdes et internes visites de la parole étrangère. C'est que cette parole qui semble naître en nous n'est qu'une variante de celle que nous décrit le magnétisme. C'est que les principaux et les plus savants organes de l'art magnétique ont fini par reconnaître à ces phénomènes le caractère de spiritualité que nous signalons[1]. C'est que leur témoignage, *mille fois répété*, s'ajoutant à celui des saintes Écritures et d'hommes religieux et savants, ne laisse entre *les mêmes affirmations*, parties de deux camps si contraires, qu'une place étroite et ridicule aux gens dont le scepticisme léger, sans pouvoir s'appuyer sur la certitude philosophique *à laquelle conduit l'*EXPÉRIENCE, se joue de l'autorité *de la foi*.

Appuyé sur le témoignage de nos modernes magiciens, c'est d'ailleurs à l'Église que nous emprunterons nos derniers exemples, voulant cette fois commencer et finir par elle. « Le Seigneur, s'adressant à l'ange *qui parlait* EN MOI, me dit : « Criez : Voici ce que dit le Seigneur : « J'ai un » grand amour pour Jérusalem ; c'est pourquoi ma maison y

[1] Voir surtout leurs écrits des dernières années, qui légitiment pleinement le choix que je fais de mes anecdotes ; et, par exemple, le *Journal du magnétisme* de M. Dupotet et associés, n°s 179, p. 9 ; — 180, p. 135 ; — 195, p. 558 ; — 200, p. 696, etc.; la *Revue spiritualiste*, t. I, 7e livr., 1858.

» sera bâtie de nouveau...; mes villes seront encore com-
» blées de biens. » J'élevai ensuite les yeux, et j'eus cette vision : Je voyais quatre cornes devant moi. Et je dis *à l'ange* QUI PARLAIT EN MOI, *Angelus qui loquebatur in me*[1] : « Qu'est-ce que cela? » IL ME RÉPONDIT : « Ce sont les cornes qui ont dissipé Judas. » Ailleurs, David, le roi-prophète, nous dit : « L'esprit du Seigneur s'est fait entendre par moi; sa parole a été sur ma langue; le Dieu d'Israël m'a parlé[2]. »

Plus tard, après la naissance du Sauveur, et dans la foule de ces chrétiennes qui briguent le plus héroïquement la palme du martyre, sainte Afre, naguère *simple et vile courtisane,* se fait remarquer par *la similitude* de son langage avec le langage de celles que le Seigneur inspire. « A la place de cette femme, le plus grand théologien n'aurait pu s'exprimer avec une plus grande exactitude, ni d'une manière plus conforme aux doctrines de l'Évangile, dit le R. P. Ventura; *nouvelle preuve* de cet oracle de Jésus-Christ : « Lorsqu'on vous conduira, à cause de moi, devant
» les gouverneurs et les rois pour leur être en témoignage
» aussi bien qu'aux nations, ce que vous devrez dire *vous*
» *sera donné* A L'HEURE MÊME; car alors ce n'est pas vous
» qui parlez, mais c'est l'esprit de votre Père qui parle en
» vous[3]. »

Ailleurs, Satan *mit dans le cœur de Judas* de trahir Jésus. Mieux que cela, Satan *entra* dans la personne même de Judas[4]! Le langage de saint Paul est donc d'une justesse rigoureuse, lorsque, *nous* ayant dit ce que nous avons à craindre de nous-mêmes, *et de nous seuls,* il nous apprend

[1] Proph. Zach., 1, ѵ 13, 14, 16, 17 à 20.
[2] II Rois, XXIII, 1, 2, 3.
[3] Saint Matthieu, x, 18, 19, 20; *La Femme catholique,* t. Ier, p. 412.
[4] Saint Jean, XIII, 2; saint Luc, XXII, 3, possession morale.

ce que nous avons à redouter de l'ennemi du dehors ! *Ce double enseignement* révèle à l'homme et le mystère de sa propre personne, et le mystère des dangereux parasites qui, fécondant son âme pour le mal, le pénètrent à son insu :

1° « Conduisez-vous selon l'*esprit de Dieu,* et vous n'accomplirez point les désirs de la chair. Car la chair a des désirs contraires à ceux de l'esprit, et l'esprit en a de contraires à ceux de la chair. »

2° En conséquence, « revêtez-vous de toutes les armes de Dieu, afin de pouvoir vous défendre *des embûches et des artifices du diable;* car nous avons à combattre non contre des hommes de chair et de sang, mais contre les principautés et les puissances infernales, contre les gouverneurs de ces ténèbres, contre les Esprits de malice répandus dans l'air [1].

Et ces ennemis aériens, et *ces invisibles interlocuteurs,* c'est-à-dire les démons, « aussitôt qu'un jour leur est ouvert en nous par une de nos passions, prennent possession de nos sens », dit Origène; notre oreille, l'oreille de notre intelligence et de notre cœur leur appartient! D'où cet autre cri de saint Paul : « Gardez-vous de donner entrée au diable, » ou de lui donner place; car si nous lui livrons passage, si sa parole trouve accès dans notre âme, il la souille, et de ses traits enflammés il y exerce des ravages souvent terribles [2].

En un mot, ces tentations, dont la silencieuse parole du tentateur est le levain habituel, et qui presque *invariablement échappent à nos sens*, sont aussi positives que fréquentes; et Dieu veut ou permet qu'elles soient une de nos plus quotidiennes épreuves.

---

[1] Galates, ⅴ 16, 17. Éphés., ch. vi, ⅴ 11, 12.
[2] Lire *id.* Orig. — *Id., Des principes*, liv. III, ch. ii, n°s 2, 4, 7. — *Id.,* saint Paul, Eph., iv, 27.

CONCLUSION.

Comment donc, à la suite des avertissements divins, comment, après ceux que les philosophes hostiles au christianisme nous donnaient *eux-mêmes* tout à l'heure sur la malice insinuante et sur la puissance des démons, comment oserions-nous oublier *de veiller* sur nous-mêmes? Comment, au lieu *de rapprocher de nous* ces Esprits de vertige et d'erreur, par *les folles* avances de nos expérimentations, comment ne point les dégoûter de leurs tentatives en fermant l'oreille aux perfides insinuations de leur parole? Comment ne point avoir assez de modestie pour leur refuser tout pourparler, tout commerce, et pour tourner contre eux toutes les forces de notre intelligence et de notre cœur, toute la puissance de notre vouloir!

Oui, donc, les Esprits nous tiennent un langage interne; et « lorsque tout est calme en nous, des pensées nous arrivent *qui nous sont apportées* sans que nous sachions *comment*[1] »!

Voilà ce que le haut magnétisme et la magie, — non moins que les livres sacrés, — nous démontrent par une série de faits et d'expériences qui, de nos jours même, ont compté les témoins par myriades. Oui, si peu que notre attention s'éveille, nous remarquerons que toute une famille de phénomènes, englobés par la science médicale moderne, c'est-à-dire par la science tronquée et châtiée, sous le titre banal d'hallucinations, n'est que le simple produit de ce langage. Nous observerons alors qu'il n'y a point en nous désordre organique et *spontané*, mais que le trouble y naît ou de ce langage même, ou des peintures offertes par *les Esprits tentateurs* au miroir de notre cerveau! — Cependant, n'insistons point sur une vérité qui devrait être une banalité de

[1] Dupotet, *Journal du magnétisme*, 1854, n° 480, p. 37.

carrefour; chacun de nous en porte la preuve écrite en lui-même, et, pour se la rendre présente, il ne lui faut que bien peu de chose, — une chose assez rare, il est vrai, — quelque peu *de réflexion* et *de discernement!*

CHAPITRE SIXIÈME.

UN FLUIDE UNIVERSEL, INTELLIGENT, DIVIN, EST-IL LE QUATRIÈME AGENT DU SURNATUREL?

Notions précises de l'antiquité sur ce fluide merveilleux. — Est-il l'âme de tous les phénomènes inexplicables? Recette philosophique et sérieuse pour composer un Esprit ou un Dieu, secret ravi à la nature. — Ce fluide Protée, et ses rôles, jusqu'au baron de Reichenbach et au delà. — Sa manière d'agir par soudures. — Caprices et tyrannie. — Apparence magnético-démoniaque. — Exemples. — Ce qu'y vit la renaissance. — Cornelius Agrippa. — Ces traditions descendent des fils de Cham et de Caïn par Trismégiste. — Valeur de celui-ci, d'après Champollion.

Avec le gracieux agrément du lecteur, le quatrième agent du surnaturel se donnera pour titre provisoire, et sauf à régler avec lui ses comptes, un peu plus tard, le nom de fluide. Le fluide! ah! disons-le vite, dans ce mot il y a tout un nouveau monde : un monde dont les espaces, dont les élastiques immensités ne nous permettent d'envisager qu'à titre de chétif domaine les quelques mille lieues carrées ajoutées aux champs de l'Europe par le génie de Christophe Colomb; un monde *bien ancien,* quoique tout nouveau; tel en vérité que l'était l'Amérique elle-même le jour où la proue de l'intrépide Génois grava sur le sable de ses rivages le sceau de la découverte. Disons encore, et c'est une similitude merveilleuse avec la terre des Incas et des Aztèques, un monde plus d'une fois découvert, plus d'une fois rentré sous les nuages de l'oubli, plus d'une fois consacré sous des noms dont l'un repoussait l'autre, et plus d'une fois traité de mirage! Mais est-il mirage ou réalité?

C'est là ce que doivent nous enseigner nos longues, nos attrayantes recherches sur cet instrument, sur cet agent, sur cette force souveraine, et *simple* ou *composée*, que le vulgaire nomme fluidique.

Elle est nommée ; donc elle existe, cette force ! Elle fonctionne ; elle est connue de toute antiquité. Verrons-nous se former et naître d'elle, — on nous le dit, — le lien qui noue le magnétisme à la magie, *l'âme au corps*, notre personne à d'autres Esprits que le nôtre, *nos âmes*, enfin, *et ces Esprits* aux êtres divers de la création qui la transsude, et pour laquelle elle est la source, l'agent de la vie et le milieu universel ? Mais ne procédons que pas à pas dans cette carrière ; et, pour apprécier sainement chaque objet qui frappera notre vue, ne l'examinons que dans son isolement.

Il est donc convenu que rien, jusqu'à ce que notre coup d'œil soit donné, *ne nous semblera ridicule ni certain* de ce qui concerne ce mystique et ténébreux agent, du sein duquel la lumière tend à faire irruption, nous ménageant plus d'une surprise ! Et, d'abord, quels sont ses principaux titres, et quelle idée principale ont-ils la prétention d'éveiller en notre esprit ?

Entre tous les noms sous lesquels apparut cet étrange Protée, ce nébuleux Tout-Puissant, il reçut, dès la plus haute antiquité, de la bouche des initiateurs aux mystères de l'idolâtrie, et de celle des philosophes, les noms de feu VIVANT, d'Esprit de lumière, et de Magnès. Ce dernier terme signifie le principe de l'attraction *magnétique* ou magique ; car (μάγος et μάγνης) *magos* et *magnès* sont deux tiges sur lesquelles s'épanouissent des idées toutes jumelles et buvant leur séve aux canaux de la même racine. Les Pythagoriciens, *élèves* de la philosophie indienne, le nommèrent l'âme du monde ! Cette âme, nous dit-on, pénètre tous les

CHAPITRE SIXIÈME.

êtres, et c'est *d'elle* que sont formées nos propres âmes [1].

Les Latins exprimaient leur pensée sur sa nature par le mot *spiritus*, esprit; et cet Esprit, nous le voyons qualifié par certains théurges, qui le placent dans notre corps, sous le nom de *serviteur de l'âme*.

Ce même principe de vie, quoique singulièrement restreint et ne servant plus qu'à marier l'âme de l'homme à son corps, transparaît chez quelques Pères de l'Église, tout familiarisés encore avec la doctrine des anciennes écoles. Mais,

---

[1] *De natura deorum*, XI, liv. I. Toujours donc le panthéisme! cette doctrine du pandémonium philosophiste, qui forme son Dieu, *un seul et même Dieu*, de tout ce qui constitue l'univers, *esprit* et *matière*, depuis la fange infecte, depuis le crapaud et le scélérat, jusqu'à la fleur la plus suave, jusqu'à l'âme la plus angélique.
RECETTE POUR FAIRE UNE AME, UN ESPRIT, UN DIEU.
Une école américaine, toute fraîche éclose, formule presque géométriquement cette doctrine, dont s'imprègnent la plupart des *religions idolâtres* et le plus grand nombre des *hérésies religieuses* ou *philosophiques*. Elle désigne cette force occulte et féconde en prodiges sous le nom de force universelle, *mundane force*. Lire Rogers, *Philosophy of mysterious agents*. — André Jackson Davis veut que cette force, cette âme, ou plutôt ce dieu se dégage *de la matière en fusion*, comme un arome s'échappant de l'alambic ou du creuset! Jetons un coup d'œil sur sa recette panthéistique pour faire soit un dieu, soit un esprit:
Tout esprit n'est qu'une résultante, une dernière élaboration, un dernier mot de la matière, que *sa quintessence : An ultimate of matter.* Dieu, en tant qu'esprit, ne fait point exception à ce principe. *Il est le dernier produit* DE LA MATIÈRE, prise dans sa condition originelle, et d'où sortit, par évolution, la *toute-puissance, portant en elle* (*omnipotent power containing wisdom*, etc.) *la sagesse et la bonté, la justice, la miséricorde et la vérité*... Mais comment fut produit et comment se développa ce grand et positif esprit? Ce fut par un immense amoncellement de matière, élevé à un degré de chaleur d'une telle intensité, qu'il en résulta un indéfinissable, un inimaginable océan de feu liquide et sans bornes...
Prenez une somme moins considérable de matière et la chauffez au même degré, vous obtiendrez encore un dieu, quoique moindre : vous aurez un Esprit positif et réel : *We should have a god still, a lesser one to be sure, but still a real positive mind.* Cette théologie est la seule qui soit écrite sur le vaste livre des cieux, où chaque étoile est une lettre, chaque constellation une phrase. (Lire l'explication des *Mystères modernes* du révérend A. Mahan, premier président de l'Université de Cleveland. Boston, 1855, p. 10, 11.) Dans son livre *De la*

n'empruntons à ces grands hommes que ce que l'Église accepta de leurs mains, c'est-à-dire leur or, épuré dans le creuset de la science et de la raison catholique.

Plus tard, au moyen âge, les sectateurs de la magie appelèrent cette âme *de la Nature* le commencement, la source des choses, le principe par excellence, Ἀρχή; et, pour quelques physiciens, il fut le fluide ambiant dont s'enveloppent les corps; il fut leur atmosphère, ou le souffle, l'esprit, l'âme d'où sort leur vie et par où leur vie fonctionne.

philosophie du magnétisme, Dods nous dit de tout aussi belles choses, et l'*Union magnétique* les traduit. (10 octobre 1857, etc.)

La pensée des philosophes panthéistes de nos jours, pensée descendue dans leur intelligence du haut des religions idolâtres et des grandes hérésies qui désolèrent l'Église, ne diffère que bien peu du matérialisme spiritualiste de Jackson; mais elle est d'un absurde moins voyant, moins écarlate, moins facile à reconnaître. Elle a soin de ne se présenter que de profil, et de cacher de prime abord ce que sa face a de trop hideux.

Le dix-neuvième siècle, en rajeunissant les formes de l'idolâtrie, nous donne donc une recette pour faire un dieu, un esprit, une âme! Une recette pareille à celle des jardiniers pour faire sortir des champignons *du blanc* que leurs mains ont enfoui dans une couche de fumier d'âne!

.... En un mot, l'origine des choses c'est la matière, et la matière *sortant d'elle-même* ou éternelle. Elle se forme en chaos, elle s'amoncelle, fermente et s'échauffe : elle devient, au creuset, Nature et Dieu!

Nous obtenons alors pour produit chimique un dieu, des dieux, des esprits, des âmes, selon le degré de chaleur! Le premier inconvénient de ce système, c'est que l'intelligence n'y est enfantée qu'après l'œuvre qui proclame son action. Nous disons tout bonnement nous autres : *Cœli enarrant gloriam Dei.*

Un livre abominable et que je nommais tout à l'heure fut écrit tout entier par le pseudonyme Allan-Kardec sous la dictée des Esprits. Ce livre s'adapte admirablement à la religiosité des gens qui ont reçu quelque éducation, et nous l'avons appelé l'un des catéchismes de l'Antechrist. Il contient, sous des termes plus voilés, mais parfaitement nets, cette même et identique doctrine : « L'esprit est *une matière quintessencié,* mais sans analogue pour vous, et si éthérée qu'elle ne peut tomber sous vos sens. » (*Le livre des Esprits contenant la doctrine spirite,* p. 44.) Et ne nous rions point de ces catéchismes monstrueux, car la parole irréligieuse a de savants artifices, et de très-suffisants dehors, sous lesquels elle les fait circuler et embrasser par les masses érudites : *eruditum vulgus!*

Cornelius Agrippa, philosophe théurge de la renaissance, semble emprunter le langage tout indien de Pythagore pour rendre le nom si clair d'âme du monde à cette Force ; et, de nos jours, nous voyons la haute magie s'incliner devant *ses prestiges*, et l'adorer sous le vocable significatif de *lumière astrale* ou de serpent séducteur [1].

Quant aux simples soldats du magnétisme, je veux dire quant aux magnétiseurs routiniers, et qui se servent de la monnaie sans regarder à sa valeur dès que le public l'accepte en payement, ils se sont emparés de son vieux nom d'origine grecque et le nomment fluide magnétique ; tandis qu'une école médicale, restreignant son empire à l'organisme et lui imposant *la tâche des fonctions vitales*, le fait jaillir des sources du sang pour vivifier les rameaux de l'arbre des nerfs [2].

Mais, au-dessus de cette milice purement terrestre, certains magnétistes transcendants, qui sentent *battre dans leur cœur ce principe intelligent* des phénomènes de la magie, aiment à lui rendre foi et hommage sous le nom de fluide odyle... que sais-je, de fluide divin ! Sous la première de ces deux appellations, il est considéré par une foule de novices comme la découverte moderne d'un savant physicien de l'Allemagne, M. le baron de Reichenbach.

Aidé par une collection de sujets doués d'une exquise sensibilité nerveuse, ou plutôt victime d'une hallucination que nous expliquera bientôt la lumière astrale du mage Éliphas, M. de Reichenbach s'exprime en termes positifs. Il nous affirme que ces privilégiés de la nature découvrent le fluide odyle, et qu'ils le voient de leurs yeux, se dégageant

---

[1] Corn., *De occulta philosophia*, p. 65. Lire Éliphas Levi, p. 121, 124, 126, etc., *Dogme et rit*.

[2] *Principe vital, fluide hémato-nerveux*, etc. Voir mon livre *Médiateurs de la magie*, 3ᵉ partie.

de tous les corps sous la forme d'une sorte de transsudation d'esprit, de lumière et de feu[1] !

Sous la seconde appellation, les évocateurs, les magnétistes-magiciens, de nombreux philosophes, et par-dessus tout, ceux du panthéisme, saluent, dans ses modifications diverses[2], « une substance unique, qui est *la lumière divine, le souffle de l'Éternel* »; en un mot, l'âme intellectuelle et « substantielle du monde, rendue visible à l'œil nu[3] » !

C'est ce fluide *encore*, et NON PAS ENFIN, que la publication spiritualiste américaine *la Nouvelle ère*[4] dénomme l'esprit de l'humanité divine, ou de l'humanité devenue Dieu.

Déjà ne sommes-nous point frappés de voir que des auteurs souvent ingénieux, et quelquefois doués d'un rare talent d'exposition, confondent avec un principe de force physique, que nous analyserons pour le mettre à part, *s'il existe*[5], un agent spirituel qui les raille et qui les fascine! Car ce fluide, qui vit et fonctionne en nous ainsi que dans toute autre créature, est, *à les entendre*, doué *d'intelligence* et *de toute-puissance*. Il est le générateur de tout ce qui nous semble prodige; il est l'indispensable et le tyrannique habitant de nos corps, dans lesquels il réside, et le plus souvent à notre insu!

Lorsque vous le voyez se livrer à ses actes les plus remarquables, — *nous disent ces écrivains*, dont quelques-uns occupent *une haute position dans le domaine de la science*, — que se passe-t-il alors, et qu'arrive-t-il donc?

Il arrive que notre fluide, par exemple, s'est échappé de

---

[1] Même idée dans le fameux ouvrage du juge Edmonds : *Spiritualism*, et surtout depuis la page 443.

[2] Du haut de son autorité privée, M. de Gasparin le déclare matériel, (1re p. du 1er vol., p. 211, 212, etc.)

[3] Cahagnet, *Let. od.*, 1853, p. 101, 102, 126.

[4] *The new era, or heaven open to man*, d'août, 24, 1853, Boston.

[5] Le principe hémato-nerveux, modification des quatre impondérables de la physique, ou de leur racine, je le suppose.

nos nerfs ou de notre cerveau pour fondre sur le fluide odyle ou magnétique d'un autre corps, pour le saisir et nous y lier, mais ainsi que l'aigle se lie à sa proie! C'est-à-dire que, sans quitter nos corps, ce muet et fulgural agent de merveilles s'allonge hors de nous comme un serpent de feu, comme un trait invisible. Mais il ne s'allonge que pour se réunir et se souder à lui-même, c'est-à-dire au fluide identique que développe un autre corps, où se produisent à l'instant les plus *excentriques* effets!

Un acte de magnétisation l'a-t-il accumulé, par exemple, chez l'un de nos semblables? eh bien, cette personne va cesser à peu près de s'appartenir. Elle fléchit et cède avec amour; ou, peut-être, elle engage avec lui la plus inégale des luttes, et bientôt il la subjugue, il la tyrannise. Ainsi la contraindra-t-il à voir ce que le magnétiste de la chair duquel il rayonne a voulu qu'elle vît. Ainsi l'obligera-t-il à surmonter des répugnances qu'elle avait jusque-là considérées comme insurmontables. Les actes de cette personne seront des prodiges ou des crimes, n'importe! Le fluide devient le principe de ses actes.— Mais cette personne les raisonne-t-elle? — Non! — Qu'elle semble ou non les raisonner, elle en perd la conscience et le souvenir, sauf dans des cas où le contraire lui est ordonné. Cependant, le fluide lui dictera les discours qu'elle doit tenir; et quelquefois, ô prodige! elle les répète dans une langue étrangère et dont jamais son oreille encore n'avait entendu le premier mot. Toutes ces volontés, enfin, le fluide caressant ou brutal, le fluide parti du cerveau vainqueur, les impose à l'être qu'il assujettit. Et, pour opérer tant de merveilles, ce fluide n'a d'autre peine à se donner que de prendre son élan vers sa victime, au gré d'une pensée magnétique ou magique, qui le meut et le dirige [1]!

[1] Lire Rogers, par exemple, *Philosophy of mysterious agents,*

Au sens des savants égarés qui nous ont tenu ce langage, nous devons consentir à croire que cette force mystérieuse, que cette vertu fluidique explique, et d'une manière parfaitement naturelle, les phénomènes du haut magnétisme, dans lesquels se renferment et se retranchent les faits de prévision les plus étranges, c'est-à-dire les prodiges oraculaires de l'idolâtrie antique et des temps modernes! Nous devons nous résigner également à croire, d'après les mêmes autorités, que *cette force divine de la nature* explique les phénomènes de la magie et de la possession : phénomènes que, dans son magnifique aplomb, l'ignorance attribue, disent-ils, à je ne sais quel ordre d'Esprits, nommés diables ou démons par le gros des peuples!

Quelques exemples deviennent donc indispensables pour nous aider à comprendre l'énormité de ces folles, mais contagieuses théories; et la main des savants mêmes, dont l'imagination, pour les concevoir, s'est grisée du vin de l'erreur, choisira pour nous tout à l'heure quelques-uns des plus frappants.

Mais tous ces prodiges à formes sans cesse changeantes, en savez-vous la cause? nous demandent-ils; et nous tenons à répéter leurs paroles : une seule existe; et c'est notre fluide, se liant à celui qui pénètre et qui baigne l'univers entier : *the mundane force*. Oui, rien que ce fluide, rien que cette cause, nous redisent-ils, assis sur *des volumes d'apparitions et de prodiges* que leur plume consigne, et dont ils portent témoignage à l'envi.

Le plus souvent, hélas! les malheureux que ce principe mystérieux martyrise, tout en les douant de la plénitude de ses grâces, usent de sa force intelligente et immense sans le

Boston, 1853, et surtout chapitre *An inquiry*, p. 238. Mais quels que soient l'absurde doctrine et les faits que *j'expose*, n'oublions point que jamais l'âme humaine ne perd son libre arbitre sans un acte préalable de sa volonté, et que cet acte est un pacte explicite ou muet...

connaître, et sans concevoir un soupçon sur sa nature. Mais, à propos de ses maîtres-exploits, laissons la parole à l'incrédule Rogers :

Une veuve illustre a refusé la main d'un médecin dont l'amour n'excite en elle qu'un insurmontable dégoût; et ce misérable, qui croyait à la magie, parvient à lui faire boire un philtre préparé par son art. Cette femme, — elle se nomme Marie de Ranfaing, — tombe aussitôt dans un lamentable état. Les médicaments que lui administrent *les plus habiles médecins, réunis en consultation*, ont perdu toute efficacité. La science est à bout de voies, et déclare enfin que les accidents éprouvés par elle ne peuvent avoir d'autre cause qu'une possession diabolique. Le gros mot est dit, et le bruit dont il frappe les oreilles atteint l'évêque du diocèse, c'était l'évêque de Nancy. Le charitable prélat se recueille, ouvre une enquête, étudie cette grave affaire, et, convaincu de l'opportunité des exorcismes, il désigne pour travailler à la délivrance de la pauvre martyre des religieux d'un savoir éminent. La prudence veut que plusieurs évêques, et que six médecins des plus en renom, grossissent de leur nombre ce conseil d'enquête. Les opérations commencent; elles se poursuivent en présence du duc Henri II de Lorraine, et ce prince rencontre, jusque dans les personnages de sa cour, une formidable opposition. Cependant madame de Ranfaing, placée sous les yeux les plus pénétrants, agit et se comporte à la façon d'une possédée. Interrogée dans des langues savantes, et qu'elle ignore de la plus radicale ignorance, elle répond correctement à ses interrogateurs. Elle découvre et révèle les secrètes pensées de personnes étrangères. Elle répond aux questions théologiques les plus ardues avec autant de clarté que de précision. Mais ce n'est point tout, car les facultés de son corps s'exaltent à leur tour jusqu'au prodige; et la voici se livrant soudain à des actes physiques qui surpassent, de la façon la plus étrange, la portée des forces humaines. Cependant, on fit venir de France des magistrats qui, réunis à ceux de Lorraine, formèrent un tribunal de vingt-quatre juges. Et, malgré la turbulente bienveillance des nombreux et puissants personnages qui favorisaient la prévenue, les procédures furent conduites avec autant de courage que de prudence. Tous ceux qui prirent une part active à cet immense procès restèrent convaincus que de mauvais Esprits possédaient cette veuve, jetée sous l'influence d'un maléfice, et que, de ce maléfice, le médecin était l'auteur! L'arrêt de la cour le condamna.

Le souverain, voulant cependant pousser la prudence jusqu'à ses limites extrêmes, suspendit cette première sentence; mais la seconde enquête qu'il ordonna d'ouvrir eut un résultat complétement identique, et le coupable subit sa peine. La mort de ce misérable fut suivie des aveux de son complice, et les faits énoncés dans ces aveux durent à de nouvelles investigations judiciaires la confirmation la plus parfaite. Tel est, entre mille faits avérés dans leurs plus menus détails, l'un de ceux qu'adopte *le sceptique Rogers,* et qu'il relate *de sa propre plume* [1].

« Ailleurs, nous dit-il, c'est *une jeune fille maladive,* ébranlant bien loin d'elle des murailles que sa volonté fait retentir de coups affreux! — A Strasbourg, la sœur d'un professeur est visitée de l'on ne sait quelle maladie mystérieuse. Dès les premiers jours de l'invasion de ce mal, elle se trouve douée d'une puissance électrique qu'elle se plaît à diriger contre la personne même de son frère; et, bien que séparée de lui par un intervalle de plusieurs chambres, elle

---

[1] Lire *Philosophy of mysterious agents,* p. 231 à 234, 260, 264, etc. Görres s'est également emparé de cette grande affaire, l'une des plus authentiques qui se puissent voir. *Myst.*, t. V, p. 347.

l'atteint, le frappe, et le soumet, par de violentes commotions, aux caprices d'une railleuse et déconcertante électricité.

» Ailleurs encore, ainsi que dans la maison de M. Proctor, on voit s'élever des vapeurs tantôt sombres et tantôt lumineuses. Ces vapeurs se condensent, et prennent à leur gré des formes *précises*. Elles sont aujourd'hui le fantôme d'une femme, à qui rien ne manque que les yeux ; demain, elles deviendront le spectre d'un homme *toujours le même*, et toujours sans tête !... Ces apparitions *sortent des murailles*; elles répandent la terreur ! elles la répandaient *déjà* dans les mêmes lieux *il y a plus de deux cents ans !* »

A coup sûr, devant des faits absolument pareils, et que l'école *incrédule à l'action des Esprits* continue de nous affirmer, en nous les offrant avec une prodigalité toute princière, les gens de simple et ordinaire bon sens ne manqueront point de se récrier : Mais qui donc nous brasserait de tels prodiges, si ce n'était le démon en personne ?

Oh ! le démon, fi donc et arrière ! réplique de son ton le plus doctoral notre école naturaliste. Non, non, vous n'entendez rien aux choses de ce monde ; et quoi *de plus naturel*, en vérité, que ces phénomènes ? Laissez donc les Esprits à leurs affaires et dans les régions qui leur sont propres, si tant est que des Esprits existent ! et croyez qu'ils ne se mêlent guère des nôtres. Mais, en dernière analyse, qu'y a-t-il d'étrange en tout ceci ? Rien, si ce n'est le développement extraordinaire d'une *émanation* vitale et nerveuse chez les sujets que vous dites être possédés par des Esprits ; rien, que l'action d'une vertu fluidique ! Et cette force *particulière*, se soudant à la force *fluidique universelle qui anime ce monde* et nous pénètre tous (*the mundane force*), se fait un jeu d'enfant de la manier ; elle est, passez-moi le terme, le manche ou la manivelle du levier,

16

dont elle fait partie. Grâce à cette soudure, grâce à cette fusion de la transsudation fluidique de ce monde et de la nôtre, les sujets privilégiés engendrent tous ces prodiges! *Risum teneatis, amici*[1] !

Voilà donc, de compte bien fait, une âme fluidique animant l'univers; et voilà, de plus, l'intelligence et la puissance unies à cette âme qu'ébranle et manie si redoutablement une de ses propres parcelles! Une de ses parcelles résidant en nous, et sortant magnétiquement de nos organes, l'agite et la remue, en se liant, en s'accrochant à quelques-uns de ses atomes! C'est une goutte d'eau qui bouleverse tout un océan, et dont la chute y produit une tempête! O prodigieuse explication de nos intrépides pourfendeurs d'énigmes, et près de laquelle l'énigme elle-même n'est que lumière et cristal limpide!

Dans l'un des plis de cette *vaste question* se retranche donc la fausse science, dérobant aux yeux ses infirmités sous la pompe ou l'artifice des paroles. Il y a là, dès lors, trop d'importance et d'intérêt pour ne point tenir en haleine notre curiosité légitime. Empressons-nous donc de voir de quel œil l'envisageait, au siècle de la Renaissance, l'un des plus compétents docteurs de la science occulte. Et qu'une trop vive surprise ne nous fasse point tressaillir si cette âme, si cette force mystérieuse révèle en elle, sous la transparence du style de ce grand maître, le fort intelligent principe de toutes les opérations de la magie.

La force *sans cesse* changeante du sein de laquelle s'épanchent et se précipitent sur nous tant de merveilles, « c'est l'âme du monde, nous dit Cornelius Agrippa, le grand héritier de l'école d'Alexandrie; et cette âme féconde toute chose, tout être que la nature enfante, ou que façonne l'art!

---

[1] Lire surtout Rogers, *Philosophy of mysterious agents*, et particulièrement p. 231 à 234, 260 à 264, etc., etc.

CHAPITRE SIXIÈME.

« Elle le féconde EN Y INFUSANT *ses propriétés célestes*. Arrangées *selon la formule* que la science enseigne, ces choses reçoivent le don de nous communiquer leurs vertus. Il suffit alors *de les porter sur soi* pour qu'elles opèrent *sur le corps* et *sur l'âme*. Vous les sentez tout aussitôt produire en vous la *maladie* ou la *santé*, l'*audace* ou la *peur*, la tristesse ou la joie ; et nous devenons, par elles, tantôt un objet de faveur et d'*amour*, tantôt un objet de *haine*, d'*horreur* et d'*abomination* [1]. »

L'âme du monde, la grande force universelle et fluidique devient donc sous nos doigts l'âme des talismans, et des charmes du magnétisme ou de la sorcellerie ! Quel autre trait nous peindra plus au vif sa nature ?

Voyons cependant de quels trésors de pouvoir s'enrichira l'homme qui, osant la cultiver, sait se taire. « L'âme humaine tient de l'essence même de la création une puissance merveilleuse. Celui *qui en possède le secret* peut s'élever dans la science *aussi haut que son imagination le porte*, et c'est à la condition de s'unir étroitement à la force universelle, de s'y souder, de l'épouser [2] ! La *vérité*, l'*avenir même* se rendent alors présents aux yeux de l'âme ; et ce qui le démontre, c'est que les choses qu'*elle représente se réalisent de la façon dont elle les a perçues*. Enfin, le

---

[1] *De phil. occult.*, Corn. Agrip., p. 65, 239, etc.

[2] *Qui* RITE *novit* potest ascendere in cognitione sua quousque virtus imaginativa transcendat, *et jungatur cum virtute universali*, p. 357. *Id.* Cette âme du monde, que l'on ne manie qu'à la condition d'y être initié, *qui* RITE *novit*, est précisément celle que la magie *met en œuvre* pour opérer les merveilles que l'Église attribue aux démons ! Elle est de tous points, sous la plume d'Agrippa, *the mundane force* de l'ingénieux Américain Rogers. *Philosophy of mysterious agents.* Boston, 1853. Elle est l'âme ou la force universelle des philosophes théurges d'Alexandrie. Elle est ce qu'Éliphas Lévi appelle la lumière astrale, le serpent séducteur, et d'autres, la lumière spectrale.... Le philosophisme ressuscité du monde idolâtre, la magie et le magnétisme ne disent les uns et les autres rien de moins ni rien de plus.

temps et l'*espace* s'effacent devant elle, et s'il est un homme sur lequel son attention se porte, elle peut fondre et tomber sur lui A QUELQUE DISTANCE QU'IL SE TROUVE ; elle peut plonger en lui, le *pénétrer*, et donner la preuve que la pensée, que la volonté, que les affections de cet homme ne sont pour elle qu'une ville ouverte au pillage.

L'âme humaine saisit alors toutes choses et les révèle, grâce à la lumière qui rayonne du sein de *cette force universelle*, grâce à l'opération de *cette intelligence* spirituelle qui la domine et qui se saisit d'elle. Il est vrai que ces dons ne sont point accordés à tous les hommes. Mais quiconque veut être disciple de la vérité (*magique*) doit *savoir obéir* à cette puissance nécessaire [1].

Quoi de plus clair ! Et ce n'est point le moyen âge catholique qui nous tient ce langage, où le génie du mal se dérobe à l'œil du vulgaire sous la charpente de l'absurde, drapée des tentures à fausses broderies de la science. Non ! ces paroles ont pour date l'époque moins humble de la Renaissance. Et, de nos jours, les bouches qui leur servent d'écho sont celles des doctes héritiers de la philosophie Platonicienne d'Alexandrie. Déjà les philosophes voyageurs de la *Grèce* avaient soutiré des initiateurs de l'Inde et de l'Égypte la partie mystique de cette science ! Et ceux-ci n'étaient

---

[1] Je donne le texte des principaux traits de ce passage si capital : Ea virtus inest animæ humanæ *a radice* creationis suæ, *sed variatur*... Efficitur *fortissima*, quando *effunditur*, super ipsam, *virtus illa œtherea* et cœlestis, *cujus splendore confortatur donec apprehendat* species, notiones, et *scientiam rerum verarum*; adeo ut, illud QUOD COGNOVERIT IN MENTE SUA, *proveniat* SICUT ET IPSA COGITAVIT, et *adipiscatur tantam potentiam* ut possit *se immergere*, et *jungere*, et insinuare *hominum animis*, et *reddere illos certos de cogitationibus suis*, et de voluntate ac desiderio, *etiam per magna et remota spatia*... Atque hæc non data omnibus... Et is (cui datur) est idoneus *apprehendere et nuntiare* omnia (don de prophétie) per splendorem *universalis veritatis*, sive *intelligentiæ*, et apprehensionis *spiritualis quæ est super ipsum*. Et hæc est *virtus necessaria*, quam *sequi oportet*, ET CUI OBEDIRE DEBET omnis qui sequitur veritatem. — De occulta philosophia, p. 358.

que les successeurs d'Hermès Trismégiste, ce haut magicien si rapproché de l'époque diluvienne qu'on le confondit avec Cham ou Chanaan : Chanaan le cynique, le maudit, le Caïnite, instruit dans les arts magiques par la génération détestable des hommes qu'engloutit le déluge[1] !

CHAPITRE SEPTIÈME.

LES VAPEURS ORACULAIRES ; DELPHES ET AUTRES LIEUX.

Le célèbre Plutarque, initié et prêtre du dieu Lumière soleil et serpent à Delphes. — Il met aux prises, sur la cause des oracles, un philosophe matérialiste, un spiritualiste pur, et un penseur religieux. — Les ventriloques pythoniens et la divination (notes). — Conclusion de cet attachant débat. — Les dieux-démons se donnent le semblant d'intelligences servies par des fluides. — Fort inférieurs en raison à Plutarque, la plupart de nos physiciens modernes n'eussent fait de ces dieux-démons qu'un simple fluide oraculaire. — Les oracles. — Enthousiasme. — Les oracles et les chrétiens. — Note finale.

Je ne sais s'il est un écrit d'un attrait et d'une importance comparables à celui du célèbre Plutarque sur les oracles, lorsqu'il s'agit pour nous d'atteindre et de signaler, dans l'HABITUELLE DUPLICITÉ de son action et de ses rôles, l'agent que nous entendons tant de bouches modernes nommer âme du monde, force universelle ou fluidique, et que nous nommerons FLUIDE ORACULAIRE dans le chapitre actuel.

[1] J'ai dit plus haut ce que les *Champollion* pensent de Trismégiste. De la Renaissance à nos jours, cette doctrine ne fit guère qu'une étape, et nous allons voir, en l'an de grâce 1858, au milieu d'une pléiade d'adeptes qu'il dépasse de la moitié de la tête, le mage Éliphas Lévi ILLUMINER à son tour des sombres rayons de la science occulte les intelligences maladives du dix-neuvième siècle.
Nous doutons que le haut magnétisme, nous doutons que la magie et le philosophisme, qui pour sa part ne veut reconnaître d'autre dieu que des forces naturelles, puissent se rencontrer, se fondre et s'unifier dans une expression plus claire à la fois et plus serrée que celle qui se forme de ce concert de leurs représentants successifs. Les textes que nous leur empruntons accusent assez fortement cette vérité, sans doute inattendue!

Prêtre du temple de Delphes et presque contemporain de Jésus-Christ, Plutarque, nourri dans la science religieuse et philosophique du vieux monde, tenait en main la clef des mystères ; il en pratiquait la morale immonde.

Et, singularité véritablement digne de remarque ! dans ce traité, qui date de l'aurore du christianisme, nous rencontrons côte à côte les opinions qui se disputent aujourd'hui même notre monde. D'abord se produit un matérialisme honteux qui, tout en nommant l'âme humaine, affiche ses propositions brutales, et nie, *au nom de la raison,* l'existence d'intelligences spirituelles que l'œil ne peut voir et que la main ne peut toucher. Ce sont ensuite des penseurs d'un ordre assez relevé pour refuser d'accorder l'intelligence à la matière. Enfin, c'est une croyance mixte qui, liant l'action des Esprits à la production de certaines vapeurs, rappelle, *je ne dirai point le sens*, mais le titre de l'un des plus remarquables écrits de nos jours. Chacun nomme avec moi le livre de M. le marquis de Mirville : *Des Esprits et de leurs manifestations fluidiques.*

Oui, déjà ces opinions, déjà ces théories si curieuses sur les Esprits, déjà ces croyances suivies d'une conclusion formelle sortaient de la plume sacrée de Plutarque, ce prêtre du dieu Lumière-universelle et serpent [1]. Mais il ne s'agit, pour nous ranger au nombre de ceux qui veulent « esplucher cette matière », que de nous adresser cette simple question : D'où vient le silence inaccoutumé des oracles [2] ?

« La Boëce qui soûlait anciennement estre résonnante de

---

[1] Delphes adorait dans son temple le dieu Lumière mâle-et-femelle, divinité obscène que représentait un Bétyle, une pierre symbolique, et le dieu Python, que représentait un serpent. Ces dieux s'identifiaient l'un à l'autre. Voir mon livre *Dieu et les dieux*, etc., 1854 ; ophiolâtrie et naturalisme héliolâtrique, et mon traité sur les Beth-el antérieur en date.

[2] Mes citations *littérales* sont la traduction naïve et si estimée d'Amiot. Edit. de Jacob Stœr, 1604.

plusieurs oracles, en est de présent toute tarie, comme de fontaines [1]; et y a maintenant grande sécheresse et défaut d'oracles. » A ces mots, le philosophe cynique Didymus, surnommé Planétiade, se dresse sur ses pieds, et frappant trois fois contre terre de son bâton : « Pourquoi s'étonner de ce silence? Est-ce grande merveille, lorsque tant de méchanceté est aujourd'hui espandue par le monde? Je propose donc plutôt à discourir cette question : Comment les oracles ne sont piéça tous faillis? Comment les dieux, longtemps y a, n'ont soustrait la machine à trois pieds, *qui est ordinairement remplie de si vilaines et de si sacrilèges demandes* : les uns comme s'ils voulaient esprouver un sophiste; les autres l'interrogeant de quelques thrésors cachés, de successions à venir, de mariages clandestins....»

Cependant, comme le discours du cynique tournait à l'irrévérence, Héracléo le tira par la robe.... et je lui dis : « Cesse, ami Planétiade, d'irriter Apollon ; car *il est aspre et cholère, et non pas gracieux* ; mais, comme dit Pindare :

> Les humains, *injustement*,
> Le jugent doux et clément. »
> (P. 342, 343, recto.)

« Bon, bon, je maintiens, dit Cléombrote, que *Dieu ne fut oncques cause d'oster ni abolir oracle ni divination quelconque*; mais au contraire, au lieu que *lui produit et prépare* plusieurs choses pour notre usage, la nature y amène *la corruption*, et quelquefois la privation du tout.

---

[1] *Utiliumque sagax rerum et divina futuri,*
Sortilegis non discrepuit sententia Delphis.
Horace, P. 293. Lugduni, 1845.

On voit dans mon livre *Dieu et les dieux, ou un voyageur chrétien*, etc., que la pierre-dieu ou Beth-el, l'arbre-dieu et *la fontaine oraculaire*, étaient dans le monde entier des objets de culte presque inséparables. On les trouve *encore réunis* en quelques contrées. Un grand nombre de ces fontaines ont changé de destination. Dédiées à des saints, elles sont devenues des buts de pèlerinage.

» Ce serait chose sotte et puérile de cuider que Dieu lui-même, COMME LES ESPRITS *parlant dedans le creux du ventre,* que l'on appelait autrefois *Euriclès,* et maintenant *Pythons,* entrast dedans le corps des prophètes, et qu'il parlast par leur bouche [1]. »

Mais « quand les démons, qui sont ordonnés pour le gouvernement et la superintendance des oracles et divinations, viennent à défaillir, il est force aussi que les oracles défaillent et périssent. Que quand ils s'enfuient, ou qu'ils passent et s'en vont tenir ailleurs, il est force que les forces divinatrices faillent en tels lieux. Puis, quand ils y reviennent après un long espace de temps, les lieux recommencent à parler, ni plus ni moins que les instruments de musique, quand ceux qui savent en jouer les manient [2]. »

Je supplie le lecteur de tenir compte de ces paroles, et de vouloir bien se demander s'il ne lui semble pas qu'elles

---

[1] Ces ventriloques inspirés, *engastrimuthoi,* furent nombreux. Un Esprit parlait de leur intérieur, et quelquefois répondait par l'extrémité intestinale qui convient le mieux à celui que les Écritures appellent l'esprit immonde. Cette *ventriloquie sacrée* ne consistait point, comme la nôtre, à sembler faire sortir une voix d'un lieu différent de celui d'où elle est émise : et l'esprit véritable qui parlait ainsi du dedans au dehors de l'homme faisait d'ailleurs ses preuves, ce qui n'excluait pas plus que dans le magnétisme les cas de fourberie. L'opinion de Plutarque sur les Esprits des pythonisses, des médiums ou des somnambules, est celle même de la Bible :

Les uns dérivent le nom de la Pythonisse du serpent Python, tué par Apollon, et dont la peau couvrait le trépied. D'autres le tirent de *pithos* (πίθος), tonneau, parce que, au moment de l'inspiration, la voix des devins s'altérait et devenait rauque ou haletante. (*Qui ructando conantur, et anhelando profantur.* Tertullien, *Apolog.,* CXXIII.)

Ils semblaient parler quelquefois de beaucoup plus bas. — « Vous serez humilié, dit Isaïe, et vous parlerez comme de dessous la terre ; votre voix, sortant de la terre, sera semblable à celle d'une pythonisse. Isaïe, cap. XXIX ; ⊽ 4. *De terra loqueris, et de humo audietur eloquium tuum ; et erit quasi Pythonis de terra vox tua ; et de humo eloquium tuum mussitabit.*

[2] Page 446 recto. Et ce que dit là Plutarque, prêtre d'Apollon, c'est toute la théorie du livre *Loca infesta!* rédigé par le savant théologal P. Thyrée, sur l'observation des faits.

s'échappent de ma plume! Ne sont-elles point comme une apostrophe anticipée qui s'adresse à une école toute moderne, dont les disciples proclament la réalité des faits surnaturels les plus compliqués, mais en supprimant les intelligences spirituelles qui les dirigent, qui les produisent, et sans lesquelles quiconque raisonne les yeux ouverts ne saurait les concevoir?

Du haut de son bon sens, Cléombrote tient donc à ses amis ce langage : « Quant aux moqueries et risées des épicuriens, il ne les faut craindre, attendu qu'ils ont bien l'audace d'en user de mesme contre LA PROVIDENCE DIVINE, l'appelant *fable* et *conte de vieille!* Et s'il est loisible de se rire et moquer ès discours de philosophie, *plutôt faudrait-il se moquer de ceux qui cherchent à donner une explication naturelle* de je ne sais quelles *images* (fantômes) *sourdes, aveugles et sans âme,* qui *apparaissent par infinies révolutions d'années aux survivants,* et se pourmenent partout, estans, se disent-ils, issues et découlées des corps, PARTIE ENCORE VIVANTS [1], partie de ceux qui, longtemps y a, sont brûlés ou pourris. C'est de ceux-là qu'il se faudrait moquer, qui attirent des ombres et des bourdes sottes ès disputes de la nature, et cependant se courroucent et trouvent étrange si l'on dit qu'il y a des démons non-seulement qui apparaissent, mais aussi qui parlent, et qui ont leur vie et leur être de bien fort longue durée [2]. »

A ces paroles, qui nieraient plutôt le fantôme que l'Esprit par lequel il est animé, Lamprias réplique en physicien aux yeux de qui l'intelligence pourrait bien n'être qu'un arôme, une quintessence, une volatilisation de la matière :

« Le corps a bien souvent de lui-même des dispositions à l'inspiration, mais la terre jette de loin aux hommes les

[1] Comme M. de Saint-Fare, dans nos expériences! Ces fantômes, de vivants, sont un fait si bien constaté en Angleterre, par exemple, que la langue a créé le terme *wraiths,* pour les exprimer.
[2] P. 337, verso.

sources et origines de plusieurs autres forces et puissances : les unes qui transportent les hommes hors de soi, et apportent des maladies et des mortalités (*les Influences*); et des autres aussi quelquefois bonnes, douces et utiles. Or, le flux ou vent et respiration prophétique de divination est très-divin et très-saint, soit qu'il se lève seul à travers l'air, soit qu'il sourde avec quelque fluxion humide[1]. Ce n'est donc pas merveille si la terre poussant hors de soi, contre-mont, plusieurs exhalaisons, il s'en trouve de celles-là qui transportent les âmes de fureur divine, et qui leur donnent imagination et appréhension de l'avenir. Et, sans contredit, ce que l'on raconte touchant l'oracle de ce lieu s'accorde à ce propos. Car c'est ici proprement que l'on dit que cette puissance de deviner se montra premièrement, parce qu'il y eut un berger qui, par fortune, y étant tombé, commença à jeter des cris et voix de personne transportée hors de soi; de quoi les voisins, du commencement, ne faisaient point de compte. Mais depuis, quand ils virent que ce qu'il leur avait prédit était avenu, ils l'eurent en admiration....

» Si me semble que L'AME SE MÊLE et S'ATTACHE avec CETTE EXHALATION DIVINATRICE, *ne plus ne moins que fait l'œil et la vûe avec la lumière*. Car l'œil, qui a une naturelle propriété et puissance de voir, est sans nul effet sans la lumière. Ainsi l'âme, aiant cette propriété de prévoir les choses à venir, comme un œil a besoin d'une chose propre qui l'allume et qui l'aiguise[2]. »

» De toutes lesquelles choses Aristote maintient que la seule exhalation est la cause efficiente dedans la terre ! Avec

[1] *In spiritu turbido humidoque*, dit Corn. Agrippa, parlant de *la matière* du fantôme, *De occult. phil.*, p. 355. — *Ibid.*, Plut., 353, v.

[2] Devant M. le docteur Foissac et moi, dans le cours de l'hiver de 1857, on racontait quelques faits de prévision ou de divination, que le savant docteur admettait. — Et quelle en serait, selon vous, l'explication, monsieur le docteur ? — Je reconnais à l'âme une force de

Honteux de son matérialisme candide, et par conséquent irréfléchi, Lamprias se rétracte et résume la question tout entière dans ces remarquables paroles : « Toute génération *procédant de deux causes*, les *premiers et plus anciens théologiens et poëtes* ne se sont arrêtés qu'à *la première plus excellente*, chantant à tout propos ce refrain qui est en la bouche de tout le monde :

> Jupiter est, de tout, commencement,
> Et le milieu, et l'accomplissement.

» Mais, au demeurant, quant aux *causes nécessaires et naturelles*, ils n'en approchent point ! Au contraire, les plus récents et plus modernes que ces anciens-là, que l'on appelle *les naturalistes*, abandonnant ce beau et divin principe-là, *attribuent tout au corps* et à je ne sais quels battements, mutations et températures.... Tellement que les uns et les autres, en leur dire, sont défectueux, parce qu'ils ignorent ou omettent de dire les uns PAR QUI, les autres de QUELLE MATIÈRE et par QUELS MOYENS la chose se fait.

» Mais celui qui, le premier, a conjoint AVEC LA RAISON *mouvante et travaillante librement*, LA MATIÈRE *sujette et passive nécessairement*, celui-là répond et pour lui et pour nous à toute calomnie et à toute suspicion. Car nous *ne privons point la divination de Dieu ni de raison*, attendu que nous lui donnons pour matière et pour *sujet*, *l'âme de l'homme*, et pour son *outil* et comme son poinçon, le vent d'inspiration et d'exhalation.

» Premièrement, la terre est celle qui engendre de telles

rogea plusieurs chrétiens qui avaient été les organes du démon avant leur conversion. Jamais ils ne purent se rappeler les réponses que le démon rendait par leur bouche, ni rien de ce qui se passait alors en eux. Ils étaient *hors d'eux-mêmes;* le démon parlait et opérait pour eux (*Missions aux grandes Indes,* voir P. Balthus, t. VI, p. 284); il en est de même dans les *inspirations magnétiques.*

exhalations ; et puis *le soleil* qui, par la tradition de nos pères, *est un dieu, donne* à la terre toute la vertu et puissance de celle température et mutation ; puis nous y ajoutons *les démons comme superintendants*, conservateurs et gardiens de celle température comme d'une harmonie qui, en temps opportun, lasche ou tend et roidit la vertu de celle exhalation[1] ! »

CONCLUSION.

D'un tour de plume, Plutarque nous trace donc, en termes qu'obscurcit à peine une ombre fugitive de mystère, la théorie tout entière des Esprits et de leurs manifestations fluidiques ! Le fluide n'est qu'un *instrument accidentel*, et manié par la force intelligente des Esprits. Et cette théorie émane d'un homme qui sait son sujet ; elle est d'un philosophe observateur de la science religieuse de l'antiquité ; elle est de l'initié, du prêtre même, de l'hiérophante d'un lieu fatidique !

A côté d'elle nous rencontrons, il est vrai, dans des doctrines d'une haute antiquité, mais sous les justes railleries du bon sens, l'âme du monde cabalistique, cette vapeur, ce vent, c'est-à-dire ce fluide, cette force intelligente et divine qui déroule à nos yeux un des replis de celui qu'Éliphas appelle « le séducteur universel, figuré par le serpent de la Genèse ! » En d'autres termes, nous rencontrons la lumière astrale, ou l'Esprit divinateur du magnétisme transcendant, tel que nous les décrit encore Éliphas dans ses propositions contradictoires, non moins que dans ses fanfarons aveux[2].

Mais Plutarque dit à cette force, à ce gaz, à ce fluide qui fait irruption de tel ou tel lieu de la terre : « Sans un Dieu qui te crée et te mûrisse ; sans un démon qui, sous l'empire

---

[1] P. 355, v. 356.
[2] Voir p. 124, 74, 93, 110, 111, etc., t. 1er.

laquelle exhalation, il est donc force que tels effets défaillent quelquefois, qu'ils passent d'un lieu à un autre, et qu'ils ressortent aussi derechef quelque autre fois. Autant en faut-il estimer *des Esprits et exhalations divinatoires qui sortent de la terre,* qu'elles n'ont pas non plus la vertu immortelle et qui ne puisse jamais vieillir, ains sujette à mutations et altérations. Car il est vraysemblable que les ravages excessifs des pluyes et grandes éaux les atteignent, que les coups de tonnerre les dissipent; et, mesmement, quand la terre est agitée et concassée par tremblement, il est bien force que telles exhalations dedans les cavernes de la terre changent d'issues à sortir, ou bien qu'elles s'assoupissent et s'estouffent [1]. »

Étonné de ces paradoxes du philosophisme, Ammonius reprend au nom du bon sens : « Je ne sais comment, naguère, nous avons ôté par nos discours la divination aux dieux, et l'avons attribuée aux démons; maintenant il me semble que, derechef, nous les chassons et déboutons ici de l'oracle et de la machine à trois pieds *en référant le principe* et la *cause efficiente de la divination à je ne sais quels vents ou vapeurs ou exhalations,* » nous détournant

divination limitée... — Mais, *humainement parlant*, et en dehors de l'action des Esprits, voir l'avenir, c'est voir ce qui n'est point; c'est voir le néant. Le néant me paraît difficile à voir. Voir au contraire l'avenir en Dieu, ou par l'opération des Esprits auxquels il permet de nous le révéler, voilà qui serait tout différent; car l'avenir est la volonté de Dieu, qu'il montre ou laisse percer comme il lui plaît.

[1] P. 354, verso.

Qu'y a-t-il de plus divin, dit Cicéron, qu'une exhalaison de terre qui émeuve l'âme de telle sorte qu'elle la rende capable de prédire l'avenir?... etc. Et le temps pourrait *éventer* une vertu *si divine*? Mais, croyez-vous donc nous parler vins ou salaisons? « Vis quædam sentiens, quæ est *toto* confusa *mundo*. — Potest autem *vis illa* terræ, quæ mentem Pythiæ DIVINO AFFLATU concitabat, evanuisse vetustate? Quæ vetustas est, quæ vim divinam conficere possit? De vino aut salsamento putas loqui? — *De divinat.,* lib. I, ch. LII, XIX; lib. II, ch. LVII. Esse quamdam vim divinam, hominum vitam continentem. Lib. I, cap. LII.

de l'opinion que cela procède des dieux, et nous donnant imagination que ce soit la terre.... Et néanmoins, ainsi que l'énonçait Cléombrote, « nous n'estimons pas qu'il y ait aucuns oracles ni divination sans quelque divinité. Nous sacrifions aux démons, et leur faisons prières pour avoir réponse des oracles! Or à quoi bon le faire, s'il est vrai que les âmes apportent quant à elles une faculté prophétique et divinatrice, et que la cause mouvante qui excite celle faculté et vertu soit une certaine tempérance de l'air ou bien du vent? Et puis, que veut donc dire l'institution des prêtresses ordonnées pour prononcer les réponses? Et pourquoi ne répondent-elles pas si l'hostie que l'on veut immoler *ne tremble toute* depuis le bout des pieds, et *qu'elle ne se croule toute* quand on lui répand dessus les effusions du vin? Car, ce n'est pas assez de secouer la tête comme aux autres sacrifices; ains faut que la secousse et le tremblement soit en toutes et par toutes les parties du corps, avec un bruit et frémissement. Car si cela ne se fait, ils tiennent que l'oracle ne besogne point, et n'y introduisent point la Pythie. Que si l'on veut forcer la victime à ce tremblement, *les Esprits* s'irritent; et nous avons vu la Pythie ne descendre dans la terre que pour tomber dans d'affreux états et mourir[1]!

» Voilà qui se conçoit si l'on attribue la plupart de cette inspiration prophétique à un dieu ou à un démon. Mais s'il en est ainsi que tu le dis, l'exhalation qui sort de terre causerait toujours le transport d'esprit de la Pythie[2], que l'hostie tremble ou ne tremble point. »

[1] P. 354 v°, 355 r°, 356 v°.
[2] . . . . *Mentemque priorem Expulit.* . . . .
(*Pharsale*, Lucain, liv. V.)
Quand l'Esprit possède les pythonisses, ou les possédés, il semble que leur propre esprit est chassé de leur corps. Le père Boucher inter-

de ce Dieu, te conduise, t'exploite et te gouverne, tu ne peux rien, tu n'es rien qu'une vapeur, un vain souffle ! » Que de lumière déjà pour guider nos pas dans les ténèbres où nous nous engageons [1] !

CHAPITRE HUITIÈME.

LE FLUIDE ORACULAIRE DE L'ANTIQUITÉ, TEL QUE LES MATÉRIALISTES L'ADMETTENT, EST L'AME DE LA MAGIE ET LA FORCE UNIVERSELLE DE NOTRE MONDE OCCULTE.

Poussons du pied le mystérieux agent, pour qu'il nous déroule ses replis. — La nature les a découverts aux principaux héritiers de Mesmer : à MM. Dupotet, Éliphas, Regazzoni. — La magie retrouvée et comment. — Aveux, craintes, réticences. — Peu ou point d'analogie entre les fluides des physiciens et le fluide des magiciens. — Grande analogie entre ce fluide, le fluide oraculaire et celui du magnétisme. — Pour quelle raison il s'animalisa.

Si telles sont la science et l'autorité de Plutarque; si ce prêtre initiateur de Delphes résume, dans son traité, les notions de l'antiquité tout entière sur ce que nos mages

---

[1] La base essentielle de la théorie des manifestations fluidiques n'est point que les Esprits ont un corps fluidique et permanent. Non; mais que les Esprits font usage de fluides, en guise d'instruments et de moyens d'action. Je professe pour ma part que cet usage n'est point nécessaire, et qu'il n'est qu'accidentel. Fût-il parfaitement inutile à la production du phénomène, il est avantageux aux Esprits qui le produisent, et qui feignent de ne pouvoir s'en passer ; car, en établissant ce préjugé, ils nous induisent en erreur sur leur nature et sur leurs forces !
Le R. P. Pailloux, qui a daigné faire le plus grand éloge, en même temps qu'un très-grand usage de mes ouvrages, dans son livre *le Magnétisme, le spiritisme*, etc., 1863, p. I, ch. XII, p. 12, etc., etc., commet une méprise en me représentant comme ayant cru à des corps fluidiques, etc., etc., et comme désabusé par des théologiens sérieux, p. 304. — Je n'en ai consulté aucun sur ce point, et ma doctrine est une guerre ouverte à cette erreur, que combat, sous le titre de fantôme humain et de principe vital, un tiers de mon dernier ouvrage, où il puise souvent : *Médiateurs et moyens de la magie*, 1863. Quelques termes, équivoques peut-être, de mœurs et pratiques auront pu causer sa méprise.
Porphyre, parlant de ceux qui prédisent l'avenir par la voie de l'*en-*

modernes appellent l'âme du monde, je veux dire sur la force fluidique et démoniaque qui résidait alors au foyer des

thousiasme (ἐνθέου ἀσμός, ayant en soi le souffle d'un Dieu), cite les prêtres de l'oracle d'Apollon de Claros, qui entraient dans cet état de fureur *prophétique* en buvant de l'eau d'une fontaine. Il cite les prêtresses de Delphes et de l'oracle des Branchides, qui tombaient dans le même et redoutable état, soit en s'asseyant sur l'ouverture d'où sortaient les *vapeurs* oraculaires de l'antre (Insidens tripodi,... *malignum vaporem* recipit, et impletur furore... *vatem* desidere super foramen, et *ascendentem spiritum* recipere : quo repleta... etc. Origène *contre Celse*, liv. VII; — saint Jean Chrysostome, *Homél.* 20), soit en s'exposant aux vapeurs d'une certaine eau. Sur quoi Jamblique répond : « Mais les autres oracles ne se rendaient pas autrement que par cette même voie de fureur et d'enthousiasme!... » Puis, il explique comment ces vapeurs et ces exhalaisons pourraient *contribuer* à causer cette fureur *prophétique*, et à attirer *les dieux* ou *les démons* dans ceux qui en étaient remplis. (Porphyre, *Lettre à Annebon*. Jamblique, I, *Des myst.*, sect. III, ch. XI.)

Un certain nombre d'oracles datent « des siècles les plus cultivés par les sciences et la philosophie. Mais quand même ils se seraient tous établis en des âges d'ignorance, n'ont-ils point subsisté pendant les siècles les plus éclairés? Comment tant de gens habiles, tant de grands philosophes, tant de royaumes, de villes et de républiques si florissantes n'eussent-ils jamais reconnu qu'ils étaient les dupes de quelques fourbes, qui en savaient beaucoup moins qu'eux en toute manière? » Balthus, I, p. 469, 470. Nous avons vu, ci-dessus, qu'ainsi pense Bossuet.)

Appuyés sur le texte positif des Écritures saintes, et sur le témoignage de *leurs oreilles* et de *leurs yeux*, tous les Pères de l'Église et les théologiens ont cru que les oracles étaient rendus par les démons. (Balthus, I, p. 91, 96, etc.) Ces grands hommes pensent que l'idolâtrie a dû ses plus rapides progrès aux prestiges de ces mauvais Esprits que nous voyons s'associer sans cesse, afin de nous donner le change, à je ne sais quelle décevante apparence de force fluidique!...

Cette croyance fut en tous lieux celle des premiers chrétiens, qui virent les oracles se taire au fur et à mesure de l'établissement du règne de Jésus-Christ. (Eusèbe, *Démonstrat. évang.*, liv. V, *paulo post initium.*)

A l'époque où la religion du Christ prenait possession du vieux monde, le triomphe miraculeux des chrétiens sur les démons était public, et nul ne se fût avisé de le nier. Aussi Lactance, répétant avec ironie le fier défi de Tertullien, se bornait-il à crier aux idolâtres : « Allons! allons! que l'on amène un homme possédé du démon, et que l'on amène avec cet homme le prêtre d'Apollon lui-même! Ils frémiront également l'un et l'autre au nom de Dieu, et Apollon sortira tout aussi vite de son prophète que le démon de ce possédé. Ce Dieu étant

oracles; si sa doctrine s'insinue et se développe dans les ouvrages des philosophes théurges ou magiciens d'Alexandrie, qui sont, pour un si grand nombre de nos philosophes contemporains [1], une des splendeurs de l'humanité; si elle se ranime, règne et se transmet dans les pages savantes du philosophe-magicien de la Renaissance, Cornelius Agrippa; si, quelque franches ou tortueuses que soient les variantes du langage sous lesquelles elle serpente et s'achemine, nous la voyons reparaître, toujours semblable à elle-même, chez

ainsi conjuré et chassé, son prophète deviendra muet, et se taira pour longtemps! Donc, les démons que les païens ont en exécration sont les mêmes que les dieux qu'ils adorent! » (Lactance, liv. IV, *Div. inst.*, cap. XXVII; *Dii gentium dæmonia*, Ps. XCV, 5.)

Les champions de l'idolâtrie, en cette époque de science, d'examen et de crise, étaient chaque jour humiliés dans leurs cultes et confondus devant ces chrétiens, à la voix desquels tombaient les idoles et se taisaient les oracles. Mais ils se gardaient bien de nier le prodige si nouveau pour eux de ce silence, ou de l'attribuer aux défaillances des forces de la nature.

Et, ne l'oublions pas, ces lieux sacrés étaient ceux où *la vapeur oraculaire*, où *le fluide fatidique*, où *l'âme du monde*, où *la force universelle* que nous poursuivons à fond de train jouaient un rôle si général et si perfide! La voix d'un chrétien mettait donc en fuite l'âme fluidique de la nature?

La vérité devait se faire jour devant l'Évangile et devant la foi chrétienne! Aussi, retenons-le bien dans la suite de cet écrit, jamais dans ces solennelles épreuves, jamais il ne fut question de la part des démons, *réduits à parler vrai*, ni du rôle d'une vapeur oraculaire, ni de lumière astrale, ou d'un fluide engendrant des prodiges! Non, jamais il n'y fut question que d'*Esprits qui s'étaient donnés pour des dieux*. Or, ces Esprits une fois chassés au commandement des chrétiens, et sous l'œil attentif du public, *tout oracle se taisait, tout prodige devenait impossible*. Le dernier mot des démons était l'aveu formel de leur impuissance. Oh! combien, dans les humiliantes tortures de cette crise, ils oubliaient le miraculeux fluide que nous voyons renaître sous les inspirations de la science occulte!

Que si, pourtant, quelque objection venait à se former dans l'esprit du lecteur, je lui propose un innocent et utile divertissement : ce sera de voir de quelle sorte le très-savant et courtois père Baltus dépèce le lourd et fastidieux docteur Van Dale, doublé de notre futile et spirituel académicien Fontenelle. (Lire la *Réponse à l'Histoire des oracles*, par le P. Baltus, Strasbourg, 1709.)

[1] MM. Cousin, Jules Simon, etc., etc.

l'historien fidèle et le subtil métaphysicien de la cabale contemporaine, chez le docte Éliphas Lévi [1], ne sera-t-il point du plus haut intérêt de suivre cet agent mystérieux dans ses circonvolutions, et de le pousser du pied pour qu'il déroule à nos yeux ses replis? Alors serons-nous libres enfin de le contempler dans sa vie présente, sous ses noms actuels et dans ses actes quotidiens? A nous donc, en poursuivant cette tâche facile, de jeter un moment les yeux sur deux des plus pratiques héritiers de Mesmer, ce triste docteur ès sciences occultes, et je ne dirai point cet apôtre désintéressé, tant s'en faut, mais ce malencontreux apôtre, à qui l'incrédulité systématique de son siècle n'a guère laissé d'autre renom que celui de charlatan!

Le premier de ses successeurs est le patient et opiniâtre baron Dupotet, ce centre inébranlable des écoles plus ou moins clairvoyantes du magnétisme contemporain. Après, mais peut-être au-dessus de ce vétéran, je nommerai le fougueux et infatigable Italien Regazzoni, parcourant en jovial missionnaire et pied à pied les villes, les châteaux et les cours; imposant les mains pour guérir, et semant, à le croire, les prodiges depuis sa patrie jusqu'à Tunis, puis de Tunis à Athènes, d'Athènes à Saint-Pétersbourg, de Saint-Pétersbourg à Madrid et de Madrid à Paris... Je le visitai, car je voulais l'entretenir, le voir et le revoir à l'œuvre, comme j'y avais vu si souvent M. Dupotet, comme j'y avais vu tant d'autres encore!

Leur docte confrère Éliphas l'a redit en termes bien clairs, et de bien faibles variantes divisent ces maîtres: la force, l'âme universelle du monde, saluée par les philosophes pontifes de l'Inde, de l'Égypte et de la Grèce; ce fluide, lumière et serpent séducteur, acclamé par le moyen âge, puis oublié, puis reconnu de nos jours sous ces noms divers; en un mot,

[1] *Id.*, chez Rogers, Edmund, Dexter, Talmadge, etc., etc.

l'agent de la divination et de la magie, c'est là le fluide du magnétisme ! Et, par ce mot inexact, nous devons entendre l'agent insaisissable à qui le vulgaire attribue de nos jours l'honneur de maints prodiges opérés dans les voies occultes de ce bas monde. Il figure dans les nébuleuses régions de la sorcellerie et de la magie, mais en prince qui aime à se couvrir du voile de l'incognito. M. Dupotet l'y reconnut-il ? Sut-il bien quels sont sa nature et son rôle ? Oui sans doute ! Et, dans quels termes éleva-t-il donc vers lui son salut de reconnaissance et le tribut de ses hommages ? Silence, silence à nos préjugés ! Écoutons :

« L'histoire, nous dit M. Dupotet, ne nous conserve-t-elle pas le triste exemple de ce qui advint aux générations passées au sujet de la sorcellerie ? Les faits n'étaient que trop réels et donnaient lieu à d'affreux abus, à des pratiques monstrueuses ! Satisfaire des passions brutales, torturer quelques êtres, obéir à des sentiments de vengeance, tel était le but unique où visaient les volontés et les pensées.... Mais comment ai-je trouvé cet art ? où l'ai-je appris ? dans mes idées ? non ; c'est *la nature* elle-même qui me l'a fait connaître. Et comment ? En produisant sous mes yeux, sans que je les cherchasse d'abord, des faits indubitables de sorcellerie et de magie. Que si, dès les premières magnétisations, je ne l'ai point reconnu, *c'est que j'avais un bandeau sur les yeux*, comme l'ont encore tous les magnétiseurs[1] !

» Qu'est-ce, en effet, que le sommeil somnambulique ? Un résultat de la puissance magique. Et qui détermine ces attractions, *ces penchants subits, ces fureurs, ces antipathies*, ces crises, ces convulsions que L'ON PEUT RENDRE DURABLES..., si ce n'est *le principe même employé, l'agent très-certainement connu des hommes du passé ?* Ce que vous appelez fluide nerveux ou MAGNÉTISME, les

[1] *Magie dévoilée*, p. 50, grande édition à 100 fr.

anciens l'appelaient *puissance occulte ou de l'âme, sujétion, envoûtement.*

» La magie est fondée sur l'existence *d'un monde mixte*, PLACÉ EN DEHORS DE NOUS, et avec lequel nous pouvons *entrer en communication* par l'emploi *de certains procédés et de certaines pratiques*[1].

» Qu'un élément inconnu dans sa nature secoue l'homme et le torde, *comme l'ouragan le plus terrible fait du roseau;* qu'il le lance au loin, le *frappe en mille endroits à la fois* sans qu'il lui soit permis d'apercevoir son nouvel ennemi et de parer ses coups; que cet élément ait DES FAVORIS et SEMBLE pourtant obéir *à la pensée*, à une voix humaine, *à des signes tracés*, voilà ce qu'on ne peut concevoir, *voilà ce que la raison repousse*[2], voilà ce que *j'ai vu;* et, je le dis résolûment, ce qui est pour moi une vérité à jamais démontrée.

» J'ai senti les atteintes *de la redoutable puissance.* Un jour, *entouré d'un grand nombre de personnes,* cette FORCE évoquée, UN AUTRE DIRAIT CE DÉMON, agita tout mon être...; et mon corps, entraîné par une sorte de tourbillon, était, MALGRÉ MA VOLONTÉ, contraint d'obéir et de fléchir. Le lien était fait, le pacte consommé; une puissance occulte venait de me prêter son concours, s'était soudée avec la force qui m'était propre, et me permettait de voir la lumière[3].

---

[1] *Magie dévoilée*, p. 54, 147.

[2] La raison du philosophisme, prenant son point d'appui sur elle seule, est semblable à cet Allemand de la légende qui, tombé dans une fosse profonde, essaye de se soulever en se prenant de son propre bras par la chevelure. Telle est le motif pour lequel elle habite au-dessous d'un niveau honnête.

[3] La lumière astrale d'Éliphas! Et nous savons qu'ici le téméraire magnétiseur ne dit ni tout ce qu'il a vu, ni tout ce qu'il lui arriva d'éprouver! Il semble s'épancher, mais il se contient. Pressez, par exemple, M. Dupotet de convenir s'il est, ou non, du nombre de ceux qui ont vu tout à coup lui apparaître, sous forme humaine, la puissance occulte, la lumière astrale, le fluide magnétique? etc., etc.

» C'est dans ce nouveau milieu que l'âme trouve l'ennemi, mais aussi les affinités nouvelles qui donnent la puissance ! Tout ce qui se fait ainsi a un caractère surnaturel, et l'est véritablement[1] ! »

Jamais, à coup sûr, ni de Lancre, ni les démonologues les plus catholiques ne nous ont tenu langage plus terrible et plus clair que celui de ce magnétiste sincère, toujours se précipitant pour ouvrir à deux battants les portes de la science..., mais se retenant sans cesse et vous fatiguant de ses réticences !

Quant à moi, je m'occupai sérieusement aussi de l'art magnétique, d'où j'espérai pendant quelque temps voir éclore et apparaître une science ; la puissance que j'y obtins, et que je croyais sortie du feu de mes veines, me donna quelque orgueil et séduisit un instant mon âme. J'assistai aux prodigieuses et intimes expériences de quelques grands maîtres : j'étudiai *les faits* et *les livres,* et je suivis d'un œil soutenu les opinions qui se livraient la guerre ou qui évoluaient sur ce terrain. Au milieu de ces débats et de ces œuvres, la parole de M. Dupotet me parut prendre sa base habituelle sur des résultats incontestables. Il me sera permis, en tout cas, de transcrire, entre les vérités qu'il énonce, celles *que je reconnus :*

« Lorsque je trace avec de la craie ou du charbon cette figure X, dit notre indiscret révélateur, un feu, une lumière s'y trouve d'abord fixé. Il vient de moi-même, ce feu ; il s'est écoulé rapidement en s'amalgamant à la substance que mes doigts promènent. Il est d'abord inactif ; mais bientôt il attire à lui l'être qui s'en approche ; il le détient, le fascine, l'endort. C'est inutilement qu'il essaye de franchir ce cercle ; une puissance magique lui ordonne de rester, et la volonté de l'être, comme ses organes, *se pliant à la*

[1] *Magie dévoilée,* p. 16, 153.

force, il succombe en poussant des sanglots! Ce n'est plus moi qui ordonne et commande; non! Les effets qui se produisent *me sont alors étrangers*. La cause n'est plus en moi. — « Nous vîmes *cent fois* ces choses avant de les décrire, et *leur identité dans tous les cas* ne laissa aucun doute dans mon esprit; car *chacun* des êtres qui me fournit un exemple nouveau était *totalement étranger* aux expériences déjà faites. »

Quelquefois, les visions que ces personnes ont devant les yeux « sont douces et tranquilles. Elles se traduisent en éclats de rire, mais d'un rire singulier. *Le rire ordinaire n'offre rien de pareil.* LE DÉLIRE ORDINAIRE s'en éloigne COMME LA NUIT DU JOUR. *Ce qui* APPARAIT *ayant souvent* DES FORMES, non-seulement l'expérimentateur peut voir et saisir, mais, en certains cas, tous les spectateurs peuvent percevoir comme lui[1]. »

Qu'importe, alors, de quelle sorte la vision, le spectre, que l'on aperçoit se présente? qu'importe si plusieurs personnes se faisant face les unes aux autres le voient entre elles, chacune comme s'il était tourné de son côté? Ce prestige exceptionnel n'en est que plus étonnant; et, susciter à volonté *des hallucinations de cette nature,* donner à ces visions de si terribles, de si réels et durables effets; attaquer, épuiser par elles *jusqu'aux sources de la vie;* produire sur les sujets des phénomènes inouïs *et qui se jouent de leur volonté, qui s'affranchissent de celle même de l'opérateur,* c'est là précisément effectuer les prodiges que les siècles passés et que nous-même nous attribuons à la magie diabolique. Aussi M. Dupotet, après avoir professé l'ironie de longue haleine à l'endroit du démon, s'est-il vu

---

[1] *Magie dévoilée,* p. 183, c'est ce qu'à Paris même les expériences de quelques bons médiums ont rendu incontestable pour un grand nombre de témoins très-haut placés. (Voir plus bas.)

forcé de l'admettre, à l'exemple de Platon, des théurges, de Plutarque, d'Apulée, de Cornélius Agrippa..... Que dire ? Son incrédulité, mille fois vaincue, se rendit à l'expérience, cette grande maîtresse de la vie de quelques hommes, et je l'en félicite; mais poursuivons avec lui notre course.

« Si j'entrais dans de plus grands détails, on comprendrait, ajoute le maître, qu'il peut bien exister *autour de nous, comme en nous-mêmes,* un être mystérieux ayant puissance *et forme*, entrant et sortant à volonté, malgré les portes bien fermées[1]. »

Et cet être, retranché dans les ténèbres, sera tout à l'heure, à ne s'y point tromper, celui qu'attaquent victorieusement les exorcismes de l'Église! Mais, en même temps qu'il reconnaît sous sa main cette farouche et intellectuelle puissance, le grand magnétiseur, dominé par la force invincible de l'habitude, conserve les tendres respects de sa parole pour le fluide merveilleux que Plutarque vient de réduire à peu de chose, mais dont la nature protéiforme l'éblouit et l'illusionne encore! Il nous tiendra donc ce langage :

La faculté de produire et de conduire le fluide du magnétisme « est une propriété physique, résultant de notre organisation. Le fluide magnétique animal passe à travers tous les corps. Tous les corps lui servent de conducteurs. Chaque corps peut recevoir ce fluide, *le retenir*, et produire par lui des effets magnétiques. La liaison entre le fluide magnétique animal et le corps qui l'a reçu est si étroite qu'*aucune force chimique ou physique ne peut la détruire!* Des objets magnétisés, conservés avec soin, produisirent au bout de six mois leurs mêmes effets. Ils semblaient n'avoir rien perdu de leur force magnétique. » Enfin, « il y a *très-peu*

[1] *Magie dévoilée,* p. 201.

d'analogie entre les fluides impondérables que les physiciens connaissent, et le fluide magnétique animal[1]. »

Et ce trait d'observation, en donnant au miraculeux fluide un caractère qui l'élève au-dessus des agents physiques les plus subtils, diminuera d'autant notre surprise de le voir, selon le terme si spirituel dont usait tout à l'heure Cicéron, ne se point éventer à la façon des salaisons et du vin !

CONCLUSION.

Mais quoi de plus? Et ce que nous voulions établir n'est-il point assez positivement constaté? Le voici : c'est qu'entre les vapeurs intelligentes et oraculaires de Delphes, que nous a décrites Plutarque, et l'intelligent, le redoutable, le fluidiforme Protée du magnétisme animal, tel que je l'ai vu, tel que l'ont vu, tel que l'ont senti, tel que l'ont reconnu les nombreuses écoles de M. Dupotet et consorts, la similitude est parfaite[2].

Ce mystérieux agent est, au gré de ses caprices, caressant et faible, ou brutal et irrésistible. Il fond sur vous; il vous saisit comme le dieu du trépied fatidique; et, jeté que vous êtes dans un étrange délire, il vous enivre de sa fausse et redoutable lumière, vous faisant voir par elle ce qui sans elle était invisible.

Et les visions dont il est l'auteur sont douces ou terribles, selon ses calculs ! Mais ce qu'il vous fait découvrir et voir, c'est, il faut bien le répéter, ce que, de lui-même, l'œil d'un mortel ne pourrait découvrir !

Seulement, et avant de lui donner la bienvenue, les matérialistes, qui naguère imposaient leurs lois à notre monde, exigèrent de lui quelque concession. Se prêtant aux lois de

---

[1] *Cours de magnétisme*, p. 17, 18, 107, 408, etc.

[2] Lire *id.*, Cahagnet, *Arcanes*, vol. Ier, p. 154, 168, 177; et *Lettres odiques magnétiques*, surtout p. 101, etc.

la prudence, qui lui commandent de se faire tout à tous, le souple et habile fluide *s'animalisa donc*, se dépouillant, pour la circonstance, de tout l'appareil de ses vieux noms religieux ou philosophiques; on le vit aussitôt se mêler, se confondre, s'identifier en nous à quelque autre mesquin fluide, occupé, dit-on, à déterminer, entre le sang et les nerfs, je ne sais quelle série de phénomènes vitaux! Perdu, déguisé sous les apparences de ce mobile et insaisissable principe, il eut donc tout un siècle de patience, durant lequel il se laissa palper et manipuler en répondant au nom de *magnétisme animal*. Sous les tâtonnements, sous les passes et les caresses de ses fidèles, il attendit un siècle nouveau dont les croyances fussent moins hébétées; il attendit l'époque de spiritualisme qui réapparaît, afin de réapparaître lui-même sous la physionomie intelligente que nous connaissons aux Esprits.

Ainsi donc pourrons-nous enfin recommencer à battre les mains aux paroles de l'un de ses plus fidèles et avoués interprètes, proclamant à haute voix que lorsque cette âme du fluide animal agit et fonctionne, nos yeux ne nous représentent rien de faux en nous représentant des merveilles, parce que « tout ce qui se fait ainsi a un caractère de *surnaturel* et l'*est* véritablement »; parce que « la vie ordinaire n'offre rien de pareil[1] ».

[1] *Magie dévoilée*, p. 153, 183, etc., Dupotet.

CHAPITRE NEUVIÈME.

Suite. — Prodigieuses expériences, interprétations.

M. Regazzoni, astre errant du spirito-magnétisme. — Séance particulière sous mes yeux et sous les yeux d'un très-savant médecin de mes amis. — Nos précautions. — Les jeunes filles; foudroiement; figures tracées; lignes intelligentes et obéissantes. — Le fluide vital produisant, à notre gré, sur les jeunes filles, l'insensibilité du cadavre, les apparences de la mort, et changeant en marbre la chair vivante. — Danses cataleptiques. — Lois de la statique violées. — Scènes de la Belle au bois dormant. — L'oreille sourde aux sifflements aigus s'ouvre à la musique. — Pourquoi? — Changements de poses et de scènes à chaque changement de volonté. — Amours et haines inspirés à contre-sens, et jusque pour des objets inanimés. — Prodige du ballonnage des seins; imitation ailleurs; gonflement du crâne. — Fausse grossesse. — État de jouissance du sujet. — Mot du médecin mon ami. — Mêmes expériences dans une grande soirée, et faible succès. — Conversation avec M. Regazzoni; ses récits d'apparitions; ses opinions sur ce qu'il opère. — Conclusion. — Il est, à son insu, le disciple de Plutarque; admettant comme instrument de l'opération des Esprits une vapeur insaisissable, un fluide capricieux et terrible parce qu'il est animé.

J'invite maintenant le lecteur à passer de la parole aux faits en ouvrant les yeux sur quelques-unes des expériences du célèbre Regazzoni. La séance que je décris est toute particulière, elle a lieu le 18 mai 1856, de huit heures du soir à minuit : je m'y rends accompagné de deux personnes éclairées et clairvoyantes; l'une d'elles est un savant médecin de mes amis. L'expression générale de la physionomie de l'opérateur est celle de l'énergie pétulante, de la franchise hardie, de l'expansion; M. Regazzoni s'est pourvu d'un nombreux assortiment de sujets de constitutions physiques fort différentes, et du sexe féminin.

Une de ces jeunes filles se lève, nous lui bandons les yeux; et, tandis que nous lui bouchons hermétiquement les oreilles, nous convenons avec M. Regazzoni qu'au signal donné par un de nos regards il la fera tomber à terre comme d'un coup de foudre, par la grâce de son prétendu fluide.

Nous le plaçons à distance de sa victime; elle ignore quelle sera la nature de l'expérience, et nous rendons impossible jusqu'au moindre signal de compérage que l'œil ou l'oreille, que le contact ou l'odorat pourrait nous dérober et qu'un corps réflectant pourrait transmettre.

Sur le prompt et furtif coup d'œil que nous lui adressons, M. Regazzoni lance silencieusement et déchaîne à l'instant l'agent mystérieux du magnétisme. C'est un coup de massue! La victime tombe; elle est assommée. Mon Dieu, ne va-t-elle pas en tombant se fendre le crâne? Je me précipite les bras étendus pour la retenir. « Laissez! me crie M. Regazzoni d'une voix de tonnerre, et comme si j'allais commettre un sacrilége, laissez, laissez-la tomber; jamais magnétisé ne se fait le moindre mal en tombant[1]. »

Habitué que je suis, d'ailleurs, aux prodiges de cette nature, j'obéis. Grosse, grasse et lymphatique, la jeune fille est à terre; elle est immobile, et le marbre n'a point une autre roideur! Cependant sa tête ne touche point le sol; un de ses bras reste en l'air; une de ses jambes se maintient sur une ligne horizontale détachée de l'autre. Elle demeure indéfiniment dans cette inimaginable posture. Moins rigide est le bronze de la statue... moins inflexible est le cadavre que frappe en Sibérie la glaciale toute-puissance d'une longue nuit d'hiver.

C'est à plus de trois cents pas de distance que M. Regazzoni faisait cette expérience en Angleterre; mais l'éloignement n'en augmente point le mérite. J'ai, d'ailleurs, pour m'édifier sur la vérité de cette assertion, un livre qui contient le récit de bien d'autres succès; il est écrit par *un des*

---

[1] C'est un des axiomes du magnétisme. Un dieu, le même dieu que celui des ivrognes, veille sur leurs jours; je l'avais souvent éprouvé.

plus illustres savants de l'Europe. Voici le titre et le nom de l'auteur : *Vérité du Mesmérisme,* Hare[1].

Une seconde expérience suit la première, et nous usons de toutes les précautions imaginables contre toute imaginable supercherie. M. Regazzoni trace sur le parquet, et à la place qu'il nous plaît de choisir, une ligne imaginaire. Sans le toucher, il y dépose, ou plutôt, si je décris son geste, il y secoue, il y jette son fluide à l'aide de quelques passes rapides et saccadées. Dans l'attitude de la statue du Silence, je lui marque du doigt le bout de mon pied comme un jalon devant former limite. Il était convenu que cette ligne fluidique aurait puissance de ne se point laisser franchir.

Nous amenons en lice une jeune fille qui s'avance à reculons, ayant les yeux merveilleusement bandés... Des passes l'attirent, et son allure est dégagée ; mais à peine a-t-elle touché la ligne invisible que ses pieds, *comme s'ils étaient subitement saisis et rivés,* adhèrent au sol, tandis que le haut de son corps, emporté par la rapide impulsion de la marche, tombe et se précipite avec fracas comme sous la masse d'un boucher. La soudaine rigidité de ses membres est celle d'un cadavre glacé, et ses talons *sont cloués avec une précision mathématique* à la limite fatale que j'avais indiquée... M. Dupotet et bien d'autres maîtres ont fait des expériences analogues, et que des centaines de témoins ont certifiées.

Nous choisissons maintenant trois jeunes filles destinées à subir ensemble l'action foudroyante et *tyrannique du fluide,* qui doit les jeter à la fois dans une rigidité cataleptique. Le fluide opère, et, presque à l'instant, leur insensibilité est complète, ainsi qu'en témoignent *le fer* et *le feu*

---

[1] *Mesmerism proved true, and the Quarterly reviewer reviewed,* by the Rev. Chauncy Hare, Townshend of Trinity hall. — Cambridge. London, 1854.

qui les éprouvent *à l'improviste* [1]. L'œil est ouvert; la prunelle, qui se renverse en arrière, le laisse voir immobile devant l'éclat de lampes ou de flambeaux subitement approchés. La surprise de sifflements cruellement aigus, qui nous font bondir et crispent nos nerfs, ne fait ni tressaillir ni sourciller ces fillettes. Chez elles, l'œil est pétrifié, l'oreille est morte, les nerfs ne sont plus qu'une froide argile.

« Mais, nous dit M. Regazzoni, mêlant sans doute à tort un nom vénérable à ses théories, le R. P. L*** prétend que si l'oreille perçoit les bruits, le cœur seul entend la musique. » Aussitôt dit, ses lèvres tirent d'une flûte de Pan des accords pleins de suavité; le rhythme en est religieux. Nos somnambules, sourdes aux plus aigus sifflements, entendent ces notes mélodieuses et bondissent comme par magie. Toute catalepsie cesse au bruit de ces douces modulations, et reprend avec une force invincible aussitôt que les notes se taisent; les fluidisées restent alors suspendues de la manière la plus étrange, et réalisent à nos yeux la merveille féerique de la Belle au bois dormant. Leur mouvement, lorsqu'elles sortent de l'immobilité de l'extase, est gracieux et lent, ou fébrile et bachique, selon le mode toujours impérieux du rhythme, selon les lenteurs suaves ou les soudains élans de la mélodie. Et ces jeunes filles, séparées l'une de l'autre, ne forment cependant qu'un seul être, que fait mouvoir ou que roidit instantanément un même ressort. Voyez, voyez ces trois corps bondir subitement et sans

[1] Ces expériences sont semblables à celles que j'ai faites jadis, itérativement, sur des amis qui m'avaient supplié, malgré ma répugnance, de les soumettre à cette épreuve. J'ai vu appliquer à l'improviste des charbons ardents sur les chairs des somnambules, et traverser de *part en part* des membres, sans provoquer apparence de sensibilité, sans faire apparaître une gouttelette de sang! — Des opérations chirurgicales, l'enlèvement du sein, etc., ont été faites grâce à ce moyen d'ôter le sentiment: je tiens mes renseignements d'un maître opérateur.

cesse au signal que leur donnent ces accords, et s'élancer en tournoyant avec toute la mollesse et la folie de l'abandon; ou s'arrêter comme pétrifiés, mais avec un luxe inconcevable de grâce et d'aisance dans des poses dont la vue fatigue et fait peur. Les lois de la statique y sont à chaque instant violées! Le fluide, intelligent et docile à la pensée que nous transmettons à M. Regazzoni, manie et soutient en se jouant ces corps hors de leur centre de gravité. La nature n'est plus ici ce qu'elle est autre part; elle viole ses règles fondamentales.

Ailleurs, et plus d'une fois déjà, je vis durer et se renouveler le prodige de ces attitudes, aussi longtemps que naissaient et renaissaient nos caprices. O merveille! le fluide magnétique, c'est-à-dire l'âme universelle, le principe de la vie, *le fluide vital agit*, s'insinue, opère, et la chair vivante qu'il pénètre *devient statue!* Quoi qu'il en soit, rien de plus hardi, rien de plus gracieux, rien même qui peigne avec une plus vive diversité d'expression la puissance de l'extase, jusque dans ses ravissements sublimes.

Nous soumettons à une longue et rude série d'épreuves le fluide auquel commande M. Regazzoni. On peut dire que notre volonté circule et vole sur ses ailes; et, quelquefois, il suffit, pour qu'il se prête à nos désirs, de former un acte tacite et mental. Ou bien, nous disons à l'oreille du magnétiste le mouvement que nos marionnettes vivantes doivent opérer, et l'intelligent fluide aussitôt les manie, les emporte ou les fixe. Tour à tour, elles nous font voir en elles d'admirables saintes que dévore le feu sacré de la prière; l'amour divin les renverse immobiles, et le ciel est tout entier dans leurs yeux; ce sont des anges de lumière! Voilà Catherine, l'épouse du Christ! voilà Thérèse.... Mais non: la colère et la haine éclatent dans l'œil fauve de ces créatures tout à l'heure si douces, si suaves! Elles se menacent du poing;

ce ne sont plus des femmes, ce sont de hideuses viragos; c'est une scène de pugilat qui se prépare, cela sent les halles, cela donne des nausées ; détournons la vue, ou plutôt donnons à nos idées un autre cours.

C'est chose faite ; nous avons changé de pensée, et le fluide attentif nous a compris ; ce sont maintenant de tendres amies qui se jettent dans les bras l'une de l'autre. Une invincible sympathie les attire.... Assez, assez! Notre pensée change encore, et nous les séparons par des danses. Du coup, voilà des bayadères qui, rapides, échevelées, puis lentes et rêveuses, dévorent artistement l'espace, ou caressent l'air dans lequel elles nagent avec la mollesse et les grâces de la plus exquise langueur.

Ces ordres, ces fugitives, ces inattendues, ces capricieuses expressions du vouloir de chacun de nous, un invisible agent les saisit dans notre âme; silencieux, il les transmet, et ses ailes veloutées sont de foudre ! Il surexcite la vie, il allume le feu de la fièvre et du délire dans la chair, et soudain il glace le mouvement. Il renverse les lois de la nature, et, la violant à outrance, il lui impose brutalement les siennes; les lois du caprice remplacent les lois régulières de ce monde.

— Maintenant, messieurs, voulez-vous que, par mon action magnétique, j'inspire à l'une de ces femmes un amour de feu, un délire de passion, une aversion subite et violente pour tel objet, pour tel meuble, ou telle personne que me désignera votre signe muet?

Ce philtre sec est accepté ; nous convenons du signe ; nous nous précautionnons contre toute possibilité de supercherie, et nous donnons le signal.

Le fluide que dirige M. Regazzoni s'élance et bondit comme le tigre sur le cœur d'une femme dont les yeux sont bandés. Son antipathie s'exerce aussitôt sur une personne qui n'est rien moins que de nature à l'inspirer. Quelques instants après, les démonstrations passionnées de son amour s'attachent à un misérable fauteuil qu'elle presse sur son sein, qu'elle couvre de ses baisers, qu'elle fatigue de ses folles caresses[1].

Voilà donc, ici comme ailleurs, cette même force universelle dont nous ne nous fatiguons point de relever et de signaler les vestiges ! Voilà cette âme du monde, cette lumière astrale, ce principe vital, ou, disons mieux, avec ceux qui prétendent encore *animaliser l'esprit,* voilà cet insigne agent *du magnétisme animal,* déguisant le surnaturel sous les artificieux travestissements du langage et s'appropriant le plus innocent des noms, le nom d'un fluide, pour couvrir la plus fausse et la plus menteuse des sciences....

Mais suivons le cours de ces expériences. Je parle gravement à des hommes graves; ils m'accorderont donc, pour un quart d'heure tout exceptionnel, la sorte de licence que la profession médicale exige quelquefois du médecin le plus réservé. Le fluide animal... et mieux aimerais-je dire le *fluide animé,* vient d'abattre dans un fauteuil une fraîche et vigoureuse jeune fille... sa gorge est entièrement découverte et libre. M. Regazzoni lui disant : Laissez de côté la pudeur, du ton dont on dirait : Débarrassez-vous de votre chapeau, nous prévient que sa volonté sera de gonfler jusqu'au prodige les deux seins de cette pauvre éhontée; et chez elle, pourtant, non plus que chez aucune autre femme, la magnétisation ordinaire ne produit en aucune région du corps aucun accroissement appréciable de volume ! Mais que ne peut sur le magique agent l'empire d'une volonté ferme?

---

[1] Mais je me propose de revenir *ailleurs* sur ce phénomène. La scène que je rapporterai est effrayante et pleine de dégoût; mais elle fait faire, ou refaire, à la véritable science un pas de géant.

L'opérateur, au moment indiqué, déchaine et semble darder son fluide. Tout aussitôt les seins se gonflent, et l'un des deux, de prime abord, beaucoup plus rapidement que l'autre. Mais, en un instant, l'égalité se rétablit; leur orbe progresse et s'accroît d'une manière effrayante, incroyable. Est-il donc naturel que le tissu cellulaire... que le système cutané de la femme elle-même, malgré son excessive souplesse, se prête sans efforts et sans déchirure à ce prodige d'extension? Car je ne sais si le luxe mammaire de la plus bourguignonne nourrice atteint une moitié seulement de ce phénoménal ballonnage! Nous serions prêts à jurer que les deux outres qui viennent de naître de la gorge de cette jeune somnambule doivent lui faire éprouver, en même temps que les souffrances de la suffocation, la douleur aiguë du déchirement, si le calme et le sourire ne s'épanouissaient à la fois sur son visage. — Ne souffrez-vous point, mademoiselle? — Oh! non. — Mais vous sentez-vous à votre aise? — Oui; je me trouve bien; oh! très-bien[1].

Et ce serait erreur de se figurer que la chair, météorisée, ce semble, par l'agent à mille noms qui la travaille, n'offre, aux doigts sous lesquels elle est pressée que de mobiles flatuosités, ou qu'un boursouflage réfractaire. Non. Les seins, observés et palpés par mon ami le médecin, donnent le degré de consistance et de fermeté normales de tissus et de vaisseaux fortement nourris par l'afflux de leurs liquides et de leurs sucs!

..... Quelques actes de stratégie magnétique abaissent, lorsqu'il en est temps, ce que les mêmes actes venaient d'élever. Les siens rentrent en peu de secondes, et sans traces de ride ou de flétrissure, dans le périmètre normal

---

[1] A Delphes, le fluide oraculaire, lorsqu'il gonflait les veines de la Pythie, était souvent moins débonnaire. Mais autres temps, autres mœurs!

de leur orbite, d'où la volonté de M. Regazzoni, à laquelle se plie le docile agent, les avait tirés. Mais le vêtement habitué à les contenir les ayant reçus et s'étant refermé, l'opération se répète à travers les plis de l'étoffe. L'étoffe, presque aussitôt, cesse de pouvoir les contenir; elle est visiblement sur le point d'éclater. — Voulez-vous qu'elle éclate? demanda Regazzoni. — Mais à quoi bon? Et nous accordons vie sauve au corsage.

Cependant, deux autres jeunes filles viennent de se lever; elles sont là, debout, et quelqu'un de nous exprime le désir que la même expérience se répète sur l'une d'elles. Mais ici nouveau prodige, auquel les capricieuses irrégularités du fluide ont familiarisé les habitués du magnétisme! Car l'agent invisible se divise et les atteint toutes deux; il semble qu'une portion de lui-même rebondisse et frappe en ricochant la poitrine de l'autre jeune fille; en un mot, la merveille du ballonnage s'accomplit en partie double, jusqu'à ce que nous disions : C'est assez!

Mon ami le médecin [1], — et le nom qu'il porte fait autorité dans la science médicale, — mon ami se lève alors, et : Ne pourrai-je donc, *si je le veux*, produire ce que je viens de voir? Sans plus dire, il étend un bras impératif, s'essaye et réussit: L'esprit souffle où il veut... mais il ne souffle pas tous les jours.

— Allons, docteur, est-ce que vous ne nous trouverez pas une explication naturelle au phénomène de ces seins gonflés? lui dis-je aussitôt que nous commençons à respirer l'air salubre du dehors. — Non, certes; car vous ne me demandez point des paroles creuses, et si je me bornais à raconter à des confrères cette expérience, telle qu'elle vient de se passer sous nos yeux, je ne sais si j'en trouverais un seul qui consentît à me croire.

[1] Quel est-il donc, ce médecin? — Si je ne le nomme au public, je crois que le public l'a nommé. — Voir en tout cas 1re édition, p. 244.

CHAPITRE NEUVIÈME.

Déjà, Mesmer, ce grand précurseur des *temps qui commencent*, faisait enfler et désenfler le corps humain en lui présentant le bout de ses doigts! — Déjà M. Dupotet avait vu produire et produisait un phénomène analogue non moins étrange : « J'ai vu, nous affirme ce maître, une magnétisée en contact avec une femme enceinte éprouver tous les symptômes d'une véritable grossesse. Le ventre prit en quelques minutes un volume énorme, et les cordons de la jupe se cassèrent. N'en croyant point mes yeux, j'ai touché, j'ai palpé, il n'y avait pas à s'y méprendre. Cette grossesse artificielle dura tout le temps du contact, et ne cessa que par degrés. J'ai reproduit ce fait sur une autre[1]. »

Mais il y a mieux encore, car Görres nous rapporte l'histoire, éclatante d'authenticité, d'une femme de haute condition, et sur laquelle une volonté perverse déchaînait celui qu'Éliphas appelle le « grand agent magique ou magnétique[2] »; Or le crâne de cette femme « tantôt s'ouvrait et se fermait, tantôt s'enflait d'une manière monstrueuse[3]! »

Un grand nombre de ces mêmes expériences furent répétées sous mes yeux le 8 mars 1856, un certain soir, chez madame V... de V...; cependant les convenances ne permirent point qu'elles le fussent dans les conditions d'isolement que notre prudence s'était ménagées chez M. Regazzoni.

Une foule de notabilités politiques, scientifiques et littéraires remplissaient les appartements de notre poétique hôtesse, mais les expériences sérieuses sont ennemies de la foule! Il était difficile aux spectateurs de bien voir ce qu'ils

---

[1] *Magie dévoilée*, ibid., p. 172, 173.
[2] Dogme et Rituel, 1856, t. Ier, p. 92, 93; Éliphas Lévi, *id.*, p. 227.
[3] Görres, *Myst.*, t. V, p. 348. Görres ajoute qu'*il se trouva* un médecin pour attribuer ces phénomènes à *l'imagination* de cette pauvre femme! Et ce médecin eut ses partisans! Je ne m'étonnerais que du contraire... Les grands médecins qui suivirent ce phénomène crurent simplement à la possession! *Id.*, p. 348, 319.

devaient examiner, et les expérimentateurs ne pouvaient opérer de manière à répondre à la fois aux justes exigences de la critique, et aux convenances du monde.

Ouvrons maintenant les oreilles, et reposons un instant nos yeux. Je viens de rencontrer M. Regazzoni, quelque temps avant l'heure où de nouvelles expériences attendent les évolutions de son art. — « Asseyons-nous à part et causons, monsieur Regazzoni. Vous aurez bien l'obligeance de me dire quel est l'agent de la science, ou de l'art, dont vous vous intitulez professeur? — Oui, sans doute, c'est un fluide dont la nature.... — Oh! bon, un fluide! cela va sans dire pour le moment; mais cela dit trop peu! Nous vous l'accordons si vous y tenez; mais après? Parlez sans crainte de railleries : vous professez, et nous étudions. Déjà nous avons vu, déjà vous nous avez fait voir nombre de choses qu'un simple fluide n'a point assez d'esprit pour nous expliquer! Avouez donc que votre fluide n'est pas tout à fait comme un autre, il est intelligent, n'est-ce pas? — Oui, quelquefois. — Il conduit visiblement, il transporte, il exécute la pensée d'autrui. Mais comment donc lui sert-il de véhicule? — Comment? Voyons, êtes-vous du nombre de ceux qui pourraient croire à l'action des Esprits? — En vérité, pourquoi pas, lorsqu'il y a lieu? — Eh bien, reprit le soi-disant gentilhomme bergamasque, il nous sera possible de nous comprendre. Il y a, *dans toutes mes opérations difficiles,* une petite invocation.... mais à *des Esprits bénins.*

L'invocation, ai-je ouï dire, est fort du goût des Esprits, mais elle n'a rien de nécessaire, et, dans telle circonstance donnée, ce sont eux qui nous font les avances. Ils savent même nous les faire sans se découvrir;... mais laissons de côté les théories; quelle fut votre raison de croire à leur intervention sensible? — Ma raison? ce fut ce que je vis, ce que j'éprouvai. La chose est du reste héréditaire chez les miens. Un soir, à Bergame, et comme je m'apprêtais à rentrer chez moi, comme je touchais le seuil de ma porte, un inconnu se trouve tout à coup à mes flancs. «—Que me voulez-vous? — L'empereur d'Autriche va mourir; il mourra dans dix jours. — L'empereur d'Autriche? Que voulez-vous dire? — Dans dix jours!... » Et puis il n'y eut plus rien devant moi; mon interlocuteur s'était évanoui dans l'atmosphère.... Revenu de ma première surprise, je courus chez quelques intimes, et je leur répétai ma leçon. —« L'empereur mourir dans dix jours! Mais, de grâce, qui vous l'a dit? — Un Esprit. — Ah! bon; assez, vous devenez fou, n'est-ce pas, ou vous riez? — Soit; mais attendons, s'il vous plaît, et prenons la date.... » L'empereur cependant mourut au jour dit!... La police.... etc. Mais écoutons encore :

» Il est à la porte de Bergame un château qui intéresse ma famille, et que l'on dit hanté...: Je suis loin de fuir les Esprits, *au contraire!* Je fus donc m'y installer un certain soir, et bientôt une femme très-belle se présenta subitement devant moi. Je crus un instant que c'était ma mère; mais, pendant une minute ou deux qu'elle me parla, j'eus le temps de constater mon erreur. — « Il faut mettre à la loterie, et vous prendrez les numéros 1, 18 et 41.... » Elle disparut; et les trois numéros sortirent.

» Une autre fois, je me trouvais à Tunis, accompagné de deux de mes cousines et d'un autre parent. Ayant passé tout le jour à donner des séances de magnétisme, je tombais d'épuisement. Mais il m'est impossible de dormir dans une pièce où j'ai trop longtemps opéré; l'air s'y remplit de fluide, et, la nuit, on y voit voltiger partout des chenilles de feu : c'est une forme du fluide! Je couchais à côté de mon parent, dans une vaste pièce, et mes deux cousines occupaient une chambre assez rapprochée de la nôtre. A peine venais-je de me mettre au lit, que je me sentis frappé sur l'épaule, et tout aussitôt une voix distincte me dit : « — *Vi sovrasta un gran pericolo nella camera :* Il y a dans la chambre un grand danger qui vous menace! — Mais que veux-tu dire par là? » répliquai-je, et pensant avoir affaire à mon cousin. Point de réponse de sa part. J'allume aussitôt; il dormait du plus lourd sommeil! je le secoue, et j'ai peine à le réveiller : — « Prends vite tes armes, et viens voir. » Il se lève, et nous inspectons d'un œil méfiant la cour où gisaient étendus les Maures et les nègres de la maison, tranquilles, immobiles, appesantis par un sommeil de plomb!

» Nous visitons les coins et les recoins de l'appartement : personne ne s'y est introduit. Je rentre dans mon lit, et mon cousin retombe dans la profondeur de son sommeil; mais je ne puis m'endormir. Quelques instants s'écoulent; et le même moniteur, me frappant sur l'épaule, répète les mêmes paroles à mon oreille : « *Vi sovrasta un gran pericolo nella camera.* » J'ai de nouveau secoué mon voisin; nous sommes debout; quel est ce mystère? Le feu couve-t-il? Un mur va-t-il s'écrouler? Quelque assassin s'apprête-t-il à lever une trappe? Nous sondons, nous fouillons partout; et comme j'étais fatigué de nos recherches, mes yeux s'arrêtent dans la chambre voisine de la nôtre, sur les deux jeunes filles plongées dans les délices du songe.... Un scorpion *à cinq nœuds* allait toucher le bras de l'une d'elles. Or nous étions en octobre, et, nul ne l'ignore dans le pays, à Tunis, en cette saison de l'année, la piqûre du scorpion à cinq nœuds, c'est la mort. On y guérirait plutôt de l'hydrophobie.... En un clin d'œil, mon cousin s'étant armé d'une pincette, et moi d'une serviette mouillée, nous saisissons le terrible et venimeux animal. *Vi sovrastava un gran pericolo nella camera!* ».

Telle fut, sur ces différents points, la narration de l'illustre professeur. « Après tout, nous dit un autre jour M. Regazzoni, le magnétisme aidant, je puis faire voir à certaines personnes des Esprits, je puis les mettre en rapport avec ces Esprits. » S'emparant de l'un de nos sujets féminins, il nous donna tout aussitôt sur elle la preuve de cette puissance. Une scène d'évocation, activée par les caresses *du fluide* dont il parut la couvrir en un clin d'œil, la jeta dans une crise semblable à celles des extatiques de Cahagnet. Elle nous décrivit alors littéralement les traits et le costume de personnes dont elle disait voir le fantôme apparaître à ses regards. Ce qu'il y a de positif, c'est que, tantôt saisie d'un violent effroi, tantôt exprimant dans son visage je ne sais quelle douceur de béatitude, elle lut comme à livre ouvert des choses secrètes et dont la vérité fut vérifiée. Mais les tristes volumes des *Arcanes* de M. Cahagnet sont d'un bout à l'autre l'histoire de ces visions, si souvent incontestables ; visions où le mystérieux fluide doit reprendre le nom d'Esprit de Python! Nous ne saurions nous y tromper si nous rapprochons l'une de l'autre et les pages de nos Écritures sacrées, et les paroles de Plutarque le prêtre initiateur de Delphes, et les aveux et les expériences de MM. Dupotet, Éliphas et Regazzoni, etc., etc.

CONCLUSION.

Les récits de M. Regazzoni sont-ils d'une exactitude parfaite? J'aime à le croire; mais, *vrais* ou *faux*, la conclusion reste la même *devant ses œuvres*, car elles deviennent *inexplicables* en adoptant tout autre sens que celui de la croyance aux Esprits.

— Inexplicables? Mais nous sommes bien loin de connaître toutes les forces de ce monde, toutes les ressources de la nature, et je ne sais quel instinct d'orgueil nous pousse à prendre les limites de nos connaissances pour les bornes extrêmes de son pouvoir ! Voilà ce que nous répète avec la plus désolante monotonie tout un aréopage de demi-penseurs stériles et bornés, ayant pour organes de digestion intellectuelle.... mais disons plutôt pour oracles, quelques savants attardés ou distraits.... Admettons cette parole néanmoins, car elle se trouve vraie quelquefois. Mais aussi cette vérité n'a le droit d'occuper que sa place. Elle ne peut s'avancer au delà ; elle ne peut nous empêcher de savoir, de science aussi certaine que *nécessaire à l'ordre de ce monde,* les propriétés essentielles des êtres, celles qui sont indispensables aux actes raisonnés et aux relations de la vie.

Ainsi, par exemple, je sais que la matière ne peut ni penser ni donner au gré de mes caprices le moindre signe d'intelligence. Sinon la matière, cessant d'être ce qu'elle est, se confondrait avec les Esprits par la plus essentielle des propriétés. — Ainsi, par exemple encore, lorsque mon âme porte sur ses opérations un œil attentif, il lui est impossible, et je le sais, de ne point avoir, aussitôt qu'elle le veut, la conscience de son acte.

Dans la plupart des expériences que jusqu'à ce moment nous venons de décrire, nous croyons donc avec M. Dupotet, d'accord avec les grands maîtres de son art, que d'invisibles puissances *entrent en nous* et *sortent de nous* pour obéir à notre parole, pour exécuter les volontés muettes de notre âme.

Et M. Regazzoni croit, à notre exemple, à l'active intervention des Esprits ; mais il croit en outre aux merveilles d'un fluide à l'aide duquel il agit sur les Esprits, et grâce auquel *les Esprits travaillent.* Souvent même vous le voyez mêler et confondre l'une avec l'autre l'action possible de ces deux sortes d'agents !

Ce fluide, enfin, qui lui semble surabonder dans ses

veines, et s'échapper à flots de sa personne, flatte, remue, exalte son vigoureux amour-propre de magnétiste. Aussi, partageant et propageant l'erreur intéressée de ses confrères, se figure-t-il posséder, par un riche privilége de sa nature, une source intarissable de merveilles et de supériorité.

En un mot, il est le disciple de Plutarque, dont il rajeunit à son insu le système. Ou, si mieux on aime, il est, ainsi que MM. Éliphas et Dupotet, le disciple de celui qui sait se faire comprendre sans qu'il lui soit nécessaire de se rendre visible : celui que Plutarque, son pontife, appelait un dieu, celui dont il écrivait les mystiques et mystifiantes leçons, lorsqu'il admettait pour instruments nécessaires de l'opération sensible des Eprits une vapeur capricieuse, un fluide insaisissable et terrible.

CHAPITRE DIXIÈME.

CE MÊME FLUIDE ABRUTI. — DEUX MOTS A M. DE GASPARIN, NIANT ET PROUVANT A LA FOIS LE SURHUMAIN.

Sous la main d'un protestant, M. de Gasparin, le fluide étudié devient sorcier ; ses tours. — Crédulité de ce philosophe. — Ses curieuses et décisives expériences. — De quel haut en bas il use envers les Pères de l'Église et la raison. — L'inconscience. — Rude et magnifique leçon qui lui est donnée par son coreligionnaire M. Thury, successeur du savant Candolle à l'Académie de Genève. — Celui-ci ne craint nullement la vérité tout entière. — Ses récits, auxquels nous ajoutons un complément. — Comment une bonne allemande et des enfants mettent fin aux exploits de l'inconnu fluidique. — Tours et insolences de cet Inconnu sous le toit du célèbre Wesley, l'inventeur du méthodisme. — Ses métamorphoses. — Il s'indigne d'être traité de rat, et se fait blaireau sans tête. — Le journal de la famille Wesley ; on en produit les traits caractéristiques. — Conclusion.
— L'inconnu de Valleyres ressemble, à ne pouvoir s'y tromper, aux vapeurs oraculaires de Plutarque, aux fluides odyle ou magnétique de MM. Dupotet et Regazzoni, etc., si semblable à l'avor noir, à la lumière astrale, au serpent séducteur d'Éliphas, au tapageur

domicilié sous le toit de l'apôtre du méthodisme. — Les entêtements de l'orgueil convertissent en crimes jusqu'aux actes de religion.

Je ne plaisante point. Armé non point d'un sérieux *de théâtre*, mais de tout le sérieux que réclame mon sujet, je dirai donc que l'âme du monde..... *magnétique* étant en cours de tournées officielles et légères, et voyageant incognito sous le nom de fluide, — quelques malavisés la nommaient démon, — elle descendit chez M. de Gasparin et vint lui rendre visite à Valleyres. Mais ajoutons tout de suite qu'on l'y avait invitée, provoquée ; car les tables du manoir y recevaient l'*imposition des mains*, qui l'incarnaient dans leurs fibres à son passage. Et l'on voulait que, tournant, sautant et babillant, elles dictassent à l'adresse de physiciens, dénégateurs du mouvement qui les agitait, quelque réponse de bonne et pertinente physique!.... On expérimentait sur les tables !

Conduites avec un luxe exquis de précautions matérielles, ces expériences sont un incontestable service rendu par leur auteur à la vérité. Par elles fut mise en demeure, et poussée d'un pas leste, élastique et vigoureux, au pied du mur, une classe d'ouvriers scientifiques fort recommandables sous le titre courtois de savants, mais dont l'esprit dépourvu de grandeur et d'élévation se borne, — ou plutôt *est borné* par sa nature, — aux confins d'un étroit horizon, et ne prête aux sciences *ses admirables services* qu'en tombant sous la dénomination toute caractéristique de *spécialités*[1].

Au nom, tout-puissant pour eux, de matière ou de sub-

---

[1] Les spécialités, ces très-estimables pionniers de la science, nous rappellent certains membres de la musique des régiments russes qui, dans les concerts, n'exécutent qu'une note unique. La langue vulgaire les nomme musiciens ; la vérité les dit *instruments de musique*.

Le *véritable* savant est un être rare, et que marque au front l'auréole du génie. Il a l'esprit généralisateur et juste ; il ne prononce d'arrêt que

stance physique, dont il baptisa *gravement* l'agent railleur des phénomènes qui s'attablaient sans plus de façon chez le riche ou chez le savant, que chez l'ignorant et le pauvre, M. de Gasparin attira l'attention *chagrine* et tout effarouchée de ces hommes sur la force insolite et insolente qui semblait alors tomber des nues. Et son livre dit impérativement à chacun d'eux : Si tes yeux te servent à voir, vois; si tes mains te servent à toucher, touche; si tu as du calcul, compute, mesure, pèse, analyse. Mais, de ce volumineux écrit, où la plume du sectaire s'émousse et s'écrase sur le catholicisme en s'efforçant de le transpercer, ne relevons que les traits caractéristiques auxquels nous pourrons reconnaître l'Inconnu que, *dans un instant*, nous allons voir céder à sa parasite et turbulente humeur.

Voici donc, en quelques paroles, les principales et authentiques remarques de M. de Gasparin, pourchassant dans les corps inertes ce mystérieux agent sous l'insaisissable vertu duquel tournaient à l'envi, craquaient et se trémoussaient les tables, fût-ce en pays puritain et le jour même du sabbat!

Cet Inconnu, cet Invisible, que M. de Gasparin nomme fluide, soulève un poids que la force des opérateurs est impuissante à soulever. La table qu'il pénètre, et ce fut d'abord grâce au secours de la magnétisation, tourne et cesse d'adhérer au sol; l'acte sous l'influence duquel elle s'anime peut en outre s'exercer à distance. Au commandement d'un opérateur, et sans être touchée, elle se dresse,

---

sur les matières qu'il possède, et n'a jamais à reculer devant un connaisseur armé du mot fameux d'Apelles : *Ne sutor ultra crepidam!*

Dignes des plus hauts respects, ces savants ne sont point ceux dont M. de Gasparin agita la foule. Ceux-là ne s'étaient point prononcés sur les phénomènes du surnaturel, ou l'avaient fait, ainsi que M. le docteur R. Coze, doyen de la Faculté de médecine de Strasbourg, avec une sûreté de science et une réserve auxquelles le bon sens universel ne pouvait qu'applaudir.

elle s'insurge, et résiste aux mains qui tentent de la ramener à terre. L'action musculaire de l'homme est moins puissante que celle du fluide dont elle s'imprègne. Et pourtant, « le fluide vient des personnes, et non des meubles ». La puissance qui le dégage chez chacun est fort générale, quoique diverse; et c'est surtout lorsque les opérateurs s'agitent, secouent leur torpeur et se prennent à tourner, que le fluide se développe. Pour donner au fluide l'énergie dont il est capable, il faut *vouloir* énergiquement; il faut crier et se démener. Enfin, les tables demandent à être prises gaiement, lestement, avec entrain. Elles veulent au début des chansons, des exercices amusants et faciles; elles détestent les gens qui se fâchent, elles abominent les gens quinteux; et, rencontrent-elles chez l'expérimentateur une irritabilité nerveuse, vous les voyez bouder et s'aigrir[1].

Il arrive que « la table *devine*, et FORT NATURELLEMENT », ce que sait l'une des personnes dont se compose la chaîne magnétique. Elle devine ce que sait un des assistants, pourvu que cette personne soit « douée d'une grande puissance

[1] T. I, p. 24, 33, 35, 66, 83, 87, 94, 105, 94, 84, 82, 86. — La vie de M. Home, Paris, Didier, 1863, et celle d'autres médiums établissent de bien autres dérogations aux lois de la nature.

La puissance occulte n'est nullement tenue de se comporter selon les préventions, les goûts et les idées arrêtées des gens qui l'interrogent, ainsi que le prétend M. de Gasparin (t. II, p. 499, 60, etc.) à propos de mon livre *Mœurs et pratiques des démons*. Et lui-même est un exemple frappant de son erreur! car, pour mettre en train cette puissance sous son toit, il ne fallait ni la gravité de l'homme d'État, ni cette glaciale et puritaine gravité dont le protestantisme se délecte, ni le *Cant*, ou la psalmodie méthodiste... Elle exigeait au contraire du bruit, de l'agitation, du tapage, et la petite chanson!... Chez la coreligionnaire de M. de Gasparin, chez la Voyante éternellement mourante de Prévost (voir plus bas), c'était tout l'opposé !

Les plus déroutantes et fantasques irrégularités confondent donc tout homme sérieux, dès qu'il s'évertue à saisir dans cette puissance occulte *une loi* dont l'observation détermine et nécessite, comme en physique, le succès des expériences! Cette puissance est l'ennemie éternelle *de la règle et de l'ordre*. C'est là *son caractère essentiel*, et le magnétisme dont elle est l'âme n'a cessé de nous le dire.

fluidique, et puisse l'exercer à distance » : mais elle ne pourra lire une ligne dans un livre, si nul des individus présents ne l'a lu[1]. C'est-à-dire, si nous expliquons clairement cette plaisante doctrine, que l'esprit de l'homme s'extravase dans la table, qu'il s'y écoule avec son fluide et s'y incarne[2] ! La table, par conséquent, devient partie intégrante de sa personne, et lorsqu'elle daigne lui répondre, n'étant plus autre que lui-même, elle ne peut dire que ce qu'il sait.

Cette série de justes observations et de crédulités fantasques résume tout le livre de M. de Gasparin, sauf ses aigres et maladives sorties contre l'Église et les fidèles. Car la rance et grosse vapeur du protestantisme forme la quintessence de son œuvre ; aussi, dans sa campagne haletante contre le surnaturel ou le surhumain, voyons-nous ses préjugés sans cesse enfourcher et courbaturer la logique !

Mais que les tenants, que les champions de la magie se rassurent, de quelques dédains que M. de Gasparin les accable ; car, sans qu'il semble en concevoir le soupçon, les prodiges capitaux de la sorcellerie passent tout vivants sous les yeux du lecteur dans la série de phénomènes qu'il le somme de reconnaître sous le titre de phénomènes naturels. Il nous les donne, il est vrai, tant soit peu couverts de leur gangue, et sous le terne aspect du minerai ; mais la critique ne saurait jeter ce Merveilleux demi-latent dans son creuset, sans que le premier coup de feu lui rende le brillant de son plus vif éclat métallique.

Eh quoi ! le prétendu fluide soulève un poids que toute

---

[1] T. I, p. 44. *J'ai vu,* nous avons vu le contraire.
[2] M. de Gasparin, qui croit de la sorte à la présence réelle de l'esprit de l'*homme* dans les tables, ne croit sans doute point à la présence réelle du Sauveur dans l'Eucharistie ; *sa logique* devait le ramener à cette croyance, ainsi que l'*étude* y ramène les Puseystes, c'est-à-dire les *protestants* les plus savants des universités anglaises?

la force des opérateurs est impuissante à soulever! Et pourtant! c'est de la chair de l'homme que fuit et s'écoule cette force mystérieuse, ce bizarre agent¹! O Delta, — signe algébrique qui nous représentes, — sans cesser d'être Delta tout entier, tu cesses d'être égal à Delta! O prodige devant lequel s'évanouit la science jusqu'ici si sûre d'elle-même des mathématiques!

Mais voici que à la voix, voici que sur l'ordre mental d'une personne, voici que contre l'attente, contre la volonté, contre les efforts de personnes présentes, un meuble d'une énorme pesanteur mugit, *adhère au sol* avec une force effrayante ou se dresse et se cabre sans qu'un être visible le soulève. Voici ce meuble cabré, je dirai presque hennissant, qui résiste avec avantage aux mains roidies pour le ramener à terre².

Si donc ce *levier fluidique*, si cette forme invisible et divinatrice, sortant de l'homme et *agissant à distance*, nous semble être une chose *si naturellement* explicable, me voici chapeau bas devant le génie de la sorcière, maîtresse des forces de ce monde; me voici constatant de mon seing l'*oppression caractéristique* que mille procès en bonne forme, que mille jugements inattaquables ont signalée à propos de milliers de victimes atteintes par *la volonté* des sorciers! Et rien ne change à la question par le lointain, par la distance plus ou moins grande où s'exercera l'action du fluide. Car, du moment que nous lui reconnaissons la puissance d'agir sans le contact des corps, de franchir la distance en obéissant à la volonté, et de transporter d'un milieu dans un autre sa rapide et intelligente énergie, est-il en nous de tracer une règle qui détermine à quelle mesure de l'espace cette distance expire?

¹ T. I, *ib.*, p. 24, 66, 94, etc.
² T. I, *ib.*, p. 35, de Gasparin, et brochure du savant M. Thury, l'un des témoins de Valleyres, que nous allons citer, p. 22, 23. J'ai *personnellement* constaté la réalité de la plupart *de ces faits étranges*.

CHAPITRE DIXIÈME. 287

Oh! oh! ce fluide capricieux, volontaire, rebelle à nos désirs et que M. de Gasparin fait sortir de notre chair; ce fluide qui se transforme et se dépense en un si grand nombre de merveilles, et surtout lorsqu'on a le talent de le manier, lorsqu'on ne lui refuse point la petite chanson; voyons donc ce qu'il est lorsqu'il lui plaît de s'adonner aux fonctions de devin. Voyons-le dans ses actes, voyons-le dans des faits devenus si petits devant ceux qui les suivirent, et pourtant si gros par eux-mêmes.

« Une table *devine,* avoue M. de Gasparin, et *fort naturellement,* ce que l'une des personnes dont se compose la chaîne *magnétique* a dans l'esprit. Je le répète, *elle devine ce que sait un des assistants,* pourvu que cette personne soit douée d'une grande *puissance fluidique,* et puisse l'exercer à distance[1]. »

C'est une assez jolie merveille assurément que cette divination; mais ce n'est là qu'une moitié du savoir-faire de nos tables, et vainement M. de Gasparin le contesterait encore : trop de hauts faits, marqués au sceau de l'évidence, ont depuis ses paroles envahi le public. Ce que j'affirme et que je rappelle quelque part en cet ouvrage, c'est que *son fluide tabulaire* a dicté *devant moi* plusieurs petites phrases dans l'idiome hébraïco-syriaque dont j'étais parfaitement sûr de ne point savoir le premier mot[2].

Que notre stupeur, cependant, ne soit point excessive; car, au sens de M. de Gasparin, la table oraculaire est momentanément transformée en l'un de nos membres[3]; elle devient une prolongation de notre personne; et notre pensée, dissoute en quelque sorte dans notre fluide, se faufile et s'insinue dans la table aussitôt que ce fluide la pénètre. Il est

[1] *Ib.,* t. I, p. 44; etc. t. II, p. 300, etc.
[2] Je raconte le détail de ce fait dans une longue lettre qui termine la brochure de M. de Mirville intitulée *La question des Esprits, ses progrès dans la science,* p. 214 à 224. — 1855.
[3] T. I, 207.

vrai que cette merveille s'opérerait à notre insu ; de là notre conviction erronée qu'un être autre que nous-même nous apprend ce que se borne à nous répéter sournoisement la table, semblable dans un autre genre à l'écho, qui nous renvoie sans détour notre pensée en répercutant nos paroles.

En d'autres termes, nous rappelant ce que nous avons oublié, ce que nous avons su jadis, *mais sans que se réveille en nous le sentiment,* la conscience du souvenir qui nous revient, nous transmettons machinalement à la table, avec l'écoulement de *notre fluide,* les notions fugaces qu'elle nous traduit dans son langage de convention ! La table alors nous semble animée par un Esprit qui n'est point le nôtre ; elle nous semble être une magicienne, un devin ; tandis que son rôle purement machinal consiste à nous rappeler la pensée ou le fait qu'un acte *inconscient* de notre personne vient d'infuser en elle en le laissant aller au cours du fluide qui la traversait [1]. Ainsi pense M. de Gasparin !

O pudeur ! ô miraculeuse crédulité des incrédules ! Eh quoi ! la table, ce membre postiche et de rallonge, — puisque vous lui donnez ce nom, — ce membre qui ne m'est adapté que pour le quart d'heure, dira *naturellement,* et comme le tenant de moi-même, ce que je ne sais plus, ce qui dort en moi dans un incurable oubli, ce que j'ai dans le moment même la parfaite certitude de ne pouvoir me rappeler ; mieux encore, ce que j'ai la certitude aussi parfaite de n'avoir su dans aucun temps ?

Comment ? ce morceau de bois mort va me dire ce que je demanderais mille ans en vain à ma jambe vivante, à mon bras de chair, à mon cerveau palpitant, à ma personne intel-

[1] On appelle actes d'*inconscience* ceux qui s'opèrent en nous sans que nous en ayons le sentiment. Outrant monstrueusement la portée de ce phénomène, M. de Gasparin en fait la base d'un système qui, remplissant tout son livre, ne le remplit que de vent. — P. 505, t. Ier, par exemple, etc., etc. Cette inconscience de la chose *à laquelle on s'applique* serait celle de la folie.

lectuelle tout entière, à toutes les facultés réunies de mon être ¹!

En vérité, monsieur de Gasparin, les catholiques doivent concevoir une singulière fierté du mépris que vous daignez témoigner à leurs dogmes, lorsque vous en inventez de pareils! En vérité, les Pères de l'Église, ces géants de la science divine et philosophique, auxquels les coryphées de la philosophie païenne prodiguaient les marques de leur respect et de leur admiration ², doivent démesurément grandir encore à nos yeux lorsque, mesurant leur intelligence et leur raison à.... à je ne sais quelle mesure, vous laissez tomber du haut de votre modestie sur cette race, à vos yeux si caduque, ces inimitables paroles : « ET L'ON VIENT NOUS OPPOSER LES SORNETTES DES PÈRES ³!

Mais non, ce ne fut là chez vous qu'un moment d'oubli, qu'une crise; un transport hallucinatif : et vos nerfs seuls doivent en porter le blâme. Loin donc de nous montrer sévère contre ces tristes pages, nous voulons imposer silence à notre parole; et, seul, *votre* coreligionnaire américain Linton, se levant pour vous donner une leçon de droit sens, vous adressera, d'une voix grave et douce, le mot dont il transperce le système entier de Rogers : en vérité, tout miracle est plus facile à croire que *ces explications naturelles* ⁴!

Et pourquoi donc userions-nous de rigueur? Que voulons-nous? qu'exigeons-nous? M. de Gasparin proteste; quoi

---

¹ Le prophète Osée savait bien quel fluide intelligent animait ces parleurs de bois, lorsque, reprenant Israël au nom du Seigneur, il lui dit : « Mon peuple a consulté un morceau de bois, et des verges de bois *lui ont prédit l'avenir?* » — *Id.* Tertullien : Ces Esprits « par qui des tables rendent habituellement des oracles. » *Per quos mensæ divinare consueverunt. Apolog.,* ch. XXIII.

² Voir Balthus, *Rép.,* IIe partie, p. 455, Strasbourg, 1709.

³ De Gasp., t. I; lire p. 105, 104, 317 ; t. II, 568, etc.

⁴ Linton, p. 48, cité plus haut; Rogers: *Philosophy of mysterious agents,* p. 254.

d'étonnant? Il proteste à outrance aussitôt que le surnaturel se nomme; il proteste par religion, par habitudes religieuses, et *avec inconscience*, c'est-à-dire de la façon dont il veut que parlent ses tables! Et devant un phénomène dont la portée lui semble à si juste titre être étrangement catholique, nous voudrions qu'il pût se retenir de protester? Gardons-nous bien de l'accuser; il est et reste dans sa nature, d'où la seule grâce de la raison ne saurait le tirer. Plaignons-le donc, et c'est assez! Il faut le plaindre de la malheureuse facilité qui l'emporte à la surface de sujets trop résistants pour qu'il les entame. Plaignons-le d'y glisser alors, et non toujours sans quelque grâce, mais en épuisant ses forces dans un cercle de répétitions futiles. Ainsi glissent sur l'étroit miroir de certaines glacières, et se complaisent à revenir sur les vaines figures qu'ils ont tracées, les pieds ailés du patineur!

Oh! oui; malencontreuse fut en vérité l'ardeur qui poussa cet homme honorable, et ce coulant écrivain, à se faire l'éditeur responsable d'une doctrine de circonstance, précipitamment improvisée par QUELQUES savants acharnés à courir sus aux prodiges du jour pour les ramener au bureau de leur spécialité, pour les frapper au timbre sec et mesquin de leur département! Dans cette lutte désespérée, où s'engagea M. de Gasparin avec la fougue de ce vieux monarque *aveugle* et *étranger* qui, s'enchaînant à la monture des champions les plus avides de coups, rencontra bientôt la mort dans les champs néfastes de Crécy, il voulut bien me faire l'honneur de me placer au rang de ses principaux adversaires, et sa hache martelante a caressé plus d'une maille de ma cotte d'armes. Qu'il me permette donc de le remercier de ce choix, en lui adressant le salut de mon épée. Mais, avant nos adieux, une passe d'armes, un mot encore!

La logique toute particulière de M. de Gasparin repousse, à titre d'hallucination, les phénomènes qui, se posant en travers de *ses idées*, font trébucher *sa raison*. Voyons donc, en poursuivant l'étude de notre maître-fluide, si M. de Gasparin, tourmenté de la crainte que lui inspirent nos fantômes, n'aurait pas, et fort involontairement à coup sûr, laissé hors du grand jour de ses procès-verbaux des expériences trop redoutables peut-être par la rudesse de leur choc, pour le léger échafaudage du système auquel il associa ses efforts et son nom! Ainsi procédait Walter Scott dans sa *Démonologie*, élaguant, repoussant du pied toute circonstance qui le gênait : il eût fallu, sinon, disait-il, adopter les miracles de Rome chrétienne[1] !

Coreligionnaire et ami de M. de Gasparin, témoin des expériences faites à Valleyres, professeur de l'académie de Genève et membre de la Société de physique et d'histoire naturelle, M. Thury occupa dans la ville de Calvin le siége de l'illustre Candolle[2].

Les quelques lignes que je transplante de sa fort intéressante et loyale brochure au beau milieu de ce chapitre sont-elles à l'adresse d'un ami *quand même* de la vérité, c'est-à-dire d'un homme déterminé, selon la formule ordinaire du serment, à dire « la vérité, TOUTE LA VÉRITÉ, rien que la vérité » ? C'est au lecteur de juger cette question, en se laissant aller au fil du récit qui la motive.

« Extrait d'une lettre à M. de Gasparin, qui nous avait engagé à modifier le dernier article de ce mémoire[3].

« Je sens parfaitement, monsieur, la justesse de vos obser-

[1] We might as well believe the miracles of modern Rome. *Demonol.*, Lond., 1830, in-12, p. 358.

[2] Celui de ses écrits que je m'apprête à nommer a pour titre : *Les tables parlantes, au point de vue de la physique générale qui s'y rattache; le livre de M. de Gasparin, et les expériences de Valleyres*, Genève, 1855.

[3] De la page 35 à la page 49 environ. Cet article était relatif à la possibilité de l'intervention, dans les phénomènes des tables, de volontés autres que celles de l'homme et des animaux. » P. 49.

vations relativement *à l'influence, fâcheuse pour moi,* qu'auront sur l'esprit DES SAVANTS, EN GÉNÉRAL, les dernières pages de ce mémoire [1]. Je souffre SURTOUT de voir QUE MA DÉTERMINATION VOUS CAUSE QUELQUE PEINE. Cependant, je persiste dans ma résolution, parce que je vois que c'est *un devoir* auquel je ne saurais me soustraire SANS UNE SORTE D'INFIDÉLITÉ [2] ! »

« Si, CONTRE TOUTE ATTENTE, il y avait quelque chose de vrai dans le *spiritualisme*, en m'abstenant de dire de la part de la science, *telle que je la conçois*, que *l'absurdité de la croyance à l'intervention des Esprits* N'EST PAS DÉMONTRÉE SCIENTIFIQUEMENT, en m'abstenant de dire cela à ceux qui, après avoir lu mon travail, seraient disposés à s'occuper expérimentalement de ces choses, *je risquerais* de les engager SANS PRÉCAUTIONS dans une voie dont plusieurs issues seraient équivoques ! »

« *Sans sortir du domaine scientifique*, COMME JE L'ESTIME, *j'irai donc jusqu'au bout*, SANS AUCUNE RÉTICENCE au profit de ma propre gloire; et, pour me servir de vos paroles : « COMME C'EST LA LE GRAND SCANDALE, » je ne veux pas en avoir la honte. Je soutiens d'ailleurs que ceci est TOUT AUSSI SCIENTIFIQUE QU'AUTRE CHOSE.... « BON GRÉ MAL GRÉ, poursuit LE DOCTE PROFESSEUR DE L'ACADÉMIE GENEVOISE, IL FAUDRA QUE LES SAVANTS APPRENNENT, PAR L'EXPÉRIENCE DE LEURS ERREURS, A SUSPENDRE LEUR jugement sur les choses qu'ils n'ont point *suffisamment examinées !* La leçon que vous leur donnez à cet égard ne doit pas être perdue [3] ! »

[1] On le voit, d'après les paroles *du savant professeur de Genève*, les savants dont j'ai parlé ci-dessus ne pardonnent point, en général, à l'homme dont le courage met au jour ou en relief une vérité qu'ils ont un intérêt quelconque à tenir enfouie, ou à la chaîne !
[2] P. 60.
[3] P. 61.

CHAPITRE DIXIÈME.

Cette leçon une fois donnée avec la juste autorité de sa parole, le successeur de Candolle ajoute les récits qui vont suivre aux récits qui nous peignaient les ébats des meubles de Valleyres. Et je dois dire à mon tour que le menu détail de ces faits m'est connu par le plus sûr des témoignages! Ce témoin intelligent et savant, dont on sentira que je ne puis fausser les paroles si je tais son nom, appartient lui-même à l'un des tronçons du protestantisme. J'ajouterai que de fort intéressantes particularités qu'il me rapporta sont omises dans la brochure de M. Thury, je les y eusse vues avec plaisir; mais la discrétion dut s'opposer à ce qu'elles fussent reproduites.

« Dans le temps où chacun s'amusait à faire tourner des tables, les enfants de la maison N... se divertirent à ce jeu. D'abord, les réponses obtenues furent telles qu'on pouvait les croire un reflet de la pensée inconsciente des opérateurs, « un rêve des opérateurs éveillés ». Bientôt, cependant, le caractère de ces réponses sembla changer. Enfin, il y eut une opposition telle aux ordres donnés, que « M. N..., incertain sur la nature vraie de ces manifestations, où semblait apparaître une volonté différente de la volonté humaine, défendit qu'elles fussent de nouveau provoquées[1] »....

Une semaine environ s'écoule depuis cette très-sage et religieuse défense et la fin de ces manifestations, où éclate *une opposition formelle à la volonté positive de l'opérateur*. Au bout de ce temps, l'enfant qui est le principal intermédiaire de ces phénomènes prend une leçon de piano, lorsqu'un bruit sourd retentit dans l'instrument qui s'ébranle, qui se déplace, qui se comporte de telle sorte, que l'élève et la maîtresse le ferment en *toute hâte*, et s'empressent de battre en retraite.

[1] P. 21.

Le lendemain arrive, et M. N... veut assister à la leçon. Un bruit *difficile à définir* sort au bout de quelques minutes de l'intérieur de l'instrument, qui se *soulève de ses deux pieds antérieurs!* M. N..., se plaçant à l'une des extrémités de ce piano, dont le poids excède 600 livres, essaye lui-même de le soulever; mais tantôt ce meuble conserve sa pesanteur ordinaire, qui dépasse la mesure des forces de M. N..., et tantôt, faisant l'effet de ne plus avoir *aucun poids*, il *n'oppose aucune résistance!* Cependant, *les bruits intérieurs étant devenus de plus en plus intenses*, on se transporte dans une autre pièce; on essaye d'un autre instrument. Mais *les mêmes phénomènes* se répètent aussitôt. Un jeune homme de dix-neuf ans unissant ses forces à celles de M. N.., l'un et l'autre pèsent à la fois sur les deux angles du piano, du côté où il se détache du sol. Stériles et dépitants efforts! car tantôt l'instrument continue à se soulever sous leur double pression, et tantôt le tabouret sur lequel est assis l'enfant dépité *recule avec une vitesse extrême... On pourrait croire à quelque illusion*, si des faits pareils ne s'étaient produits qu'une seule fois, mais *ils se renouvelèrent fréquemment* en présence de témoins divers, et pendant un laps de temps *de quinze jours*[1]!

Or donc, s'écrie le savant académicien de Genève, comment *une force perturbatrice de ce calibre,* SI L'ORGANISME HUMAIN EN EST DOUÉ, n'eût-elle jamais effectué le plus petit dérangement dans les milliers d'expériences exactes auxquelles se livrent journellement les physiciens? Comment n'eût-elle jamais influencé ces instruments, d'une délicatesse tellement exquise qu'un milligramme, un souffle d'air les actionne et les agite? Comment cela, puisque *ces forces*, dont le principe est fluidique, sont là présentes par-

[1] *Id.*, Thury, p. 22-23.

tout où il y a un homme et une volonté? Non, non, « l'absurdité de la croyance à l'intervention des esprits *n'est pas démontrée scientifiquement*[1] »! Non, c'est en vérité tout le contraire; et, surtout ici, tout l'indiquait; car, dans cette maison protestante et pieuse, où le père de famille est un homme d'une haute distinction de caractère et d'esprit, veut-on savoir de quelle sorte prirent une fin subite les obsessions de l'agent tapageur et bavard, dont la volonté se mit *en opposition si formelle* aux ordres que lui dictait la parole humaine, *et qui se donnait le nom d'un dieu mexicain*[2]? Veut-on le savoir? Écoutez :

Une des femmes de service de la maison, une Allemande, témoin des inquiétudes du chef de famille pour la santé de son enfant et pour la paix du foyer domestique, lui dit : Il y a quelques années, j'ai servi dans une maison de mon pays où l'un de ces esprits avait fini par se rendre insupportable. On dit alors à mes maîtres que, pour se débarrasser de cette espèce de visiteurs, il suffisait quelquefois de s'en moquer de toutes ses forces. Nos huées, nos explosions de railleries accueillirent donc l'Invisible, aussitôt qu'il revint faire son tapage. De cet instant on ne l'a plus revu!... Or les oreilles des enfants de la maison ne furent point sourdes à ces paroles. L'Eprit *cornu*, car c'est ainsi qu'ils le nommèrent, fut aussitôt raillé par eux, raillé de la belle sorte, et la plaisanterie sembla lui déplaire, ou du moins elle provoqua de sa part un signe bruyant de colère : ce fut le dernier signe de vie qu'il donna dans cette maison. Un chapitre où je traiterai plus tard des exorcismes diaboliques expliquera peut-être ce phénomène.

Il faut tout dire à la science... et je l'ai fait *avec discré-*

[1] Thury, p. 9, 61.
[2] C'est là ce que ne dit point la brochure, non plus que ce qui suit; mais j'en ai la certitude positive, et *nul ne pourra le contester*.

tion. Mais comment M. de Gasparin, PROFESSANT LA QUESTION DU SURNATUREL, et SI PROCHE VOISIN du lieu de ces phénomènes, n'a-t-il point daigné faire *un pas*, un pas *si facile et si engageant,* pour s'en procurer le spectacle? Énigme! énigme! si ce n'est que la question étant pour lui « LE GRAND SCANDALE », selon ses propres paroles rappelées par M. Thury, peut-être a-t-il craint d'accroître ce scandale en se trouvant obligé de porter témoignage aux Esprits!...

Quoi qu'il en soit, et nous n'hésitons point à le dire en nous appuyant sur l'Allemagne entière, sur le royaume de la Grande-Bretagne et sur les États Américains, c'est en pays protestants, surtout, que le seul embarras du choix nous arrêterait, s'il était question de multiplier les exemples de CES *phénomènes* et de leurs plus étranges conséquences. Pour ma part, il en est que je recueillis et devant lesquels ma croyance resta subjuguée ; j'ai dû leur réserver des places où nous les rencontrerons en temps opportun.

Donnons cependant, à titre d'exemples, une série de hauts exploits, ayant pour principe le mystérieux agent que M. de Gasparin s'efforce *de matérialiser,* et par conséquent d'*abrutir.* Il y goûtera, je le suppose, un intérêt assez particulier; car le Protée qui sable ici-bas sa route de la sorte de phénomènes que nous pouvons appeler avec justesse des *traquenards à savants,* lorsque ces savants ne sont point initiés aux bien simples croyances de l'Église catholique, ce Protée eut la malice de faire étape, cette fois, au domicile du célèbre Wesley, le *fondateur de la secte des méthodistes.* Il poussa le raffinement jusqu'à se choisir pour historiographes les propres membres de la famille de ce grand saint du protestantisme. Le méthodisme est en religion, si je ne me trompe, la famille même de M. de Gasparin, autant qu'il est possible au membre d'*une secte quelconque,* lorsqu'il consulte *protestantivement* sa raison, de ressembler à son plus semblable ! Mon récit ne lui sera donc point une surprise. Je me plais à en extraire les circonstances capitales du *Journal authentique de la famille de Wesley*, que je traduis à l'usage de mes lecteurs.

Le fluide oraculaire, ou tabulaire, l'agent fluidico-magnétique, objet de nos consciencieuses études, s'est donc introduit chez le célèbre inventeur du méthodisme; et bientôt son tapage a dépassé celui des tables de Valleyres, ou des pianos d'alentour. Il faut que nos oreilles, nerveuses ou non, s'y familiarisent. Ce sont des gémissements, ce sont des soupirs à faire tourner des moulins à vent; ce sont des coups succédant à d'autres coups; ce sont les pas tumultueux, effrayants, de gens qui se précipitent du haut en bas des escaliers, et qui, vidant à vos pieds d'invisibles sacs d'argent, terminent leur sabbat par des bruits de bouteilles dont le verre se brise et vole en éclats. Mais il s'en faut bien que nous soyons au bout des inconvenances qui vont s'accumulant en maison si grave, si puritaine ! Voici qu'un beau jour ce fluide humain, ou magnétique, qui est à la fois l'âme et la force vitale de l'univers, se fait rabot de menuisier : ce sont nos méthodistes qui nous l'affirment ! Que dis-je, et comment s'y tromperait votre oreille ? Il se fait tournebroche en pleine activité de service et de ressorts ! Puis il se reprend à pousser des soupirs, cela le soulage; puis il se met à répandre autour de lui l'épouvante par une infatigable diversité de bruits. Les meubles tremblent, la fibre du bois retentit sous des coups invisibles; le métal résonne sans qu'aucun métal apparaisse, et l'on entend verser sur le sol d'énormes masses de charbon, que l'œil cherche et ne découvre nulle part. On finit cependant par voir une sorte d'homme en robe de chambre flottante apparaître au milieu de ces bruits, s'évanouir et s'évaporer.

Or Émile Wesley, renseignant son frère Samuel, lui disait : « Ma mère tenait bon, d'abord, à se figurer qu'il n'y avait que des rats au fond de tout ce tapage. On se mit donc, sur ses ordres, à sonner du cor pendant une longue demi-journée, afin de leur donner la chasse. Mais l'idée ne se trouva point du goût de notre visiteur fluidiforme, car cette musique le jeta dans une colère bleue ; et chaque fois que l'on s'avisa de répéter : Ce sont des rats ! il fallut l'entendre recommencer son vacarme, *répondre par ses coups à nos questions*, et prendre son domicile tapageur jusque sous le milieu de nos siéges. Il s'acharna surtout après ma sœur Hetty ; et mon père parut être en butte à son mauvais vouloir.

Ces *excentricités* caractéristiques eurent un cours de plusieurs semaines, et donnèrent le temps et les moyens de se prémunir contre toutes les suppositions imaginables d'artifices et de ruses. Mais, outre le fantôme que je viens de décrire, reprend miss Émilie, nous eûmes à subir trois apparitions successives. Les prémices en échurent à ma mère, et ce qu'elle vit d'abord ce fut un blaireau sans tête ; la seconde fois, ce même spectre vint s'asseoir auprès de notre feu, dans la salle à manger ; puis, en dernier lieu, le visiteur fantasmagorique fut un lapin blanc. Que ne m'a-t-il laissé le temps de saisir un pistolet et de faire feu sur lui ! s'écrie la fille du grand méthodiste ; car je suis convaincue que c'est là quelque tour de sorcière, que c'est une sorcière elle-même[1] ! »

Mais une pièce de la plus haute importance termine ce récit ; et, pour les gens habitués à vivre dans *la double*

---

[1] Ne rions pas de cette idée, qui s'expliquera sérieusement pour nous un peu plus tard. « Which seems likely to be some witch; and I do so really believe it to be one, that... » Suivent quelques notes *tirées du journal de son père* sur ces faits, ou écrites pour le compléter : *Addenda to, and from my father's diary;* ce qui nous donne le témoignage de Wesley lui-même !

intimité de la science et du sens commun catholique, elle tranche d'une manière aussi nette que précise les questions relatives à l'agent du fluide magique. Voici donc le texte officiel de ce document, rédigé dans la famille de Wesley. La plupart, sinon tous les membres de la famille, furent souvent témoins des circonstances générales que je décris; et ces circonstances figurent en treize articles numérotés ; nous nous limiterons aux plus essentielles, celles qui caractérisent *le grand inconnu de nos contemporains :*

« 1° En général, aussitôt qu'un de ces bruits étranges s'était fait entendre, nous dit le narrateur, il s'élevait un vent violent autour de la maison [1], et la force du vent PROGRESSAIT AVEC CELLE DES COUPS.

».... 3° Au moment qui précédait l'entrée de l'Inconnu dans un appartement, il était rare que les loquets ne fussent point soulevés et les fenêtres ébranlées. Tout ce qu'il y avait de fer ou de bronze dans la pièce résonnait et rendait le son le plus aigu (*électricités railleuses*).

» 4° En quelque chambre que l'Inconnu décelât sa présence, il avait l'art de dominer les bruits les mieux concertés par des notes sourdes, caverneuses et distinctes.

» 5° L'Inconnu ne manquait jamais de frapper *au moment* où mon père commençait à prier pour le Roi : toutes les personnes présentes l'entendaient d'une manière on ne peut plus nette, *excepté, fort souvent,* mon père ; mais, les coups frappés au moment de dire : *Amen,* retentissaient *avec le fracas du tonnerre !*

» 6° Les bruits semblaient partir de l'air, et provenir *du milieu de la chambre ; aucun* membre de la famille NE TROUVA JAMAIS MOYEN DE LES IMITER.

».... 8° Lors de la première visite de l'Inconnu, le mâtin

---

[1] Voir Job, Bible, ce phénomène du vent impétueux qui souvent accompagne le mauvais esprit; ch. i, ⸹ 19.

de garde poussa d'affreux aboiements. Mais, depuis, et *chaque fois que cet* Invisible *revint, quelquefois même avant que la famille eût éprouvé le sentiment de son approche,* le mâtin fuyait en poussant des gémissements plaintifs, ou courait silencieusement chercher un refuge derrière une personne de la compagnie.

» 9° Jamais cet importun ne nous avait visités de jour, *jusqu'au moment où ma mère fit sonner du cor.*

»10°*Depuis ce temps, il était rare que quelqu'un passât d'une pièce dans une autre* sans que le loquet de la chambre vers laquelle on marchait se levât avant d'avoir été touché.

» 11° Jamais IL n'était entré dans le cabinet d'étude de mon père, jusqu'à ce que mon père l'eut apostrophé de démon sourd et muet, lui enjoignant de ne plus tourmenter d'innocents enfants, et lui intimant de venir le chercher dans son cabinet s'il avait quelque communication à lui faire.

».... 13° Que nos horloges fussent bien ou mal réglées, l'Inconnu, dont les visites étaient d'ailleurs irrégulières, arrivait *toujours*, autant que nous pouvions en juger, *à dix heures* MOINS UN QUART *de la nuit* [1]. »

A ce journal de la famille protestante, écrit de la main de Wesley, et que nous transmirent deux plumes protestantes, le célèbre Görres, qui se convertit au catholicisme, et chez lequel je n'ai voulu, par cette raison, puiser aucun de ces détails, ajoute : « Tous les membres de la famille Wesley étaient *sans peur et sans préjugés*. Ils firent tout ce qu'il est possible de *faire en pareil cas* pour découvrir l'erreur ou la supercherie; et Samuel, fils du Senior, homme sincèrement religieux, nous a conservé *les résultats de l'enquête* tels qu'on les avait trouvés dans le Journal de *son*

---

[1] La *Vie de Wesley*, par Southey, vol. Ier; Ennemoser, vol. IIe, p. 388 à 396, reproduisant les pièces originales. Je traduis le neutre *it* (cela) par l'Inconnu.

père, et dans *les lettres* de *sa mère*, de *ses frères* et de *ses sœurs*. Cette histoire *réunit donc* en elle *tous les signes d'une authenticité parfaite*[1]. »

CONCLUSION.

Eh bien ! que nous dira maintenant M. de Gasparin de notre éternel et fluidique agent ? Ou plutôt, qu'en pense le lecteur et que lui en dit le bon sens ? Quel nom donner au fluide qui souleva *sans contact* les tables de Valleyres, au fluide qui leur fit décalquer, piller la pensée ; au fluide par qui se cabrèrent les énormes pianos dont nous entretient M. Thury, le savant professeur de Genève ; au fluide qui les fit mugir, qui dialogua, qui conversa sur de nombreux sujets, qui roidit sa volonté contre des volontés humaines, qui se donna pour *un Esprit Mexicain*, et qui disparut avec colère et sans retour devant l'ironique expression du mépris ? Cette force fluidique universelle est nommée démon sous le toit de la famille Wesley[2], comme à Rome !

Chez un nombre considérable de protestants fort exercés dans les sciences profanes, cette force reçoit encore le nom d'âmes de morts, de démons, d'Esprits ; et là, du moins, si quelque fluide semble s'y mêler, on s'accorde à reconnaître qu'un être intelligent, qu'un Esprit en est le recteur.

Mais, en définitive, les excellentes expériences de M. de Gasparin, si distancées aujourd'hui, nous donnent en nature ce qu'il nous refuse en paroles. Car l'Inconnu fluidique signalé dans les environs de Genève ressemble, à ne pouvoir s'y tromper, aux vapeurs oraculaires de la pythonisse Del-

---

[1] Görres, *Myst.*, vol. IIIe, p. 388.
[2] Chez Wesley, surtout, brillait la vérité de ce mot de l'un des grands docteurs de l'Église : « Là où n'est point Dieu, la place appartient au démon. » Il y règne, et point d'alternative ! — « Ubi Deus non erit, illic diabolo locus est... quo insidians atque obsidens... tanquam vacuam domum occupet quæ ei, Deo eam referente, sit tradita. » — Sanct. Hilarius. in Psalm. cxviii, litt. 16.

phienne que vient de nous peindre la main de Plutarque ; il ressemble au fluide odyle ou magnétique de MM. Dupotet et Regazzoni, si semblable lui-même à la lumière astrale, à l'Avor noir, au serpent séducteur du mage Éliphas, notre contemporain! Et mieux nous l'aurons étudié, plus il y aura pour nous nécessité de le reconnaître dans le tapageur fantasmagorique qui fit rédiger le journal de ses méchancetés et de ses tours au triste inventeur du méthodisme, à Wesley lui-même, à la famille entière de Wesley.

Oui, voilà le sens du Journal de Wesley, cet homme religieux, pourtant, mais animé contre la foi catholique de ces entêtements d'orgueil qui convertissent en crime contre le ciel les actes mêmes de la religion !

Et comment donc, en crime ? — Je supplie le lecteur de me suivre ; car les quelques paroles par lesquelles je termine ce chapitre appartiennent à mon sujet. Comment donc et pourquoi ? — Parce que la religion devient alors une révolte de la raison particulière de l'homme contre la raison catholique ou *universelle*, dans laquelle seule peut habiter l'unité, c'est-à-dire la *vérité fixe*[1].

Ces protestations anticatholiques qui, chacune sous une face différente de l'autre, viennent grossir la liste ridicule *des Protestantismes*, deviennent donc, chacune à leur tour, une révolte contre *le guide unique et immuable que Dieu doit à la multitude, marchant au travers des siècles* vers le but surnaturel du salut : ce guide que la Divinité, dès qu'elle cesse de se manifester visiblement à l'homme, ne peut lui donner autre part que dans une Église INFAILLIBLE ET VISIBLE.

[1] Catholique signifie *universelle*, et universelle veut dire, en fait de vérité, ce qui est vrai dans tous les lieux, dans tous les temps, et pour tous les hommes, n'y eût-il pas un seul homme qui le crût. — Prenons un exemple dans le dogme mathématique : La ligne droite est la plus courte entre deux points donnés. — Cette vérité, fût-elle méconnue de tous les hommes, en serait-elle moins universelle?

CHAPITRE ONZIÈME.

MÊME SUJET.

Étude où, quoi que l'on fasse, le sérieux n'est guère possible longtemps de suite. — Revue du monde, à ce propos, depuis un temps immémorial. — Caprices et boutades indéfinissables du fluide thaumaturge.

Au point du rivage où notre course nous a porté, le flot des objections se soulève; objections plaisantes ou bouffonnes, — quoique redoutables, — contre les brocheurs de systèmes qui décernent *un rôle naturel* au mystérieux générateur des phénomènes que nous étudions creuset ou scalpel en main.

Que si ces objections roulent avec elles quelque force dans les plis de leurs vagues, pourquoi ne pas jeter sur elles un coup d'œil, tandis que, chassant devant leur masse un vent moqueur, elles sifflent en déferlant à nos pieds?

Eh quoi donc! ce fluide à noms sans cesse changeants que nous voyons être l'objet de passions si vives, et que tout à l'heure nous allons appeler spectral, serait un fluide *naturel?* Nous devons donc le trouver tranquillement soumis au cours de lois régulières? Oh non! Le caprice et l'inconstance sont ses lois : il est, nous affirme-t-on, tantôt brutal, fourbe et méchant; tantôt, aussi, bon compagnon, bon diable, rieur et jovial, comme à Valleyres, avec les gens assez aimables pour avoir retrouvé le secret de l'entrain français. Il est lutin, tapageur, remuant; et, plus on se démène, plus vivement il s'échappe, ainsi que toute émanation humaine, des pores et des pertuis du corps humain, plus il aime lui-même à se démener, à se livrer à sa folle humeur. Mais comment donc s'expliquer alors le prodige de la longue immobilité de ce mobile et vaporeux agent; comment se rendre compte du dernier de ses interrègnes, remplissant un laps de si mortelle longueur que son existence en était tombée dans l'oubli?

Prenant pitié des lenteurs de notre intelligence, quelqu'un va se lever sans doute, et nous dire comment, touchés, maniés, pressés tant de millions de fois, depuis des siècles, par les gens les mieux conditionnés pour dégager de leur chair cette sueur fluidique, et produire cette puissance occulte, jamais un meuble, jamais un objet, fussent-ils montés sur des roulettes, ne se mirent en branle magique ainsi que les tables de Valleyres ou d'ailleurs, sous l'attouchement, sous l'action de ces milliers de personnes ayant *ou non* le sentiment, la conscience, des effets prodigieux ou naturels de leurs effluves?

Je jette un regard rétrospectif, et, depuis des siècles jusqu'à l'ère du magnétisme odyle actuel, aucun meuble ne songe à tourner, à virer; aucun ne se soulève, aucun ne danse ou ne se démène, aucun n'accourt, aucun ne fuit sous la main, aucun ne se dérobe au contact fébrile et prolongé de tant de femmes que leurs nerfs ont mises en renom! Elles furent, et je m'en flatte, des plus fluidiques pourtant! Comment la haute ou la basse pression de leurs vapeurs ne fit-elle point avancer, parler, babiller, remuer, marcher ou fuir quelque chose?... Je ne dis point quelqu'un!

Tant de fluide étant en ce monde, tant de fluide devant s'accumuler en chacun de nous par le simple effet du repos, de même que l'électricité dans le poisson nommé torpille, comment se faire à concevoir que, pendant un laps si long, n'ait jamais tourné, bondi, sauté le moindre tabouret de nos salons; que n'ait jamais voltigé le moindre guéridon, le plus humble escabeau de nos plus fous théâtres, où ne manquaient ni chansons petites ou grosses, ni pirouettes, ni gambades? Eh quoi! jamais n'aura bronché meuble quelconque du bal carnavalesque le plus échevelé? Jamais

CHAPITRE ONZIÈME.

n'aura tourbillonné table ou siège, assiette ou bol enflammé du souper le plus orgiaque, ou du plus sabbatique banquet? Jamais n'aura fait de soubresaut, jamais ne se sera soulevée, — fût-ce de dégoût inconscient, — une des couches où la crapule et la brutalité brûlent leurs nuits?

Non, jamais! et toujours jamais!

Ou bien, si le railleur et capricieux fluide préfère à l'humeur turbulente l'humeur chagrine ou maladive; s'il lui plaît de se manifester plutôt dans les lieux de souffrance que dans les rendez-vous de folle joie, jamais non plus n'aura tressailli, jamais évolué, glissé, reculé, frémi, palpité, tremblé, l'un de ces millions de lits où, dans les hôpitaux, la chair de l'humanité subit depuis les mortelles langueurs de l'épuisement jusqu'au paroxysme des atroces douleurs?

De tant d'être sanguins, turbulents, suant la santé; de tant d'êtres bilieux, quinteux, nerveux, piteux, marmiteux, maladifs, mourants, irritants, irritables, insupportables, adorables ou détestables; de tant d'êtres humains qui peuplèrent les champs de l'espace, depuis le Tage jusqu'au Volga, jusqu'à l'Obi; depuis la limoneuse embouchure du Mississipi jusqu'au limpide cristal du Saint-Laurent, jamais le fluide d'aucun de nous n'aura su faire donner signe de vie, — signe naturel, — au plus léger, au plus folâtre, au plus sérieux de nos meubles!

Aucun de nous, aucun, fût-ce dans ces moments désordonnés et fébriles où les vaisseaux se gonflent et vont éclater, où les passions tuméfient l'être, où la sueur ruisselle, où le sang bout, où la colère monte, où les émanations du corps doivent s'échapper avec une sorte de rage, aucun, dis-je, n'aura surpris, fût-ce son chapeau pivotant sur sa tête; aucune, fût-ce un jupon seulement tournant autour de sa taille svelte et rondelette?

Et, tout à coup, *sans révolution physique* opérée; tout

à coup, — les lois et les fluides de ce monde restant ce qu'ils étaient la veille, — tout est changé dans la nature ! Et, tout à coup, sous l'insaisissable action de ces fluides, guéridons, crayons, médium, tout se trémousse, se meut, se cabre, saute, danse, parle, raisonne, déraisonne, ENDOCTRINE ! Tout à coup, nos pensées, décalquées sur l'âme ou la langue d'autrui, laissent s'envoler aux vents les plus bavards les intimes secrets de nos cœurs !

Grand Dieu ! la Nature, qui jadis avait horreur du vide, a donc attendu bien longtemps pour enfanter, *dans une partie seulement* de ce monde, cette loi nouvelle du mouvement ! Cette loi qui, *dans ses irrégularités, se manque sans cesse à elle-même*, et qui ne subsiste, en s'établissant, qu'à la condition d'être violée sans relâche !

Le fluide dormait sans doute comme le dieu Baal, dont se raillait en face de ses prêtres le prophète Élie. Le fluide a donc lorsqu'il dort un bien lourd, un bien invincible sommeil ! un sommeil de siècles bien longs !

Mais assez, assez vraiment ; et devant ces feux roulants de l'absurdité, devant ces traînées sans fin, devant ces nuées d'objections que soulèvent les pas de nos fluidistes, me voici bien tenté de croire que l'une des providentielles missions *de leur fluide,* c'est de dérouter nos intelligences et de les confondre, lorsqu'elles refusent d'accepter du catholicisme le mot bien simple de l'énigme !

Hommage cependant à M. de Gasparin, malgré ses regrettables écarts ; hommage ! puisque ses expériences ont attiré quelques rayons de lumière sur *le grand scandale,* sur la grande question de l'époque ! Mais, hommage bien autrement légitime à ces hommes éminents des Protestantismes, chez lesquels, esprit et cœur, tout se ligue, tout se déclare hautement en faveur de la vérité nue, de la vérité quelconque, de la vérité complète dès qu'elle vient à poindre, et fût-elle hostile à leur croyance! Dieu récompensera cette noble candeur et dessillera leurs yeux, vraiment créés pour la lumière!

CHAPITRE DOUZIÈME.
LE FLUIDE MAGNÉTIQUE, ANIMAL OU MAGNÉTICO-MAGIQUE.
PREMIÈRE DIVISION.

Ce qu'il fut, et comment Mesmer, en le réhabilitant, le qualifie. — Questions sur ce qu'il est. — Ses physionomies, ses masques. — Témoignages de savants insignes sur ses actes. — Ce qu'en pense le vulgaire. — Questions posées en réponse à la croyance générale. — Le magnétisme angélique. — Dangers, objections, exemples. — Inutilité du fluide reconnue dans des cas nombreux de magnétisation. — Exemples. — Son existence sera donc niée dans le magnétisme. — Ce qu'est un fluide magnétique, s'il existe. — Dangers de l'agent qui porte ce nom.

Déjà, le bon sens aidant, nos excursions à travers le domaine de l'histoire et des faits nous ont révélé l'existence et le jeu d'un terrible *Inconnu*, moins enveloppé de nuages jadis que de nos jours, et dont le rôle fut considérable dans les religions de l'antiquité. Aussi, grâce aux masques scientifiques sous lesquels il séduisit, jusqu'à nous, un grand nombre d'esprits investigateurs du siècle dernier, mille bouches nous l'ont-elles signalé l'une après l'autre à titre de force naturelle ou physique. Mais il faut observer qu'aucun des noms dont il fut successivement qualifié ne put résister à l'action du temps. Car le propre du temps c'est d'user, c'est de briser la trame du linceul sous lequel l'erreur couvre et ensevelit la vérité. De nos observations multipliées, il ressortira pour le lecteur que ce mystérieux générateur de prodiges, sous quelque variété de dénominations qu'il apparaisse et se faufile au milieu de nous, n'est autre que celui dont les œuvres sont aujourd'hui connues sous le nom populaire encore de fluide magnétique animal, celui même que

20.

Mesmer remit en honneur. Il le proclamait avec enthousiasme : une effluve *du grand et unique soleil qui forme ce monde* et le vivifie de sa substance.

Quelques chercheurs, il est vrai, pénétrant le sens de leurs maîtres et s'éclairant du jour de l'expérience, le dénommèrent fluide magnético-magique. C'est sous ce double et spécial aspect que nous sommes intéressés à envisager la physionomie de ce sphinx. Mais procédons sans trop de hâte; et, si la répétition de quelques mots ennuyeux fatigue un instant notre esprit, ayons la patience d'attendre les trésors dont ils sont le voile; un rayon du jour les fera subitement apparaître. Ainsi, dès que le soleil réveille la nature endormie, le luxe et les senteurs d'une opulente végétation réjouissent les sens que fatiguaient dans l'ombre les apparences présumées d'une terre froide et monotone.

Le libre artisan se connaît à ses goûts, à ses facultés, à ses œuvres qui le révèlent. Un coup d'œil jeté dans le champ que l'agent supérieur du magnétisme a couvert d'une moisson de merveilles nous devra donc apprendre :

Si les œuvres du magnétisme sont celles d'un fluide naturel;

Si son principe, quel qu'il soit, est capable d'actes physiques;

S'il appartient à l'ordre des Esprits purs, ou si sa nature est un mélange de fluide et d'Esprit;

Enfin, si ce principe exerce sur les mœurs de l'homme une action bonne ou mauvaise....

Ce que l'étude et l'expérience nous enseignent, c'est que son chef-d'œuvre est de dérouter une foule d'hommes ardents aux recherches, ingénieux, savants même quelquefois, mais privés des guides que réclame le dangereux pays du surnaturel! Présent partout, et presque toujours invisible, si ce n'est lorsqu'il apparaît à la façon des spectres; dégagé, nous dit-on, par toutes les substances de ce monde, mais surtout par les appareils de nos corps ; subtil et *doué d'un côté lumineux ;* excité, gouverné par la personne humaine, mais aussi l'emportant et la brisant à la façon du cheval sauvage de Mazeppa, ce fantasque Inconnu révèle son action par la variété bizarre et prodigieuse des merveilles dont la renommée attribue la gloire tantôt au magnétisme et tantôt à la magie.

Eh bien, est-il sérieusement un corps fluidique? est-il une force intelligente? est-il un Esprit revêtu d'un corps spirituel? Grandes et bien étourdissantes questions, dont la première est l'âme de ce chapitre ! Car, s'il s'évanouit, s'il ne nous laisse que le néant, lorsqu'en avançant vers lui la main nous penserons saisir une forme fluidiforme et naturelle, adieu les splendeurs modernes de la science inscrite au titre de magnétisme animal ! Cette science trompeuse s'affaisse, ne laissant plus subsister d'elle-même qu'une ombre ridicule; et *les faits éclatants* qu'elle classait dans son domaine réclament à cris brutaux un nom qui convienne à leur nature mieux connue, une théorie nouvelle et construite pour braver les coups de la critique [1]. Visitons cependant à sa recherche, et la sonde en main, les courants troublés de la science.

Oui, la force fluidiforme ou non que le vulgaire appelle le fluide magnétique fournit autour de nous, et de toutes parts, ses preuves de vitalité prodigieuse. Voilà le cri du public ! Entre la matière et l'esprit, elle est, dit-il, le trait

[1] Un siècle *de révolutions* est un siècle de négations, parce qu'il est une époque *de trouble* pour les intelligences. — Cependant, à l'exemple de Dods, de Rogers, de Gregory, de Hare, de Spicer, et de nombreux savants, Mahan, premier président de l'Université de Cleveland, et fort incrédule aux Esprits, dit avec loyauté : « Nous admettons *les faits* par la raison sans réplique qu'après une enquête rigoureuse, CAREFUL INQUIRY, *nous en avons constaté la réalité.* Nul investigateur de bonne foi ne pourra les nier. Nier ces faits, c'est prendre son point d'appui sur l'ignorance, ou sur des préjugés qui repoussent toutes les forces de l'évidence. »(*Modern mysteries explained*, p. 42 ; Boston, 1855.) — L'Europe et l'Amérique s'accordent aujourd'hui dans cet aveu.

d'union, elle est un lien d'une élasticité sans bornes. Et, dans les phénomènes de seconde vue, de divination somnambulique ou oraculaire, de tables parlantes, d'évocations de spectres ou d'apparitions de fantômes, elle serait encore l'invisible et ardent véhicule, le char de feu, l'aile de foudre sur lesquels s'élance et voyage la pensée du magnétisé attirant à soi l'âme des absents, l'âme des morts, ou les Esprits vaguant dans l'espace?

Redoutant de s'engager *à la fois* au milieu de cette pléiade de phénomènes dont on éblouit notre horizon, peut-être le lecteur se bornera-t-il pour le moment à formuler, en guise de réponse, ces humbles questions :

Mais si l'effet magnétique, par lequel il nous est affirmé que deux âmes se lient et s'unissent comme par un trait d'union, résulte d'une atmosphère, d'un rayonnement de fluide que *sécrètent naturellement* nos organes, comment cette effluve échappe-t-elle à la loi de nos émanations régulières? Comment, *de près ou de loin*, n'établit-elle *que par exception* nos rapports avec les vivants ou les morts? Comment *les privilégiés* de ce fluide *universel* ne jouissent-ils de leur triste privilége que dans des conditions si fugitives et si vagues que les préciser est impossible? Comment les sources de cette capricieuse émanation manifestent-elles si souvent une puissance qui s'accroît en raison de la faiblesse des corps d'où elle semble jaillir [1]? Comment, lorsque deux âmes sont rapprochées par ce fluide, chacune n'est-elle point avertie de la pensée de l'autre? Comment le magnétiste, dont il est dit que la volonté portée par le fluide pénètre et domine son sujet, reste-t-il ignorant de ce qu'il opère dans l'âme d'autrui, si la parole *sincère* de son sujet ne le lui révèle? Comment donc une telle infériorité du côté du maître, tandis que la clairvoyance, tandis que la divination,

[1] Les sujets épuisés, moribonds. Voir plus bas.

tandis que le don des langues, tandis qu'une force physique tenant du prodige passent du côté du magnétisé, c'est-à-dire de l'être assujetti, dompté, possédé? Pourquoi ces ténèbres chez le magnétiste, épanchant avec son fluide les sources mêmes de la lumière? Comment tout d'un coup, et dès le premier moment de son réveil, le somnambule *qui revient à lui* perd-il la conscience et jusqu'au moindre souvenir de sa science tombée des nues, de ses visions, de ses prophétiques discours, de son inexplicable lucidité? Au moment où se brise l'état magnétique, *le fluide porte-science* fuit donc avec une fulgurante vélocité, mais sans qu'une explosion pareille à celle du salpêtre, sans que le plus insaisissable des souffles annonce l'effroyable mouvement de ses atomes? Tout ce que l'âme a su par la grâce du fluide n'a donc pu former en elle la moindre impression durable, le moindre fonds de science ou de réminiscence? Comment donc ce fluide, s'il n'est point un rêve, est-il à la fois si merveilleux et moins qu'un rêve? Car d'un rêve, au réveil, il reste quelque chose, un peu plus que l'absolu néant, il reste le souvenir, l'impression de son passage!

On ne se doute guère aujourd'hui que de grands docteurs, et depuis des siècles déjà, se sont récriés contre l'absurdité d'attribuer à nos organes sécréteurs cette *Toute-puissante* sécrétion [1], ce fluide *inintelligent*, et qui communique à la matière inerte elle-même *la volonté, l'intelligence* et *le souvenir;* ce fluide aveugle et endormi dans le méandre de nos vaisseaux, mais qui, versé dans les organes d'autrui, porte avec soi les facultés de l'ange [2]!

Cependant, il existe, sur le domaine du magnétisme, une petite troupe de partisans catholiques, hommes sincères

---

[1] Lire *Disquis. mag.*, lib. I, quæst. 3, Delrio, etc.
[2] Voir plus bas les exemples. Le 2 mars 1856, M. Billiard de Corbigny voulut prouver ce fluide à l'aide d'un *magnétisomètre*. Le 6 mars 1856, un savant lui démontra l'inanité de sa preuve dans l'*Ami des sciences*, dirigé par M. V. Meunier.

et pieux, mais que leur imprudence, au moins, égara. Leur langage sur cet important sujet sera plus favorablement accueilli que le nôtre, en raison de leur sympathie première et nous pourrions dire de leur tendresse pour ce qu'ils appellent aussi le fluide. L'un des hommes intelligents de cette petite Église, M. le docteur Billot, voyait dans cette branche religieuse du magnétisme une ramification de la grâce, un moyen que nous offrait la bonté divine de renouer d'une manière sensible, entre le ciel et la terre, le fil brisé par le péché! Mais cet homme studieux ayant contracté l'habitude des expérimentations scientifiques, l'expérience lui dessilla bientôt les yeux.

S'il y avait émanation de fluide de la part du magnétiseur, écrivait à Deleuze M. le docteur Billot [1], « l'atmosphère de son expansion ne pourrait avoir qu'une distance bornée ». Et pourtant, voyez sans que votre sens se cabre, si vous le pouvez, quelle serait l'effrayante portée de ce fluide! Voyez quels obstacles il se ferait un jeu de vaincre au sein des éléments en discorde qui l'enveloppent, au milieu des courants contraires que le magnétiste lui impose la mission de traverser. Ainsi, par exemple, une lettre magnétisée est partie de la ville de Pau. Passant *de main en main sans agir*, et franchissant une distance énorme sans que jamais son fluide *s'évente*, elle arrive à Lyon et magnétise aussitôt une dame sur laquelle elle a reçu l'ordre d'opérer. De Paris à la Martinique, une autre lettre, inerte entre toutes les mains qui la palpent, et se jouant des irrésistibles influences de l'Océan, obéit à point et répète la merveille déjà répétée mille fois sous mille autres formes [2]! Eh quoi! tant de mémoire et de discernement, tant d'obéissance chez un fluide!

Aussi, de quelle auréole de puissance et de gloire les

[1] *Lettre V*, p. 163, 164.
[2] Lire M. d'Orient, vol. II, p. 265, 277, 137 à 143, 191, etc., etc.

écoles de ce magistral agent ne persistent-elles point à le couronner! Écoutons : « Madame F***, de Saint-Denis, vint dernièrement consulter un somnambule. Depuis trois jours, son mari n'avait pas reparu. Sans qu'elle eût interrogé le somnambule, voici ce que celui-ci lui dit : M. F***, que vous cherchez, et qui est votre mari, est absent depuis trois jours; sorti avec un de ses amis, qui était venu de Saint-Germain pour le voir, après l'avoir accompagné quelque temps, il est revenu le long du canal; le vent ayant enlevé sa casquette, en essayant de la ressaisir il est tombé à l'eau, et s'y est noyé. Votre mari a quarante ans, et vous avez de lui deux enfants : une fille et un garçon. Vous retrouverez son cadavre, mais *seulement dans quinze jours*, malgré les recherches que vous ferez; ce sera *un jeudi, à trois heures* de l'après-midi. — Hélas! toutes les déclarations et toutes les prévisions de la lucidité se trouvèrent justifiées par les faits [1]. »

Il n'est pas une école du magnétisme, — et chacune contient un grand nombre de docteurs, — il n'est pas un écolier magnétiseur, ami ou ennemi du magnétisme, qui ne puisse témoigner de quelque merveille de même nature! Les plus curieuses surabondent dans le livre fort remarquable de M. d'Orient, auquel j'emprunte de précieux documents sur cette question, *que la pratique m'a rendue familière*. Elle est la seule de son ouvrage sur laquelle mon attention se soit portée.

Ajoutons, néanmoins, qu'aujourd'hui ce prodigieux fluide est fréquemment, et coup sur coup, renié par les plus dignes de foi de ces lucides, par ceux qui se posaient en champions de sa gloire, par l'élite des âmes auxquelles il semblait se prêter en qualité de véhicule et de lumière! C'est ainsi, par exemple, que M. le docteur Billot reçoit cette réponse de Marie, jeune et timide extatique, égarée comme lui-

---

[1] 25 janvier 1858, *Union magnétique*, journal fort peu spiritualiste. Suivent d'autres exemples.

même et que, dans sa veine d'illusions, il compare à la glorieuse Thérèse : « Les magnétisations à distance sont-elles *l'œuvre d'un fluide,* transporté du magnétiseur sur une autre personne ? — *Non;* PAS LE MOINS DU MONDE. Et, pour agir *magnétiquement* sur une personne, IL FAUT SON CONSENTEMENT ; il faut au moins qu'elle n'y apporte aucune opposition ; il faut enfin que *l'ange* du magnétiseur *et celui* de son sujet se prêtent réciproquement leurs concours. »

Voilà donc, selon ces pauvres extatiques, voilà tout simplement les anges *de Dieu* commissionnés d'en haut pour endormir et réveiller des somnambules, pour être les messagers, disons plutôt les agents, les rouliers du magnétisme, et pour se précipiter du ciel sur la terre aux ordres du premier enthousiaste ou du premier drôle qui les appelle [1] !

Un beau jour, M. le docteur Billot avait pris heure pour répandre le charme de son opium fluidique sur les paupières de l'un de ses plus précieux sujets, la demoiselle Laure, soit en opérant au domicile de cette jeune personne, soit à distance ; mais il oublia complétement sa promesse. Laure, cependant, de s'endormir au moment indiqué, et tout aussi fatalement que si le docteur couronné de pavots eût pesé sur elle de tout le poids de sa puissance. Assailli quelque temps après l'heure du rendez-vous par le souvenir et le remords de son omission, il court en toute hâte chez son extatique ; il frappe ! — « Ah ! vous voici donc enfin, mais à quoi bon ? *le sommeil magnétique* a clos sans votre participation mes paupières, lui dit-elle en le saluant, et ce fut un ange qui m'endormit, celui dont la charge est de veiller sur vous. Au moment convenu, ce fut encore sa main qui me réveilla [2]. »

---

[1] Lire M. d'Orient, p. 278, sur les faits cités, etc.

[2] Lettre XVII, cinquième Mémoire, 1847. *Recherches psychologiques* (t. II, p. 221). M. le docteur Billot était un homme trompé, mais grave, attentif, digne de foi. Il s'accomplit dans ces *réunions magnétiques* de

Une autre fois, cette même personne, endormie par son ange gardien, sent se graver magnétiquement sur son avant-bras les stigmates du Sauveur. Il est vrai que ces signes se sont évanouis au réveil; mais ne doutez nullement de sa parole. Car, le docteur, qui recherche avant tout les preuves de la véracité de ses sujets, l'ayant magnétisée, l'image sacrée se reforme aussitôt, et renouvelle *sous ses yeux* les douleurs de la patiente.

Or, et dans le premier cas au moins, quel avait été le rôle du médecin magnétiseur? se demande M. le docteur Billot. — Le rôle de zéro, fort évidemment. Et quel était alors le rôle du fluide? — Le même encore, à coup sûr[1]!

Jetant l'un sur l'autre dans ses pages mille exemples semblables, à l'appui desquels dix mille autres se tiennent en réserve, M. le docteur Billot conclut son dernier mémoire et son ouvrage tout entier par ces paroles, où sa pensée revêt une formule générale et positive : « Je le répéterai cent fois : *toute la puissance* que JE PARAISSAIS exercer sur cette extatique N'ÉTAIT QU'ILLUSION!... Adieu donc, encore une fois, le fluide inintelligent, le fluide naturel et brut qui, tout à l'heure, pouvait sembler être une source de merveilles! Adieu le fluide que les magnétistes se figurent émettre, et qui, sur ses ailes, porterait la pensée, l'avenir, la puissance! De tels phénomènes s'opèrent visiblement sans le secours fluidique de l'homme, et le surnaturel y abonde! »

Non, non, le fluide que Mesmer prétendit découvrir, — un fluide *naturel* enfantant des *prodiges*, — n'est rien moins que prouvé! s'écrie M. d'Orient du haut de sa colossale expérience. Les exemples et les démonstrations accumulés à grands frais pour nous convaincre de son existence sont nuls;

singuliers prodiges de transport d'objets, etc., et nous en avons constaté d'analogues. Voir ci-dessus.

[1] *Ibid.,* d'Orient, vol. II, p. 235, 280.

des myriades de faits *positifs* multiplient la preuve que les effets obtenus au dehors de l'homme, ou que les facultés développées dans l'âme des magnétisées, se produisent avec un degré de puissance et d'étendue *parfaitement identique, sans qu'une ombre de magnétisation intervienne.* Bien mieux encore, ces faits se répètent à l'insu du magnétiseur et, souvent, CONTRE SA VOLONTÉ, par conséquent sans aucune émission de sa part, et sans direction de fluide. Ils se répètent donc en dehors de *toute magnétisation* NATURELLE, puisque une magnétisation de ce genre n'est que le développement *et la direction d'un fluide au gré de la volonté* [1].

Enfin, « sous la masse accablante de faits et de preuves que nous avons rapportés dans le précédent livre, M. d'Orient conclut à juste titre qu'il est impossible de ne point déduire la nullité complète et, par conséquent, la non-existence du prétendu fluide ».

Cette conclusion est bien celle que je crois avoir établie dans la pensée du lecteur; cependant, et pourquoi craindre de le redire, je ne veux point contester absolument l'existence d'un fluide NATUREL et SPÉCIAL, limitant sa puissance à quelques effets *également naturels* et aussi minimes que pacifiques. On appellera l'agent de ces phénomènes trotte-menu du nom de fluide magnétique animal, si l'on juge à propos de l'admettre. *Rien ne démontre encore son existence,* à laquelle je suis loin de croire; et, S'IL EXISTE, il est plus que probablement une modification du principe unique des quatre agents impondérables de la physique.

Mais le tapage qui se fait sous son nom n'est point ou n'est guère son œuvre; et, *s'il y participe,* il faut admettre que, dans l'art magnétique, deux forces inégales et de nature fort différente, la première intelligente et la seconde non,

---

[1] Lire d'Orient, vol. II, p. 348.

opèrent et se soudent l'une à l'autre. En tout cas, et QUE CE FLUIDE SOIT OU QU'IL NE SOIT POINT, il est là une chose que nous défierons de nier : c'est qu'un agent spirituel affecte de se mêler sans cesse à des forces latentes de la nature; c'est que cet esprit s'y insinue et s'y confond; c'est qu'il rend ainsi presque impossible à l'homme qui croit ne s'aventurer que sur le domaine de la nature de savoir s'il a franchi la limite des régions du surnaturel, ou s'il reste en deçà. Voilà pourquoi, dans son état actuel, le magnétisme est pour l'ignorance et pour l'innocence, c'est-à-dire pour l'immense majorité des hommes, un des plus dangereux écueils. Voilà comment, aux mains des gens désœuvrés et à libres passions, il est l'une des armes les plus perfides qu'ait à redouter le monde social.

Vers la fin de cet ouvrage, le lecteur proclamera sans doute de lui-même cette vérité qui, peut-être encore en ce moment, ou le fait sourire ou l'indigne.

SECONDE DIVISION. — ACTION PHYSIQUE DE CET AGENT.

Il transforme indéfiniment le goût de chaque chose. — Effets semblables à celui de la manne en Israël. — Mêmes effets sans choses tangibles. — Effets chloroformiques semblables à ceux de la sorcellerie et connus de nos pères. — Mes essais. — Delrio; exemple. — Il décrit, il y a trois siècles, tout le magnétisme fluidique. — Forces surhumaines de cet agent. — Terreur et jalousie qu'il inspire aux académies de médecine. — Que ne lui disaient-elles le mot de l'énigme? — Action de cet agent sur le capitaine L.....; tragique histoire. — Le mal et la cure conduits par le même agent. — Notre volonté ne dirige point cet agent : exemple. — Dangereuses qualités des guérisons qu'il opère. — Ce fluide guérissant ne loge en nous qu'à la condition d'y produire une maladie. — Puységur, Olivier, Deleuze, Aubin Gauthier. — Progrès futurs du même agent, et pourquoi. — Découverte moderne décrite par nos pères. — Ces phénomènes sont magnétiques parce qu'ils sont magiques. — Mot à l'appui, de saint Augustin. — Témoignage du célèbre bénédictin Léonard de Vair, appuyé par le Dr Cogavina et le savant Orioli, correspondant de l'Institut de France. — Conclusion.

L'Inconnu, sous l'incubation duquel naissent *les prodiges* du magnétisme, n'est point un fluide, et surtout un fluide inintelligent ; soit, mais il existe pourtant, car il agit ; ses œuvres nous le disent. Examinons-le donc dans les circonstances où son action se manifeste en opérant d'un manière physique, en agissant d'une façon claire et positive sur la matière. Je me garderai bien, dans mon rapide parcours, de rien signaler qui ne soit *de notoriété publique,* et dont la démonstration ne se soit répétée sous mille formes.

Nul n'ignore, par exemple, que lorsqu'un expérimentateur, doué de quelque vertu magnétique, prend un objet, et veut produire, au moyen de ce *même* objet et sur *le même sens d'une même personne,* les sensations les plus diverses, quelquefois même les plus contraires, la réussite de cette expérience est fréquente. Ainsi, le même verre d'eau que ses mains présentent se transforme, gorgée par gorgée, « en toutes sortes de goûts » ; et, sur le signal donné par un tiers à la pensée du magnétiseur, il sera successivement pour le sujet qu'il travaille vinaigre, opium, lait, sirop, liqueur tonique, *enivrante,* ou potion énergiquement purgative, etc., etc. [1].

Voici donc *le Principe* du magnétisme opérant une action physique, et singeant l'effet merveilleux de la manne qui nourrit Israël dans le désert ; car elle aussi « se transformait en toutes sortes de goûts, obéissant, Seigneur, à votre grâce, qui est la nourrice de tous, et s'accommodant à la volonté de ceux qui vous témoignent de leur indigence [2] ».

Que dis-je? et nul objet tangible ou visible, ainsi que l'est par exemple un verre d'eau, n'est indispensable à la réalisation de ce tour étrange. J'ai vu, mille autres ont vu

[1] Dr Teste et M. de Gasparin, *Du surn.,* vol. II, p. 274 ; Dupotet, *Magie dév.,* p. 173, etc.
[2] Bible, *Sagesse,* XVI, 25.

le principe mystérieux du magnétisme agir à la volonté d'un *magnétiseur*, opérer au gré de ceux qui l'entourent. Ainsi l'on faisait, on fait boire à *sec et sans verre* un sujet magnétisé, trompant son goût et lui donnant l'impression de la liqueur qu'il plaît à chacun de désigner. On flatte, on irrite à plaisir sa passion; on le jette dans les fureurs du vin, on le plonge dans les enivrements de la crapule et dans la mort de l'ivresse.

Mais suivons de l'œil encore cet insaisissable agent; voyons-le s'insinuer à l'aide des passes ou sur l'ordre que lui dicte la pensée d'un magnétiste, et communiquer aux organes du sujet qu'il pénètre une impassibilité cadavérique. Le chloroforme n'a point de coups plus foudroyants ni plus sûrs! Mais ce qui distingue notre fluide de ce médicament de pharmacie, c'est que ce dernier n'obéit point à la pensée, c'est qu'il refuse de s'assouplir aux signes de convention qui constituent la partie sacramentelle du magnétisme. Aussi parvenez-vous sans grands efforts de prudence, en réglant la dose du chloroforme, à diriger ses effets et à les mesurer; nulle règle, au contraire, nulle loi, nulle sagacité ne parviennent à maîtriser dans son action physique l'agent du magnétisme, aussi remarquable de souplesse et de docilité que de révolte et d'ironie. Combien de fois, et presque sans y croire, n'ai-je point vu s'affaisser sous les premiers signes de ma main des personnes instantanément frappées de léthargie magnétique!

Attaquées *à l'improviste,* — sur l'instante prière qu'elles en avaient formulée d'avance, — et surprises dans leur chair par les sauvages expériences du fer et du feu, ces personnes, que je réveillais *au gré de mon vouloir*, opposaient à la poignante vivacité de ces épreuves une effrayante insensibilité. On les eût ciselées sans qu'elles sourcillassent, et la chirurgie constata doctoralement sous le tranchant du scalpel cette faculté de nos corps. Prodigieuse pour notre siècle; elle était vulgairement connue de nos ancêtres [1] !

Et voilà *le même agent* de léthargie qui, tout à l'heure, chez la même personne et dans des conditions identiques, surexcitait, exaltait la vie jusqu'au paroxysme de l'ivresse, du délire, et de la fièvre chaude ! Un mot, une pensée, changent en un clin d'œil et du blanc au noir son action et ses exploits.

Un savant observateur, le P. Delrio, accueille, dans ses Recherches sur la magie, un de ces mille bouleversants récits dont son expérience et sa sagacité lui permettaient de se porter garant : On touchait à la fin du dix-septième siècle lorsqu'une jeune fille accusée de sorcellerie fut jetée dans une prison. Elle s'y endormit d'un sommeil de mort, et tout fut vainement mis en œuvre pour la retirer de cet accablement. Ses pieds subirent les atteintes du feu ; des coups de fouet d'une violence inouïe laborèrent son corps, et la douleur fut chez elle aussi nulle que celle des convulsionnaires de Saint-Médard subissant l'épreuve des *grands secours*. Un prêtre, sur ces entrefaites, conseilla de lui passer au cou une image bénite. On le crut ; et, chose étonnante, l'action qui paralysait la chair de la jeune fille venant tout aussitôt à cesser, la sensibilité reprit son cours. L'agent magnétique ou magique était sorti de ce domicile ! Il fut dès lors évident pour le théologien, — et déjà tant de fois on avait observé ce même fait, — que cette insensibilité physique, amenée par un invisible agent, ne provenait d'aucune cause naturelle, et que la théologie seule en disait le nom [2] !

---

[1] Voir le rapport de l'Académie de médecine de 1826. M. de Gasparin reconnaît la puissance *active* et *narcotique* de cet insaisissable agent. Il cite, à l'appui de sa croyance, ce fameux rapport, si bien étouffé par l'Académie de médecine elle-même.

[2] Delrio, *Disq. mag.*, lib. II, quæst. 24, *An possint dæmones facere*

Quelque autre fois, l'agent magnétique, le prétendu fluide, au lieu de s'échapper ou de fuir de la personne des opérateurs comme par le pommeau d'un arrosoir, au lieu de s'élancer de leurs mains comme par le jet d'une pompe, semble s'accumuler en eux pour y grandir leur puissance. C'est ainsi, par exemple, qu'agissant en eux, nous le voyons « *soulever* un poids que leur force musculaire était impuissante *à remuer* [1] » ; et que, surpassant toute mesure ordinaire, il opère par le jeu de l'organisme humain des choses *naturellement* inexplicables. Mille ouvrages de théologie, de magnétisme et de médecine, redisent à l'envi ces phénomènes. Telle était la puissance factice de ce Gérasénien

ut homo non sentiat. — Le savant Delrio, qui, *par anticipation*, analysait et résumait IL Y A TROIS SIÈCLES toute la question *du magnétisme fluidique*, se demandait : Mais cet Inconnu, quel est-il donc ?

« C'est l'imagination ! vous diront les uns ; et voyez quelle est sa force ! elle atteint au loin, elle fascine à longue distance ; elle guérit, elle transporte et change de lieu les corps ; elle fait descendre du ciel ou la pluie ou les tonnerres. » (Avicen., lib. *De anima*, sect. 4, c. IV.)

« Oui, oui, c'est bien elle-même, c'est l'imagination, reprennent d'autres interlocuteurs, mais aidée de je ne sais quels rayonnements, de je ne puis dire quel fluide (*fluore spirituum mediante*. Ici, comme plus bas, on le voit, *spiritus* ne signifie qu'*une substance fluidique*, ainsi que l'explique le mot *fluor*), chassé, lancé, dirigé par elle hors du corps, au gré de ses caprices. » Se soulevant contre cet arrêt, d'autres accourent à perte d'haleine, et les voici soutenir que toute cette force est dans l'irrésistible VOLONTÉ d'une âme d'élite. SOLO *præstantioris animæ* IMPERIO !

On le voit, toutes les découvertes, toutes les nouveautés de nos jours étaient bien vieilles à cette époque ! Or, répond à ces absurdités le père Delrio, la ferme et commune sentence : *conclusio communis*, des docteurs en médecine et en théologie, c'est que l'âme humaine ne peut opérer aucun de ces merveilleux effets sur un corps distinct ou séparé du sien (saint Thomas, *id.*, quest. 117, art. 4), soit qu'elle use de la force de l'imagination, ou de telle autre *de ses facultés* aidée du rayonnement ou des émanations fluidiques que l'on voudra. *Neque per imaginationem, neque per aliam potentiam, mediantibus ullis radiis, spiritibus vel speciebus.* — Sont cités à l'appui saint Thomas de Ferrare, Medina, Picus, Vaire ; et parmi les médecins, Valesius, Condrochus, Bokelius, Cæsalpinus, etc., etc. *Disq. mag.*, ibid. I, quæst. 3.

[1] De Gasparin, vol. Ier, p. 24, etc. ; Thury, professeur à l'Académi de Genève. Brochure ci-dessus, p. 22, etc.

de l'Évangile dont les membres, au lieu de *se briser contre le fer* qui les liait, le brisaient sans effort et comme jouets d'enfant [1].

Cependant, ce même agent magnétique qui, tout à l'heure, douait notre chair de l'impassibilité du marbre, est devenu le rival de nos Académies de médecine, qui, dans la terreur et la sourde jalousie que leur causait ce redoutable antagoniste, ce guérisseur universel, se contentèrent presque unanimement de le nier. Que n'eurent-elles le bon sens de le reconnaître, de le nommer, de le mystifier, de lui jeter au visage cette apostrophe de Tertullien : « C'est toi-même qui donnes le mal; et lorsque tu cesses de le causer, ceux dont on surprend la foi de s'écrier tous ensemble : Ah! voilà! voilà celui qui nous guérit [2]! »

Mais un fait *répété par mille autres faits*, et qui rendra sensible le mot que Tertullien appliquait à ces influences exercées sur nos corps, fit grand bruit dans le monde magnétique, il y a de cela peu de mois. Le héros et la victime de ce petit événement, M. le capitaine L*** [3], eut le dévouement de le raconter au public; et *j'entendis* son guérisseur, tout glorieux d'une si belle cure, en relater les circonstances. C'était le célèbre Regazzoni.

Les détails, que j'engage les théologiens et les médecins à recueillir et à peser, démontrent en termes assez clairs,

---

[1] Saint Marc, ⰶ 3-4.

[2] *Lædunt, lædere desinunt, curasse creduntur (dæmones). Apolog.*, XXII ; et, de même que dans la thérapeutique du magnétisme : *remedia præcipiunt ad miraculum nova, sive contraria (Id.)* C'est merveille que la nouveauté, l'étrangeté de leurs remèdes! Voir ce que l'Église pense de ces moyens de guérison, dont *plusieurs variétés* sont encore pratiquées dans nos campagnes, et produisent des effets qu'un homme de bon sens et de bonne foi ne peut nier, quelque stupeur qu'il en éprouve. Lire Thiers, *Traité des superstitions*, ch. XXXVII, etc.

[3] Le nom et l'adresse : N° 53, rue de l'Orangerie, à Versailles, sont en toutes lettres dans le journal *l'Union magnétique* du 10 février 1856, donnant de longs détails.

au sens des rédacteurs et au mien, que les visions, *les hallucinations* [1] et les manies du pauvre capitaine furent du nombre de celles que la magnétisation peut se vanter à juste titre de produire. Ce sont là des maux que l'Église, autrefois, *traitait* par ses prières !

« Une magnétisation secrète, et c'était un acte de vengeance, dit le capitaine L***, me jeta tout à coup dans l'état le plus terrible. Le sommeil et l'appétit me fuyaient; écrire me devenait impossible, et je ne pouvais plus m'acquitter de mon service qu'avec une peine extrême. Des bruits continuels assiégeaient ma porte, et, de l'autre côté de cette porte, je voyais apparaître un homme qui disparaissait aussitôt que je m'avançais à sa rencontre. La nuit venue, des voix me parlaient; on me faisait approcher du mur, et c'était, me disait-on, pour sentir le corps d'une femme. Plus tard, *on me faisait* commettre de ces actes que rien ne peut excuser chez un homme, et *dont je ne pouvais me défendre !* J'eus cependant un congé... J'allai chez mon père, où je fus moins tourmenté; puis je revins au régiment, où quelque temps après je fus nommé officier. On ne regarda donc point comme un homme en démence ce sous-officier, progressant jusqu'au grade de capitaine ! On cessa dès lors de me magnétiser; on me laissa tranquille tant que le lieutenant-colonel de M***, qui, je crois, s'occupait de magnétisme, resta dans ce régiment.

» Sept années de repos s'écoulèrent, lorsque, vers 1850, j'adressai les plus mérités reproches au nommé ***, servant sous mes ordres. Quelques heures après ces paroles de réprimande, je fus de nouveau magnétisé.... J'avais défié mon magnétiseur, dont l'action s'exerçait à distance... J'éprou-

---

[1] Distinguer les *divers genres* de ces phénomènes et lire, dans mon livre des *Médiateurs et moyens de la magie,* les chapitres intitulés les Hallucinations et les savants.

21.

vai d'incroyables tourments! On m'appelait, on m'injuriait, des fantômes me poursuivaient, et je me ruais contre eux en faisant des chutes dont l'infaillible résultat *devait être la mort, si je me fusse trouvé dans mon état habituel* [1].

» Ma réputation d'homme raisonnable et sobre se perdait auprès de ceux qui me jugeaient PAR CES ACTES INVOLONTAIRES ; et, depuis ce moment, je ne cessai d'être magnétisé, c'est-à-dire martyrisé. Mais, « le soir, en rentrant chez moi, l'effet *du fluide* me semblait plus direct. Lorsque *le fluide m'envahissait*, deux ou trois coups que j'entendais frapper me prévenaient, disait-on, que la séance était ouverte. » Des secousses *électriques* me frappaient le cerveau ; il me semblait tomber du haut d'un escalier [2]... J'étais jugé, condamné; on me coupait les membres; il n'y avait assez d'injures dans le vocabulaire ni contre ma personne ni contre les miens! Des chansons insultantes m'étaient chantées contre tous les officiers du régiment, et leurs actions commentées d'une façon dégoûtante. Cependant, *on me chargeait de fluide* pour me rendre fou, ce qui m'était annoncé comme devant se réaliser à courte échéance!.... Plusieurs personnes croyaient que j'étais fou, d'autres que je devenais ivrogne : bien que ces deux choses ne puissent s'expliquer, car je raisonnais encore et l'on ne me voyait point boire.

» Or, il existait au milieu de nous une société de magnétiseurs qui, d'abord organisée dans un but de curiosité et de

[1] L'agent du magnétisme rend généralement innocentes les chutes les plus terribles qu'il occasionne, ce que j'ai vu maintes fois. Ce phénomène est de notoriété; voir aux expériences de M. Regazzoni, ci-dessus.

[2] Un magnétiste *émérite* et amateur, homme *de sens* et d'une moralité remarquable, m'avoua que, *fort involontairement,* il avait produit des effets entièrement semblables, dont les suites avaient défié ses efforts tendant à les neutraliser, et qu'en conséquence il avait échappé avec peine à des poursuites judiciaires.

CHAPITRE DOUZIÈME.

plaisir, était devenue hostile et dangereuse. C'est à force d'observations, et avec la ferme volonté de découvrir mes persécuteurs, que je parvins à me procurer les preuves de ce que j'avance. Les nommés X. et X. X. étaient à la tête de cette société, et parmi les résultats qu'ils ont obtenus :

» Z. X., adjudant, vrai militaire, *insouciant* et *gai*, mais peut-être un peu sévère, est tout à coup atteint de *tristesse*. Il dit souffrir; il ne peut exprimer ce qu'il éprouve, et *se brûle la cervelle* [1].

» V. X., homme d'une activité remarquable, s'arrête tout à coup, ne veut plus rien faire, dit qu'il souffre..., refuse le service et se voit obligé de quitter le corps...

» T. X. faisait ombrage à X., dont il avait froissé l'amour-propre. Il commet une faute de discipline; dans un accès de tristesse, il s'aggrave sa faute *et se fait sauter la cervelle*.

» Pour ma part, au bout de quatre ans de lutte, je dus aussi quitter le corps! C'est alors que j'entendis parler du célèbre magnétiseur italien Regazzoni, de sa puissance magnétique, de son ardeur à faire du bien à ses semblables... Je lui demandai de me magnétiser *et de me débarrasser du mauvais fluide qui m'avait envahi*. Je me soumis avec plaisir à son action... et j'ai la pleine confiance d'être parfaitement guéri [2] !... »

Après avoir étudié cette lettre, j'eus l'occasion de me rencontrer avec M. Regazzoni, que je trouvai radieux, triomphant; et je dois dire qu'un triomphe d'*exorcisme magnétique*, bien plus concluant encore que celui-ci, venait de couronner ses efforts. Mais à l'aide de quelle puissance accomplissez-vous donc ces opérations? lui demandai-je. —

---

[1] L'agent du magnétisme, ou du spiritisme, pousse au suicide : consulter les statistiques, etc.

[2] *Union magnét.*, n° 27; Paris, 10 février 1856.

Je vous l'ai déjà dit; c'est toujours à l'aide de la même vertu : je lance le fluide magnétique. — Je le sais; bon! mais après?—Après! eh bien, j'invoque des Esprits bénins, afin de chasser des Esprits mauvais[1].

Déjà je le savais par cœur; et. quel besoin ces Invisibles auraient-ils donc du fluide? Mais ces Esprits bénins sont tout simplement ceux que les philosophes théurges de l'antiquité nommaient les bons démons?

Les conséquences du vrai ne sont jamais véritablement redoutables, si ce n'est pour l'erreur. Nous devons donc le dire et le répéter sans crainte : ce même Inconnu, dont l'action physique peut être aussi terrible qu'implacable, vous le voyez quelquefois *soulager* instantanément les malades. C'est là ce que M. le capitaine L..., c'est là ce que M. Regazzoni, plus explicite et plus savant que le capitaine, pouvaient se dispenser de nous apprendre; et, plus d'une fois, pour ma part, j'avais été dupe de sa fausse bienfaisance. Je l'avais vu, conduit par ma main, déplacer, engourdir, dissiper les plus vives douleurs; on se figure dans ces moments de surprise avoir au bout des doigts la baguette des fées !

Un jour, une de mes vieilles et *très-proches parentes*, à demi paralysée de rhumatismes, gémissait douloureusement, clouée sur sa chaise longue. En quelques instants, à l'aide de quelques passes exécutées sans contact et presque contre son gré, je réchauffai ses membres. Elle se leva, marcha sans appui, fut émerveillée... Je ne l'étais guère moins. Les domestiques, pris d'ébahissement, crièrent au miracle, et le miracle dura tout un jour! Le lendemain il s'était éventé : il avait perdu sa vertu. De temps en temps, il est vrai, je pus le renouveler; et quelquefois — l'expérience est bien digne de remarque, — ce fut en m'appli-

---

[1] Le mot fluide, on le voit, répond à l'opinion du vulgaire; le mot Esprit à la pensée des experts.

quant à ne point réussir. — C'est-à-dire que, me plaçant dans les plus identiques conditions, je me livrais à l'exercice des passes de la manière la plus mécanique, en détournant ma pensée, EN ÉLOIGNANT MA VOLONTÉ de l'effet que je semblais vouloir produire. Vaines et bizarres tentatives d'insuccès! car, avec cet agent dont je me trouvais être l'organe momentané, il me fallait réussir en dépit de mes efforts; de même qu'en dépit d'efforts contraires, je voyais souvent le succès fuir devant l'opiniâtre combinaison de mon vouloir et de mes passes.

Mais, lorsque l'agent magnétique opère sur les maux de nos corps, l'expérience établit, à titre de vérité générale, qu'il ne les guérit point sans causer de vives douleurs, ou sans nous faire courir le risque de la vie, que souvent il éteint! Ses cures sont d'une longueur désespérante; elles ne sont complètes que par exception; le mal qu'il chasse d'un organe est souvent remplacé dans un autre organe par un mal plus farouche, et les maladies dissipées sont sujettes à de cruels retours. « Nous en avons l'aveu formel de Puységur lui-même; car il avait observé, dans sa longue pratique de cet art, que des maladies qu'il avait cru guérir radicalement revenaient à termes périodiques dans ses somnambules. Il signalait *en particulier* le bout de l'an pour le retour fatal [1]. »

Mais un phénomène assez caractéristique pour que l'observer soit un devoir, c'est que le somnambulisme, sous l'incubation duquel s'accomplissent tant de guérisons apparentes et tant d'actes de puissance surhumaine, n'est lui-même que la conséquence d'un état de désordre et de souffrance. Le prétendu fluide qui se donne le somnambule pour sanctuaire ne peut s'acclimater dans son sein s'il n'y

[1] Lire t. III, liv. X, p. 65, d'Orient, et toutes les citations à l'appui de ces vérités générales. D'assez rares exceptions ne serviraient qu'à confirmer cette règle.

rencontre un état morbide; et, mieux encore, sans y exercer une action délétère. Mais l'expérience nous parle à ce propos de sa voix la plus ferme. Écoutons :

« Les facultés *les plus étonnantes* que l'on attribue au magnétisme ne se développent que dans les *infirmités morales de l'âme*, ou dans *les maladies qui sont la suite ordinaire de ces infirmités;* ce fait est positif[1]. » Aussi, l'un des axiomes *les mieux constatés* de la nouvelle science est-il celui-ci : « Point de somnambulisme sans maladie. Amené par la maladie, dit M. Olivier, et quelquefois l'amenant à sa suite, il disparaît avec le retour à la santé. » Et telle est chez ce praticien la conviction que là même est le fonds du magnétisme, et sa vraie théorie, qu'il regarde comme une incontestable vérité que tout somnambule chez lequel l'état magnétique devient permanent *doit avoir* un tempérament maladif, doit souffrir d'une *maladie incurable,* grave ou légère[2].

D'où ce principe, *posé par Puységur,* « qu'une preuve certaine de *la guérison* radicale d'un malade *qui a passé par l'état magnétique,* c'est à coup sûr la cessation plus ou moins marquée de l'empire du magnétiseur sur sa personne[3]. »

Un autre maître de la doctrine magnétique a même assuré que, si l'on examine de près les personnes susceptibles d'être magnétisées qui paraissent être dans l'état de santé le plus florissant, « on ne tardera pas à s'apercevoir qu'elles sont affectées plus ou moins de maladie[4]. » Et rien ne se conforme plus rigoureusement à ces paroles de Deleuze, « que le même homme qui est insensible au magnétisme

[1] D'Orient, t. III, p. 265.
[2] *Traité du magnét.,* t. VI, p. 56, ch. VIII, 78. *Ibid.,* p. 106-107.
[3] *Mém. pour servir à l'hist. du magnét.,* conclusion, p. 180.
[4] D'Orient, t. III, p. 266.

dans l'état de santé en éprouvera les effets lorsqu'il sera malade[1]. »

Ainsi donc une chose est surabondamment démontrée : c'est que l'agent du magnétisme agit en nous d'une manière physique : c'est qu'il *engendre* dans nos personnes des effets et des facultés surhumaines. Car on n'est pas loin *de rendre naturelles* les facultés *que donne* ce magnétisme en le nommant *animal*. Le nom masque et ne change point la chose! Et ces facultés ne peuvent *arriver* en nous; elles ne peuvent *s'y implanter* et opérer selon le vœu *de leur nature supérieure* sans y trouver, sans y produire, sans y accroître le désordre. Que si d'ailleurs nous faisons un pas de plus dans notre carrière *d'investigateurs, nous reconnaîtrons que le désordre nécessaire* à l'implantation de ces facultés se développe par leur exercice, se multiplie par leur culture, et de la sorte va croissant « jusqu'à la prostration des forces, jusqu'à la phthisie, jusqu'à la décomposition du sang, jusqu'à une mort certaine et prématurée[2]. »

Jusqu'ici donc, aussitôt que commence et se manifeste l'action physique de cet agent, le bien apparent, le mieux railleur et perfide qu'il détermine, *dérive* du mal et appelle un surcroît de mal : *Abyssus abyssum invocat*[3].

[1] *Inst. prat.*, Aubin Gautier; *Traité prat.*, liv. III, ch. v, p. 317 et 599; *Instr. prat.*, p. 15. Lire tout le livre XII de M. d'Orient, § 8. Cet ouvrage est l'un des plus indispensables à qui veut connaître à fond le magnétisme. Je n'y ai lu, d'ailleurs, que cette question.

[2] Oliv., *Traité du magnét.*, p. 106-107; d'Orient, liv. XII, p. 266.

[3] Je dis que, jusqu'au jour où ces paroles furent écrites par les premiers grands maîtres de cet art, telle fut l'action curative du magnétisme. J'opine cependant à croire, — le mal appelant le mal, — que la puissance du magnétisme se développera de jour en jour. Je veux dire que, par son apparente bienfaisance, elle séduira de plus en plus les hommes *qui ne s'étudient point* à se garantir de l'erreur. Le mal ne doit-il point *se généraliser,* et les prodiges qui le favorisent abonder de plus en plus, pour qu'enfin l'Antechrist lui-même devienne possible? pour qu'il étende sur la terre, aux applaudissements des hommes, la verge de sa puissance féconde en merveilles impies! Alors, si Dieu

Les merveilleuses et surnaturelles facultés de la moribonde Voyante de Prévorst, si savamment décrites par l'illustre Kerner, et les tours de force magnétiques opérés à distance et aux dépens de leur vie par les pâles et languissantes victimes que nous décrit l'Américain Rogers, sont une longue, une terrible et pratique confirmation du principe découvert et arboré par les sincères apôtres et par les hauts coryphées du magnétisme. Mais un intérêt d'actualité nous engage à terminer ce léger aperçu de l'action physique du railleur et malin Inconnu que nous étudions par le récit d'une expérience, ou, si l'on veut, d'une découverte *toute moderne*, au dire de nos magnétistes. Elle était bien connue de nos pères.

Non moins que le jeu du fluide, lorsqu'il pénètre et *soulève* nos tables dansantes et savantes, cette expérience nous enseignera quelle est, *sur la matière des corps*, la puissance de ce mystérieux Protée.

Quatre personnages — et ce seront des enfants, si bon nous semble, — placent la dernière phalange de l'un de leurs doigts sous un adulte, sous un colosse humain, sous un énorme fardeau. Puis *une formule* est dite, et vous les voyez le soulever, je veux dire l'enlever comme on enlève une plume, et bien que, de la part des opérateurs, « *la force physique ne soit* POUR RIEN dans le résultat de l'expérience ». Ainsi donc, une action physique est obtenue par l'homme sans que la force des expérimentateurs y soit pour quelque chose ! Comprend-on ? C'est pour cette raison que « les expérimentateurs ont à peine le sentiment du poids le plus léger. C'est un analogue du piano dont nous parlait tout à l'heure M. Thury, professeur à Genève. Aussi le corps soulevé peut-il être maintenu *au-dessus des têtes*, et

n'abrégeait ces temps, les élus eux-mêmes seraient ébranlés. (Évangiles saint Matthieu, XXIV, 22; saint Marc, XIII, 20.)

quitter même pour un instant les doigts index qui l'ont accompagné dans cette excursion aérienne[1]! »

Une jeune fille de onze ans participait à l'enlèvement de M. le comte d'Ourches, dont le poids est de 89 kilogrammes; pardon du peu! Elle « était placée à la partie supérieure du corps; et, sans effet plus ou moins magique, assurément, elle n'eût pu *remuer* la partie qu'elle *enleva* ». Mais, quoi de plus simple que cet acte, si le magnétisme et la magie vivent dans cette intimité de rapports que déjà nous leur supposons? Et qui nous dira de modifier notre opinion devant les paroles d'un médecin expérimentateur, dont la plume nous affirme que nul de ces phénomènes magiques ne s'accomplit *en dehors de l'action du magnétisme!* « L'agent mystérieux, INOUI DANS SES EFFETS, nous dit-il, obéit à *la volonté* de celui qui l'a transmis... » Et « S'IL M'ÉTAIT PERMIS de franchir LES LIMITES ADOPTÉES jusqu'à ce jour, j'aborderais un champ tout nouveau; mais il n'EST PAS TEMPS ENCORE[2]! »

Or, dans une circonstance analogue, où les lois de la nature refusaient une explication du prodige qui s'était accompli, saint Augustin, d'accord avec M. le docteur J. Bégué sur ce résultat, *qui n'est magnétique que parce qu'il est magique*[3], terminait une remarquable analyse par ces très-simples paroles : Eh bien! s'il n'y a point d'illusion, « ce sont des démons qui portent ces fardeaux, et dans le but de décevoir les hommes[4]. »

Oh! combien le magnétisme, si connu de nos pères, quoique sous un nom moins favorable à l'équivoque, ne surpassait-il pas le nôtre? Écoutons : « Il est aussi des gens, rap-

---

[1] *Journ. du magnét.*, n° 171, p. 449, M. J. Gautier à M. Hébert. — *Ibid.*, n° 189, p. 358; n° 168, p. 378, de M. Dupotet.
[2] *Journ. du magnét.*, n° 189, p. 358-359; Dr J. Bégué et J. Gautier.
[3] *Ibid.*, p. 358.
[4] *Cité de Dieu*, l. XVIII, ch. XVIII.

porte Léonard de Vair [1], lesquels, *après avoir prononcé quelque charme*, marchent les pieds nus sur des charbons ardents et sur la plus pointue des épées que ce soit; et ne s'appuyant *que sur un doigt*, de l'autre main ils élèvent en haut un homme ou quelque autre plus pesant faix! Ils dompteront d'une seule parole les plus farouches chevaux et les taureaux les plus furieux! etc. » et feront bien d'autres prodiges [2]!

CONCLUSION.

Un signe, *un signe sacramentel*, *une formule*, une parole, *une volonté muette* commandent à l'agent magnétique; il comprend, il obéit; sa puissance éclate; *il agit sur les corps;* il les modifie; il les subjugue; il leur prête et des forces et des facultés qui ne semblent possibles que dans le rêve.

En un mot, *son action physique est évidente* et se décèle de mille manières.

Et pour des yeux clairvoyants, pour des gens éclairés, sensés, réfléchis, il est rare qu'une intelligence étrangère à la nôtre ne se laisse point à chaque instant découvrir ou deviner en lui.

TROISIÈME DIVISION. — ACTION INTELLECTUELLE
DU MÊME AGENT.

Intelligence et volonté chez l'agent du magnétisme. — Un simple et maladif paysan servant de sujet à M. de Puységur. — Sa métamorphose lorsqu'il est *remué par l'agent de la nature*. — Cet agent confère le don des langues, etc. — Exemple. — Qui le possède sent en soi-même une seconde intelligence. — Accord des hautes écoles

---

[1] L. II, ch. II, évêque et bénédictin, seizième siècle.

[2] Thiers, chap. *des Charmes superst.*, 366. Voir aussi des faits que nous citons plus loin, et que le savant conseiller d'État Orioli, membre correspondant de l'Institut de France, avec le docteur Cogevina, corroborent dans leur commun ouvrage : *Fatti relativi al mesmerismo*, p. 88 à 93; 1842.

CHAPITRE DOUZIÈME.

magnétiques et de l'Église sur l'être, différent de nous-mêmes, que le magnétisme signale comme le principe de ses œuvres. — Les oiseaux indiens ou pythonisés de M. Tréfeu, rivaux des chèvres de Tertullien. — Intrépidité des explications du savant Rogers ; elles s'affaissent sous les coups des plaisants. — Prodiges de crédulité des incrédules. — Le phénomène de la pénétration de la pensée, que M. de Gasparin (ancien ministre de Louis-Philippe), appelle le fait fondamental du magnétisme. — Pages que l'on croit attrayantes et sans réplique. — Ames, anges et démons, divinité. — La colère et l'amour livrent-elles l'âme, lui permettent-elles de saisir l'âme d'autrui ? — Conclusion. — Notes finales : dans la première, le dire de la physiologie ; dans la seconde, le dire de l'Église sur la pénétration de la pensée. — Le lecteur choisira.

Mais, au delà de l'action physique de l'agent du magnétisme, dont les preuves les plus éclatantes sont dispersées, chacune à leur place, dans le corps de cet ouvrage, avec quels splendides caractères d'évidence ne se multiplient point sous nos regards attentifs les traits où brillent et *l'intelligence* et *la volonté* de l'Inconnu dont nous suivons pas à pas les vestiges ! Et quel œil se refuserait à saisir cette lumière lorsque, par exemple, un être ignare, grâce à *la vertu* que lui communique et que verse en lui la main d'un homme également ignare, plongeant dans le cœur de son semblable, paraît y lire à livre ouvert l'enchaînement des plus secrètes pensées ?

« C'est avec un homme simple, écrit l'illustre magnétiste de Puységur, c'est avec un paysan, homme grand et robuste, âgé de vingt-trois ans, naturellement *affaissé par la maladie,* ou plutôt par le chagrin, et *par cela même* plus propre à être remué PAR L'AGENT DE LA NATURE ; c'est avec cet homme, dis-je, que *je m'instruis* et que *je m'éclaire !* Quand il est DANS L'ÉTAT MAGNÉTIQUE, ce n'est plus un paysan sachant à peine répondre une phrase, c'est un *être que je ne sais nommer !* JE N'AI PAS BESOIN DE LUI PARLER ; *je pense devant lui,* il *m'entend* et *me répond !* Vient-il quelqu'un dans la chambre, il le voit *si je veux;* il lui parle, lui dit les choses que je veux qu'il lui dise, *non pas toujours telles que je les lui dicte, mais telles que la vérité l'exige!* Quand il veut dire plus que je ne crois prudent qu'on entende, alors *j'arrête ses idées;* j'arrête *ses phrases* AU MILIEU D'UN MOT, et *je change son idée totalement.* Je ne connais rien de plus profond et *de plus clairvoyant* que ce paysan, *quand il est en crise*[1]. »

De nos jours, entre des milliers de faits analogues, ne pourrions-nous citer à titre de nouvel exemple un simple ouvrier tanneur? Cet homme est de l'éducation la plus bornée, et ne sachant d'autre langue que l'anglais. A peine cependant est-il tombé sous l'influence de notre Invisible, — et ce sont les docteurs mêmes du magnétisme qui nous l'affirment, — que vous l'entendez parler et chanter en allemand. Mais ce qu'il y a de plus remarquable chez ce bonhomme, c'est que, lorsqu'un autre médium survenant converse et s'exprime en prose anglaise, les lèvres du pauvre ignorant se meuvent aussitôt et traduisent en *beaux vers* allemands le langage qui frappe ses oreilles [2].

Enfin, nous dit M. Deleuze, « le somnambule MAGNÉTIQUE saisit des rapports innombrables; il les saisit avec une extrême rapidité; il parcourt en une minute une série d'idées qui exigerait pour nous plusieurs heures; le temps semble disparaître devant lui; et, s'étonnant de la rapidité de ses perceptions, il est porté à les attribuer à l'INSPIRATION *d'une autre intelligence.* Il entend en lui-même *cet être nouveau,... une âme qui lui parle et lui révèle une partie de ce qu'il veut savoir*[3] *!*

Quoi de plus clair, et quel besoin de nouveaux exemples

---

[1] Dupotet, *Cours de magnét. animal*, p. 149-150, 1840.
[2] A. S. Morin, *Journ. du magnét.*, p. 666-667, n° 199, 1854.
[3] *Ibid., id.*, p. 166.

ou de plus fortes autorités? Les hautes écoles magnétiques ou magiques, non moins que l'Église, ont donc reconnu ces phénomènes de pénétration de la pensée, de surintelligence, d'*infusion* subite et accidentelle en nous d'une *science* et d'une *volonté* qui nous sont étrangères; phénomènes qui s'accomplissent en nous, ou par nous, grâce à l'opération d'un agent qui semble différer, qui diffère en effet de nous-mêmes, et que le magnétisme revendique comme étant le principe de ses œuvres.

L'intelligence pseudo-fluidique, qui lit et pille en nous la pensée, réside d'ailleurs aussi facilement dans un médium de bois ou de pierre, ou dans un médium appartenant à l'espèce des brutes, que dans un médium humain. Oui, cet agent magnétique se sert *indifféremment* des uns ou des autres; et, si je répète cette vérité, si je la confirme par un nouvel exemple, c'est qu'elle est de celles dont, en l'hiver même de 1861, la société parisienne a pu se convaincre en présence des oiseaux devins de M. Tréfeu, rivaux des chèvres de Tertullien.

Instruit par un voyageur qui s'était initié aux pratiques des idolâtres, pour lesquels le Gange est un fleuve sacré, M. Tréfeu se choisit des oiseaux qu'il destine aux fonctions *du somnambulisme.* Du souffle et de la main il les magnétise; il « leur infiltre, sous forme de fluide magnétique, son esprit, sa volonté, *sa vie* ». Et voici que, de ces pythonisés, les uns meurent, c'est le plus grand nombre! ce sont les neuf dixièmes, et peut-être au delà de ce chiffre. Les autres, pénétrés par l'esprit qui donnait la mort à leurs semblables, tombent en catalepsie et deviennent bacheliers, ou voire même docteurs ès somnambulisme; ils pénètrent, ils suivent dans sa course et dans ses détours la pensée de l'homme, ils y répondent et rendent des oracles! (*Ornithomancie.*)

Placez devant ces frêles volatiles des lettres, des mots,

des noms, des chiffres, et posez-leur vos questions sur un papier plié que vous aurez, de votre propre main, écrit. loin de tout œil indiscret. Puis, venez avec confiance les interroger; demandez-leur, par exemple : « Qui vous inspire ? » l'un deux cherche aussitôt, du bec, dans le pêle-mêle de mots étalés sous ses doctes pattes, et vous offre ce mot : — « Dieu. — Bien. Mais maintenant, dit le papier interrogateur, et c'était pendant l'hiver de 1858, l'Autriche aura-t-elle la guerre? — Oui, si tel personnage la juge opportune... »

Cette autre fois, « une pièce d'argent est placée dans la main de l'un des assistants, qui trace sur le papier la valeur, l'effigie et le millésime de la pièce. Ce millésime est multiplié par un chiffre connu seulement de la personne qui tient la plume. L'oiseau devra deviner non-seulement la valeur, l'effigie et le millésime de la pièce, mais encore le produit de la multiplication, puis enfin le chiffre par lequel elle a été faite. »

« Il amène une première carte où le mot « *non* » fait connaître qu'il ne peut deviner. C'était le bouvreuil qui avait donné cette réponse. M. Tréfeu le fait rentrer. Le cardinal sort, et tire l'une après l'autre les cartes qui laissent voir le chiffre 5 fr., l'effigie de la République, et le millésime de 1851; le produit de la multiplication est 3,702; le chiffre 2 est le multiplicateur. Tout s'est trouvé conforme. »

« A d'autres questions, les oiseaux ont toujours répondu de la même manière, avec autant d'à-propos et de lucidité. On aurait tort, après tout, de s'imaginer que ce soit là le fruit d'une éducation longue et cruelle pour ces oiseaux ; ce serait déjà fort beau d'obtenir de tels résultats, et il y faudrait une patience surhumaine. Mais ils n'agissent que sous l'influence du magnétisme, et ne sont pas même apprivoisés. Aux heures où ils ne travaillent pas, ils chantent, boivent et mangent, semblant, comme tous leurs pareils mis en cage, ne demander qu'une chose : la liberté. Nous ne parlerons pas ici des tours de cartes, qui sont aussi merveilleux. » Le peu que nous énonçons dépeint assez nettement *la nature* des réponses et des opérations intellectuelles que, devant des centaines de témoins, donne et prodigue le bec des oiseaux magnétisés selon la méthode des adorateurs de Brahma !

« Qu'y a-t-il donc au fond de tout cela ? » se dit le narrateur de ces expériences. « Question terrible ! » L'oiseau répond, quand on lui demande qui le fait agir : « VOLONTÉ ! » A l'homme de se dire : Volonté de qui [1] ? Volonté de cet agent magnétique qui, selon le mot de Tertullien, rendait vulgairement des oracles par l'entremise des tables et des chèvres ! *Per quos et mensæ et capræ divinare consueverunt* [2].

Mais un nouveau chef d'école, un intrépide interprète de tout cet ensemble de phénomènes, où l'intelligence s'arroge une si forte part, le savant Rogers, se prend à nous expliquer, avec un luxe effrayant de gravité, l'énigme de ces merveilles et, par exemple, ce don subit et prodigieux des langues. Voudriez-vous vous en étonner, ô naïf ! Eh quoi ! rien, pourtant, de plus simple et de plus simplement naturel. Il n'y a là, croyez-le bien, d'autre opération que celle de quelque médicament, de quelque spécifique dont le propre est de remuer le système nerveux. Tout le charme est dans l'action d'un philtre réveillant une des puissances latentes du cerveau, de même que la vertu de tel autre philtre réveillerait une énergie occulte des sens. Le cerveau, que chatouillent et surexcitent les atomes *de cette drogue*, acquiert

---

[1] Voir le journal *l'Union*. — L. Ernest Daudet, 9 février 1859. — Je questionne sur ces faits M. H. Delaage, qui traita ces questions à un point de vue fort différent du mien. Il est du nombre *des témoins qui m'affirment* la réalité de ces phénomènes.
[2] *Apolog.*, ch. XXIII.

à l'instant même une sensibilité surexquise; il s'ouvre, il s'épanouit aux émanations du fluide, de la *force universelle*, dont la science l'envahit et l'inspire de sa merveilleuse activité [1].

Vite, vite, un pharmacien! un mortier! Vite donc, et mêlons ensemble l'opium à l'ellébore; ajoutons la belladone au safran, l'antimoine à quelque tartrate, puis à la cannelle, au gingembre... Et maintenant, que le pilon saute et tourne, qu'il pivote et broie, qu'il triture, qu'il écrase et pulvérise! Est-ce fait? — Oui! — Qui le croirait? me voici manipulant le don des langues! Je l'extrais du suc des plantes et de la solution des métaux. Bravo donc! je tiens mon spécifique. Qu'on me laisse un instant le réduire en pilules; m'y voici! Voyez, voyez donc ce fruit d'une drogue : la force physique et la puissance intellectuelle, la science et le génie sont dans le creux de ma main, sortant du fond de ce mortier. Gloire à Rogers; gloire au pilon d'un apothicaire!

O miracle du progrès! ô progrès du miracle!... Et vous, savants, qui vous émerveillez de la crédulité chrétienne, combien j'admire, du fond de mon âme, la grandeur et l'humilité de votre foi!

Avant la découverte de la toute-puissance de ces composés, c'était, pour nous autres simples catholiques, l'opération du Saint-Esprit, — ou d'Esprits fort antipathiques à toute sainteté, — qui nous communiquait le don des langues!

---

[1] « The wole is the result of the specific action of a drug... suspending the controlling action of the mind, and rendering the brain highly sensitive to mundane or earthly influences.» — *Philosophy of mysterious agents*, p. 234, — 1853. — Et cette force universelle, *mundane force*, est le fluide odyle ou magnétique. Tout un aréopage de savants soutient ces extravagances! Rogers n'a point étudié *à fond* la magie, ou n'a pu la comprendre. Voyant et constatant avec une rare loyauté l'effet des philtres, des préparations, des sacramentaux magiques ou magnétiques, — *sacramentalia*, — il en attribue la force et la vertu à la Nature!

le don de lire dans la pensée ! Comme tout change en ce bas monde !

Adieu donc le christianisme, que la terre lui soit légère ! Et, si son Dieu débonnaire ne lance un des éclairs de sa raison pour confondre tant de science, c'est désormais l'homme armé du pilon que j'adore. Sur le tombeau du Jéhovah d'Israël, ma main veut graver cette épitaphe : *Gloria in excelsis hominibus, et pax Deo bonæ voluntatis !*

Un homme est possédé, nous disait l'Église [1], et vous l'entendez dialoguer avec l'étranger qui s'adresse à lui dans une langue étrangère. Cet idiome qu'il ignore, il le comprend donc, puisqu'il y répond ? — Non, pas le moins du monde, vous répliquera le chœur entier des magnétistes ; et d'ailleurs, à quoi bon le comprendre ? Car ce n'est point la clef d'un langage inconnu que l'homme devenu lucide, — ou possédé, — saisit au bruit de la parole qui lui frappe l'oreille. Non, c'est la pensée même dans sa formation et dans le sanctuaire de l'âme.

Descendant en nous, et nous pénétrant par sa vertu fluidique, le lucide la déchiffre à mesure qu'elle éclôt, à mesure qu'elle s'épanouit dans notre for intérieur. Et pensons-nous, d'ailleurs, qu'il lui soit plus difficile de lire la pensée dans le fond de notre âme que DE PARLER des langues inconnues, autre prodige qui, pour un fluidiste, ne sera que bagatelle encore !...

SUITE. — RAPIDE ET ATTRAYANTE ÉTUDE SUR LA QUESTION DE LA PÉNÉTRATION DE LA PENSÉE.

Mais il est temps de rentrer, d'un pied au moins, dans le

---

[1] Car ces étrangetés sont pour elle un des signes de la possession : *Signa obsidentis dæmonis sunt : ignota lingua loqui plurimis verbis, vel loquentem intelligere. — Distantia et occulta patefacere. — Vires supra ætatis seu conditionis naturam ostendere*, etc. Rituale Romanum ; 1854 ; Melchliniæ, p. 647.

domaine du bon sens, et de jeter au creuset de la critique les gratuites et positives assertions de nos fluidistes. Car, écoutons-les bien :

« La pénétration de la pensée *est le fait constant et fondamental* du magnétisme. M. de Gasparin, lui-même, nous en a donné sa parole [1]. »

Eh quoi ! l'homme peut-il donc, en s'aidant des facultés les plus occultes de sa nature, et *sans une expresse permission de Dieu,* lire dans l'âme de son semblable ? L'homme peut-il violer le cœur de l'homme, y arracher la pensée ? Peut-il rendre diaphane le mystérieux asile où elle éclôt et se renferme ? peut-il le percer à jour et le livrer aux profanations du vulgaire ?

Exemple : Deux êtres humains sont là, devant nous. Est-ce que l'un d'eux, usant des secrètes ressources de notre nature, aura droit et pouvoir de plonger de l'œil dans le cœur de l'autre ? Je me le demande, et je me dis : Non ! L'homme est indéchiffrable ; il couvre, il dérobe à son gré ses mystères. Voile et lumière, tour à tour, la parole humaine ne sert-elle point avec une désolante équivalence le mensonge ou la vérité ? L'œil n'a-t-il point ses perfidies, les lèvres leur faux sourire ? et, sur le visage humain, ce miroir de l'âme, que de sentiments trompeurs n'étale, en se jouant, tout comédien du théâtre de la vie ! Ces facultés de dissimulation dont nous comble la nature ne seraient-elles que des dons inutiles ? Non certes ! LA RAISON, l'expérience nous affirment le contraire ; et fortifiant cette assertion, la science sacrée nous enseigne que deux purs Esprits, que deux anges se peuvent eux-mêmes, l'un à l'autre, cacher la naissance et le mouvement de leur pensée [2]. Comment donc de purs Esprits, qui semblent devoir se traverser du regard, seront-

---

[1] *Surnaturel*, vol. II, p. 276, 1re édition.
[2] Saint Thomas, *Somme*, quest. 107, art. 5.

ils chacun à chacun lettre close, tandis que deux êtres humains, ne voyant l'un de l'autre que le corps, sauraient déchirer d'un coup d'œil le rideau qui leur ferme le jour, et se déchiffrer à tour de rôle ?

Comment ? ô jeu d'enfant, répliquent à ce premier cri du bon sens mille OEdipes, pour lesquels tout mystère n'est qu'un de ces sphinx de carton que l'enfant éventre en dépensant ses loisirs. Jeu d'enfant ! car *le fluide animal*, qui se forme dans le sang de nos veines, s'échappe des tissus de notre chair pour se répandre *en atmosphère* autour de nos membres, ou s'élancer au delà des limites du corps, ainsi que dardent et traversent l'espace les rayons du jour qui nous éclaire. Et c'est là le char de l'âme voyageuse !

L'âme veut-elle prendre l'air et voyager, — écoutez-les : elle se laisse couler, elle se précipite sur ce véhicule ; elle perce et franchit avec lui sa prison de chair. Devenue tout à coup clairvoyante, sans le secours de la matière dont est pétri l'œil de son corps, elle bondit et *se darde* au loin ! Oui, sur ces invisibles rayons, l'âme s'élance à d'inappréciables distances ; elle traverse les corps opaques, ainsi que la lumière traverse un mur de cristal, ou le calorique un rempart d'airain ; *elle voit, elle agit* dans les horizons reculés de l'espace. Et non-seulement elle lit la pensée de l'âme qui s'élance sympathiquement à sa rencontre, ou qui se laisse flotter elle-même avec abandon sur les ondes capricieuses de son fluide ; mais elle pénètre celle qui s'efforce de lui échapper, celle qui se réfugie dans les ténèbres de son corps, et qui se couvre, dans sa retraite, des nuages les plus denses de la pensée [1] !

Que si ces paroles couvrent et recèlent quelque vérité

---

[1] La science sacrée, qui s'y connaît un peu, nous dit que « l'âme contient plutôt le corps qu'elle n'en est contenue ». Saint Thomas, *Somme,* quest. 76, art. 3.

sous leur poétique vernis, voici donc l'âme, voici l'ange sevrés l'un et l'autre de leur impénétrabilité naturelle [1]. Et, si l'âme ne possède en elle aucun voile pour abriter ses mystères, voici *tous les Esprits* devenus diaphanes; nul ne saura dérober à l'autre avec certitude une seule de ses pensées [2]; car tous les Esprits créés sont de même nature, et formés *à l'image* de leur Créateur. Qui sait si, par la même pointe de raisonnement, Dieu lui-même ne va point se trouver pénétré, dépouillé des nuages éblouissants de ses mystères, et subir les humiliantes profanations de l'œil humain pillant sa pensée ! Voyez, voyez les redoutables secrets de l'avenir, c'est-à-dire les arrêts de la volonté divine, tombant, étendus comme un livre ouvert, sous les pieds d'une somnambule, d'un médium ou d'un démon ! Voyez la Divinité devenue passive ! Quelques atomes *de fluide animal* auront eu raison de la Toute-Puissance !

De cette vertigineuse hauteur d'absurdité, descendons, descendons vite, et demandons-nous tout simplement encore : Mais lorsque sous le rayonnement, sous l'épanchement lumineux du magnétisme, deux âmes se rencontrent; lorsqu'elles se mettent ou se trouvent en présence, qui nous expliquera comment *une seule,* la plupart du temps, pourra lire et pénétrer l'autre? Est-ce donc la Nature qui veut ce prodige, si contraire à la raison?

Et, si cette pénétration d'une âme par une autre est l'exercice d'une faculté véritablement inhérente à notre nature, comment faut-il rompre les harmonies de cette nature, et la jeter *dans le désordre* d'un état tout exceptionnel, pour la rendre capable d'un acte si simple? Comment le sens commun des peuples voit-il un prodige dans ce

---

[1] Lire saint Thomas, quest. 107, art. 5, *ut supra.*

[2] Telle est la théorie des esprits menteurs, peints par eux-mêmes, dans le livre détestable de M. Allan Kardec, p. 80, 46, etc.

phénomène? Et comment ce prodige ne prend-il naissance que dans l'état maladif du Voyant, que grâce aux pratiques des arts occultes, réprouvés, ainsi que nous le verrons chemin faisant, par la science et par la morale universelle?

Oh! vraiment, de quel vent d'ignorance ne faut-il point être bouffi pour attacher sa croyance à de si misérables divagations?... Mais étudions, sondons un instant LA NATURE, notre propre nature; et, sous le grand jour de l'EXPÉRIENCE et de la RAISON, formons et prononçons notre arrêt!

L'amour ou la colère, — si nous voulons le supposer, — font explosion dans ma personne, *me transportent,* me jettent *hors de moi;* et le langage, qui est si philosophique dans sa simplicité, nous le dit: en ce cas, *je ne me contiens plus,* je déborde; mon âme est hors de chez elle, *si jamais elle peut en sortir.* Comment alors ce jeu, cet élan de passion ne la conduit-il point à plonger naturellement en autrui, à pénétrer, à lire dans les âmes? Ou bien, lorsque de tels *débordements* me répandent hors de moi-même, comment encore, si je le veux, ne livrent-ils point mon âme en spectacle? Comment ne la laissent-ils point à nu? comment nul ne peut-il y déchiffrer un autre secret que celui dont l'oreille saisit le mystère dans le désordre de ma parole, ou que mes traits bouleversés révèlent? Celui dont la main toute-puissante a pétri ma nature doua donc mon âme d'une impénétrabilité bien invincible!

Non, non, l'amour maternel lui-même, dans ce qu'il a de plus nécessaire et de plus saint, l'amour d'une mère dans le transport des alarmes ou de la tendresse, devine; mais il ne voit, mais il ne lit ni le sentiment ni la pensée.

Non, non, jamais non plus l'amour d'un sexe pour l'autre, jamais l'amour dans ce qu'il a de plus forcené.... jamais l'amour humain dans ses exaltations, dans ses ouragans, dans ses frénétiques jalousies, jamais cet amour ne dévoile, ne met à nu deux âmes, ne les rend l'une à l'autre visibles, si peu qu'une raison les détermine à se couvrir de mystères; jamais en ce cas, quels que soient leurs transports, l'amour ne leur permet de se voir face à face et sans nuages. Non, non, la nature ne veut rien de pareil. Voyez, voyez devant vous, ne quittez point de l'œil ces deux âmes : ne semblent-elles point se mêler et se confondre dans leurs ravissements? Ceux qu'elles animent tremblent d'un frisson de feu; une ardeur de fournaise pénètre et fond ces deux êtres, ils vont se dissoudre, ils ne sont plus que flammes! Et pourtant, au fort de ce vent de passion qui les mêle, chacune peut rester elle-même! chacune est à son gré distincte de l'autre. L'extase les ravit et les élève, mais sans les découvrir; chacune peut se fermer ou s'ouvrir, chacune demeure impénétrable. Nul tourbillonnement, nul jet, nulle explosion des essences du corps n'entraîne au dehors, ne livre au jour l'une de ces deux âmes, et ne la révèle aux yeux de l'autre. Chacune des deux, en cet ineffable moment, se voile à l'autre, si bon lui semble, et, s'il lui plaît, la trompe avec aisance. Que dis-je? la trahison peut être double. Voilà ce que l'histoire, voilà ce que *le roman de mœurs* nous répètent dans leurs plus tristes pages! Tant de passion, d'ailleurs, s'improvise et se feint sans trop d'effort. Mille comédiens pour un se chargeraient de ces rôles; et que d'admirables comédiens dans le pays de l'amour! Or donc, dans quelque torrent de lumière ou de feu que vous jetiez l'âme, elle se passe bien des secours de la théologie pour demeurer impénétrable, et les simples yeux d'un observateur ne peuvent méconnaître en elle ce don de nature.

Le plus vulgaire bon sens ne nous disait-il point assez haut que les ébranlements du corps et de l'âme *dérangent et bouleversent,* mais ne favorisent guère le *jeu naturel* de nos facultés lucides? Les passions, ce qu'il y a de plus fort au monde, pour nous précipiter *hors de nous-mêmes*, pour jeter quelquefois *l'âme d'un côté, le corps de l'autre*, par des éclats qui donnent la mort, les passions produisent *le trouble;* elles surexcitent, mais *en l'obscurcissant*, la vue de l'âme; et, sauf les cas où le démon vient en aide, tant s'en faut que leur ardeur soit lumière; c'est d'elles, bien au contraire, que naît son aveuglement. Défense donc à qui que ce soit de s'aviser de dire que, naturellement, la lucidité naisse de leur violence et que le don de pénétrer les âmes sorte de leur emportement!

CONCLUSION.

A qui donc la personne humaine aura-t-elle à rendre grâces de ces facultés prodigieuses dont l'exercice *paraît* appartenir à l'âme, *lorsque le magnétisme lui vient en aide?* A qui devra-t-elle cet instrument de sonde et de recherches qui plonge avec intelligence dans l'âme d'autrui, pour y saisir et en rapporter la pensée?

Elle le doit, lorsque Dieu permet ce phénomène, à un agent indépendant d'elle-même, et qui, par la raison qu'il est *plus qu'un fluide*, est intelligent! ou plutôt qui lui-même est une intelligence! Cette vérité ne sort-elle pas radieuse de mille exemples où les hauts initiés proclament l'action de ces intelligences, c'est-à-dire l'intervention de ces Esprits, et se bornent à qualifier de magnétique l'influence qu'ils exercent sur l'homme[1]!

Implicites ou formels, les discours de nos magnétistes intelligents et loyaux tombent d'accord avec *la vérité catholique*, lorsqu'ils reconnaissent la part incontestable et active que les Esprits prennent à leur art. Mais leur parole ne peut rendre à la vérité ce juste hommage sans se heurter contre leur propre doctrine; car l'action de ces Esprits détruit ou

---

[1] *Journ. du magnét.*, n°s 180-200, 1854, etc., etc.

infirme *l'existence* ou *l'importance* du fluide merveilleux, sur lequel est fondée, *pour le vulgaire*, toute la théorie qui permet de donner *à la magie* le nom rassurant et perfide de magnétisme animal[1].

QUATRIÈME DIVISION. — LE MÊME. SON ACTION MORALE ET RELIGIEUSE.

Semblable au spiritisme, il nous dégoûte de la vie, nous porte au mal et au suicide. — Il ne peut rien sur nous sans notre consentement. — Cet esprit remplace le nôtre ou le domine, et forme en nous comme deux âmes. — Lucain ; le P. Boucher, exemple, grandes Indes. — Le P. Surin. — Comparaison entre cet esprit et celui qui animait les prophètes. — Le dieu spirito-magnétique *organise le mal* pour que le bien en sorte ; ses adeptes doivent agir à son exemple. — Pour l'individu, cet agent est la ruine du corps et de l'âme ; pour le monde, il est l'anarchie religieuse et sociale. — Conclusion. — Note importante.

Après avoir envisagé l'action physique et l'action intellectuelle du grand Protée, de l'agent à mille faces qui nous

[1] Aussi, M. Dupotet, et il n'est point le seul, dit-il à ses plus intelligents auditeurs : « Je crois qu'il serait dangereux, pour *l'existence du magnétisme*, d'aller révéler à tous ce que quelques-uns seuls doivent connaître. » Journal. *Id.*, n° 498, p. 643, 1854. Et c'est là le mot *des sciences occultes*, dont *le fond* est *la doctrine* des sociétés occultes !

EXPLICATION CURIEUSE *du phénomène de la pénétration de la pensée* PAR DES PHYSIOLOGISTES.

Ce n'est plus maintenant un magnétiste fluide en main, ce sont des docteurs de la Faculté médicale qui se mettent en tête de nous apprendre de quelle sorte l'homme pénètre la pensée de son semblable.

Dans l'acte de la formation de la pensée, *nous disent-ils*, il existe une action, un ébranlement de la pulpe cérébrale : LE CERVEAU VIBRE alors, d'où cette conclusion :

Lorsqu'un magnétiseur et sa somnambule, lorsque deux personnes sont en présence et que leurs âmes s'entre-pénètrent, c'est que cette vibration cérébrale vient de se manifester. Elle imprime aussitôt à l'air, elle communique au fluide ambiant qu'il vous plaira de supposer, des ondulations qui se répètent d'un cerveau sur l'autre.

Les deux cerveaux sont des instruments dont les cordes vibrent *à l'unisson*, et l'effet de cet accord, le résultat de cette harmonie, c'est que celui des deux individus qui connaît sa pensée sait, par cela seul,

étonne du luxe de ses phases ou de ses métamorphoses, jetons un coup d'œil sur son action morale et religieuse.

la pensée de l'autre. Les touches de chaque cerveau se correspondent et marchent du même pas. Chacun donc, en lisant en lui-même, lit, à coup sûr, ce que pense autrui.....

Cette pulpe molle vibre, nous dit-on, sous l'acte de la pensée qui l'agite! Soit, et pour un instant je le suppose, par accès de bonhomie. Mais la concevez-vous propageant ses vibrations au delà de l'épaisseur du crâne! comprenez-vous que ces délicates, que ces imperceptibles vibrations résistent à l'ébranlement que produit en nous le marteau brutal de la pulsation des artères? Vous figurez-vous que ces débris de vibrations faussées, — s'il en reste quelque trace encore, — triomphent de *l'agitation des milieux qu'ils ont à traverser* pour arriver au cerveau d'autrui? Les concevez-vous enfin, dans cet état de désordre, allant s'imprimer, c'est-à-dire se tirer en exemplaires corrects sur un cerveau correspondant? Mais alors comment cette action ne se ferait-elle que si rarement sentir, et sur un cerveau seulement à la fois? Car, semblables aux vibrations sonores qui portent la parole à nos oreilles, les vibrations de la pensée *devraient multiplier leur action par le nombre* des personnes avec lesquelles elles entrent en contact.

Oh! que ce mécanisme d'imprimerie, — s'il n'était une si creuse chimère, oh! que ce daguerréotypage intellectuel nous dispenserait merveilleusement de la fatigue des grammaires et des ennuis du langage! O la merveilleuse facilité de se comprendre par cette transmission vibratoire de la pensée! Et, si la nature est pour quelque chose dans cette faculté, *digne de la plus académique culture*, qu'il sera beau de lui voir effacer d'un trait cette inextricable confusion des langues que Dieu fulmina contre notre espèce au pied de Babel! — O sottise amère de la race humaine de s'être embarrassée, fourvoyée pendant de si longs siècles dans le dédale des idiomes, tandis que cette fluidique télégraphie du cerveau lui permettait, si naturellement, d'échapper aux vains arrêts, aux ridicules bouffées de colère du Dieu de la Bible!

Mais, de l'imagination, revenons à la raison. Si donc le cerveau, que l'on nous dit vibrer sous la cadence de la pensée, transmet, en vibrant, son langage interne dans le cerveau d'autrui, comment cette opération, *si naturelle*, ne serait-elle sensible que *par hasard,* et pour un nombre si prodigieusement limité d'êtres sensitifs? Comment serait-elle un fait si rare, une exception si grande? Est-ce que, désormais, le vaste empire de la nature serait transporté dans le champ clos et borné de l'exception?

Comment, encore, ces prodiges de sensitivité se trouveraient-ils assujettis à des irrégularités railleuses, aux plus incompréhensibles et fantasques alternatives de puissance et d'impuissance? Comment le lucide, comment le sensitif, étant interrogés, sauraient-ils, *de temps en temps*, non-seulement répondre dans une langue qu'ils ignorent, mais

Son but *apparent*, dans le magnétisme, c'est de guérir l'homme de tous ses maux physiques, c'est ensuite de le

la lui parler *avec élégance?* Comment, de plus, et en dépit des conducteurs de la force magnétique ou magique, aurait-on vu, mille fois, la voix d'un simple exorciste, l'ordre exprès qu'il formule au nom de Jésus-Christ, contraindre tour à tour cette faculté soit à s'éteindre, soit à renaître, soit encore à se donner le plus honteux des noms? (Voir d'innombrables et authentiques procès-verbaux d'exorcismes, et, entre autres, *Études sur les possessions*, par M. l'abbé Leriche; Paris, 1859, H. Plon.)

Heurtant de porte en porte, et m'évertuant à saisir, dans les régions que je parcours, quelque lueur de raison, j'arrive tout malade de découragement et d'ennui jusqu'au seuil de l'Église, et voici la question que je lui pose : Est-il, en cet univers, un être qui puisse lire dans la pensée de l'homme; et, s'il le peut, comment?

Au nom de Dieu, se lève un prophète qui tient ce langage : « Le cœur de l'homme est perverti et *impénétrable;* qui le pénétrera? — *Moi,* dit le Seigneur, moi qui scrute les cœurs. » (Jérémie, XVII, 9.)

Et le grand philosophe du catholicisme, celui que, naguère, on appelait l'*Ange de l'école,* celui que, sur les ruines, sur les décombres de toutes les philosophies postérieures à l'ère scolastique, le R. P. Ventura nomme avec aplomb l'*Ange de toutes les écoles,* saint Thomas, ajoute :

« Ce qui est *le propre de Dieu* ne convient pas aux anges. Or, *c'est le propre de Dieu de connaitre les pensées du cœur!* Les anges connaissent les pensées de l'homme PAR LEURS EFFETS; mais *il n'y a que Dieu* qui les connaisse naturellement, telles qu'elles sont en elles-mêmes. » (I, *Somme,* quest. 57, art. 4.)

Vérité du haut de laquelle saint Paul, mesurant notre nature, s'est écrié : « Qui des hommes connaît ce qui est en l'homme, sinon l'Esprit de Dieu qui est en lui? »

Les anges eux-mêmes, *ces purs Esprits,* ces Esprits que ne couvre aucune chair, sont impénétrables les uns pour les autres. « Un ange peut adresser les conceptions propres de son Esprit à l'un, et non pas à l'autre! il s'ensuit que l'un peut entendre ce que dit l'autre, sans que tous l'entendent comme lui. » (P. 2, quest. 107, art. 5.)

Il est vrai que, chez l'homme, le corps n'est point pour l'âme un voile de la façon dont l'entend le vulgaire! car « l'âme contient plutôt le corps qu'elle n'en est contenue ». (P. 4, question 76, art. 111.) Mais, si les lois ordinaires *de notre nature* ne permettent point aux anges précipités du ciel de lire notre pensée, ayons soin, cependant, que notre vigilance ne se relâche point sous leurs yeux sans cesse ouverts, car il est si facile à leur astuce de nous décevoir! Et comment l'inimaginable subtilité de ces Esprits observateurs ne leur ferait-elle pas un jeu de surprendre, de conjecturer, de deviner nos sentiments et nos pensées? Trop souvent, d'ailleurs, déroutés que nous sommes

CHAPITRE DOUZIÈME. 349

grandir et de le rapprocher de l'être divin. Car écoutez ses antiques promesses, et non sans vous rappeler le nom de par les prodiges de leur savoir-faire, nous nous figurons que ce qu'ils se rappellent, que ce que notre mobile physionomie leur prête à lire, que ce qu'ils saisissent dans le jeu de nos organes, ils l'arrachent au livre fermé de nos âmes.

Ou bien encore, nous attribuons cette faculté merveilleuse à l'homme, au somnambule, au lucide, au Voyant; nous la lui attribuons lorsqu'il semble lire en nous *ce que les démons*, qui l'ont su, *lui dictent* dans le langage interne que tout à l'heure nous avons décrit! Un mot de saint Augustin, le grand théologien du catholicisme, nous explique le mécanisme de cet escamotage, ou de cette divination de la pensée par les démons, ces pilleurs de nos secrets, que, par droit de conquête, ils peuvent ensuite distribuer à qui bon leur semble.

Les esprits, qui se font les agents magnétiques du phénomène de la pénétration de la pensée, les démons, « connaissent avec la plus grande facilité les dispositions des hommes, celles mêmes qu'ils conçoivent au fond de leur pensée ». Ils les démêlent à coup sûr, mais c'est *à la condition* « qu'elles se manifestent *extérieurement* par quelques signes que l'on remarque sur le corps ». Voilà quel est leur pouvoir; ils ne peuvent rien au delà! (Saint Augustin, *De divin. dæm.*, ch. v; — saint Thomas, p. 1, quest. 57, art. 4.)

Lorsque la science dit plus, elle est donc en folie; *elle veut produire à tout prix,* fût-ce des monstres; mais, en vérité, quelque funeste ingéniosité qu'elle glisse et infuse dans la parole, l'homme est réduit à conserver *la dignité de son impénétrable nature.* Vierge de toute atteinte naturelle, son âme, élevée au-dessus de toute profanation sacrilège, conservera son essence, sa pudeur et ses voiles. Vraiment libre et maîtresse d'elle-même, elle n'exposera d'elle que ce qu'il lui plaira de montrer. La mettre à nu, ce sera, ce fut toujours violer sa nature; et nul être en cet univers ne saura lui infliger cet outrage.

L'âme humaine, faite à l'image de Dieu, reste donc, en définitive, dans un état conforme à la majesté native de l'homme, à *l'excellence du Créateur.* Elle est un livre fermé. Dieu seul, *naturellement*, peut y lire. Dieu seul le peut, ainsi que, *par exception*, les anges bons ou mauvais, aux yeux desquels il ouvre les feuillets de ce livre, s'il lui plaît d'en offrir l'auteur à l'admiration du ciel; s'il lui plaît de le livrer, avec les coupables mystères de son cœur, aux séductions, ou à la justice vengeresse de l'enfer!

Et, ce qu'un ange sait, ce qu'un démon sait, Dieu permet de temps en temps qu'il nous le dise, qu'il nous l'apprenne, pour servir à notre salut ou pour nous châtier en nous perdant. Voilà comment notre âme, notre pensée, sera quelquefois véritablement pénétrée, jetée hors de nous, mise au jour.

C'est assez dire pour exposer clairement à nos yeux le phénomène de la pénétration de la pensée, que M. de Gasparin appelle « le phéno-

serpent séducteur que vient de lui rendre Éliphas, le magicien magnétiste : « Vous ne mourrez point; vous serez comme des dieux [1] ! » Déjà, pourtant, la légèreté de ces promesses nous fut révélée par la triste nature des guérisons auxquelles nous familiarisa le fluidiforme Protée.

O la singulière bizarrerie de son humeur! Il prétend travailler à guérir les corps, dont nous venons de savoir qu'il use et vicie la séve et les ressorts. Mais que lui servirait de les guérir? Car, ainsi que le formule M. d'Orient, avec l'autorité d'un savant qui possède à fond tous les secrets de l'art qu'il dissèque, « un de ses effets ordinaires », et que nous retrouverons dans le spiritisme, « c'est d'inspirer à ceux *qui subissent* son influence l'impatience et *le dégoût de la vie*, c'est de les pousser *même au suicide* PAR UNE SORTE DE FATALITÉ. Ils disent qu'ils seront plus heureux quand leur âme aura quitté le corps [2]. » Telle est la moralité du magnétisme, ou du dogme spirite, et chaque croyance a la sienne. Et cette maligne influence a gagné des somnambules les professeurs : « Heureux, s'écrie le Primat du magnétisme dans les Gaules, heureux ceux qui meurent d'une mort prompte, d'une mort *que l'Église réprouve!* Tout ce qu'il y a de généreux se tue, ou a envie de se tuer [3]. » Grâce à Dieu, M. Dupotet qui nous tient ce langage se porte à merveille !

Voilà donc le dernier mot du grand fluide, après avoir

mène *constant et fondamental* du magnétisme! » (T. II, p. 276, 429, etc.)
En quels termes pourrait-il plus vaillamment établir que le magnétisme repose, d'une manière fondamentale et constante, sur une base surhumaine ou démoniaque? Le dernier mot de l'Église se trouve donc être ici, comme toujours, le dernier mot de la vérité, *de la science et du bon sens!*

[1] Genèse, ch. III, ỳ 4, 5.
[2] Aubin Gautier, *Traité pratique*, p. 642. Lire cette note, d'Orient, t. III, p. 49. Voir, *id.*, ce qui précède et ce qui suit dans notre ouvrage.
[3] Dupotet, *Sur l'enseignement philos. du magnét.*, p. 107-149. — D'Orient, vol. III, p. 49, 50.

produit, et dans notre être et dans la société qu'il envahit, d'incroyables désordres; après nous avoir fait salir une partie de notre vie dans la pratique de singulières immoralités; après avoir usé dans nos mains, par de sottes ou fâcheuses expériences, d'énormes quantités de ce temps *dont chaque heure aura son compte en forme* au jour de l'éternité; après avoir provoqué chez ses fidèles, par un artificieux mélange de vérités et de mensonges, les curiosités les plus plus vaines et les plus coupables! Oui, voilà le dernier mot de l'agent suprême du magnétisme, de l'âme universelle, et DU PRINCIPE DE LA VIE DES ÊTRES : DÉGOUT DE LA VIE, ET SUICIDE!

Or, ce mot, il a le droit de l'adresser à quiconque *se livre* à son intelligente action; car quiconque s'y livre lui appartient; ce qui veut dire qu'on ne se donne à lui que comme on se donne à Dieu, c'est-à-dire par un acte *de la volonté libre*, par un pacte ou consentement formel ou tacite, *que rien ne remplace.*

MM. Dupotet et de Puységur tiennent à se porter garants de cette particularité si remarquable : « On ne saurait être magnétisé *malgré soi :* le magnétisme, — s'il en était autrement, serait insupportable[1]. » Et, « pour qu'il s'exerce dans *toute sa force, il faut que le cœur y consente*[2] ».

Que si cette force, — aujourd'hui mystérieuse et jadis si pleinement connue de nos pères, — est un instant envisagée dans la moralité des faits modernes ou anciens du magnétisme transcendant, autrefois appelé magie, la raison de la plupart de ses actes ne laisse voir que malice. Son inconstance et ses caprices, ses puérilités et ses noirceurs, ne connaissent ni bornes ni mesure.

[1] *Mémoire pour servir à l'histoire et à l'établissement du magnétisme,* p. 200, note 2. — *Id.,* d'Orient, t. III, p. 275.

[2] Dupotet, *Enseign. philosoph. du magnét.,* p. 144, 274 ; et d'Orient, t. III, p. 275.

Examinez, écoutez, jugez : le voici qui s'amuse; et, s'il vous plaît, à quoi bon, si ce n'est à dérouter quelques-unes des spécialités de la science, à rendre absurdes et ridicules des savants profanes qui prétendent le soumettre à leur analyse, et dont il dévoie le savoir?... il s'amuse à soulever, à transporter des fardeaux, à reproduire des sons étranges[1] ; il chante, il bat la mesure, il rit et soupire, il imite au commandement le bruit des instruments de musique; et la docilité du plus souple des serviteurs ne saurait égaler la sienne. Ou bien, sans que vous en deviniez la cause, il se fâche et vous poursuit, vous et les autres; il vous frappe, il vous flagelle, il devient fantôme bruyant et visible, il épouvante vos nuits; il ébranle et renverse vos édifices; sa malice et sa fureur sont implacables, et nul ne domptera sa puissance[2] !

Mais, quelle que soit la fin particulière où cet inimitable agent pousse et dirige chacun de ceux qui se livrent à lui, son esprit, lorsqu'il descend en nous avec plénitude et nous inspire, se rend le maître du domicile de nos corps, et remplace le propre esprit de l'inspiré. L'accueillir en son sein, ce serait donc renoncer à peu près au libre arbitre. En un mot, lorsque sous le nom de fluide il possède les somnambules ou les Voyants; lorsque, sous le titre de vapeur oraculaire, ou de démon, il possédait les pythonisses, ou les pythonisés, on voit, on voyait le propre esprit des inspirés

---

[1] De Gasparin, t. II, p. 429; — Thury, de Genève, p. 22, etc. — « L'âme séparée de son corps, dit saint Thomas, *ne peut* mouvoir aucun être matériel. Elle ne peut les mouvoir qu'à l'aide *de son propre corps.* » (Quest. 147, art. 4.) Le bon sens et l'expérience nous répètent cette leçon de théologie.

[2] Ce que j'ai vu et entendu en partie. Voir les livres du P. Thyrée, *Loca infesta,* etc.; de Rogers, *Phil. of myst. agents;* de Görres, *Myst.;* de Gregory, professeur de chimie à l'Université d'Édimbourg; de Spicer, d'Ennemoser, Dods, Mahan, Kerner, etc., et *mille autres savants,* presque tous *non* catholiques, dont nous aurons à apprécier les récits.

comme anéanti dans leur personne. Son intelligence et ses sentiments, sa pensée et sa moralité deviennent et devenaient à son gré les leurs. Mais Lucain le décrivit dans le cinquième livre de sa *Pharsale* avec une rare précision de vérité :

> . . . . *Mentemque priorem*
> *Expulit, atque hominem toto sibi cedere jussit*
> *Pectore.*

Rien ne changea depuis; et, de nos jours, le père Boucher, missionnaire aux grandes Indes, constata que les chrétiens qui, *dans le temps de leur idolâtrie,* avaient été les organes de cet inspirateur, « n'avaient jamais pu rapporter aucune des réponses qu'il avait rendues par leur bouche. Ils ne pouvaient rien dire du mode ni de la manière dont se passaient les choses lorsqu'il était en possession de leur corps. » Dès qu'*il était en eux,* ils se trouvaient « tellement *hors d'eux-mêmes* qu'il ne leur restait aucun usage *libre* de leur raison, ni de leurs sens; ils ne prenaient plus aucune part à ce qu'il prononçait et opérait *par eux* [1] ». « Les prophètes convulsionnaires des camisards tombaient, comme ces démoniaques, dans des extases et des transports d'esprit pendant lesquels ils signalaient, à de très-grandes distances, les soldats qu'on envoyait contre eux, prédisaient l'avenir [2] et pouvaient se rendre insensibles aux tourments qu'on leur faisait endurer [3]. Mais, lorsqu'ils étaient délivrés de ces extases, ils ne conservaient, pas plus que nos somnambules, le souvenir de ce qu'ils y avaient dit ou fait [4]. »

[1] Lettre au P. Baltus. — *Lettres édifiantes,* vol. VI, p. 284; d'Orient, vol. III, p. 26.

[2] Ils prédisaient cette sorte d'avenir, qui est cognoscible pour les démons; celui, par exemple, dont ils ont préparé les événements, *Immundi dæmones sua disposita facta prænuntiant.* (Saint Augustin, *Cité de Dieu,* liv. X, ch. xxxii.)

[3] De même que les convulsionnaires jansénistes de Saint-Médard se rendaient insensibles aux terribles épreuves des grands secours, etc. Voir la note finale de ce livre.

[4] *Magnét. expliq.*, IIe leçon, p. 54.; d'Or., vol. III, p. 27.

La possession nommée diabolique par l'Église n'est donc, pour un nombre considérable de magnétistes, que l'action du principe tout-puissant de leur art; et l'un des princes du magnétisme, M. le docteur Teste, nous autorise à reconnaître ce fait par les paroles qu'il rapporte du saint et savant père Surin, victime de son zèle dans l'exorcisme des religieuses de Loudun [1] :

« Dieu a permis pour mes péchés, disait ce modeste théologien, que, dans l'exercice de mon ministère, le diable, quittant le corps de la personne possédée pour entrer dans le mien, m'assaille et me renverse, en me possédant comme un énergumène, pendant plusieurs heures. Je ne saurais vous exprimer ce qui se passe en moi pendant ce temps. Je suis *comme si j'avais deux âmes*, dont l'une *est dépossédée* de son corps, et de l'usage de ses organes [2]. »

C'est ainsi que les magnétisés sont le plus souvent eux-mêmes comme *s'ils avaient deux âmes*, et par la raison que le même agent, auquel il leur a semblé bon de se livrer, opère et fonctionne en eux, quoique par voie de possession douce, afin d'y rester sous le masque. Aussi, nul étonnement lorsque nous les entendons parler d'eux-mêmes « *comme d'une personne qui leur serait complétement étrangère;* non plus que lorsqu'ils manifestent, *dans le somnambulisme,* des opinions qui sont *en contradiction formelle avec celles qu'ils professent* DANS LEUR ÉTAT HABITUEL [3]. »

Qui que nous soyons, gardons-nous donc de nous étonner

[1] Affaire d'Urbain Grandier, fortement élucidée par M. de Mirville, *Des Espr.*, ch. v; puis, *tout spécialement,* par M. l'abbé Leriche. Paris, 1859, H. Plon. — Lire sur les fanatiques des Cévennes : *De l'inspiration des camisards,* ouvrage remarquable de M. H. Blanc, écrit sur pièces authentiques, d'où résulte la qualité surhumaine des phénomènes accomplis par ces possédés. H. Plon, 1859.

[2] *Physiol. du magnét.*, p. 460, 464, texte; d'Or., vol. III, p. 30.

[3] D'Orient, vol. III, p. 35.

si le fluide intelligent du magnétisme se complaît de temps en temps à nous inspirer, dans le somnambulisme, le langage d'un ange de lumière. C'est ainsi que quelquefois, jadis, et à la gloire de l'idolâtrie, il lui arrivait de dicter les leçons de la plus sublime morale par la bouche de la Vierge des oracles.

« Rien de plus touchant, observe M. le docteur Charpignon, que d'entendre un somnambule, — ce sont pour la plupart des gens plus malades encore de mœurs que de corps, — s'adresser des reproches et des conseils, comme s'il parlait à un autre. Mais on est bien affligé quand, au réveil, *il ne reste plus* MÊME LE SOUVENIR de toutes ces bonnes résolutions [1]. Alors celui qui, tout à l'heure, voyait à mille lieues de distance, celui qui pénétrait la pensée, celui qui se faisait professeur de morale, vient de battre en retraite, il n'est plus là! Celui qui se livrait à des actes surhumains de puissance a quitté le domicile du corps. Il est ailleurs, ou fait le mort. Ce somnambule, ou, pour mieux dire, le possédé du fluide animal *qui prêtait ses organes* à l'intrus, n'a vu de lui, pendant la durée de la possession, que ses ténèbres; aussitôt que l'a quitté cet intrus, il se retrouve ce qu'il était. N'ayant rien entendu, rien vu, rien appris, n'ayant servi qu'à nous tromper, en prêtant ses organes au grand maître des illusions et du mensonge, il lui serait impossible de nous répéter les leçons de science et de morale que nous venons d'entendre de sa bouche. Et, ce qu'il ignore d'une si parfaite ignorance, nous nous figurons qu'une fuite, une perte de fluide, vient de lui en ôter le souvenir. O débonnaires et simples que nous sommes!

Vraiment, c'était tout le contraire lorsque l'Esprit du Seigneur inspirait les Voyants du catholicisme judaïque. Car les prophètes n'étaient sous l'action d'aucun homme, ils

[1] *Physiol. du magnét.*, p. 297; d'Or., vol. III, p. 36.

jouissaient actuellement de l'usage de leurs facultés; ils disaient *ce qu'ils savaient*, *ils comprenaient le sens* de tous leurs discours. Ordinairement calmes et pleins de sérénité, dans le moment de l'inspiration, « ils ne se contentaient pas de parler ; ils *écrivaient* eux-mêmes leurs prophéties ou les dictaient. Ils les lisaient quelquefois en public ; ils les dataient, en marquant avec exactitude le jour et l'année ; » et tous leurs écrits montrent clairement *qu'ils conservaient avec une fidélité parfaite le souvenir de tout ce qu'ils avaient prédit...* C'est ainsi que Jérémie dicte *de nouveau* à Baruch, son secrétaire, le livre de ses Prophéties, que le roi Joachim avait fait brûler [1]. »

Dépouillé, par le prétendu fluide animal du magnétisme, de tout libre arbitre, c'est-à-dire *du principe même de toute moralité*, le somnambule, ou le pythonisé, perd donc le souvenir de ses paroles *ou de ses actes* au sortir de la crise qui le convertissait en machine prophétique. Les vrais prophètes, au contraire, conservaient présente et nette la mémoire de leurs prophéties, dont leur parole, leur vie, leur sang, enseignaient et scellaient la doctrine. Aussi leur personne physique et morale, aussi leur ministère forment-ils le plus étrange contraste avec les pythonisés du magnétisme.

Les prophètes sont des hommes sains de corps et d'esprit, et doués de la sainteté de Dieu. Leur ministère ne s'enveloppe point de ténèbres. C'est avec une hardiesse pleine de dignité qu'ils prophétisent et dans les temples, et *sur les places publiques,* et dans le palais des princes. Ils vont et viennent, ils se tiennent debout, ils sont éveillés, nulle influence naturelle ne les domine. Ils ne recherchent ni les ombres de la nuit, ni les secrets conciliabules, ni les assemblées équivoques. Loin de se complaire à caresser la vaine

---

[1] L'abbé Frère, *Exam. du magn. anim.*, Ire part., ch. 1er, p. 19, 24, 25 ; — Jérémie, ch. XXXVI, 32 ; — d'Orient, vol. III, p. 40

CHAPITRE DOUZIÈME.

et coupable curiosité des gens, loin de se donner en spectacle, leur but constant est l'amendement et l'amélioration des âmes. Tout ce qu'ils prophétisent révèle un seul et unique dessein : celui de la miséricorde du Seigneur travaillant à se réconcilier les hommes. Ils prêchent les austérités de la pénitence; et d'éclatants, de solides miracles confirment, au nom du Dieu que le catholicisme adore, l'autorité de la parole dans la bouche de ses serviteurs [1].

Quel abîme donc entre la moralité de l'Esprit inspirateur des prophètes, et la moralité du souffle inspirateur des magnétisés! Oui, quel abîme! lors même que nous nous abstenons de demander au magnétisme le dernier mot de sa doctrine religieuse, ce mot que confirment un si grand nombre de phénomènes; le mot que répètent de concert, sur les points les plus éloignés du monde, *ses inspirés les plus inconnus les uns des autres*[2]! Écoutons : Dieu, nous dit l'un de ces crisiaques, dont la parole *résume cette doctrine*, « Dieu *travaille* toujours; il ne s'est jamais reposé. Le monde n'est pas proprement *ce composé* de ciel, de terre et de mer, d'animaux et de plantes que nous voyons. Il n'y a que *trois choses :* l'esprit, l'âme et la matière, — trinité magnétique. — L'esprit est une ÉMANATION *de Dieu!* l'âme UNE ÉMANATION de l'esprit; et la matière, comme l'anneau qui unit ensemble CES DEUX TOUT. En partant de l'esprit et de la matière, il est une foule d'échelons à parcourir. Quand *Dieu* a créé l'homme, il *a dit :* ORGANISONS LE MAL, et le bien arrivera. Si Dieu avait seulement créé le bien, la marche vers la perfectibilité eût été plus lente. La vie est une station qui vous présente l'union de la matière avec l'esprit, et le travail de *ces deux tout :* tra-

[1] L'abbé Frère, *id.,* t. I, p. 23, 28 ; — d'Or., vol. III, p. 41-2.
[2] Il y a quelques exceptions, mais elles confirment d'autant mieux la règle que l'on suit de l'œil leurs conséquences antichrétiennes.

vail d'épuration, qui s'opère à travers la matière brute. »

« *L'esprit est un !* Fussions-nous des milliers d'hommes, LE MÊME ESPRIT nous anime tous. De là découlent la fraternité et le principe d'amour ; car, en aimant ton frère, c'est toi que tu aimes ! chaque individu est un exemplaire de son semblable, une molécule *d'un même tout,* l'esprit ; et *d'un autre même tout,* la matière. L'esprit est un, mais cette unité se subdivise ; et dans chacune de ses subdivisions il se rencontre une subdivision *de la matière, avec laquelle il s'unit et forme une âme.* Le somnambulisme est la faculté qui nous a été donnée *d'augmenter cette âme,* c'est-à-dire de la faire remonter vers *ses tout,* en *les appelant sur elle,* et de désunir chacune *des parties qui la composent* en portant chacune vers son tout[1] ! »

Dans cet absurde et détestable système, dont l'unique profondeur est celle que ses ténèbres font imaginer aux ignorants, voilà certes bien le panthéisme sous une de ses mille formes : c'est-à-dire *la substance et le fond du philosophisme contemporain et des religions idolâtres de l'antiquité.* Que nos yeux s'arrêtent sur ces tristes écrits, et, sans cesse, nous en verrons sortir la révélation anticatholique de tous ces fluides, de toutes *ces forces intelligentes* qui se lient et se soudent à notre âme, tantôt pour

---

[1] Lire d'Orient, note 5, t. III, p. 207, 208. — *Ibid.,* p. 212. — En résumé, étudiez dans le livre tout récent du magnétiste Éliphas Lévi (1856) l'agent qui préside aux faits du magnétisme, et qui en dicte la doctrine religieuse ; étudiez-le dans le livre abominable et dicté par les Esprits, de M. Allan Kardec (1857), code de morale et de religion, contenant, sous la forme la plus doucereuse, toutes les erreurs qui désolèrent et qui désoleront la société ; quittez ce catéchisme de l'Antéchrist pour étudier ce bon M. Dupotet, s'écriant, sous les inspirations de ce même agent fluidique : « Heureux ceux qui meurent d'une mort que l'Église réprouve ; tout ce qu'il y a de généreux se tue ! » (voir ci-dessus)... et qui, grâce à Dieu, se porte à merveille. — Étudiez, dis-je, tous ces maîtres, et vous ne cesserez, au milieu de leur chaos, de reconnaître les doctrines homicides, antichrétiennes et hypocrites de cet agent qui les fascine !

l'absorber, tantôt pour lui prêter ses puissances, mais toujours pour nous assujettir, toujours pour captiver, pour enivrer les imaginations sous les noms magnétiques de lumière astrale, d'archée, *de principe des choses,* d'âme universelle ou... que sais-je encore! mais que nous importent les mots?

Et ce que cachent ces doctrines, et ce que tous ces mots déguisent, pour ne le livrer que goutte à goutte et sous notre pressoir, qui en exprime tout le suc, c'est la négation d'un Dieu *créateur,* d'un DIEU DISTINCT DE SES CRÉATURES, et les tirant du néant. Il faut aux philosophes du magnétisme un dieu *Pan,* c'est-à-dire, en français, un dieu Tout, qui les tire de sa propre substance et qui, leur répétant comme ci-dessus : « *J'organisai le mal, et le bien en arriva,* » leur laisse ajouter : Faites de même, et vous serez semblables à votre Père! »

CONCLUSION.

En d'autres termes, voilà donc, avec le torrent empesté de ses conséquences morales, la doctrine religieuse que le serpent séducteur distillait dans l'oreille de la mère des hommes; écoutez-la : notre substance est celle de la Divinité! et, si telle est notre substance, nous sommes des dieux! Guerre et mort à celui de nos aînés qui osa se nommer le Seigneur! De quel droit ce premier entre tous ses égaux nous dicterait-il ses lois, nous imposerait-il une règle de mœurs! Au nom de quelle justice, lorsque *nous rentrons en lui par la mort,* punirait-il en nous son propre crime, le crime d'avoir voulu nous régenter par sa morale et nous éloigner pour un temps de la félicité?...

Lorsque les faits et les doctrines se seront si clairement étalés sous nos yeux, n'oublions donc plus que le véritable magnétisme, le magnétisme transcendant, le seul qui soit digne *de porter un nom,* c'est, pour l'individu, la ruine du corps et de l'âme ; c'est, tôt ou tard, pour le monde où nous vivons, l'anarchie religieuse et sociale.

Un peu de patience, hélas! et, si la foi ne reprend tout son empire, — la raison de l'homme s'abaissant autant que son orgueil monte, — nous verrons le magnétisme à prodiges, c'est-à-dire aujourd'hui le spiritisme, croître d'une crue rapide, grandir et envahir le monde. A tous les noms qu'il a portés, quelque nouveau nom, de temps en temps, s'ajoutera, jusqu'à ce que le masque tombe ; jusqu'à ce que tout nuage d'ignorance disparaisse sur la spiritualité de ses invisibles agents : jusqu'à ce que, au plein jour du soleil, l'irréligion et l'immoralité puissent avoir leur impudent et plein triomphe, préparé de nos jours dans le monde à demi occulte, par le pontificat des médiums.

Que si, pour les esprits lents et lourds, ces paroles sont encore scandale, nous les attendons un peu plus loin[1] ;... qu'ils soufflent et reprennent haleine.

[1] Chemin faisant, et l'histoire en main, nous trouvons établis, au grand jour du plein soleil, ces trois faits capitaux :

1° Une religion dont les prêtres étaient magnétistes ; nous le verrons un peu plus tard. Cette religion était celle des peuples idolâtres ; elle était, elle est restée démoniaque : *Dii gentium dæmonia;*

2° Une science que ses professeurs glorifient comme la première et la plus pratique qui soit en ce monde : le magnétisme ! Or, se vantant aujourd'hui de pénétrer les lois de la matière et de l'intelligence, cette science, par la bouche de ses autorités suprêmes, ainsi que jadis par celle de ses pontifes, tue la doctrine du Christ, et proclame virtuellement d'un bout à l'autre du monde l'égalité, disons plutôt l'identité des âmes à Dieu, et de l'esprit de la matière. Elle est donc aussi démoniaque;

3° Une philosophie, enfin, à laquelle le magnétisme s'empresse de mêler et d'identifier ses dogmes et sa morale ; celle même que nous avons vue renaître des cendres du paganisme, couvrir notre siècle de son ombre mortelle, et professer la vérité des doctrines que renversa le Christ, vainqueur des passions et des vices que l'homme adorait en adorant les idoles. Elle encore, cette philosophie est donc démoniaque !

Étonnants, intimes et secrets rapports des dogmes de la religion du vieux monde, des principes de la philosophie hostile au catholicisme et des doctrines de la science magnétique ! Admirable identité d'ori-

CHAPITRE TREIZIÈME.

QUESTION INCIDENTE. — L'INVISIBLE ARTISAN DES PHÉNOMÈNES QUE NOUS AVONS RAPPORTÉS EST-IL CONTRAINT D'OBÉIR A L'HOMME ?

Non, mais quelquefois oui. — Compte avec l'ange gardien; mais l'ignorance en fait de devoirs est une prévarication : elle n'est point une excuse. — Illusion. — La chaîne ne tient que trop souvent celui qui croit la tenir. — Conclusion.

Le prince, les hautes puissances, les grands agents de l'art magnético-spirite, ceux dont la force et l'intelligence

gine et de fin de cette trinité détestable!... Rendons grâce à l'agent protéiforme du magnétisme de nous avoir laissés surprendre dans son sein, entre tant de trésors, ce mystère que suivront de près tant d'autres mystères !

J'ai exposé les conséquences de la doctrine magnético-magique dans un passage de mon livre *Mœurs et pratiques des démons*, que cite et transcrit la célèbre revue romaine, la *Civiltà cattolica*, donnant cinq articles remarquables sur la nécromancie moderne. Mais je ne me rappelle plus dans quel mois de l'an 1857 se rencontre cette citation.

..... Quant au suprême agent de tous ces phénomènes, n'omettons point d'observer que, de tout temps, et surtout depuis le Christ, le grand, l'invincible embarras, ce fut de trouver un nom qui lui convînt, ce fut de lui créer une définition ; car toute définition dont l'exactitude est vicieuse et qui, dans son langage, dit *trop* ou *trop peu*, compte pour néant dans la science. Or, dans l'espèce, ainsi que le dirait un avocat, toute exactitude était impossible, puisqu'il s'agissait pour nos constructeurs de systèmes de définir ce qui leur est encore aujourd'hui que vaguement connu ; ce qui n'existe, à titre d'agent naturel, que dans leur désir, ou dans le champ de l'hypothèse! De là se fit qu'à la suite de tâtonnements sans fin, on essaya d'appliquer à cette prétendue *cause physique* un nom quelconque. De là se fit que mille noms, sans cesse changeants, se succédèrent d'époque en époque, afin d'éluder à tout prix, en s'efforçant de désigner cette cause insaisissable ou maligne, le nom si simple, la notion si claire que nous a transmise le catholicisme. Il s'appela donc Archée, *feu vivant*, Magnès, fluide magnétique, fluide odyle, lumière astrale, etc., etc.; que sais-je encore?

Et, pour la foule empressée des esprits vulgaires, et, pour la multitude ignare ou lettrée, ces changements sans fin, cette absence de fixité dans *le nom*, c'est-à-dire dans *la notion de la chose*, ce ne fut point l'*impuissance* de découvrir une vérité positive, ce fut le progrès dans la vérité!

meuvent et manient l'instrument fluidique, si cet instrument existe, ce sont des esprits.

Telle est la vérité d'expérience qu'à la suite des grands maîtres de l'antiquité savante, MM. Regazzoni, Dupotet, Éliphas Lévi, mille autres docteurs ès sciences profanes nous ont dite, et qu'ils nous affirment sous mille formes.

Eh bien! lorsque, dans les voies du magnétisme, ces Esprits, ces intelligences rusées semblent obéir aux caprices et aux volontés de l'homme, est-ce, de leur part, supercherie? est-ce artifice, désir et besoin de nous séduire et de nous tromper? Ou bien, l'homme aurait-il NATURELLEMENT sur ces Esprits quelque secret pouvoir? Le vraisemblable, à notre avis, est en partie fort inégale de chaque côté de la question.

En châtiment de la ruse infernale du serpent qui séduit Ève, Dieu le condamne à *ramper sur le ventre,* avalant chaque jour la poussière de l'humiliation aux pieds de sa victime. Dieu veut encore que ces malheureux Esprits, dont toute l'étude est de nous perdre, s'empêtrent quelquefois et se lient dans leurs propres ruses. Il veut, ou du moins nous avons quelques raisons de le supposer, il juge opportun qu'en cette vie du temps, le démon se trouve quelquefois courbé sous le joug de l'homme qu'il feint de servir en le trompant, qu'il caresse et qu'il adule en portant le coup de la mort à son âme.

Ce trait n'échappait point à des observateurs doués d'une vaste intelligence; et Porphyre, ce grand philosophe de la fausse science [1], s'émerveillait que les dieux fussent non-seulement *attirés,* mais *contraints et même forcés,* par *les sacrifices* et *les victimes,* à faire ce que les hommes demandaient d'eux! Cet assujettissement des démons, *si souvent fictif* de leur part, et dont il importe de se défier

[1] Saint Augustin, *Cité de Dieu,* liv. X, ch. CXI.

comme du piége le plus dangereux ; cet assujettissement des mauvais Esprits à la volonté de l'homme, et, par exemple, à la pensée du magnétiseur, telle est une des causes probables qui, dans mille occasions, paralyse une partie au moins du mauvais vouloir auquel les entraîne leur infernale ardeur. Par cette accidentelle sujétion, qui n'a de cause première que la miséricordieuse volonté de Dieu, agissant par la tutelle de l'ange qui nous garde, nous serions tentés d'expliquer encore les quelques effets salutaires ou passables de la magnétisation ou de quelques pratiques des arts occultes, lorsqu'elles sont dirigées par des hommes droits et naïvement fourvoyés. Peut-être alors les Esprits pervers, pour lesquels opérer le moindre bien est un supplice, placés qu'ils sont en face de nos anges, se trouvent-ils liés et contraints de servir ces hommes de bonne intention. Mais, en formant *cette hypothèse*, nous inclinons fortement à penser que de telles exceptions sont rares. Car, devant Dieu comme devant les législateurs de ce monde, l'*ignorance est une prévarication* plutôt qu'une excuse jusque chez l'homme le plus droit, à moins qu'un véritable obstacle ne la rende invincible ! L'homme est donc bien rarement exempt d'une lourde faute, lorsqu'il commet l'imprudence de se jouer à des pratiques qui le dépouillent de son libre arbitre, ou qui tendent à ravir par ses mains la liberté d'autrui.

Redisons-le sans cesse : l'apparente docilité, la prétendue dépendance de l'intelligent Esprit du magnétisme et des arts occultes, n'est le plus souvent qu'une ruse de guerre. Son but est de nous attirer de plus en plus dans *les liens* de son commerce, et de nous y engraisser d'orgueil. Il s'étudie à nous y enivrer des délices d'un pouvoir surhumain, que nous nous figurons tirer de nos chétives et misérables personnes. Toutefois si, dans le catholicisme, la bouche du prêtre impie enchaîne le ciel, si ses lèvres donnent à *la parole sacra-*

mentelle sa plénière valeur lorsqu'il la profère en voulant qu'elle atteigne sa fin légitime [1]; si le Seigneur, en un mot, s'impose, de sa volonté libre, le saint et régulier esclave de ses sacrements, l'enfer aussi peut bien, par quelque raison, subir la loi de rester fidèle aux détestables sacrements de son Église [2]. Et, dans le double lien qui naît de ce commerce, qui sait si la justice divine ne forge point un châtiment dont le coup frappe tour à tour l'auteur du mal et sa libre victime? Car l'ange du mal, au moment où ses infidélités au pacte implicite ou formel par lequel il s'est lié serviraient ses vœux, peut voir sa majesté déchue traînée à la chaîne même dont il se croyait le maître. Il souffre alors ; il s'indigne ; il rugit, humilié qu'il est d'obéir à son humble et chétive proie, qui le domine et qui l'insulte.

Mais, en même temps, révolté contre le ciel qui réduit à l'obéissance l'ange de l'abîme déchaîné, l'homme qui tient de la main cette chaîne formidable *ne peut plus la lâcher :* celui qu'il y a lié l'entraîne à soi, comme il entraînerait lui-même un fétu. Lors donc que le pouvoir d'emprunt de celui qui crut se faire le cornac des mauvais anges se fatigue, la perte du malheureux est imminente ! Un miracle de la grâce peut seul l'arracher au monstre auquel *il s'est attaché*. Ignorons-nous, — oh ! non, nul n'ignore, et les hauts magnétistes de nos jours l'ont proclamé d'une voix assez haute, — ignorons-nous combien fut universelle et légitime la croyance à la fin tragique des praticiens de la science occulte [3]?

Mais, en aucun cas, n'oublions le mot profond du maître des Sentences à l'endroit de ceux que leur perversité conduit à la pratique de ces illicites commerces : S'il est permis

---

[1] La vertu du sacrement provenant *ex opere operato, sed non ex opere operantis*.

[2] Nous montrons ailleurs ce que sont les sacrements et les signes sacramentaux de l'Église démoniaque.

[3] Voir en cet ouvrage M. Dupotet lui-même, etc.

au démon de faire étalage de ses dons prestigieux, c'est surtout « afin de tromper les trompeurs [1] » !

CONCLUSION.

On obéit rarement à ceux que l'on a pour mission principale de tenter, de tromper et de punir. Et telle est à notre égard la mission principale des Esprits du magnétisme !

Le savant et spirituel auteur anonyme du livre « Les superstitions du paganisme renouvelées, ou le spiritisme dévoilé » (Paris, 1863), abuse de l'un des sens de la sentence ci-dessus. A le croire, la magie objective n'existe point : erreur très-grave ! Hors les tours de passe-passe et les hallucinations, elle ne serait guère que zéro. Ce livre, dont l'auteur me traite avec une gracieuseté parfaite, et à laquelle je ne puis être insensible, me semble dangereux, et il m'en coûte infiniment de le dire ; mais, en somme, il désapprend à croire, danger très-grand dans un siècle où la foi ne bat que d'une aile..., aile fort engourdie !...

CHAPITRE QUATORZIÈME.

LE MAGNÉTISME EST-IL, OUI OU NON, LA FORME MODERNE DE LA MAGIE ?

Oui ; ses apôtres en font l'aveu en forme. — Celui que nous voyons pénétrer les corps vivants ou inanimés animait et pythonisait les statues dans les temples. — Hermès, chef de l'antique magie égyptienne, et les Pères de l'Église décrivent cet art spirite de faire des dieux. — Prodiges. — Récits, aveux, réticences. — Paroles des grands magnétistes docteurs en médecine : MM. Teste, Ordinaire, Arnette..., Deleuze, le célèbre abbé Faria. — Exemples. — L'agent magnétique devenant, dans l'organisation humaine, lumière solaire ou spectrale, et principe des fantômes. — Exemples. — La fille de Quarrey. — L'envoyé du grand Frédéric souffleté par son spectre,

---

[1] *Vel ad fallendum fallaces, vel ad monendum fideles, vel ad exercendam probandamque justorum patientiam.* — *De rerum corporal. et spirit. creatione*, liv. II, distinct. 7.

— Ce fluide lumineux allume la seconde vue, et la communique aux bêtes. — Infection magnétique à effets magiques ou spirites. — Révélation de la lumière aux aveugles. — Conclusion. — La magie, le haut magnétisme et le spiritisme sont un seul et même individu sous des visages de rechange.

Une question maintenant se présente : le magnétisme serait-il ou non la forme moderne de la magie ?

Cette science fanfaronne et fausse que nous avons nommée le magnétisme animal transcendant, ou plutôt, cet *art* équivoque et fécond en pratiques qui, de nos jours, se concilient tant d'intelligences dépravées et tant de cœurs honnêtes, est-il ou non la magie ? Les souvenirs du lecteur, que nous venons de réveiller, et quelques maîtresses paroles tombées de la bouche des grands docteurs de cet art, ouvrent une route rapide et sûre vers la réponse que sollicite cette demande.

Nous suivions de l'œil, tout à l'heure, la force occulte du magnétisme qui, docile à la volonté de l'homme, lui communique de si singulières vertus; et, tout à l'heure aussi, nous déchirions une moitié du masque dont elle se couvre. Il reste donc peu d'inconvénients à lui donner par intervalles ce nom de fluide, dont un public aveugle continue de le saluer sur le théâtre ordinaire de ses rôles. L'amour de la brièveté nous engage à cette faible licence.

Eh bien, combien de fois n'avons-nous point vu, de nos yeux, le magnétiste imposer ses ordres au fluide, l'insinuer dans le corps de l'homme ou dans les substances de la nature par ses gestes ou par sa pensée; et la vie, la vie intelligente, passer aussitôt avec cet invisible dans ce bâton, dans cet anneau, dans ce miroir magique, dans mille objets, en un mot, où l'homme l'enchaînait comme dans une geôle!

Logée dans ces corps inertes, *une force savante* et presque divine recevait mission, pour un temps, d'agir sur cette bête, de servir cet homme ou de le tourmenter, d'évoquer ce mort à heure dite, et cette force magique obéissait[1]. Or, ce fluide pensant, cette force mystérieuse, cet inconnu dont nous avons vu partout le visage, ne serait-ce point lui-même encore qui, sous le nom des dieux, jadis, faisait *véritablement mouvoir* et *parler, animait* et *divinisait les statues des temples?* Il nous importe trop de le déchiffrer pour ne point aller au vif de cette question; mais nous l'effaçons de cette édition nouvelle pour la transporter et la traiter plus avantageusement dans un ouvrage postérieur[2].

Concluons cependant qu'il serait assez difficile de s'exagérer la puissance du fluide divin que nous voyons, tour à tour, être chez les magnétisés l'extirpateur, le remplaçant de la pensée, et le véhicule de la volonté de l'homme, ou bien remplir dans les temples la fonction des dieux, et faire éclater, par le mouvement spontané et par la divination oraculaire[3] leur science ou leur puissance. Car les deux bouts, les deux extrémités de la chaîne du temps, — je veux dire et la science contemporaine et la science de l'antiquité la

---

[1] Je traite ailleurs la question des objets ensorcelés, des talismans, des amulettes; etc. — Bulle de Sixte-Quint, 1585.

[2] *Statuas animatas sensu et spiritu, tanta quæ facientes et talia!* cap. XIII, Asclep. J'ai déjà traité ce sujet en 1854, dans *Dieu et les dieux,* chapitre Statues animées. Ce que faisaient ces statues, nos tables, nos médiums, nos somnambules, nos talismans et nos sorciers le firent et le font, parce que ces personnes et ces objets sont animés des mêmes Esprits qu'introduit en eux le magnétisme ou la magie. Un peu de patience, et toutes ces propositions éclateront d'évidence.

[3] Ce qui explique le mot de Tertullien : Afin de vous porter à croire *que ces pierres sont des dieux; Apolog.*, ch. XXII, etc. — « PROAVI NOSTRI invenerunt artem qua *Deos efficerent...* evocantes animas dæmonum, vel angelorum, eas *indiderunt imaginibus sanctis...* per quas solas, idola et *benefaciendi,* et *malefaciendi vires habere potuissent.* » (Trismégiste, *Asclep.,* cap. XIII.) Saint Augustin, *Cité de Dieu,* liv. VIII, ch. XXIII, XXIV. — Zacharie, X, 2. — Saint Cyprien, *De idolorum vanitate,* liv. I, p. 452. — Le même pouvoir magique reparaît avec l'Antechrist : « Et le pouvoir lui fut donné de placer un Esprit dans l'image de la bête, en sorte que cette image parlât : *Ut daret spiritum imagini bestiæ, et ut loqueretur imago bestiæ.* » (*Apocal.,* XIII, 15.)

plus haute, — s'accordent à nous confirmer les prodiges dont tous les siècles lui firent honneur. Le moindre écolier, dans le magnétisme, les a vus mille fois se réaliser; et les maîtres savent que, *lorsqu'ils paraissent* s'accomplir par la vertu d'un principe sorti de la nature de l'homme, cette apparence est menteuse : mais prêtons l'oreille à leur parole :

Un magnétiste, *même ignorant*, — et de quoi sert la science lorsque de tels artisans se tiennent à nos ordres pour la remplacer? — un magnétiste prend un morceau d'étoffe, une pièce de monnaie, et dit : « Je veux que telle personne s'endorme à telle heure, je veux qu'elle éprouve tel effet! » et cet objet remis produit à l'heure dite la crise demandée. L'entendons-nous?

A cette vue, supprimant tout à coup le nom de *son fluide*, et soulevant le voile à l'improviste, un professeur de l'art occulte s'anime, et, s'adressant aux obtus qui ne le devinaient point encore : « On peut *enchaîner un Esprit* dans un cristal, — dans un objet quelconque, — et l'y tenir enfermé! » C'est de là qu'il excite *à la vision*, et que, comme un messager, il va chercher *les êtres morts ou vifs* que vous lui demandez, les contraignant à paraître [1]!

Eh bien! déjà cet art prodigieux, qui n'est, après tout, que le magnétisme courant nos rues, est-il ou non ce que l'on appelait jadis la magie?

Dans un article sur *la vertu des objets magnétisés*,

[1] *Magie dévoilée*, Dupotet, p. 177-206; grande édit. — *Id.* Cornélius Agrippa, *De occulta philosoph.*, p. 322 à 326. — Mêmes faits dans le savant ouvrage de Brognoli : *Alexicacon, hoc est de maleficiis ac moribus*, t. I, p. 2; Veneliis, 1714; — La croyance aux effets magiques des amulettes et des talismans ne repose-t-elle point tout entière sur la reproduction de ces faits magnétiques? Voir le *Journal du magnétisme*, numéro 165, p. 285, 294. — *Magie dévoilée*, p. 173, etc. — Gaffarel, secrétaire général du cardinal de Richelieu, *Curiosités inouïes*, p. 144. — Thiers, *Superst.* Paris, 1669, ch. XXIX, p. 302, etc. — Bulle de Sixte-Quint, 1585.

M. Arnette nous apprend que M. Dupotet possède une bague dont le maître, mort il y a longtemps, était réputé sorcier. Passée au doigt d'un crisiaque, elle évoque les morts. Certes, nous dit le docte magnétiste, les yeux fixés sur cet anneau : nous voilà « dans le domaine de la magie ! Mon esprit haletant s'arrête au seuil du sanctuaire. L'initiation commence; » mais « il ne m'est pas permis d'en révéler les mystères [1]. » Le grand maître a pris, il est vrai, plus d'une fois la licence de déchirer un coin du rideau mystique, et ses révélations, arrachées à la suite de pénibles luttes, écrasent le magnétisme de tout le poids de la magie. Mais, déjà, nous étions assez forts pour nous passer de ces aveux, répétés de nos jours par les bouches les plus disparates et dans les royaumes les plus dissidents de notre monde policé.

Une haute sagesse inspirait donc M. de Mirville lorsqu'il s'écriait en présence de ces fabuleuses réalités : Gardez-vous bien de vous figurer « que toutes ces folies ne soient crues que par les superstitieux du magnétisme ! Il n'est pas, au contraire, un seul magnétiseur qui n'y croie fermement. Et, sur ce point, le prudent Deleuze, le docteur Koreff et Gregory, ce savant dont se glorifie l'Université d'Édimbourg, professeraient exactement la même doctrine. N'avons-nous pas vu les chimistes Bogros et Loeventhal, après avoir fait fondre des morceaux de soufre et de colophane *magnétisés*, rester stupéfaits de leur retrouver, *six mois après cette fusion, les mêmes qualités magnétiques !* » Or, ces qualités sont de la nature de celles qui abîment tous les systèmes reçus, et qui, d'après les expressions du docteur Teste, « bouleversent de fond en comble jusqu'au magnétisme lui-même [2] ». Elles la bouleversent afin d'effacer son nom, qui ne couvrait que par *intérim* celui de la magie. Et ce bou-

[1] *Journ. du magnét.*, n° 165, p. 207, 290, et surtout 293, 294.
[2] *Livre des Esprits*, 3e édit., p. 291-292.

leversement a pour but de rapatrier le monde avec un art qui s'était éclipsé devant les malédictions universelles des peuples et des législateurs humains, ajoutées à celles du Législateur suprême.

Cessons donc de nous étonner si M. Dupotet, s'adressant à ses disciples en face de ces prestiges magiques, s'est écrié : « Les magnétistes ne se doutent pas que, dans *leurs opérations communes*, ils font une partie de ces choses. *Ils croient faire une chose toute physique* [1]. » Dieu leur pardonne, en faveur de tant de candeur et de simplicité !

L'un des écrivains de la principale Revue du magnétisme, M. le docteur en médecine Ordinaire, a pris la peine de rédiger un certain nombre de principes *magnétiques* fort contestables, mais basés *sur des faits* aussi solidement constatés que concluants. Examinant en docteur les caractères de cette lumière *organique*, à laquelle il laisse le nom vulgaire que lui donne le magnétisme, et lui demandant compte de ces phénomènes de seconde vue, ou de pénétration de la pensée que, tout à l'heure, nous jetions au creuset, il formule une conclusion pareille à celle que nous dictent à la fois et *la magie* et *l'Église*.

« La lucidité, nous dit-il, c'est-à-dire le don de la pénétration, *n'est pas*, ainsi que le don naturel de voir dont jouissent nos yeux, *une faculté régulière*. Car un somnambule lucide n'est point tous les jours magnétisable. »

En d'autres termes : la faculté de pénétrer l'âme, l'avenir, et la matière, ne descend point dans le somnambule au gré du magnétiseur, ou selon son propre désir. Mais, lorsque cette faculté *se communique*, elle permet au lucidifié de prévoir un certain avenir et d'en annoncer les événements ; elle lui permet de surprendre la pensée dans le jeu de nos organes, et de saisir la vision des choses à des distances que

---

[1] *Magie dévoilée*, p. 206.

CHAPITRE QUATORZIÈME.

la vue de l'homme ne saurait franchir. Elle lui permet enfin de plonger du regard, et *de voir*, au travers des tissus les plus denses de la matière. C'est à l'aide de cette lumière, ou de cette faculté magnétique, que le lucide désigne la place où se trouvent des objets perdus et découvre des trésors cachés.

« Un beau matin, nous dit le docteur, une somnambule occupée à examiner l'état d'un malade s'arrête brusquement et m'annonce la découverte d'objets précieux que la terre recèle ; mais elle ne peut encore tout voir et tout dire ! Jour par jour, cependant, la lucidité croît et progresse en son esprit. Elle décrit enfin sept pièces d'argent *marquées à des lettres différentes*, recouvertes d'oxyde jaunâtre et entourées d'une toile dont la pourriture ne laissait apparaître que des lambeaux. Enfoui depuis plus d'un siècle par un voleur au pied d'un arbre, ce dépôt *avait été recouvert par les racines*, et l'arbre dut être déraciné pour que l'on pût ravir à la terre son trésor. » Or, nous crie cet organe de la faculté médicale, qui se distingue de la masse de ses confrères par une étude sérieuse des phénomènes du magnétisme : cette faculté « *ne peut s'expliquer* que par *le rapport de l'âme* avec un *Esprit*. Admise chez les pythonisses et chez les sibylles, cette faculté est pour nous incontestable[1]. »

Observons-le donc, et sans que notre vue se fatigue : Nous ne pouvons saisir un des fils du magnétisme sans voir une de ses extrémités aboutir à la magie ! Mais depuis longtemps, déjà, le loyal aveu que nous devons à l'expérience de M. le docteur Ordinaire reposait, à mots couverts, dans un passage du célèbre abbé Faria. Ce magnétiseur terrible, nous est-il dit, et dont la présence faisait évanouir les somnambules, qui l'appelaient l'ennemi de leur repos ; ce

---

[1] *Journ. du magnét.*, n° 179 ; janvier 1854, p. 1 à 9. — Lire ses propositions et aphorismes du magnétisme.

magnétiseur pour qui le magnétisme n'était l'œuvre ni de la volonté, ni d'un fluide, n'avait *que du mépris pour les fluidistes,* et le principe qu'il pose est bien net[1]. Écoutons : « Les procédés magnétiques, *quels qu'ils soient,* ne sont que *la cause occasionnelle* qui engage *la cause réelle* et précise à se mettre en action[2]. »

Deleuze, enfin, quelle que fût la ténacité de ses opinions, ne put refuser de se rendre à l'évidence d'une vérité si palpable. Aussi ses partisans se sont-ils bien gardés « de proclamer sa défection du camp MAGNÉTICO-RATIONALISTE. Après avoir employé tout un volume de controverses à soutenir que *le principe du magnétisme est physique,* et que, par suite de son emploi, les facultés latentes de l'homme se développent et se manifestent, il finit par convenir que l'intervention des êtres spirituels dans les phénomènes du magnétisme lui paraît démontrée[3]. »

Au milieu de la multitude d'observateurs savants et sérieux qui répétèrent sous mille formes ces aveux, nous rencontrons presque à chaque pas le célèbre chef d'école Dupotet. Parti de la négation formelle et railleuse de l'intervention des Esprits dans les actes du magnétisme, il se sent entraîné par l'irrésistible courant de ses études et de ses observations personnelles aux conclusions les plus opposées à son point de départ!

Grâce donc aux Esprits qui circulent autour de nous, la vertu magnétique, cette vertu qui porte avec elle les dons de science et de puissance magique, opère non-seulement par l'entremise et la médiation des personnes, mais encore par le moyen des choses. C'est là ce que certains talismans,

---

[1] C'est, en somme, ce que j'énonçais dans mon chapitre : Des sacrements du diable (*Mœurs et pratiques des démons*).

[2] De Mirville, *Des Esprits,* 3ᵉ édition, p. 287, et pour ce qui suit, p. 322, etc.

[3] Lettre du 6 novembre 1831.

CHAPITRE QUATORZIÈME. 373

semblables à la bague évocatrice de M. Dupotet sauront nous dire en temps opportun. Assez souvent même le simple contact des objets ou des gens communique et propage des dons étranges. C'est la flamme invisible de la lumière astrale, cet autre nom du magique fluide, qui d'un flambeau gagne un autre flambeau, l'allume, et propage ses clartés. Que ces clartés donc, un instant encore, éclairent nos pas!

Dans une langue à prétentions scientifiques, et favorable aux évolutions de l'erreur, mais que nous devons commencer à comprendre, puisque nous nous familiarisons avec un si grand nombre d'auteurs magnétistes, M. le docteur Passavant nous dit : « Cette force occulte qui est la vision, *ou plutôt le principe de la vision*, *chez les Voyants* (clear seers) peut s'appeler vision solaire (*solar seeing*), car le Voyant *éclaire* et PÉNÈTRE SON OBJET avec la lumière organique qui lui est propre, c'est-à-dire avec son éther nerveux, qui devient l'instrument de son esprit. Et, dans des circonstances données, cette lumière se rend visible [1].

Le Voyant est donc un être doué de la faculté de se créer un soleil magique, grâce au simple dégagement de son fluide! Ainsi donc, et d'après le système fort curieux que ce docteur *n'invente point*, mais qu'il développe à la lueur de ses illusions, CETTE LUMIÈRE ORGANIQUE est l'instrument des merveilles magiques que notre esprit opère! C'est par elle que le Voyant s'insinue dans la matière, et qu'il transporte ou suspend en nous la pensée! c'est par elle que sa main communique les dons les plus prodigieux à la personne qu'elle a touchée. En un mot, sa fécondité, loin de s'épuiser, donne naissance à la plus riche variété de phénomènes, et lui permet de se manifester jusque sous l'apparence de fantômes. Voilà pourquoi cette dernière métamorphose lui

[1] *Night side of nature* (London, 1852, vol. II, p. 363).

vaut, dans la bouche de ceux qu'elle éblouit, le nom de *lumière spectrale;* nos yeux auront à réclamer de ses pâles rayons quelque clarté nouvelle.

Elle est, en effet, sous la chair de notre corps qui la dérobe aux regards, la matière même de notre fantôme, si nous avons l'excessive bonté d'adopter, pour le quart d'heure, la croyance de M. le Dr Passavant. Et les fonctions qu'elle remplit, quelquefois visibles et souvent non, le deviennent surtout lorsqu'elle se sent dégagée par la mort de l'assujettissante enveloppe de nos organes! Tantôt, alors, son apparence est celle de simples et indécises lueurs; tantôt, au contraire, elle revêt des formes dont la clarté saisit et capte notre œil.

A nous de savoir si ce *fluide magnétique,* changeant de nom pour se nommer *lumière spectrale,* ne serait pas tout simplement un de ces fluides naturels que les Esprits manœuvrent et gouvernent à leur gré, lorsque leur but est de créer autour d'eux les illusions et l'erreur! Instrument accidentel que, sous les faux noms qu'elle prodigue aux choses, la magie, toujours prête à singer la science, trouve infailliblement sous sa main.

Deux exemples rapportés par le docteur que je nommais il n'y a qu'un instant nous édifieront à ce sujet. La cuisinière d'un prêtre catholique vint à mourir. C'était en Prusse et dans le village de Quarrey, sous le règne du grand Frédéric. Le prêtre remplaça la femme morte par une autre servante; mais vainement la nouvelle venue s'efforça-t-elle de persister dans l'exercice de ses modestes fonctions, à tel point elle eut à lutter contre les molestations de sa prétendue devancière.

Et de fait, à quoi bon pour le pauvre prêtre cette nouvelle servante? Car des mains invisibles allument son feu, balayent ses chambres, y rangent les meubles, et s'acquittent de tout le menu détail du service. On accourt en foule voir ce prodige, et la rumeur publique, toujours croissante, s'élève enfin jusqu'aux royales oreilles. Le *roi philosophe* prend alors le parti de détacher un des capitaines et un des lieutenants de sa garde, avec mission de lui rendre compte des faits qu'ils devront vérifier. Les voilà partis....

Au moment où ces officiers sont sur le point d'atteindre le seuil de la maison, une marche militaire retentit, battue devant leurs pas ; mais l'invisible qui la bat défie l'œil qui le cherche ! A peine entré dans la chambre, à peine témoin des faits qu'il venait vérifier et qui frappaient sa vue, le capitaine de s'écrier : « Voilà vraiment qui fait pis que le diable... » Aussitôt dit, un admirable soufflet parti de la main qui, sans se laisser voir, arrange et met en ordre le mobilier, lui paye sans lésiner le prix de ses paroles.

Sur l'ordre de Frédéric, à qui les rapports des examinateurs qu'il a choisis ne laissent plus aucun doute sur ce qui se passe, la maison du spectre est rasée ; on la rebâtit ensuite à quelque distance du lieu qu'elle occupait... Pense-t-on, nous demande le narrateur, que le grand Frédéric fût un prince d'humeur à se laisser mystifier ?

Mais passons vite au second fait, afin de chercher à la fois, et pour nos deux phénomènes réunis, ce que *l'effluve magnétique* décorée du nom de lumière spectrale a de commun avec ces spectres, visibles ou non, avec ces bruits, ces coups qui frappent nos sens, et qui sont exactement semblables aux molestations que suscite et produit l'art du magicien, du médium ou du sorcier.

Transportons-nous donc à Crossen, en Silésie, l'an 1659, sous le règne de la princesse Élisabeth-Charlotte. Vers le milieu du printemps, Christophe Monig, natif de Serbest, duché d'Anhalt, et garçon apothicaire, rend le dernier soupir, et son corps est mis en terre selon les rites de la secte luthérienne. Cependant, à la grande *stupeur* DU PUBLIC, on le voit quelques jours après, ou du moins on voit ce qui semble être lui-même, apparaître dans la boutique, s'asseoir, marcher, prendre sur les étagères les pots, les boîtes, les verreries, et les changer de place. Il examine et goûte les médicaments; il les pèse dans les balances; il pile les drogues *à grand bruit, with a mighty noise.* Mieux encore, il sert les gens qui se présentent avec des ordonnances, reçoit leur argent et le place dans le comptoir. Mais son apparence, mais sa manière d'être et de se comporter avec ses anciens compagnons est, du tout au tout, celle d'un fantôme, *he looked very ghostly upon his former companions*, et nul d'entre eux n'ose lui adresser la parole. Quant au maître, qu'affligeait alors une maladie douloureuse, il est en butte de la part du spectre à d'incroyables tracas, jusqu'à ce qu'un beau jour ce même spectre, prenant un manteau suspendu dans la boutique, se mette à courir les rues, mais sans arrêter son attention sur qui que ce soit au monde.

Il entre cependant chez quelques habitants, et de préférence chez ceux qu'il a connus. Il les contemple un instant, morne et plongé dans un glacial silence. Puis, rencontrant une servante dans le cimetière : « Rentre chez ton maître, lui dit-il, et creuse dans la chambre basse; un trésor inestimable y est enfoui. » La pauvre fille épouvantée perd connaissance et tombe à terre. Il se baisse et la relève, mais en laissant sur elle une marque longtemps visible. Malade de saisissement et d'effroi, elle conserve néanmoins la présence d'esprit de recommander la fouille prescrite... Mais le seul trésor que l'on déterra fut un mauvais pot contenant une pierre hémarite (une sanguine, *a bloodstone*).

Ce prodige PUBLIC ayant vivement excité la population, la princesse régnante ordonna d'exhumer le cadavre, que l'on trouva dans un état de putréfaction fort avancé. Les débris de ce corps furent replacés dans la fosse, et l'apothicaire reçut le conseil d'éloigner de sa demeure tout ce qui avait appartenu à Monig. Les apparitions cessèrent alors ; mais elles furent pour l'académie de Leipzig un sujet de discussions publiques.... Quant à la pierre sanguine qui fut découverte en guise de trésor, *on pensa* qu'elle devait *à quelques vertus occultes* une valeur beaucoup plus grande que celle qu'elle tirait de sa beauté [1].

Si peu que l'on nous en presse, nous adopterons pour véridiques ces deux récits, que rien ne distingue de tant d'autres phénomènes d'une incontestable réalité. Mais comment asseoir sur une circonstance quelconque de cette apparition la théorie de la lumière spectrale, c'est-à-dire de ce prétendu fluide du magnétisme que, pour le moment, on vient de nommer lumière *organique ?* Comment l'y asseoir un instant, sans confondre aussitôt ce fluide lumineux, ou du moins ce fluide apte à prêter une forme visible aux fantômes, avec les Esprits que l'Église fait profession d'écarter de la personne des vivants par ses prières ?

En vérité, quelle maussaderie, quelle méchanceté d'humeur, quelles mains brutales et insultantes aurait cette lumière organique dans son rôle d'outre-tombe, ou sous sa forme de fantôme !

Dans ces spectres enfin, dont le caractère, de temps en temps visible à l'œil, est de s'éclairer au sein des ténèbres par leur propre lueur, et DONT LA SUBSTANCE EST CELLE QUE L'ÉCOLE DES FLUIDISTES ATTRIBUE AU PRINCIPE DU MAGNÉTISME ANIMAL, que distinguer et que saisir ? De quel côté nos yeux y découvriront-ils un phénomène qui s'éloigne

[1] Voir au chapitre : Lumière spectrale, *spectral light*, p. 370, *ibid.* Un fait *tout pareil à ceux-ci* est rapporté par le P. Wimmer, abbé mitré *des bénédictins* de Latrobe ; lett. au Pittsburg Dispatch, abbaye de Saint-Vincent, E. V., 26, février 1860.

ou diffère de ceux que savent créer les Esprits de ténèbres, recteurs de la magie ? Où rencontrer enfin un phénomène que le simple bon sens permette de ranger dans l'ordre des choses naturelles et purement physiques ?

Cependant, n'omettons point de prendre note de ces deux fantômes ; peut-être reconnaîtrons-nous que *leur sourde étincelle,* lorsqu'elle se dégage, est la cause de tant de merveilles qui semblent naître des lois *du contact* magnétique ou magique.

L'Écosse nous offre de nombreux exemples des exploits de ce communicatif et lumineux fluide, et ses montagnes nous affirment par la bouche de ses loyaux et pittoresques habitants que lorsque *le Voyant,* c'est-à-dire l'homme à seconde vue, *the seer, touche* une personne, ce contact suffit pour la rendre capable à l'instant de participer à sa faculté de voir [1] ! Ce prodige descend même du corps de l'homme à celui de la bête ; et souvent, lorsque le triste privilégié sur qui *tombe et s'abat* le don de seconde vue subit l'influence d'une vision, il la communique devant vous à ce chat, à ce chien, à ce cheval, sur la robe duquel il a *passé* la main. Le fluide spectral qu'il porte en lui, c'est-à-dire sa lumière organique ou le soleil ténébreux qui l'éclaire, *his solar seeing,* allume *magnétiquement* leur propre soleil, et vous voyez ces animaux, surpris du spectacle instantané qui frappe leurs yeux, donner les plus étranges symptômes de terreur [2].

La bête est devenue Voyante ; car, nous dit à son tour le docteur protestant Ennemoser, « la vision des clairvoyants *se communique* aux êtres qui les entourent. — Et ce pro-

---

[1] *Night,* s. 364, — *Philos. of myster. agents,* 280.
[2] Ces phénomènes sont aussi bien constatés que la théorie magnétique qui les explique est défectueuse et absurde. Lire tout le chapitre xiv, vol. II, p. 354, intitulé *Lumière spectrale,* dans M. Crowe, 1852. Lire aussi Glanvil, etc.

dige s'opère par le feu secret; mais disons plutôt par le procédé *de l'infection*, c'est-à-dire *de la contagion* MAGNÉTIQUE »; car ce dernier terme est d'une excellente justesse [1]! Voici donc, et de toutes pièces, la grande lumière, l'*Avor* noir, la lumière noire, ou l'agent universel de la magie remis au jour sous un nom nouveau, et par le fait *de l'attouchement magnétique* qui rappelle de la manière la plus sensible celui des sorciers, et l'un de ses plus prestigieux effets!

Nulle règle du monde physique ne la gouverne jamais, cette lumière! Elle ne connaît que le caprice; elle est l'une des formes de l'électricité railleuse, ou de *ces fausses électricités* que dirigent *non point les lois du monde naturel, mais les Esprits perturbateurs de tout ordre*. Elle habite les ténèbres; elle est propre aux ténèbres et, selon l'expression magnifique de Milton, loin de les dissiper, elle en fait goûter l'horreur, elle les rend visibles, *visible darkness*.

Je l'ai vue plus d'une fois, pour ma part; je l'ai vue sous forme de lueurs et de nébulosités lumineuses fixes ou volantes, apparaissant *à nos ordres* et se manifestant au nom d'Esprits dociles à la parole humaine! Et, devant ce témoignage de mes sens, confirmé par les sens d'autrui, je me disais ce que commencent à nous répéter *depuis quelque temps* les patriarches du magnétisme débordés par les spirites : quelle que soit *la matière* de ces phénomènes, ils ont *pour principe* et pour âme des Esprits! les Esprits du magnétisme, qui sont ceux de la magie.

Rien de plus bizarre et de plus instructif à la fois que les évolutions de M. Dupotet, l'un de nos praticiens théoristes les plus distingués, lorsque vous le placez sur ce terrain brûlant entre ses craintes et ses espérances, entre ses décou-

---

[1] It is well known that, by a *Magnetic infection*, the vision of the clairvoyants pass in those around them. (Ennemoser, vol. 1er, p. 203.)

vertes et ses déconvenues; entre sa droiture naturelle, le danger de parler, et la honte de se taire ! Il me semble que ses injustes dénigreurs le prendraient un peu plus au sérieux s'ils se donnaient la peine de considérer à quel point ses riches aveux concordent avec l'expérience des siècles, élucident les doctrines sacerdotales de l'idolâtrie, et confirment les leçons de l'Écriture sainte qui, certes, ne sont point sa loi ! Tantôt les vérités s'échappent comme de soudaines volées d'oiseaux de ses lèvres ou de sa plume [1]; et tantôt il recule épouvanté devant elles, s'efforçant de les retirer, de les ensevelir sous quelque nouvel amas de paroles équivoques et de ténèbres doctrinales.... Il les proclame avec emphase aujourd'hui, dans la jubilation naïve et la bonhomie de son orgueil; ô jour de triomphe pour l'humanité ! Mais, il a réfléchi! repassez demain, et tout est changé ! Vous le voyez couvrir de nouveau, sous le voile des mystères antiques, la vérité qui, jetant ses plus forts aromes, s'épanouissait hier entre ses mains. En un mot, le nouvel apôtre, devenu recéleur, retire et cache aussitôt qu'il l'a montré son évangile :... « La révélation sera complète, s'écrie-t-il d'une voix dans laquelle tonnent l'honneur et le dévouement; pourquoi donc ne dirais-je point ma pensée tout entière ? » — Charmés de ce début, nous courons chercher nos amis pour les associer à notre bonheur, et nous revenons au plus vite. Mais déjà la résolution a subi l'influence du vent qui change; la vérité fait volte-face, et son évangéliste, pour le quart d'heure, ne nous jette plus que ces ingrates paroles : « Je crois *qu'il serait dangereux*, POUR L'EXISTENCE MÊME DU MAGNÉTISME, d'aller *révéler à tous ce que quelques-uns doivent seuls connaître* [2] !

[1] *Cours-leçons* et *Magie dévoilée*, etc., cités en cet ouvrage.
[2] Dupotet, *Journ. du magnét.*, n° 198, p. 163, an 1854. Le danger serait plus grand encore pour le magnétiseur que pour le magnétisme ! M. Arnette nous disait, entre mille aveux de cette nature : Nous voilà

CHAPITRE QUATORZIÈME.

Il est vrai que les singulières indiscrétions de ce maître font d'assez larges brèches à son système de réticences; et, d'ailleurs, la gaze légère de paroles trompeuses voilerait mal à l'oreille ce qui parle si fortement à l'œil. Suivons donc un instant pas à pas l'illustre et incohérent expérimentateur, et réjouissons-nous de ses crises de courageuse éloquence.

Le magnétisme et son fluide sont-ils quelque chose de sérieux, en dehors de l'intervention des Esprits? C'est-à-dire, en termes plus clairs, le magnétisme est-il autre chose que le spiritisme ou que la magie? « Pour nous, cette question ne fait plus l'objet d'un doute; nous reconnaissons et nous admettons qu'il existe *en chaque être une foule d'agents intelligents, soumis à un régulateur suprême!* Nous sommes convaincus que *chaque organe* a, dans son centre, le principe même de son action; qu'il n'est pas une fonction concourant à la vie de l'homme *qui ne soit réglée par une intelligence*[1]. Je dis donc qu'il y a en nous

« dans le domaine de *la magie;* l'initiation commence; mais il ne m'est pas permis d'en révéler les mystères, etc. » *Ib.,* n° 465, p. 294, etc. Lire dans Éliphas les terribles vengeances qui atteignent l'initié révélateur, si son dévouement connu ne lui fait pardonner quelque indiscrétion de langue : « Tous les mages qui ont révélé leurs œuvres sont morts de mort violente, et plusieurs ont été réduits au suicide, comme..., etc. », vol. Ier, p. 94-5. « Le mage est souverain... *il a droit de punir...* Lorsqu'il exerce ce droit, il fait son devoir, et il est implacable comme la justice. » *Id.,* vol. Ier, p. 97. De là tant d'assassinats, à cause inconnue pour le vulgaire! Un même principe, un même prince anime les sciences et les sociétés occultes.

[1] Dupotet, *Journal du magnét.,* n° 180, p. 33.
Quelle justification du nom de légion, donné dans l'Évangile à la troupe de mauvais Esprits qui tourmente un possédé! Pour prouver à quel point l'*imagination du possédé* restait étrangère à ses souffrances, le Christ permet aux démons de passer du corps de l'homme dans celui de deux mille pourceaux. Aussitôt ce passage effectué, ces animaux, violant une des lois les plus remarquables de la nature des brutes, se suicident : ils courent se noyer. Nous livrons la méditation de ce fait évangélique aux forcenés amateurs d'hallucinations collectives, incapable que nous sommes d'associer tant d'imagination à tant de lard! (Saint Marc, Évang., ch. v, 9 à 14, etc.)

des ouvriers intelligents, et qu'à chaque instant notre corps *peut être visité* par des agents également vivants, *venant du dehors,* et ayant puissance sur le domaine *que nous croyons nous appartenir en propre.* »

« Ne puis-je point *faire pénétrer* en autrui, *par des voies inconnues, l'*AGENT SUBTIL NOMMÉ MAGNÉTISME? Ne puis-je point, *par lui,* faire exécuter mon commandement, *lorsque rien n'a pu traduire aux yeux ma pensée? Cette pensée, ainsi portée, quelle est-elle?* La reconnaissez-vous pour être matérielle? Mais elle va, tout à l'heure, faire mouvoir la machine qui est étrangère à mon être, et produire *une sorte d'évocation des Esprits qui l'animent!* Car ceux-ci répondront à mon appel, et *feront éclore la pensée;* ils la traduiront même en acte visible. *C'est* UNE GRANDE ERREUR *de croire que toutes les conceptions de notre esprit viennent de nous-mêmes!* SOUVENT TOUT NOUS VIENT DU DEHORS! Ainsi, en nous, lorsque tout est calme et tranquille, *des pensées nous arrivent sans que nous sachions comment elles nous sont apportées*[1].

» C'est encore *ainsi* que des êtres mourants, ou en danger de vie, *transmettent au loin* à leurs amis l'avertissement de leur fin ou de leurs angoisses. Comment nous vient le pressentiment? Quel est le messager invisible qui apporte la fatale nouvelle? *Croyez-vous qu'il soit possible à la matière de remplir cet office?* Et cette même matière peut-elle prévoir les événements, *donner la faculté de lire dans la pensée,* de retrouver les choses perdues? De même encore, *d'où viennent aux âmes honnêtes les funestes desseins qui encouragent dans le vice et dans l'abjection des êtres nés pour être bons?...* Si nous admettons la puissance exercée sur nous *par les forces mortes,* comme

[1] Langage interne que nous tiennent les Esprits! *Tentations,* etc., voir un chapitre ci-dessus.

l'électricité…. pourquoi n'admettrions-nous pas la puissance des agents moraux[1] ? »

L'un des magnétistes transcendants de nos jours, le mage Éliphas Lévi, nous dit donc avec une science parfaite, dans son langage mystiquement ampoulé : L'agent du magnétisme est « une force connue des anciens, et dont la direction tient IMMÉDIATEMENT *au grand arcane de la magie transcendentale.* Par la direction de cet agent, on peut correspondre, en un instant, d'une extrémité de la terre à l'autre; on peut guérir ou frapper à distance!... Et *cet agent, qui se révèle à peine sous les tâtonnements* des disciples des Mesmer, est précisément ce que les adeptes du moyen âge appelaient la matière du grand œuvre. Les gnostiques en faisaient le corps igné du Saint-Esprit; et *c'était lui qu'on adorait dans les rites secrets du sabbat ou* DU TEMPLE, *sous la figure* hiéroglyphique de Baphomet ou du bouc androgyne de Mendès. »

« Lorsque le mage est parvenu à la lucidité, soit par l'intermédiaire d'une pythonisse ou somnambule, soit par ses propres efforts, il communique et dirige à volonté des vibrations magnétiques dans toute la masse de la lumière astrale. » Et cette lumière astrale, ce Lucifer devenu Lucifuge, « est le serpent séducteur, LE SÉDUCTEUR UNIVERSEL figuré par le serpent de la Genèse ». Au moyen de ces vibrations, le mage précipite ou suspend les courants de la vie; il calme ou tourmente, il gémit ou rend malade; il tue ou ressuscite[2]!

En un mot, lorsque la lumière astrale ou spectrale, lorsque

---

[1] *Journal du magnét.*, n° 180, p. 37, 38, Dupotet; 1854.
[2] Éliphas Lévi, *Dogme et rit. de la magie* (vol. Ier, p. 23, 120, 121, 124, etc.) De la bouche d'un passionné magnétiste, voici donc le magnétisme nommé le bouc du sabbat, ou le démon! On verra *plus tard*, dans mes études sur *les sabbats*, que le mot est d'une exquise justesse! — Devant ces *légitimes* fanfaronnades et ces aveux, confir-

le fluide oraculaire, animique, universel, odyle ou vital, c'est-à-dire, et quels que soient ses noms, lorsque l'artisan du magnétisme nous possède, une métamorphose s'opère en nous. Nos membres, notre intelligence s'enrichissent tout à coup d'une puissance et de facultés nouvelles, qui caractérisent la nature des Esprits. Un nouvel être, en un mot, se manifeste en nous; il pense, il veut, il exécute ce que nous semblons penser, vouloir et faire. Aussi, la plupart des somnambules lucides étant interrogées répondent-elles : On me dit; il répond; il veut; — parlant d'elles comme si elles parlaient d'un autre.

Dès que nous subissons l'influence magnétique, il y a donc en nous deux *moi* distincts, et l'un de ces deux n'est point nous-mêmes! Ce dernier nous apprend, et par-devant témoins, des choses qu'il est de notoriété que nous ne pouvons savoir; d'où reste démontré que le phénomène dont nous devenons *l'instrument* se distingue par un caractère net et tranché du phénomène de l'hallucination. Et ce quelqu'un, cet étranger à notre âme, à nos sentiments, à notre volonté; ce quelqu'un, en un mot, qui domine et flagelle en nous l'autre quelqu'un, ce serait nous-mêmes encore? L'arithmétique devrait donc établir, si l'on admettait cette absurdité, qu'un plus un *égale un seul* et ne fait plus deux !

Ou bien, si les lois de la raison et de l'évidence conservent leur stabilité, reconnaissons que deux êtres distincts se trouvent siégeant dans nos corps dès que la vertu magnétique s'introduit en nous! L'un des deux, l'être principal, c'est notre âme, dans sa liberté naturelle, mais surnaturelle-

---

més par les faits, lire les bulles des papes Innocent VIII, Jean XXII, Léon X, etc., citées plus bas, justifiées aujourd'hui par le témoignage des contemporains, et, tout naguère, honorées du concert des sifflets de l'ignorance. — *Id.*, Origène, *Contre Celse*, liv. VIII, p. 31 ; saint Augustin, *De div.*, ch. VI; Tertullien, *Apolog.*, XXII, p. 23, etc.

ment combattue. Le second, c'est cette force occulte et despotique que je poursuis sous tous ses noms, et que je nomme sous tous ses masques ; c'est cette force à laquelle la magie doit son unique vertu, et sans qui le magnétisme *animal*, dépouillé de son âme, n'est plus — s'il est encore quelque chose — qu'une sorte de rien parfaitement naturel, une ombre à peine saisissable ! C'est cette force enfin qui, lorsque pour tenter notre orgueil elle joue cartes sur table, et *à magnétisme découvert,* nous apprend à reconnaître que la magie et le magnétisme ne sont qu'une seule et même chose, un seul et même art, l'art de la charlatanerie démoniaque, apparaissant sous deux faces distinctes, *sous deux visages de rechange.*

Oh ! oui, s'était loyalement écrié l'un des magnétistes les plus éminents, le savant docteur Teste, « la magie ou le magnétisme sont deux mots qui doivent avoir pour nous le même sens. »

Et, s'émerveillant d'arriver, en suivant le plain-pied de ses expériences magnétiques, à cette même et inattendue découverte, M. Dupotet traçait, il y a quelques années, qui sont devenues un siècle, ces lignes déjà transcrites dans nos pages : Ce fut la nature qui m'instruisit « en produisant sous mes yeux, sans que je les cherchasse d'abord, des faits indubitables de sorcellerie et de magie. Et si, *dès les premières magnétisations,* je ne l'ai point reconnu, c'est que j'avais un bandeau sur les yeux, comme l'ont encore tous les magnétiseurs [1]. »

Depuis ces lignes écrites, de bien épais bandeaux sont à terre. Car le vent qui souffle fait tomber la plupart de ceux qui ne sont point collés par une malsaine humeur à des yeux malades, et qu'offenserait la lumière.

---

[1] *Magie dév.*, grande et 1re édition, p. 50.

CONCLUSION.

Quoi de plus clair ! Et le magnétisme emprunte-t-il ou non la bouche de ses plus loyaux praticiens, de ses plus consommés docteurs, pour reconnaître et proclamer que rien ne s'explique, que tout reste mystère en ses prodiges, dès que, ne lui laissant plus que son dérisoire fluide, on lui enlève sa vitalité, le secours des Esprits ?

Entre nous et la multitude des Esprits qui nous environnent, et nous assiégent de leurs muettes et invisibles cohortes, la pratique du magnétisme établit donc une série de prodigieux rapports ! Cela est le dogme aujourd'hui pour ses sincères et clairvoyants adeptes ; et ces rapports sont ceux que le catholicisme, avant et après le Christ, n'a cessé de maudire en termes exprès sous le nom de magie !

CHAPITRE QUINZIÈME.

SUITE. — PREMIER EXEMPLE OU SE RÉCAPITULE TOUT LE LIVRE. — VOYANTISME ; LES DEUX VOYANTES ; VIE DE PRODIGES ET DE DÉSOLATION. — LE VAMPIRISME FLUIDIQUE.

Première Voyante, extases, fantômes prophètes. — M. le docteur Marjolin consulté ; réponse. — Ange moniteur, fantôme moniteur. — Série de visions et de malheurs.

Seconde Voyante, scientifiquement étudiée par le célèbre docteur Kerner, et choisie comme étude à cause de sa notoriété. — Vapeurs invisibles de son village, rappelant les phénomènes de Delphes. — Causes de sa disposition originelle au voyantisme. — La magie démoniaque et le magnétisme se mêlant dans le mal de cette femme. — Son propre fantôme ; phénomènes publics. — Sur les fantômes dans la plupart des cours de l'Allemagne. — Vampirisme magnétique de la Voyante ; son insubmersibilité ; celle des sorcières. — Les objets, auprès d'elle, violent les lois de la gravitation. — Doctrine de son Esprit inspirateur. — Les âmes et leur enveloppe. — Les métaux, les objets inanimés, l'Écriture elle-même ont pour elle des Esprits. — Elle se traite, elle et autrui, sous les yeux du docteur Kerner. — Son traitement réunit les trois procédés de la médecine ordinaire, du magnétisme et de la magie franche. — Amulette courant d'elle-même sur son corps. — Elle communique au dehors à l'aide des coups d'Esprits frappeurs; elle contraint à la prière ceux qui sont soumis à ces rapports. — Prières imposées par le magnétisme. — Ennemoser et Rogers; vertu épidémique du principe magnético-magique. — Désolants phénomènes. — Cette pieuse et douce fille devient le fléau magnétique de son père. — Effroyable état maladif de la Voyante et sa puissance croissant avec son affaiblissement corporel. — Circonstances étranges de la mort de la Voyante et de son père.

J'ai sous la main deux Voyantes, l'une et l'autre nos contemporaines, et dont la première est une inconnue, tandis que sa compagne figure au nombre des célébrités dans les ténébreuses régions que nous sondons du regard. Nulle étude, nul exemple ne résume, dans un plus bel ensemble, les doctrines et les faits auxquels nous nous sommes à chaque pas heurtés. Aucun ne nous révèle avec une plus exquise précision de détails la nature et le jeu des forces occultes qui sont l'essence du magnétisme, ou sans lesquelles tout magnétisme serait impossible, c'est-à-dire toute magie réduite à néant.

Sous le nom de la Voyante de Prévorst, le second de ces deux êtres, si tristement privilégiés, rayonne de gloire dans le monde magnético-spirite et magnético-médical. Sa personne et sa vie furent l'objet d'études tellement tenaces et complètes qu'il nous est permis de la proposer à titre de type; mais il nous convient de la placer sous un jour dont les rayons ne nous ont point semblé l'éclairer encore.

L'attention de nombreux et remarquables savants se fixa sur madame Frédérique Hauffen, c'est le nom de cette femme étrange, et l'un d'eux est une des gloires littéraires et scientifiques de l'Allemagne. La *Revue des Deux-Mondes* a fait de ses écrits un brillant éloge (15 juillet 1842), et le grand poëte polonais Mickiewicz, qui le connut, *me le nomma* comme un observateur consciencieux et sagace. Ce savant est le célèbre Kerner, dont le travail sur la Voyante eut les honneurs d'un nombre d'éditions et de traductions considérable. J'indique au lecteur, outre le texte original du docteur allemand, la version française de M. Goupil et l'ouvrage américain de Rogers [1].

Ces préliminaires une fois posés, mon récit commencera par la Voyante inconnue du public, et sur laquelle toutes les particularités qu'il m'importe d'obtenir me sont transmises et développées par une des bouches du protestantisme.

Madame de T..., c'est-à-dire mon interlocutrice, est une femme que ne cessa jamais d'environner une haute estime, depuis surtout que de rudes épreuves eurent mis en relief l'énergique et douce résignation de son caractère. Elle est du fort petit nombre de ceux que l'adversité grandit en les éprouvant, en les précipitant d'une chute brutale du haut de ces échelons où l'inscrutable sagesse de la Providence permet à tant de nains difformes de s'élever et de se guinder. Dieu, nous l'espérons, a des vues particulières de miséricorde sur cette âme.

Une même semaine vit naître madame de N..., c'est-à-dire *la Voyante* qui devient le sujet de notre esquisse, et madame de T.., dont les entretiens m'initient aux singularités de cette vie d'illumination. Depuis les premiers jours de la première enfance, madame de N... est la compagne de prédilection de madame de T...; elle est son inséparable amie. Un invincible lien de sympathie rapproche et unit ces deux personnes, qui, l'une et l'autre douées d'un esprit cultivé, sont dans la force de l'âge et dans le plein exercice de la raison.

[1] On remarquera combien diffèrent de mes croyances la plupart des autorités sur le témoignage et les travaux desquelles j'aime à m'appuyer de préférence. M. Goupil, auteur de *Quœre et invenies*, était grand admirateur du professeur de magie Éliphas Lévi, etc., etc.

La Voyante est la fille d'un officier général. Son caractère est ferme, froid, intrépide, et ses mains connaissent le maniement des armes à feu. La solitude extrême du château qu'elle habite, et l'isolement qu'elle eut plus d'une fois à subir dans cette demeure sévère, légitimèrent cette excentricité. Nul événement de sa vie n'étonna, jusqu'à ce jour, son courage ou sa résignation ; et je m'empresse d'ajouter que les qualités héroïques eurent chez elle, en toute occasion, la mesure, la modestie et le voile sans lesquels nous les jugerions odieuses chez une femme.

Le Voyantisme date, pour madame de N..., du moment où cesse l'enfance; et l'époque de la première communion est celle où ses visions commencent. Son âme s'élevait alors vers le ciel et l'habitait par la prière, dont les longues heures s'écoulaient pour elle avec la rapidité non point de l'eau du torrent, mais de la flèche. Cet état, si voisin de l'extase, ayant excité chez les siens d'assez vives alarmes, un beau jour, on la troubla dans ses ravissements. « Oh ! vous me faites redescendre sur la terre, disaient alors ses yeux désolés et sa parole gémissante... Mais, j'ai vu Dieu, j'ai vu les anges..., et l'un d'eux m'a dit : « Je vais te conduire... Il est temps de t'apprendre que *vous* serez bien malheureux, et que ta sœur va mourir. »

A dater de cette heure, la jeune fille ne cesse, coup sur coup, de prédire cet événement, que rien au monde n'induisait à présager. Mais un mal imprévu vient fondre tout à coup sur sa pauvre sœur : elle est enlevée par la mort. Presque aussitôt un fantôme qui, pour elle, était la morte elle-même, lui rend de tendres et d'assidues visites : « Toi qui te figures devoir bientôt mourir, tu ne mourras pas, lui dit cette bouche de l'autre monde. Tu vivras pour consoler notre père. »

Le curé de la jeune Voyante, consulté vers cette époque

sur la nature de ces visions, répondit : « Je ne puis en douter... elle a la pureté d'un ange. » — Soit; mais avait-elle, en outre, pour sauvegarde, l'humilité, la circonspection chrétiennes ? Et son guide spirituel était-il ou n'était-il pas un aveugle ? Savait-il de quel luxe de précautions et de prudence doit s'environner celui qui s'étudie à discerner les Esprits ? Quelle était la portée de son intelligence et de sa science ? Hautes questions dont la décision, si les éléments en étaient sous ma main, serait sans doute au-dessus de ma compétence !... Ce que je sais, c'est que voici les paroles pleines de sens de l'illustre docteur Marjolin, consulté sur les circonstances de ces phénomènes : « Il y a des choses où la science est obligée de s'arrêter. » — Plusieurs fois déjà, et dans des circonstances analogues, sa science et sa conscience lui avaient imposé la même réserve; et c'était beaucoup pour l'époque, quoique M. le docteur Récamier s'élevât plus haut !

Dix années environ s'écoulèrent, et les visions, dans cet intervalle, avaient baissé, puis cessé, si ce n'est les apparitions de certaines croix prophétiques ! Parmi ces croix, qui venaient soudain provoquer ses regards, les unes étaient purement lumineuses et signifiaient un bonheur prochain. La lumière des autres était barrée par une raie noire, pronostic d'un événement malheureux dont l'heure précise lui était dictée : « J'ai vérifié, la montre à la main, ses prédictions, m'affirma sa sœur de cœur, et c'est avec une exactitude mathématique que les événements se conformaient au rendez-vous que sa bouche leur avait fixé. »

Il est à dire que les faits annoncés étaient quelquefois accomplis déjà; mais de telle sorte que, sans prodige, il lui était impossible de les connaître. « Un jour, me dit son amie, notre léger équipage roulait avec vélocité lorsque, sans raison, le cheval s'épouvante. Son poil se hérisse, il se cabre, la sueur ruisselle sur son corps, un nuage de vapeurs l'environne. Qu'est-ce? Que voit-il donc? Que se passe-t-il? Rien ici, dit madame de N...; mais, hélas! *ma pauvrette,* voici la croix bordée de noir! Prends courage; c'est un malheur! — Le son du dernier coup de midi se balançait encore dans les airs, et juste à cette heure, me dit madame de T..., la mort venait de surprendre mon enfant.... »

Je me permis de demander à mon interlocutrice dans quelles habitudes religieuses s'était fixée son amie, élevée dans le catholicisme. — « Excellentes! c'était une femme d'un esprit large et sérieux, d'une âme pieuse, d'une vertu sans roideur, et se pliant avec tact et mesure aux convenances du monde. Un jour d'abstinence, par exemple, elle savait accepter avec une gracieuse résignation les aliments gras que lui offrait une table étrangère.... »

... On le pense bien, j'écris ces mots en homme qui doit obéissance à l'histoire. Je sais quelle est sur ce point, et sur quelques autres encore, la profonde ignorance de gens bien dignes d'estime à coup sûr, mais aussi dignes de compassion. Car l'éducation mondaine impose à nos consciences, ainsi que certains peuples sauvages à la tête de leurs enfants, une forme bien différente de celle que le bon Dieu leur a faite. Mais, quelle que soit l'opinion de mes lecteurs, on comprendra qu'il était de mon devoir d'investigateur d'essayer sur la pierre de touche du catholicisme la piété parfaitement défectueuse et très-sincère de la Voyante. Le sermon chef-d'œuvre de Bourdaloue sur la fausse conscience est un des plus nécessaires à notre siècle! Qui le lit?

Un ange que la Voyante appelait son ange gardien l'avertissait aussi quelquefois. Éclairée par ce moniteur officiel, « un soir, me dit madame de T..., vers le milieu d'une nuit sombre, et dans l'isolement complet où nous vivions, *on* entendit retentir ce nom : « Fanny! Fanny! » Puis, bientôt, *sourde que j'avais été d'abord* à ce cri *de détresse,* je l'entendis moi-même : « Fanny!... mais viens, viens vite. Où donc es-tu, Fanny? »

« N'avez-vous point entendu cet appel? » nous dit, pâle et saisie d'effroi, la mère de madame de N...; car elle était cette Fanny que venait d'appeler la voix suppliante... la voix même de son mari, dont le timbre nous était si familier. Nous nous précipitâmes au dehors, nous cherchâmes longtemps; des flambeaux éclairèrent partout nos pas autour de notre demeure, mais partout nos recherches furent vaines. Trois jours s'écoulèrent, et cet incident était oublié lorsque nous apprîmes par une lettre inattendue que le père de madame de N... venait de subir l'assaut d'une maladie brutale. Ce mal subit l'avait presque laissé pour mort. Or, l'heure, le moment de cette crise était le moment même où le nom de sa femme, où ce cri : « Fanny! Fanny! » avait si profondément troublé notre paix. »

Madame de T..., l'amie de madame de N..., en me rapportant ces faits, veut bien y ajouter, avec son habituelle réserve, quelques incidents étranges qui lui sont personnels, et que nous pourrions attribuer, selon le terme du docteur Ennemoser, à *l'infection magnétique...* mais la discrétion m'impose le devoir de les taire.

Cependant, la mère de madame de N... vint à mourir, et bientôt *la forme visible de la morte* devint le principal et l'unique moniteur de sa fille. Un jour, par exemple, et c'était à la suite de je ne sais quel mal gangréneux, les chirurgiens agitaient la question de couper la jambe du père de madame de N...— « Non, non, console-toi, lui dit le fantôme de la mère, on ne la coupera point. Mais, écoute, voici ce que tu dois faire....» Le traitement dicté fut suivi, sans que l'on songeât plus aux moyens héroïques, et la guérison vint au pas de course.

CHAPITRE QUINZIÈME.

Quelque temps avant la mort du mari de madame de N..., le fantôme qui représentait sa mère lui annonça ce malheur, et sembla vouloir, en même temps, en reculer le terme. — « Éloigne de sa main toute sorte d'armes, ma fille ! » — Et dans les alarmes de la tendresse conjugale, madame de N..., pour qui ces avertissements étaient aussi sacrés que sûrs, resserrait, hors des heures de repas, les couteaux, et jusqu'aux fourchettes de son ménage.

Cependant la saison d'habiter la ville est venue. On part, on s'installe à Paris; on y est à peine installé que souffle et gronde le vent de feu de l'émeute. Or, un jour qu'elle était menaçante, un garde national, empressé de s'entretenir avec M. de N..., arrive et vient le visiter sous le harnais. Dans l'antichambre il a déposé son fusil, chargé d'une mortelle cartouche... La conversation s'est engagée, on cause, et madame de N... demandant à son mari je ne sais quel objet dont son écritoire est dépourvue, le mari se lève avec empressement et traverse l'antichambre. L'arme fatale frappe sa vue; et, qui le croirait?... une folie soudaine lui donne des ailes; il fond sur le mousquet, le tourne contre sa tête, et la détente est poussée. Le coup parti, sa cervelle est à terre.

« Hélas ! il faut se préparer à souffrir derechef, ma fille, lui dit le fantôme de sa mère; et quant à ton amie, madame de T... — celle même qui m'initie à ces intimes et lugubres détails, — apprends-lui qu'elle est sur le point de passer par les mêmes épreuves. Elle va les subir!... à peu près... »

Nul indice ne donnait à présager une semblable catastrophe;... mais, à quelque temps de là, une balle qui, semblable à la première, cherchait follement cette tête chérie s'y logeait, sans la briser... Et M. Dupotet énonçait, tout à l'heure, que l'agent du magnétisme nous pousse au suicide, et nous fait regarder comme heureuse une mort que l'Église réprouve.

Disons vite que le second événement sinistre dont était menacée madame de N... elle-même ne tarda point à se réaliser. Son père, aussitôt qu'il en eut connaissance, se fit un triste devoir de lui en communiquer la nouvelle. Mais à quoi bon? Comme il ouvrait la bouche : « Depuis huit jours je sais tout, lui dit-elle; la voix m'a dit tout ce qui devait être! » — Et, pour preuve, la pauvre et courageuse femme entra sur-le-champ dans les plus minutieuses particularités de l'événement désastreux, mais à peine accompli, qui la frappait.

Quelques semaines devaient s'écouler, au bout desquelles madame de N... s'attendait à recevoir une visite et, certes, des plus embarrassantes : c'était celle d'une personne à laquelle elle avait à donner des réponses précises sur des questions imprévues, et que je ne puis mieux comparer qu'à l'interrogatoire d'un examen scientifique. Elle se figurait, cependant, avoir une longue mesure de temps pour se préparer. Un beau soir elle se couche tranquille, et s'endort. Sa mère, presque aussitôt, lui apparaît, mais seulement en rêve cette fois, et lui dit : « Lève-toi, ma fille. M. B..., que tu n'attends que dans trois semaines, sera demain chez toi dès huit heures; son dessein est de te surprendre, et voici ses questions, voici l'ordre dans lequel il les posera. Tu sais s'il t'importe d'y bien répondre! Dans tel endroit, et dans tel cahier, tu trouveras les éléments de ce travail. A l'œuvre, vite, et tu n'as que le temps! »

A huit heures, le lendemain, on frappait à sa porte, *mais sans la surprendre*. Les questions précises et uniques, indiquées dans la vision, furent posées, et selon le numéro d'ordre prédit. Ce lui fut un jeu de répondre.

Ces particularités de la vie de madame de N... nous auront préparés, je l'espère, à ne point tomber dans un émerveillement trop profond au récit de l'histoire *scientifiquement étudiée* de la Voyante de Prévorst. L'*authenticité* parfaite de cette seconde biographie rendra le public moins récalcitrant sur l'épisode auquel je viens d'accorder la préséance. Quelle force irrésistible acquerraient les écrits destinés à la question du surnaturel, si le despotisme si souvent respectable des convenances sociales n'imposait la loi du silence ou de l'anonyme aux personnes et aux familles les mieux posées pour vaincre de haute lutte, par l'autorité de leur nom, les résistances de *l'incrédulité raisonnable*.

LA SECONDE VOYANTE, ET CE QU'EST PRÉVORST.

Le 15 juillet 1842, la *Revue des Deux-Mondes* nous le déclare : un ouvrage « des plus consciencieux et des plus intéressants de notre époque » attire l'attention du monde savant sur des troupeaux qui, dans le Wurtemberg, paissent l'herbe des collines de Prévorst. Et Prévorst est un village qui s'élève de 1,879 pieds au-dessus du niveau des mers.

On avait observé que, subitement, sans cause apparente, ces animaux étaient pris de terreurs et d'agitations convulsives. Bientôt, les habitants du village eux-mêmes cédèrent à l'influence de l'étrange agent de ces phénomènes ; agent occulte, ami *des hauts lieux,* ami de certaines eaux, de certains endroits privilégiés, et dont l'action rappelait aux moins clairvoyants des érudits les phénomènes du fluide oraculaire de la montagne de Delphes [1] !

Les adultes éprouvèrent donc en ce lieu de singulières affections nerveuses, et beaucoup d'entre eux y *devenaient aptes à découvrir* les sources *à l'aide de la baguette divi-*

---

[1] Plutarque, *Des oracles*, ci-dessus ; — P. Thyrée, *Loca infesta* ; — la Bible, *en de nombreux endroits* ; — Rois, IV, v 23, etc., etc.

natoire. Mais lorsqu'ils tombaient dans cet état de souffrance, où les jetaient les invisibles vapeurs de la montagne, il leur devenait facile de calmer l'un par l'autre le mal qui les envahissait. Le procédé de guérison consistait à user d'une sorte de commerce magnétique.

Chez les enfants, la danse Saint-Guy régnait à l'état d'épidémie, et, chose bizarre, ils exécutaient *en mesure* les mouvements forcés et les crispations imprévues de cette danse. Ils annonçaient même d'avance, ainsi que dans les extases du magnétisme, le moment ponctuel de leurs crises. Puis, tout souvenir de cet acte s'effaçait en eux! Tel fut *le lieu natal* de notre héroïne, qui vint au monde dans l'état de *la plus* brillante santé. Cependant elle reçut, avec le jour, ses dispositions *originelles* au Voyantisme, les héritant en quelque sorte d'une mère qui, sept jours avant de mourir, *précisait magnétiquement* le moment de sa mort.

Refoulée en elle-même dès sa première jeunesse, elle eut d'abord à subir, dans le silence, une série de visions où se peignaient, outre les choses du temps présent, les événements d'un certain avenir. Mais le coup décisif de sa destinée, ce fut la mort d'un prédicateur pour lequel elle éprouvait une affection très-vive. A peine, en effet, ses pieds eurent-ils effleuré la tombe de ce bien-aimé pasteur qu'elle se sentit en proie à des crises semblables à celles des convulsionnaires du Jansénisme sur la tombe du diacre Pâris. Je ne sais quelle sorte d'agrandissement, accompagné de sensations voluptueuses, s'opéra dans son intelligence en ce moment critique; et, dans le même temps, *elle sentit défaillir en elle* ce contrôle naturel que chacun de nous exerce sur lui-même, et que nous appelons *libre arbitre*. Elle perdit jusqu'à la conscience du moindre empire sur elle-même; un être invisible s'emparait d'elle[1].

[1] Lire, p. **604** et p. 66. Les chiffres *gras* sont ceux de la traduc-

CHAPITRE QUINZIÈME.

Vainement alors madame Hauffen descendit-elle dans les régions basses, fuyant les invisibles émanations qui semblaient s'exhaler de ses montagnes. Son organisation, *robuste naguère*, mais aujourd'hui délicate et sensitive jusqu'au prodige, était devenue le jouet de sinistres et d'irrésistibles influences [1]. Une fièvre nerveuse, dont la violence se soutint pendant un laps de quinze jours, contribua sans doute à la rendre plus accessible à *ces invasions*, auxquelles doit se mettre en mesure de résister avec énergie, dès le principe, quiconque veut conserver sa liberté naturelle, et ne point céder à une force inconnue le gouvernement de sa propre personne.

Dans ces conditions de dépendance naissante, et sous *les inspirations médicales* de son Voyantisme, elle sollicita comme un acheminement à sa guérison l'usage *des passes* et le froid contact *du cadavre* de son pasteur. Sept années d'esclavage ou *de vie magnétique,* selon l'expression du célèbre docteur Kerner, commencèrent alors à courir pour cette malheureuse [2].

Jetons donc un coup d'œil sur les phases de cette singulière existence, où le nom banal du magnétisme couvre de si singuliers phénomènes; et tentons d'examiner sans vertige ce merveilleux ensemble d'incidents, où des forces fluidiques *affectent* de se mêler sans cesse à des causes supérieures et intelligentes qui les gouvernent.

Un jour, après que la fièvre magnétique eut tourmenté la Voyante, la femme d'un paysan se présente à l'improviste et spontanément. Elle s'assoit auprès de la victime, la touche au front, et prononce ces mots : « Point de médecins; leur art y serait inutile! » Un froid de mort glace le

tion française de M. Goupil; les autres, ceux de l'ouvrage du philosophe Rogers, que je traduis : *Philosophy of mysterious agents*, 1853.

[1] **605**, 57. *Sinister influences played upon her susceptible organism.*
[2] P. **605**, 67.

front de la malade, qui tombe à l'instant dans une crise de spasmes effrayants. Le mal redouble; il semble qu'un sort soit jeté sur la Voyante qui, toute la nuit en proie au délire, s'écrie et répète que cette paysanne vient d'exercer sur elle une influence démoniaque. Cette paysanne revient pourtant avec confiance, et, chaque fois, son retour est le signal de nouveaux spasmes [1].

Au milieu de cet enchaînement de souffrances, et dans le cours du mois de février 1823, la Voyante est en couche. L'inévitable paysanne qui, déjà, l'*avait touchée,* reparaît et *touche* l'enfant nouveau-né. Le pauvre enfant est à l'instant même saisi de convulsions qui lui donnent la mort. Sur ces entrefaites, un médecin qui jamais n'avait eu le moindre rapport avec cette malheureuse jeune femme lui rend visite : « *Je vous attendais,* lui dit-elle, il faut que vous me secouriez. » Celui-ci *comprend;* et lui plaçant la main sur le front, il laisse opérer l'*agent magnétique* dont il dispose. Aussi longtemps que le docteur reste dans sa chambre, elle ne voit, elle n'entend que lui; la présence de tout autre individu la trouve insensible [2].

Vainement, à cette époque, *la médecine scientifique* essaya-t-elle sur la Voyante de la variété de ses remèdes et de ses traitements. Aucun ne fit effet; et les saignées, auxquelles on eut largement recours, n'aboutirent qu'à rendre son tempérament plus nerveux et plus sensitif. *Les passes et les insufflations magnétiques* remplacèrent dès lors les procédés et les moyens de la médecine ordinaire, et ce ne fut point sans quelque avantage; mais cet apparent bienfait fut aussi léger que transitoire. Enfin, les infirmités les plus graves s'accumulèrent sur son misérable corps, réduit au décharnement du squelette; et bientôt elle tomba,

[1] P. 68.
[2] 68, 69, **605**.

chaque jour à sept heures du soir, dans un état *d'extase magnétique*[1].

Le docteur Kerner observa que les effets *connus*, mais *inexpliqués* du magnétisme se mêlaient à de nombreux phénomènes déconcertants pour la science médicale. Il résolut, en conséquence, de tenter l'épreuve des forces d'attraction *que l'on prête* au fluide Mesmérique ; et, plaçant ses doigts près de ceux de la Voyante, il l'attira de la façon dont le fer attire un aimant[2]. Puis, étendant les mains *au-dessus d'elle, il la souleva de terre*. La femme du docteur, elle-même, répéta cette incroyable expérience avec un égal succès....

Une des remarques que le docteur Kerner consigna dans ses notes, mais sans y ajouter aucune réflexion, et dont la portée n'échappe point à ceux qui connaissent l'histoire profane et l'histoire biblique des hauts lieux[3], c'est que l'état magnétique de la Voyante croissait avec l'élévation du point de l'espace occupé par elle[4].

Une autre fait, assez important encore pour en orner l'histoire du haut magnétisme, c'est que, pendant sept jours consécutifs, à sept heures du soir, la Voyante fut magnétisée, de la base du crâne au creux de l'estomac, par un Esprit qu'elle voyait et qu'elle disait être l'âme d'une morte, l'âme de sa grand'mère. Ce même Esprit, inaperçu des autres témoins, déplaçait cependant A LEURS YEUX des objets qui traversaient l'air, portés comme par des mains invisibles[5].

Trois jours de suite elle s'exprima constamment, ainsi que les prêtresses inspirées de l'antiquité, dans le langage oraculaire de la poésie ; trois jours de suite elle fut absorbée

[1] P. 68, 69, 73, **605**.
[2] Ce que j'ai fait moi-même, et vu faire.
[3] *Bib. Num.*, cap. XXII, XXIII surtout, etc.
[4] P. 77.
[5] P. **605**, **610**, 644.

par la vue exclusive d'une boule de feu qui parcourait tout son corps, y roulant comme sur une multitude de filets minces et brillants! Et trois jours consécutifs encore, il lui parut sentir de l'eau tombant goutte à goutte sur sa tête. Ce fut alors qu'elle aperçut pour la première fois son propre fantôme. Mais les circonstances de cet événement sont dignes de l'attention la plus sérieuse, et ne permettent de l'interpréter par aucun des effets naturels de l'optique. Car, le fantôme qui la représentait figurait exactement sa personne, mais sans représenter *ni son attitude, ni son costume!* Ainsi, par exemple, il lui apparaissait couvert de vêtements blancs ou noirs, et tranquillement assis sur un tabouret, tandis qu'elle-même, en toilette de nuit, gisait étendue dans son lit [1].

Ces sortes d'apparitions devinrent bientôt assez fréquentes; et, selon la couleur blanche ou noire du costume de son propre fantôme, elle recevait un pronostic de paix ou de souffrance. Mais chacune de ces crises laissait en elle un sentiment de malaise. Il lui restait trop de conscience de son corps, disait-elle; aussi EUT-ELLE VOULU S'EN DÉGAGER. Le suicide, ne l'oublions pas, est dans les mœurs de l'agent magnético-spirite [2].

Un jour, le docteur Kerner, qui ne la quittait guère plus que son ombre, affecta de se placer entre elle et sa doublure : « Je ne puis trop vous en remercier, docteur, *vous dégagez mon âme de ses chaînes* [3].

[1] P. 69.
[2] P. **606**.
[3] N'était-ce point là ajouter un argument à la théorie qui soutient que, dans les faits de bilocation dont nous ne tarderons guère à nous entretenir, notre bon ange, ou l'un des mauvais anges dont l'unique soin est de tendre des piéges à notre âme, revêt notre forme pour apparaître tantôt à nous, et plus souvent à ceux de qui notre personne est connue: *Etero-prosopos, assumens formam clientis.* Le docteur, en se plaçant entre elle et son double, la séparait de son mauvais ange, ce qui semblait rompre sa chaîne.

Madame la comtesse de *** est du nombre des personnes les plus

Les apparitions d'Esprits ou de fantômes se multipliaient d'ailleurs aux yeux de la pauvre Frédérique; et, pressée de questions sur les êtres qui l'entouraient, elle avouait, mais à contre-cœur, avoir en permanence auprès d'elle un Esprit. « Le vêtement qu'il porte, ajoutait-elle, est le même que celui des Esprits qui se disent féminins. Il se drape dans une robe blanche à ceinture, et sa tête est recouverte d'un grand voile blanc. » Ce gardien prenait soin de l'avertir de dangers imminents qu'il lui était possible d'éviter, et le résultat démontrait la vérité de ses paroles[1].

L'âme d'un assassin lui apparut à Oberstenfeld à sept reprises, sans que personne aperçût ce fantôme. Mais les témoins qui l'entouraient entendirent une explosion, virent

éclairées et les plus dignes de foi que je sache; la haute position qu'occupa son mari dans notre diplomatie la mit surtout en rapport avec les souverains et *les cours* de l'Allemagne. « Un grand nombre d'hommes de mérite fort éminent y admettent le merveilleux, me disait-elle; et, sur leur témoignage parfaitement raisonné, je ne puis répugner à y croire. »

J'écrivis sous sa dictée, *pour ma propre gouverne*, — mais à la condition du silence, — ce que plus d'une bouche royale et princière lui avait rapporté, à titre de faits indubitables, sur des apparitions à sens prophétique. Une des croyances *les mieux établies* dans cette partie de l'Europe, c'est que, parfois, on se rencontre *soi-même;* c'est qu'on a la vision de son propre fantôme. Et ces apparitions sont considérées comme le signe avant-coureur d'une mort prochaine. Le frère du célèbre de H. se préparait à se coucher, lorsque son domestique s'écrie : « Mais vous voilà dans votre lit, vous venez de vous y mettre subitement, et vous êtes encore à côté! — Oh oui! je le vois, et *je me vois!* je suis un homme perdu!... » Quelques jours après il était en terre. Mon livre *Mœurs et pratiques des démons* rapporte deux de ces faits. De tout semblables me furent affirmés, et me parurent solidement établis. L'histoire en fourmille; mais on reste trop fidèle encore à l'habitude prise par le dernier siècle de rejeter, *sans examen,* tout ce qui tombe sous la dénomination de surnaturel. — Voir plus tard, à Bilocation.

Ces autorités anonymes, qu'il m'arrive de temps en temps de mentionner, ne sont pour le public, en définitive, que ma propre autorité. Je le sais; mais assez de garanties et de certitudes foisonnent d'ailleurs dans mes chapitres.

[1] P. **610**.

des carreaux voler en éclats, et des meubles se déplacer chaque fois qu'elle annonça la visite de ce spectre!

Un autre assassin la poursuivit toute une année, dit-elle, sollicitant de sa compassion *des prières et des leçons de catéchisme*. Or, rien de plus facile à suivre que les mouvements de ce fantôme; car il ouvrait et fermait violemment les portes, il bouleversait des piles de bois, il frappait de grands coups sur les murailles, et semblait se faire un jeu de changer de place à tout moment. Plus de vingt personnes dignes de respect sont prêtes à témoigner de ces faits. Un spectre de femme vint aussi l'importuner à diverses reprises. Il portait un nouveau-né dans ses bras, et la Voyante, observant qu'un endroit déterminé de la cuisine était le lieu favori de ses visites, y fit lever quelques dalles : elles recouvraient le cadavre d'un enfant [1].

Un état fort singulier de vampirisme s'était développé chez la pâle et languissante madame Hauffen, et nous ne saurions laisser dans l'ombre un phénomène si remarquable [2]; car, vainement se nourrissait-elle et mangeait-elle avec régularité de trois heures en trois heures; ces aliments ne lui procuraient aucun soutien, et souvent on l'entendait dire « qu'elle ne vivait que d'air, et que *des émanations* des personnes dont elle était entourée ». Le sommeil même la fuyait, dès

[1] P. 617.
[2] Voir mon chapitre Vampirisme ailleurs, et la *Mystique* de Görres, vol. III, ch. XIV, p. 252. Cet homme éminent, cédant à sa maladie de tout expliquer, s'épuise en grotesques efforts à donner une interprétation *naturelle* de ces prodigieux phénomènes. Cependant il nous dit : « Les hommes en butte au vampirisme sont donc *vraiment possédés par les morts;* et le peuple, avec son bon sens, a vu plus clair en cette matière que les savants *avec leur esprit sceptique*. » Mais, au lieu de dire qu'ils sont possédés par les morts, disons, *nous,* quelque chose *de bien plus simple* et de fort intelligible : Ils sont possédés par ceux qui, selon les paroles de saint Augustin, *Cité de Dieu,* liv. X, ch. II, se donnent pour les âmes des morts! Ces Esprits paraissent donner à *un cadavre* le rôle qu'ils remplissent eux-mêmes! Tel serait le mystère du vampirisme.

qu'une main cessait d'être appliquée sur son front; et la vie se retirait d'elle aussitôt que la chair d'une personne amie ne touchait plus sa chair [1].

La Voyante absorbait donc avec énergie, et par l'effet d'un VAMPIRISME MAGNÉTIQUE, la vie de ceux qui se croyaient assez robustes pour la nourrir impunément de leur substance. Et, chez ces mêmes personnes, la perte de cette partie d'elles-mêmes qui s'échappait invisiblement de leurs corps tarissait la source des forces. Lorsque d'ailleurs, par l'effet d'une bien rare et difficile rencontre, l'individu qui s'approchait d'elle était d'une constitution plus débile que la sienne, cet impitoyable et vampirique équilibre, *paraissant* se conformer à quelque loi de la nature, s'établissait à ses dépens!

Mais ce que nous ne saurions assez observer, c'est que la nature de cette femme était de l'humeur la plus douce; c'est que son corps avait atteint le plus extrême degré de faiblesse; c'est que, cependant, de ce cadavre qu'animait à peine un dernier souffle de vie, semblaient jaillir comme de la source la plus pétulante une myriade de phénomènes quelquefois bizarres, mais le plus souvent fâcheux, effrayants, sinistres! Ainsi, par exemple, essayait-on de la mettre au bain, et s'appliquait-on à l'immerger dans l'eau de la baignoire, on éprouvait toutes les difficultés du monde à lui tenir les membres plongés au-dessous du liquide. Et ne vous figurez point que la poitrine seulement ou l'abdomen surnageassent, soutenus par les gaz dont ils étaient naturellement remplis. Non; car « *les bras et les jambes* » devenaient comme une vessie remplie d'air, et paraissaient acquérir les qualités insubmersibles du liége. Un je ne sais quoi semblait *pénétrer* son corps, et lutter contre l'attraction centripète de la terre [2].

[1] P. 70, 74, **606**.
[2] P. 76, **607**. Certaines populations regardant les sorcières comme

Mais, non contente de loger en elle cette force de résistance aux lois de la gravitation, il semblait que la Voyante eût le don de la communiquer aux objets de la nature morte. Tantôt, par exemple, si les fenêtres étaient ouvertes, le gravier de la rue, sous les yeux du docteur Kerner, s'élançait en masse jusque dans sa chambre; tantôt un tabouret, ou je ne sais quel meuble, s'élevait jusqu'au plafond, sans le contact d'aucun être vivant [1].

Des bruits sans cause apparente servaient d'accompagnement à ces faits étranges. Et, déjà, l'un des écrivains qui nous rapportent ces prodiges, en s'efforçant de n'y reconnaître aucune intervention des Esprits, déjà le sceptique Rogers nous a rappelé que la Voyante a perdu toute puissance et tout empire sur sa personne [2]. Un autre elle-même vivait donc bien évidemment en elle! Mais voici d'ailleurs, et comme pour se révéler à ses amis et à ses ennemis par le côté ténébreux de sa doctrine, ce que ce véritable habitant du corps de la Voyante, usant de la bouche de sa victime, nous enseignait sur la composition de notre être:

« Outre l'âme et l'intelligence, il existe en nous *un Esprit nervique,* et cet Esprit reste l'enveloppe de l'âme dégagée

insubmersibles les éprouvaient au moyen de l'eau. Mais les plus savants démonologues du catholicisme s'insurgèrent contre cette trompeuse épreuve. L'épreuve « qui se fait par l'eau froide est illicite et ne peut être admise sans une grande contumélie de Dieu ». (Delancre, *Inconstance,* p. 11, 12.) — L'évêque Binsfeld dit, p. 355 : « Malefica ligatur manibus pedibusque, projicitur in aquam; *si enatat,* habetur *vehementius* suspecta maleficii... Tales autem probationes *perversæ* sunt et *superstitiosæ.* » *De confess. malefic.,* p. 357. — Avis bien sage, que la justice et la charité ne pouvaient répéter d'une voix trop sonore à des populations qu'exaspérait, ainsi que nous l'exposerons plus tard, la ténébreuse perversité des gens experts dans l'art des maléfices.

[1] P. 80. J'ai vu des phénomènes analogues.

[2] Il écrivait : « Two events occurred which seemed to bear away and destroy the last remaining power of self-control, and conscious self-possession. » (P. 66.)

du corps ¹. De telles apparences n'ont point d'ombre; on les voit mieux à la lumière que dans l'obscurité ². Leur forme est grisâtre, et telle est aussi la couleur *de leurs vêtements*. Les meilleures d'entre elles portent de longues robes blanches et semblent planer en l'air, tandis que les mauvaises se distinguent par une marche pénible. Leurs yeux étincellent; elles se plaisent dans le tapage, elles font entendre des coups caractéristiques; elles ouvrent des portes, elles remuent et soulèvent les plus lourds objets. Plus vives sont leurs souffrances, et plus distinctement éclatent ces bruits que leur Esprit nervique tire de l'air. On dirait qu'elles ne peuvent à la fois se montrer et se livrer à ces actes. » Telles sont les paroles de la Voyante, docile et aveugle instrument du grand semeur de nouvelles doctrines ³ !

Suivez-la, lorsque ses membres ne se refusent pas encore à la soutenir. Lui arrive-t-il, lorsqu'elle traverse les champs ou les églises, de passer au-dessus de quelque sépulture? un tressaillement l'avertit de cette rencontre, et d'étranges sensations la tourmentent! Les sources et les mines cachées sous terre lui révèlent leur secrète existence. Elle voit l'âme humaine; mais que dis-je? elle sent une âme aux végétaux, aux métaux. La parole écrite, l'écriture même a pour elle des Esprits qui l'agitent. Et, si peu que nous voulions le croire, l'homme sème un Esprit dans chacun de ses actes ⁴,

---

¹ Cette ridicule doctrine est une complication de la théorie du spectre, dont nous aurons un mot à dire. L'enveloppe de l'âme est le *périsprit* que nous retrouvons dans la doctrine dictée par les Esprits et développée dans les livres du pseudonyme Allan Kardec, que j'appelle avec confiance un catéchisme d'Antechrit.

² A propos de la lumière astrale, magique ou spectrale, le contraire nous est dit ailleurs, et cela doit être; car l'Esprit qui nous enseigne ces choses est mensonge et contradiction.

³ P. **616**, 66.

⁴ Ce sont les *fameux* germes particules (ou la représentation pseudo-eucharistique de l'homme), réinventés par Rogers et développés par M. Delaage. Voir mon livre des *Médiateurs et moyens de la magie*, ch. xviii.

dans chacune de ses émanations. Ou, disons-le plutôt, un Esprit *qui n'est point de l'homme* suit à la piste toutes ses traces, et devient, *auprès des lucides*, le rapporteur, le révélateur de toutes nos actions [1] !

Ce qu'il y a de certain pour la Voyante, c'est que, dans l'œil droit de chaque être humain, elle découvre un de ces Esprits, dont la vue lui fait éprouver la sensation d'une décharge électrique. Dans ce miroir de l'œil d'autrui, non-seulement elle voit se refléter sa propre image; mais, au delà de cette première image, elle en aperçoit une seconde, et celle-ci diffère autant de la sienne que des traits de la personne dont elle explore et sonde les yeux. Grâce à ses rares facultés magnétiques, elle lit les diverses maladies de ces individus peintes dans le globe de leur œil gauche, et c'est à la même source qu'elle puise la connaissance des remèdes destinés à la guérison de leurs maux. L'œil des borgnes réunit à la fois pour elle et le spectacle de ces Esprits et les indices médicaux que nous signalons. Elle attribue les merveilles de cette seconde vue aux fonctions d'un œil intérieur [2]. En tout cas, ces priviléges de haut magnétisme lui permettent de voir et de sentir dans son intérieur les indispositions des personnes qui sont entrées en rapport avec elle. Mais ces visions lui sont pénibles, et surtout lorsqu'on les exige. Dieu permet sans doute, alors, qu'elle ait la conscience de ses actes; car *il lui semble, en s'y livrant, commettre de mauvaises actions* [3] !

La sympathie magnétique à laquelle ce médecin par illumination devait le sentiment ou la vue des maux du corps lui permit d'opérer des cures vraiment extraordinaires, et de se traiter elle-même sous les yeux du savant docteur

[1] P. **607**.
[2] P. **609**.
[3] P. **606**, **614**, 71.

CHAPITRE QUINZIÈME. 407

Kerner. Mais rien ne sera pour nous plus digne de remarque que ce traitement, dont l'issue fut aussi funeste qu'elle le devait être; car il réunit, dans une combinaison aussi propre à tromper les simples que caractéristique, trois sortes de procédés distincts : les procédés de la médecine ordinaire, les procédés *du magnétisme* que le vulgaire appelle *médical*, et ceux du *magnétisme démasqué*, que les adeptes recommencent à nommer spiritisme ou magie. Les nombres, les paroles cabalistiques et les amulettes y reprennent leur rôle antique. Une de celles-ci, reçue de la main « d'une espèce de sorcier », se composait de diverses *racines* ou de *semences;* quoi de plus innocent? mais elle avait pour renfort *une formule* où se mêlaient des mots sacrés, que le propre de la sorcellerie est de profaner hypocritement en les adaptant à cet usage [1]. Et, chose étrange! observe le docteur Kerner, on voyait de temps en temps cette amulette, qu'elle n'avait acceptée qu'à contre-cœur, prendre un élan *spontané*, s'animer et courir à la façon d'un être vivant sur sa tête, sur sa poitrine et sur sa couverture [2].

Peut-être ne sera-t-il point non plus hors de propos d'observer que les *dispositions morales* de la Voyante se communiquaient au dehors, voyageaient et se transportaient d'une façon toute magnétique! Ce fut ainsi, par exemple, que des coups frappés par un agent invisible, et semblables à ceux qui retentissaient sans cesse dans ses propres appartements, vinrent étonner tout d'un coup les tranquilles oreilles du révérend M. Hermann. Or, les époques où ces phénomènes éclataient étaient celles où la Voyante éprouvait ses redoublements de crises magnétiques. *Dans ces moments*, elle se sentait sous l'influence *d'une excitation religieuse;* elle cédait au besoin impérieux de prier. Et

[1] Lire le *Petit catéchisme* de Bossuet, édit. de 1688, p. 20, etc., etc.
[2] P. **615, 616, 607, 613, 606,** 71.

c'est alors que ce même besoin de l'âme se communiquait, avec la célérité de l'éclair, au révérend M. Hermann. Aussitôt donc, et chaque fois qu'il entendait les coups frappés par l'Invisible qui annonçait l'état crisiaque de la Voyante, cette disposition à la prière saisissait son âme et domptait en lui toute volonté contraire [1].

.... Mais quel peut être, quel est l'inspirateur de cette prière impérieuse, dont les résultats sont tour à tour des prodiges effrayants ou frivoles, des exceptions inutiles ou dangereuses aux lois de la nature et de la raison? Quelque sainte que soit la prière en elle-même, que dire d'elle, et que penser de celui qui nous la met au cœur, lorsqu'elle porte en nous des fruits vénéneux? Que dire, lorsqu'elle est en nous la preuve de notre liberté ravie? N'est-elle point visiblement alors une des illusions de l'Esprit de ruse et de mensonge? N'est-elle point un de ces mirages qui couvrent, sous l'apparence des eaux vives, le sable du désert, n'offrant à l'homme haletant et accablé que poussière et dévorantes ardeurs [2]?

.... Jamais, *avant* ses rapports avec la Voyante, le révérend M. Hermann n'avait été troublé dans sa tranquillité domestique par le moindre bruit extraordinaire. Mais, à partir de cette époque, son sommeil est interrompu, harcelé, brisé de nuit et à heure fixe, par des coups qui retentissent tantôt sur son parquet, tantôt sur ses murailles; et la femme de ce ministre entend ces bruits aussi distinctement que lui-même [3].

[1] P. 79, 274.

[2] « On dit que, souvent, les pratiques superstitieuses sont accompagnées de quantité de choses saintes et honnêtes, comme sont les jeûnes, les veilles, les prières, les aumônes, les confessions, les communions, etc. »... Sur quoi GERSON fait cette réponse : « Que plus la superstition est mêlée de bonnes choses, et plus elle est criminelle; d'autant qu'elle fait honorer le diable par ce qui devait servir à honorer Dieu. » *In Trilogio astrologiæ theologizatæ*, propos. 21. — Thiers, *Superstitions*, ch. XXXVII, p. 443, 444.

[3] P. 274, 79.

Je savais, dit le médecin de la Voyante, que, dès le début DE SON ÉTAT MAGNÉTIQUE [1], elle pouvait se faire entendre de nuit par ceux de ses amis que séparait d'elle un intervalle de plusieurs maisons. Je profitai de son sommeil pour lui demander si, véritablement, elle était douée de cette faculté singulière, et sa réponse fut affirmative. Un certain soir, à peu de jours de là, comme nous nous mettions au lit ma femme et moi, un bruit très-accentué frappa nos oreilles. Ce furent six coups, *knockings,* séparés par l'intervalle d'une demi-minute l'un de l'autre, et résonnant en l'air au-dessus de nos têtes.

Nulle cause sensible n'avait pu les produire, et nous gardâmes un profond silence sur cet incident : ce qui n'empêcha point la Voyante, le soir d'après et du beau milieu de son sommeil, de me demander si je voulais qu'elle frappât *de nouveau pour que nous l'entendissions encore.* Mais, sachant à quel point cet exercice lui était douloureux, je refusai cette faveur. — A quelque temps de là, c'est-à-dire le 23 mars 1837, vers une heure du matin, je m'éveillai subitement et je comptai sept coups. Ma femme les entendit aussi nettement que moi, et nous ne pouvions les comparer à aucun bruit connu, si ce n'est à ceux qu'on attribue aux morts [2].

Notre analyse critique resterait éminemment défectueuse si nous omettions de signaler une circonstance que nous rapporte le savant Kerner, car elle est *caractéristique* et se renouvelle dans la plupart des récits analogues dont s'est enrichie l'histoire. C'est que les phénomènes extranaturels qui répandirent le trouble dans un si grand nombre de maisons furent précédés d'une visite faite à la Voyante par les

---

[1] At the period *of her early magnetic state, ib.,* p. 273.
[2] *Id.,* p. 274, 278. — La Voyante affirmait que les âmes se complaisent à ces bruits, p. 646. — Les Esprits frappeurs nous ont initiés à ces menées.

personnes qui les habitaient! Souvent même ces personnes qui venaient consulter la Voyante s'étaient mises en rapport magnétique avec elle. Et voilà, dit M. Rogers, à qui nous ne contesterons point la vérité de ce principe, voilà ce qui démontre assez clairement *le caractère épidémique* de ces sortes de phénomènes; voilà, selon les termes du docteur Ennemoser, quelle est la vertu *de l'infection magnétique*[1]!

A peine, en effet, ces phénomènes ont-ils éclaté, qu'il se forme autour d'eux, et sur place, comme un cercle envahissant et comme un foyer d'infection. *Le contact* les multiplie et les répand; il semble même que l'air qui les environne devienne dangereux à respirer. L'histoire du magnétisme, l'histoire des possessions et celle de la sorcellerie surabondent en exemples à peine croyables de ces déconcertantes contagions, de ces irrésistibles influences (*influenze*).

La résidence du père de cette malheureuse femme, — *unfortunate woman*, — était le démembrement d'une ancienne cathédrale; et déjà les anciens locataires de cette demeure rapportaient y avoir eu d'étranges visions[2], y avoir entendu des bruits inexplicables. Mais, à dater de *l'état magnétique* de sa fille, il s'ouvre comme une série de faits nouveaux, et l'on commence à entendre chez *cette victime privilégiée* de l'agent qui la possède le plus crucifiant tapage. Ce sont des sons et des coups semblables à ceux par lesquels s'annoncent au loin les crises somnambuliques de sa chère Frédérique. L'oreille est frappée par les allées et venues d'êtres invisibles, qui montent et descendent bruyamment de nuit et de jour les escaliers; on frappe dans la cave; les murs retentissent de coups, et, quelquefois, le bruit pro-

[1] P. 275.
[2] Les protestants avaient chassé Dieu de ce sanctuaire : « Là où Dieu n'est point, la place appartient au démon. *Ubi Deus non erit...* » S. Hilar., *In Psalm.*; lett. 46, p. 118; Pères, collect.

vient du dehors. On s'empresse d'y courir, mais, à l'instant même, un revirement s'opère, et le vacarme semble avoir pour foyer l'intérieur du logis. Toute vigilance est en défaut ; nul n'est jamais assez subtil, nul n'est assez leste et rapide pour surprendre à l'œuvre l'insaisissable provocateur. Et ne nous figurons point que les habitants de cette maison aient le monopole de cet étourdissant désordre. Non ; la rue même y prend sa part, et vous voyez, à de fréquents intervalles, les passants qui tout à coup s'arrêtent, y prêtant une oreille étonnée[1].

Jouer du piano, se livrer à quelque exercice musical, se mettre à chanter, c'était comme donner le signal de ce déchaînement de phénomènes dont quelques-uns, non contents de frapper le sens de l'ouïe, venaient aussi chercher les yeux. Car les meubles, la porcelaine, les cristaux, les bouteilles, tout ce qui devait, dans cet intérieur, se tenir dans la plus matérielle inertie, tout cela se prenait à la fois à remuer, à sauter, à danser[2], c'est-à-dire à tomber en démence, selon la pittoresque expression du berger sorcier de Cideville, si fréquemment applicable à l'intérieur du médium Home.

Écoutez ! les verres se heurtent ; une pluie de gravier tombe sur le parquet ; un roulement de boules traverse les différentes pièces, les notes vibrantes et sonores du triangle retentissent, etc. ; vainement se donne-t-on la peine de fermer et d'assujettir ou cette porte ou cette autre. Tout lien se rompt, toute porte s'ouvre ; la vaisselle s'agite ; on jurerait que le bois se casse, et que le feu petille dans le four ! Mais, le plus souvent, l'oreille trompe l'œil, qui ne peut rien découvrir ; et la cause du bruit, ou du mouvement, se maintient à l'état de problème... De temps à autre, cependant,

---

[1] P. 72, 78, 274.
[2] P. 73.

madame Frédérique Hauffen *et les gens de la maison* voient distinctement des fantômes se mouvoir, tandis que des êtres qui restent invisibles affectent bruyamment de passer d'une pièce dans une autre; tandis encore que le malheureux père, c'est-à-dire la victime principale de cette bonne et pieuse héroïne du magnétisme, est chassé de sa chambre par les molestations d'un animal de forme inconnue, venant à tout propos s'asseoir sur ses épaules ou sur ses pieds[1]!

Sa résignation et son courage succombent enfin. O merveille! Cette fille est d'une douceur que rien ne surpasse, et *le fluide magnétique* fait d'elle une calamité publique, le fléau de son père!... Mais à quoi bon nous émerveiller? ce ne sera qu'un jeu pour le docte Rogers de nous expliquer, *d'après les lois de la nature et des fluidistes,* les énigmes de cette vie magnétique. Que découvrir, qu'imaginer de plus audacieux et de plus simple à la fois que ces paroles : écoutons!

« Il existe dans l'univers un fluide qui le baigne et qui le pénètre, — celui même qui, déjà, revêtit sous nos yeux tant de formes et tant de noms. — Or, ce fluide existe également dans nos corps, qui sont tout un monde en miniature; et, lorsque notre organisation le dégage avec abondance, nous nous lions, nous nous soudons par ces courants à l'un des courants océaniques de ce fluide qui vivifie le monde entier. Prenant en nous-mêmes notre point d'appui, nous pourrions donc, armés de cette force, ébranler et modifier l'univers au gré de nos désirs[2]!

Mais l'exemple nous parle! il est sous nos yeux. Ouvrons-les; voyez : cette jeune femme est tombée dans les profondeurs..., elle s'est élevée aux plus sublimes hauteurs de

---

[1] P. 275, 276.
[2] Même doctrine dans le *Rit.* d'Éliphas, vol. Ier, p. 23.

l'état magnétique. Pauvre victime de la puissance dont elle devient le sanctuaire, sa débilité corporelle ne lui permet plus de se soutenir sur ses membres. De quoi lui servent ses nerfs, si ce n'est à martyriser son corps, plus tremblant que la feuille des bois? Les saignées ont tari chez elle les sources de la vie; la corruption s'attache aux quelques gouttes de sang encore égarées dans ses veines, et s'échappant par les plaies dont l'a criblée le scorbut. Sa bouche ne compte plus une dent; elle a craché ses poumons; les rayons de toute lumière sont des poignards pour ses yeux affamés de ténèbres, et la dyssenterie ravage ses entrailles. Elle ne se nourrit plus que par une inexplicable et vampirique faculté d'absorber la substance vitale des personnes qui l'approchent, et que son contact épuise[1].

Eh bien, tant de faiblesse corporelle est la raison de sa puissance magnétique! et que tout ce qu'il y a d'Hercules au monde ne s'avise point de se jouer à cet être affaissé, dont la prostration est celle du cadavre. Elle les renverserait d'un souffle; je veux dire d'un simple mouvement, d'un flot de ce fluide *universel*, ou odyle, dont les courants se sont unis aux sources de même nature que vomit son corps.

Oui, c'est aux lésions que la santé florissante de Frédérique a subies sous l'incubation de l'agent magnétique, c'est aux profondeurs du désordre organique de tout son être que cette pauvre fille doit la puissance d'agiter, de soulever en forme de tempête les flots de l'irrésistible fluide à l'aide duquel elle jette au loin l'épouvante. Le magique et muet fluide se dégage et se déchaîne du fond de son organisme, ainsi que se déchaînerait l'ouragan, si l'ouragan savait se taire au lieu de rugir, en renversant ce qui lui résiste. Sous son action capricieuse, ou violente, ces meubles s'émeuvent,

[1] P. 73, 606. En bon français, elle loge en elle ces Esprits qui tuent la santé : *Spiritus infirmitatis*. (Saint Luc, XIII, ⚹ 11.)

nagent et se soutiennent en l'air; ces candélabres s'éteignent ou rallument leurs flammes éteintes, de suaves mélodies, des cris, des sons discordants vous caressent ou vous insultent l'oreille; ou bien, des coups affreux retentissent, de fortes murailles sont ébranlées, on dirait que la terre frissonne et tremble. *En Deus, ecce Deus!* Hélas! voilà quelle est la théorie des fluidistes les plus avancés [1].

A quel niveau d'extravagance, en vérité, l'intelligence des incrédules ne se laisse-t-elle point choir, lorsque, devant des faits trop incontestables pour que la loyauté les conteste, elle se roidit de toutes les forces de son orgueil; lorsque, devant l'évidence perçue par les cinq sens de l'homme, elle cède au besoin de se créer des explications scientifiques dont l'absurdité soulève à la fois la science et le bon sens!

Cependant, ne perdons point de vue notre héroïne; il est temps pour nous de la conduire au tombeau. Quelque temps après un changement forcé de domicile, le père de la Voyante mourut dans une maison située à plusieurs milles de celle de sa fille, et son corps fut déposé dans le cercueil. Au moment de cette mort, dit Kerner, c'est-à-dire à neuf heures du soir, la Voyante, étant plongée dans le sommeil, s'écria :

[1] Des centaines de milliers de témoins valables affirment, en Amérique et en Europe, la réalité de ces phénomènes, que reconnurent jadis et l'Église et les magistrats du monde civilisé. Mais, bien mieux encore, ceux que leur haine pour le surnaturel *détermine* à dénaturer ces faits en les expliquant, les reconnaissent et *les proclament*. Les trois principaux hommes de cette sorte sont : le savant Rogers; Mahan, premier président de l'Université de Cleveland : *Modern mysteries explained*, Boston, 1855; et Bovee Dods. Celui-ci rend le plus flatteur et complet témoignage à la rédaction de la feuille spéciale dont nous citerons quelques extraits, et qui contient journellement les faits les plus prodigieux de l'ordre surnaturel : *the Spiritual Telegraph, devoted to the illustration* OF SPIRITUAL INTERCOURSE. Que si le lecteur préfère des corps d'ouvrage, il peut choisir, parmi ceux que j'aurai cités, le fameux livre du grand juge Edmonds, ou bien celui de Linton et du sénateur Talmadge, ancien gouverneur du Wisconsin : *the Healing of Nations*, 1855, etc., etc.

« Mon Dieu! » Puis *elle se réveilla comme au bruit* de ces paroles, disant *qu'elle les avait entendues sortir d'elle.*

Or, *à la même heure*, un médecin qui se rencontrait avec un oncle de la Voyante, dans un pièce contiguë à celle du cercueil, entendit retentir cette même exclamation, ces mêmes paroles, et se figura qu'elles sortaient du fond de la bière. Mais le mort resta bien ce qu'il était, dit le docteur Föhr, écrivant ce récit pour l'adresser au docteur Kerner[1].

Quant à la pauvre Voyante, elle ne cessa de voir des Esprits aller et venir autour d'elle, jusqu'à ses derniers instants, que, grâce à ses facultés magnétiques, elle prédit trois jours d'avance avec une ponctualité minutieuse. Lorsque vint enfin pour elle le moment de quitter la vie, un grand cri de joie s'échappa de sa poitrine. Puis, à l'instant où elle cédait à la mort d'une manière si peu conforme aux lois de la nature, sa sœur, qui s'était enfermée dans une pièce voisine, vit passer son fantôme[2].

SECONDE DIVISION. — DIFFÉRENCES CARACTÉRISTIQUES ENTRE L'ESPRIT DU MAGNÉTISME ET L'ESPRIT QUI ANIME LES SAINTS.

Nous examinions tout à l'heure, au point de vue du don de prophétie, quelle différence se manifestait entre les inspirés de l'Esprit magnétique et les prophètes, qu'au sein du catholicisme hébraïque animaient les inspirations de l'Esprit divin. Une simple page nous permettra d'envisager *ces deux Esprits de contraste* dans la personne de ceux qu'ils animent; et, placés qu'ils seront dans des conditions dont la

[1] P. 282.
[2] P. **609** à **612**, **618**.

parité semble frappante, nous les distinguerons l'un de l'autre par l'opposition de leurs effets.

Après avoir longtemps suivi du regard l'éternelle mourante, qu'inspirait et que dominait sur son lit de torture l'Esprit du magnétisme étudié pas à pas par l'un des plus illustres et opiniâtres représentants de la Faculté médicale du protestantisme, jetons donc un coup d'œil sur quelqu'une des servantes du Seigneur : une de celles que le catholicisme nous signale à titre d'exceptions prodigieuses, et comme achevant de terminer, dans les membres d'élite de l'Église, la passion dont son Chef a subi sur le Calvaire la plus forte et glorieuse part.

Sainte Marie Bagnésie et sainte Liduine sont aussi prodigieusement éprouvées de corps, elles sont aussi exténuées par la souffrance que la pauvre Voyante de Prévorst. Mais leur vie s'écoule dans le bonheur et dans l'effusion d'une sainte joie. Ce n'est point un Esprit *de désolation*, c'est l'Esprit *consolateur* qui respire en elles, et *qui répand autour d'elles les suavités d'une atmosphère divine*. Leur vie, étroitement surveillée, est un jeûne presque continuel, et c'est à peine si leurs organes s'accommodent d'une nourriture autre que celle du pain eucharistique. L'eucharistie *seule* fortifie Marie ; et si vous l'en privez pendant un laps de temps de huit jours, elle tombe dans une faiblesse tellement inquiétante que les médecins redoutent de lui voir rendre le dernier souffle [1].

---

[1] Görres, *Myst.*, vol. Ier, p. 184. — « Beaucoup s'imaginent qu'*autrefois* toutes les nouvelles de ce genre étaient accueillies avec une crédulité qu'ils attribuent à l'ignorance. C'est une erreur ! *De tout temps*, les événements de ce genre ont excité *d'abord* le doute et le besoin d'en constater la vérité par tous les moyens que Dieu nous a donnés pour cela. De tout temps, aussi, l'esprit humain n'a cru ces faits merveilleux que convaincu par l'évidence. Voyez, après tout, dans la seconde des admirables conférences du R. P. Ventura, quelle était *la science prodigieuse* de ces temps, que nous appelons *siècles*

CHAPITRE QUINZIÈME.

Il ne leur faut point, comme à la triste Voyante de Prévorst, outre la nourriture ordinaire des vivants, celle que cette femme étrange puisait dans les veines de ses proches à l'aide d'une invisible et vampirique succion !

Aux maux corporels et à peine imaginables dont ces saintes étaient ostensiblement accablées se joignaient, comme aggravation, les mauvais traitements, le mépris, les épreuves les plus continues et les plus rudes qui puissent attaquer la patience et le cœur. « Eh bien, si je ne souffre pas assez, disaient-elles à Dieu, faites-moi souffrir davantage, Seigneur ! Mais augmentez ma patience, afin que je ne vous offense

---

d'ignorance ! On ne connaît pas assez cette magnifique période de la science chrétienne, etc., p. 129, etc. Aussi, l'un des résultats désastreux de cette absence, de cette mort de la foi chrétienne, est-elle la *civilisation révolutionnaire,* dont les lignes suivantes nous donnent un échantillon.

« Un journal qui se charge de tourner en traits d'esprit les graves pensées de MM. Delord, la Bédollière et Jourdan, demande que « l'État » protége les familles contre les excès de l'éducation religieuse »; qu'il « exerce son droit de surveillance sur les couvents destinés à l'éduca- » tion des jeunes filles », et qu'il « interdise la manifestation des mira- » cles ». Le miracle gêne ce journal; cette intervention du surnaturel abrutit l'intelligence et blesse la raison. « Il suffirait, dit le journal » libéral en question, il suffirait à l'administration de prendre l'habi- » tude de fermer, pour cause de scandale, tous les pensionnats où les » miracles auraient lieu, pour être bien sûr qu'on n'en verrait plus. » Pourquoi pas tout de suite fermer tous les couvents, toutes les églises, et mettre hors la loi les chrétiens qui croient aux miracles, qui croient à Dieu et à sa toute-puissance? On préviendrait ainsi « l'abêtissement » des populations, on n'aurait plus que d'excellentes mères de famille, et tous les citoyens trouveraient le *Siècle* sublime, et le *Charivari* spirituel. Quel progrès! » J. Chantrel, le *Monde,* 20 février 1864.

La civilisation révolutionnaire veut chasser de ce monde le miracle, le Surhumain, qui nous donnent *la clef* de toutes les sciences : astronomie, médecine, histoire, etc., et qui nous en font pénétrer les plus hauts mystères, ainsi que nos ouvrages et que d'autres, plus étendus et plus spéciaux sur ces chapitres, le démontrent. Que voulez-vous! Le Surnaturel tuerait la *Révolution,* mot issu du latin, et dont le sens littéral est le *retournement,* c'est-à-dire le sens dessus dessous des choses. Combien peu se donnent la peine de chercher la vérité dans l'étymologie, c'est-à-dire dans le sens vrai du langage !

point... » Toujours gaies au milieu des douleurs, elles ne pouvaient souffrir que quelqu'un *de triste* les approchât. « Venez, disait l'une d'elles à l'une de ces victimes de la tristesse; qu'avez-vous? Donnez-vous à Jésus qui est la joie des âmes; il descendra dans votre cœur, il vous consolera! »

Cependant, l'Esprit qui rayonnait autour de la douce Voyante, et qui s'échappait d'elle, ne répandait que tristesse, que désolation, que terreur, et bien loin même au delà de sa présence !

Liduine, pendant un laps de trente-trois années, et ce fut à la suite d'un accident, devint la proie d'atroces souffrances. Toutes les maladies se compliquent en elle, comme elles se compliquèrent dans la Voyante. Il semble que son corps ne soit plus qu'une combinaison de plaies intérieures, où circule, en la dévorant, le feu d'une fièvre ardente. Elle a craché ses poumons; une hydropisie ballonne sa chair que rongent des vers affreux; son corps et son visage inspirent l'horreur, et son existence est un miracle. Cependant, elle reçoit le courage surhumain de demander à Dieu de nouvelles souffrances. Elle les sollicite d'en haut, et pour son propre bien, et *pour le bien des âmes* [1].

Mais, au milieu de ces infirmités, elle *ne cesse jamais de s'appartenir;* elle *conserve, avec son libre arbitre et sa mémoire, toute la force de son esprit.* Libres et maîtresses d'elles-mêmes dans les chaînes de cette sainte servitude, ces âmes d'élite n'usent du don des miracles que Dieu leur prodigue que pour le *salut* et la *consolation* des *âmes* et des *corps.* Aucune vertu malfaisante ne sort d'elles; aucun fluide, aucun agent qui porte *le désordre* et l'effroi dans les maisons, le trouble ou l'effroi dans les cœurs, ne semble s'échapper de leur chair. Et, bien au contraire,

---

[1] P. 185, *ibid.*

s'agit-il de mettre le mal en fuite, on les recherche [1] !

En un mot, la Voyante, malgré *la douceur naturelle* de son caractère et la rare aménité de ses mœurs, est le réceptacle de facultés prodigieuses et perverses, qui font de son voisinage un fléau, qui font de son propre père un martyr. Voyez ces saintes, si souvent traitées en hypocrites, dans le principe, par ceux qui devaient être leurs défenseurs et leurs amis ! Le jour de la justice luit bientôt pour elles. Tout à coup, ces suspectes d'hier sont vénérées comme des vases d'élection et comme le sanctuaire d'où rayonne l'esprit de Dieu. Du fond des provinces et des royaumes on accourt au pied de leur grabat comme à la source des grâces et des bénédictions divines. En un mot, l'Esprit qui les anime les conduit aux délices de la vie par la paix, tandis que l'Esprit inspirateur des extatiques et des privilégiés du magnétisme les conduit à des actes *dont leur conscience* se contriste et s'alarme, les précipitant vers le genre de mort que l'Église réprouve et maudit [2].

Nous ne saurions donc mieux clore notre parallèle entre les deux Esprits qui se partagent le monde du magnétisme et celui de la sainteté, qu'en signalant une vérité dont la constance saisira toute intelligence assez exercée pour distinguer le caractère essentiel des choses sous les reflets trompeurs destinés à égarer les épais bataillons du vulgaire : *vulgum pecus.*

Et cette vérité, que *désormais* notre œil démêlera sans fatigue, c'est que la Pythonisation, c'est que la lucidité, c'est que la puissance et l'état magnétique ou magique ne sont que les dérivés d'un seul et unique principe. C'est que, chez les privilégiés de ce principe, ces facultés ont leurs

---

[1] *Id.*, Görres, *ibid.*, vol. Ier, pages citées et 187, 385, 401, 408, etc.
[2] P. **609**, Goup., et Dupotet, *Essai sur l'enseignement philosoph. du magnét.*, p. 107, 119.

nombreux degrés et leur rôle, leur état actif ou passif. Le double exemple de nos Voyantes donne à nos paroles un corps dont chaque membre n'est que trop facile à palper.

En présence de cette vie d'exceptions calamiteuses, que les incrédules à l'action des Esprits viennent de nous décrire sous le nom si concluant de *vie magnétique*, et devant les explications, dignes d'éternelles risées, que ces dénégateurs du rôle des Esprits dans le magnétisme s'efforcent d'imposer au monde, applaudissons-nous donc, battons des mains et triomphons franchement, pour tout à l'heure triompher plus complétement encore.

Car une chose ressort avec éclat de ce luxe de prodiges, et de ce prodigieux fatras d'interprétations forgées *une à une*, et *s'essayant* avec une burlesque suffisance chacune à *chaque phénomène* individuel, tandis que, d'*un mot invariable* expliquant *à la fois* toute la variété de ces phénomènes, l'Église satisfait le bon sens et la science; une chose ressort avec éclat, disons-nous, et nous le répéterons dans le chapitre qui va suivre avec un irrésistible surcroît d'autorité : c'est que l'Esprit du magnétisme, c'est que l'Esprit de la magie, c'est que l'Esprit du vampirisme est un seul et même Esprit ! C'est qu'il est, à ne pouvoir s'y tromper, celui même que, dans la personne des obsédés, et sous le nom vulgaire de démons, le catholicisme signale à la prudence, aux dédains et à la pitié des fidèles [1].

[1] Lire la *Vie de sainte Thérèse*, écrite par elle-même, par le P. Bouix, p. 336; Julien, Paris, 1857.

CHAPITRE SEIZIÈME.

SECOND EXEMPLE RÉCAPITULATIF. — LA PRISON DE WEINSBERG. — CONFIRMATION AUTHENTIQUE DU CHAPITRE PRÉCÉDENT.

Contrôlé par la plus sérieuse des enquêtes juridiques, le long épisode de Weinsberg est l'objet d'une étude suivie de la part de l'illustre docteur Kerner. — Il est témoin d'une partie des phénomènes magnétiques et magiques qu'il relate, et dont l'éclat attire l'attention du pouvoir public. — Élisabeth est luthérienne; ses prédispositions originelles; le fantôme d'un prêtre catholique l'obsède pour obtenir d'elle des prières. — L'*ouïe*, la *vue*, le *tact*, l'*odorat* des témoins sont affectés lors de l'invasion de ce fantôme, que son père accompagne sous forme de chien. — Il est la lumière astrale d'Éliphas, ou spectrale du docteur Passavant. — Vents et souffles de glace, indépendants de l'atmosphère; phénomène insigne en spectrologie. — Épisode de la vie du médium Home, où ces faits deviennent des plus remarquables. — Variété des sensations selon les personnes, et pourquoi. — Force électrique du spectre. — Les phénomènes produits par cet Esprit de la prison voyagent, se propagent, sont épidémiques et caractérisent le magnétisme transcendant.

Conclusion de ce chapitre.

Semblable aux fluides intelligents de Prévorst, cet Esprit est celui que les lieux oraculaires et les lieux hantés, que les pythonisés, que le magnétisme et la magie possèdent en commun. — Ou plutôt, il est le *Versipellis*, le Protée qui possède ces lieux, ces arts et ces personnes, sous un assortiment de noms dont la variété sans cesse croissante se prête à celle de ses rôles.

Suit la conclusion générale.

Le nombre, la concordance et le haut crédit de nos diverses autorités, si dissidentes d'ailleurs sur le terrain de la religion, devraient rendre à peu près superflus les exemples qui vont encore s'accumulant sous notre plume, et que de fortes et saisissantes nuances ne distinguent point toujours les uns des autres. On nous approuvera, cependant, de multiplier ces exemples plutôt que de les épargner; car un charme véritable de persuasion respire en eux. Nous aurions donc grand tort de les mesurer d'une main trop avare, chaque fois que leur éclat peut répandre et faire pénétrer dans les profondeurs intimes de nos questions un jour abondant et favorable à la vue.

Par cette simple raison, demandons-nous, en laissant tomber nos yeux sur un objet nouveau, mais sur une femme encore, si les traits surnaturels de l'Esprit magnétique de la Voyante élevée sur les montagnes fluidi-vomes de Prévorst ne se reproduisent point une seconde fois, et sous un aspect à peu près identique, dans l'*Esprit magnétique* ou le fantôme de la prison de Weinsberg, si semblable à celui des lieux privilégiés que toutes les religions et tous les temps ont désignés sous les noms alternatifs de lieux sacrés ou de *lieux hantés*[1] !

Notre choix s'arrête sur l'*un de ces événements de longue durée* dont l'authenticité parfaite ne saurait soulever le plus léger doute chez un observateur de sens rassis ; et le terrain sur lequel nous avons soin de nous placer permet d'en constater l'évidence avec autant de facilité que s'il s'agissait des faits les plus naturels.

Le célèbre docteur Kerner figure derechef au nombre de nos autorités principales ; celui même qui, mariant en quelque sorte sa vie à celle de la Voyante de Prévorst, consacra trois années d'observations assidues à l'étude de cette malheureuse femme ; car nous devons à cette autorité, si grande pour l'Allemagne protestante et pour un nombre considérable de lecteurs français, un petit volume tout rempli des incidents de la longue histoire qui fit retentir *dans le monde savant,* en l'an de grâce 1835, le nom de la prison de Weinsberg[2].

---

[1] *Loca infesta,* lieux qui ont reçu ce que le protestant et sceptique Ennemoser appelle l'*infection magnétique,* ou magique. Voir ci-dessus.

[2] Trad. par C. Crowe, etc., Lond., 1852 ; chap. xv, *Apparitions,* vol. II, p. 385.

Le sagace et patient docteur puisa dans une enquête judiciaire de longue haleine la série des faits que rapporte sa plume; et non-seulement il consulta les témoins de ces phénomènes, mais, de même que dans le village de Prévorst, il vit de ses yeux un nombre considérable de ces faits s'accomplir en sa présence.

Le théâtre sur lequel il nous transporte est une sorte de blockhaus, ou de forteresse, qui s'élève en forme de retranchement dans l'enceinte d'une prison principale. Les détenus de ce donjon, isolés dans des compartiments divers, n'ont entre eux aucune imaginable communication. La place entière est sous la garde d'un député gouverneur, M. Mayer, qui l'habite en compagnie de sa femme, de sa nièce, et d'une femme de chambre : trois personnes décrites comme également remarquables par leur véracité.

Le 12 septembre 1835 M. Mayer, le député gouverneur de la forteresse de Weinsberg, adresse aux magistrats *un rapport* où il déclare que, chaque nuit, *Élisabeth Eslinger* reçoit la visite d'un fantôme, *a ghost*, s'introduisant dans sa cellule vers le coup de onze heures. Cet Esprit lui demande des prières, la presse de le suivre, et, sur son refus, la tourmente et se porte à des sévices. En conséquence de cette pièce, la cour ordonne qu'Élisabeth sera visitée par le médecin de la prison, qui devra constater son état sanitaire, et rédiger un rapport touchant ses facultés mentales. Ont signé : Eckhart, Theurer et Knorr.

Cependant, le médecin de la prison nous apprend qu'Élisabeth est une veuve de trente-huit ans; qu'elle est saine d'esprit, et ne se plaint d'aucun mal. Il est vrai que, de tout temps, elle eut le don de voir les Esprits.

L'Esprit qui, d'abord, la visitait chez elle, avant de la poursuivre dans la prison, n'apparaissait alors à ses yeux sous aucune forme correcte. C'était *comme une colonne de* vapeur, *a pillar of clouds :* forme assez commune d'apparition, d'où sortait une voix sourde. « Je suis, disait-il à cette femme qui professait *les opinions luthériennes,* je suis *un prêtre catholique.* De mon vivant, en l'an 1414, je résidais à Wimmenthal[1], et j'y réside encore; mais je suis détenu dans la cave d'une femme de Singhaasin. Il m'est impossible de quitter ce lieu; les prières, seules, pourraient m'en affranchir. Le crime qui pèse le plus lourdement sur mon âme est un dol, que je commis en m'associant mes frères et mon père. »

Élisabeth de renvoyer l'importun criminel à notre Rédempteur; mais, sur le refus de la prisonnière, celui-ci la suppliait avec un redoublement d'énergie d'intercéder en sa faveur. Il se baissait alors sur elle d'un air lugubre, et la serrait de si près que, de sa face hideuse, il s'accolait à son visage, l'obligeant à réciter des prières jusque dans sa bouche : *to pray in his mouth,* car il est affamé de prières, dit Élisabeth : *he his hungry fort prayers*[2].

Les faits marchent, progressent, et, désormais, le revenant a revêtu *la forme humaine dans sa perfection.* Il apparaît sous une robe flottante nouée par une ceinture, et se coiffe du bonnet de docteur. Ses yeux caves jettent la flamme; sa barbe est longue; on dirait qu'un vieux parchemin couvre les saillies prononcées de ses pommettes.

---

[1] Wimmenthal est encore catholique. Concevons-nous *ce prêtre* romain allant prendre des luthériens à la gorge pour obtenir le salut de son âme par leurs prières, eux qui n'admettent point les expiations du purgatoire? Et, cependant, il a des catholiques sous la main! L'esprit qui se comporte de la sorte ne fait-il pas aussi bon marché *des opinions* protestantes que de *la foi* catholique? Et tel est, en effet, son but : décréditer tout culte! En Allemagne, pays peuplé de protestants, de tels phénomènes ne sont point rares : *do not seem to be very incommon,* p. 405. Et c'est particulièrement aux luthériens que s'adressent les Esprits qui demandent des prières : *It appears to be among the lutheran,* etc., p. 406.

[2] P. 389, etc.

Onze semaines d'observations assidues s'écoulent! Le médecin commis par les magistrats s'est mis en garde contre toute possibilité d'hallucinations; les soupçons d'imposture et de supercherie qu'il a conçus se sont évanouis; et, d'après le texte de son rapport, la Cour se résout à confier à des hommes de science le soin de recherches ultérieures.

Parmi ces élus figurent le docteur Kerner et son fils, plusieurs ministres du culte luthérien, le ministre Binder, l'avocat Fraas, le graveur Duttenhofer, le professeur de mathématiques Kapff, les docteurs en médecine Siefer et Sicherer, le juge Heyd et le baron von Hugel, etc., etc. En un mot, le nombre des prisonniers et des personnes du dehors qui portent témoignage de ces faits étranges forme un total considérable; et, pour eux tous, ainsi que pour le docteur Kerner, la réalité de ces molestations, *annoyances,* de quelque nom qu'on les qualifie, est une certitude inébranlable [1].

Ces phénomènes ont d'ailleurs affecté, chez un grand nombre de personnes, les quatre sens distincts de la *vue* et de *l'ouïe*, du *tact* et de *l'odorat!*

LA VUE. — Le fantôme se montra sous forme humaine à la plupart de ces témoins. Une certaine nuit fut même signalée où, non content d'apparaître tout seul, il se fit voir accompagné d'un gros chien, qui sauta sur tous les lits. « Ne craignez rien, disait-il, *c'est mon père!* » Et ce chien l'escorta, depuis cette époque, assez souvent. Une autre fois, c'est un agneau qui l'accompagne, ou bien deux agneaux se tiennent à ses côtés; et, quelquefois, à leur place, on aperçoit tout à coup deux étoiles : c'est, à choix, la lumière spectrale du docteur Passavant, ou la lumière astrale d'Éliphas;

[1] P. 398, etc.

c'est l'une de ces mille et perfides lumières dont le royaume des ténèbres éclaire ses ombres [1].

Un tabouret se soulève de terre; nul n'y touche! il se rabaisse, et le spectre apparaissant s'y assoit! ses lèvres demeurent immobiles, et *pourtant il parle!*

Madame Kerner se glorifiait de son incrédulité. « Je suis née le jour de la Saint-Thomas, » disait-elle dans l'orgueil de son scepticisme. Mais, en dépit de ses railleries, sa conversion fut bientôt complète, car le spectre lui rendit visite; il la visita plusieurs nuits de suite, elle et les siens, et se fit voir d'une façon nette et distincte. Sa présence était accompagnée de bruits et de lumières [2].

Madame Mayer s'étant enfermée avec sa nièce par une nuit pluvieuse : « Vers minuit, nous dit-elle, je vis *une lueur jaunâtre* s'approcher lentement de la fenêtre, et je sentis *un vent frais* souffler sur moi, quoique la chambre fût hermétiquement close. Puis, *le vent* et *la lueur* se faisant sentir et voir de plus près, ma couverture fut éclairée, et je pus distinguer mes mains et mes bras. La lumière se mit ensuite à vaguer, et je vis encore une quantité de lueurs étoilées apparaître sur la porte de la cellule... [3] »

Ce vent, ces souffles, sont un phénomène commun autour de la personne du médium Home, sur les œuvres et le témoignage duquel nous croyons avoir donné, dans un de nos premiers chapitres, des notions et des distinctions très-suffisantes pour former l'appréciation du lecteur [4]. Un grand nombre d'excellents témoins inconnus les uns aux autres, et qui subirent l'impression de ces courants, me les décrivirent isolément chacun. Mais un rapide épisode ne peut être hors

[1] P. 395.
[2] P. 403.
[3] P. 391.
[4] Voir à l'appui : *The Dublin review,* n° d'avril 1864, p. 438, 439.

CHAPITRE SEIZIÈME. 427

de propos sur ce sujet, que nous engagent à sonder les manifestations de la prison de Weinsberg. Nous nous empressons, en conséquence, de rapporter les propres paroles de M. Home sur ce phénomène bizarre et digne de remarque, son témoignage et ses impressions se mêlant sur ce fait au témoignage et aux impressions d'autrui.

« Mon pouvoir, dit M. Home, se manifesta sur une grande échelle chez une dame de Florence, habitant une villa que l'on disait être visitée par les Esprits.... Or, entre les sensations que j'éprouvais dans cette demeure, nous raconte cette dame, j'entendais un frôlement particulier près de mon lit; et ce bruit était toujours accompagné d'un certain froid, comme si, à travers une porte ouverte tout à coup, un violent courant d'air se fût précipité dans l'appartement.

» Ces bruits, et les autres impressions désagréables que je viens de relater, et que je suis parfaitement incapable d'expliquer, continuèrent périodiquement jusqu'en octobre 1855, époque de l'arrivée du médium Home à Florence. Quelque temps après cette arrivée, les bruits devinrent plus fréquents et plus distincts; mon sommeil fut interrompu, et ma santé souffrit à tel point que je fis transporter mon lit dans une pièce voisine; — mais, si la première nuit fut calme, les suivantes furent troublées à ce point que je restai fréquemment éveillée jusqu'au matin....

» M. Home, qui voulait bien accepter l'offre de rester quelques jours avec nous, fut informé des mystères de mon appartement... Vers onze heures du soir, ma sœur, M. Home et moi, nous nous y transportâmes; et, bientôt, nous fûmes installés devant une petite table située en face du feu. Nous étions chaudement couverts, et le feu brillait dans l'âtre : cependant le froid qui s'introduisait dans la chambre était intense, il nous pénétrait *jusqu'aux os;* et je dois faire observer que, pendant un certain nombre de jours antérieurs, j'avais souffert d'un froid perçant *qui n'avait aucun rapport avec l'air atmosphérique,* mais qui me glaçait le corps, et surtout les jambes. Cette sensation ne me quittait plus; et tout moyen artificiel employé pour la détruire avait été sans succès. — Ce même air était maintenant à la fois senti par M. Home, et par ma sœur, à un tel degré qu'il éveillait en eux une impression également pénible. J'ai depuis reconnu que c'était là, souvent, le précurseur des manifestations d'Esprits....

» ... Le lendemain, deux nouveaux venus se réunirent à nous; l'un appartenait à notre famille : tous deux étaient des hommes d'une forte constitution nerveuse, et d'un jugement sans passion. Le froid ordinaire se fit ressentir; un petit stylet fut enlevé de dessus la table comme par une main invisible, et tiré hors de sa gaîne ; la table s'éleva au-dessus du sol, et glissa isolément à travers la chambre, puis je sentis mon coude saisi par une main dont je vois encore distinctement les doigts longs, jaunes et luisants. D'autres personnes également assujetties à cette étreinte la trouvèrent horrible et gluante. Je parlais doucement à l'Esprit, qui nous promit de revenir, et qui leva plusieurs fois la table au-dessus de nos têtes.

» Le jour suivant, je fus plus ou moins tourmentée par le courant d'air froid qui soufflait sur ma figure et par tout mon corps, spécialement dans la soirée... Nous passâmes dans ma chambre à coucher; les démonstrations commencèrent à se produire... et nous dûmes observer une circonstance assez curieuse : c'est qu'entre l'Esprit et nous, l'Italien était la seule langue employée. Or, il était incorrectement épelé; mais, ayant eu l'idée de le comparer à la langue du seizième siècle, nous reconnûmes qu'il était parfaitement correct!... L'Esprit me dit qu'il était malheureux, et que, depuis bien des années, il errait dans la maison. Il avait été moine, était mort dans la chambre que j'occupais, et se nommait Giannana[1]. »

Ces phénomènes de spectrologie étant livrés aux méditations du lecteur, hâtons-nous de franchir de nouveau le seuil de la prison de Weinsberg.

Une lumière dessinant les contours du spectre qui la hante rayonne autour et au-dessus de sa tête. On le distingue au milieu de la nuit la plus sombre sans autre lumière que celle qu'il émet. Le plus souvent elle est phosphorescente ; et l'un de ses caractères[2] est de triompher des obstacles que la main de l'homme élève sur son passage. Une nuit, par exemple, le docteur Seyffer et le docteur Kerner, déterminés à l'arrêter, bouchent de toutes pièces l'ouverture de la fenêtre qui lui donne entrée. Mais, efforts puérils! le spectre phosphorescent pénètre, traverse ce rempart et se promène triomphalement, pendant un quart d'heure, au milieu de l'épaisse obscurité de cette chambre[3].

L'ouïe. — Tantôt on voit le fantôme, et tantôt on ne le voit point, mais alors on l'entend ; tantôt, enfin, des bruits accompagnent la vision. « Le 15 septembre, nous dit le docteur Kerner, je m'enfermai dans la cellule d'Élisabeth, et, vers onze heures du soir, j'entendis, du côté qui n'était point occupé par elle, quelque chose de semblable à la chute d'un corps. C'est le spectre, me dit-elle. Je l'adjurai de partir, et, pour toute réponse, d'étranges craquements retentirent autour des murs, et se prolongèrent jusqu'à ce qu'un bruit fatal aboutit à la fenêtre. Il est sorti, me dit-elle. Le 18, je fus de nouveau témoin du même phénomène! »

Les soupirs et les gémissements que l'Esprit pousse d'une manière fort audible sont ceux du désespoir. Lorsqu'il parle,

[1] P. 121 à 126, *ibid., Vie surn.* de Home; Paris, 1863.
[2] Se rappeler celle que j'ai décrite comme l'ayant vue, chap. Ier.
[3] P. 401.

toutes les personnes qui sont présentes l'entendent ; et toutes s'accordent à dire que sa parole est celle d'une bouche faisant effort pour articuler... Les voix des Esprits ne sont point articulées, disait l'antiquité : Δαιμονιῶν φωναὶ ἄναρθροι εἰσί[1]... Sa voix est sourde et haletante. Elle consiste dans un mélange de paroles et de soupirs que l'on dirait, ainsi que la voix de l'âme évoquée par la Pythonisse d'Endor, monter de bas en haut et comme formant colonne[2].

LE TACT. — Mais ce n'est point assez de voir, ce n'est point assez d'entendre le fantôme ; on éprouve en outre son détestable contact. La sensation de sa main est, d'abord, le froid de la mort ; puis elle se réchauffe, et devient lumineuse. Or, cette lueur magnétique part de ses doigts et progresse.

Un de ses tours favoris est de dépouiller les lits de leur couverture. Lorsqu'il s'approche de vous, et fût-ce dans le lieu le plus hermétiquement clos du monde, vous sentez souffler *un air froid ;* et, dans ces conjonctures, quelques personnes le voient, tandis que, pour d'autres, il demeure invisible. On dirait, quelquefois encore, qu'un essaim de fourmis vous passe sur le visage. Ou bien, il laisse tomber sur vous des larmes de glace, et la place qu'elles ont touchée, devenant brûlante, se colore d'un rouge bleuâtre et persistant. Vainement essayez-vous de le palper ; car, lorsque vous croyez pouvoir le saisir, votre main passe au travers de sa substance, et rien de solide ne vous reste. Que s'il vous

---

[1] Dodone, dans mon livre *Dieu et les dieux,* p. 326.
[2] P. 404. Le fantôme, imitant *une colonne de sons,* imitait aussi à l'œil une *colonne de vapeurs* (voir ci-dessus). En même temps qu'on l'entendait à côté d'Élisabeth, cette femme *ne cessait de prier à haute voix.* Donc, nulle ventriloquie de sa part, etc. Cette voix, alors, n'a rien d'humain ; nul ne peut en imiter les sons. Elle a quelquefois des cris effrayants. Les bruits qui l'accompagnent portent souvent la terreur dans l'âme ; et parmi ceux qui sont le plus effrayés, nous nommerons Duttenhofer et Kapff, l'impassible mathématicien. (P. 388, 394, 399.)

touche, au contraire, le contact est sensible; souvent même la partie qu'il a touchée se tuméfie, enfle et devient le siége d'une douleur.

L'ODORAT. — Mais ce qu'il y a d'effrayant et de nauséabond à la fois dans les approches de *ce fluidique visiteur,* c'est la virulente infection que son souffle répand. Nul, à ce signe, ne méconnaît sa présence; et rien au monde, nous affirment entre autres MM. le docteur Sicherer et l'avocat Fraas, rien ne saurait donner une idée de cette accablante odeur. Elle vous suffoque, elle vous coupe la respiration; c'est l'odeur du cadavre et de la putréfaction poussée à son degré quintessentiel le plus affreux. Mais plus intolérable encore est, chez les femmes, le sentiment de dégoût qu'elles éprouvent. Ainsi, plusieurs fois vit-on le spectre se pencher vers elles, leur parler à l'oreille, et presque aussitôt leur cœur bondir et céder à d'affreux vomissements. Il fallait alors, homœopathiquement, recourir à l'émétique même pour rétablir dans leur estomac le cours de ses facultés organiques[1].

Et, bizarrerie *fort caractéristique* au milieu de ce feu roulant de phénomènes, bizarrerie que j'éprouvai personnellement à propos de l'Esprit siffleur mentionné dans le premier chapitre de ce livre, on observe que, parmi les témoins de ces diverses apparitions, les uns ne voient qu'une lumière, une simple lueur, tandis que les autres distinguent clairement dans cette lumière la forme du spectre. Mais, sans aucune exception, tous ont des oreilles pour le bruit dont il accompagne sa venue; et tous encore sentent, au moment de son approche, une insoutenable odeur. Les perceptions de chaque individu varient donc selon la mesure de sa perceptivité[2].

[1] P. 388, 394-6-400, etc.
[2] *According to his perceptivity.* (P. 393, 402.) J'use du style magnétique; mais, en style vrai, je dirai : Selon la mesure des illusions que l'Esprit de mensonge veut et peut produire sur chacun.

Un chat vit apparaître ce fantôme et fut terrifié. Grimpant çà et là, et cherchant une issue sans la trouver, il s'efforça vainement de fuir. Et ne nous figurons point que cette première épreuve l'ait aguerri ; car l'apparition se manifestant une seconde fois, le pauvre animal, glacé d'épouvante, refusa toute nourriture, languit et mourut [1].

Une des preuves les plus remarquables de la force matérielle, jointe à *la puissance électrique* du spectre qui hantait le donjon, et de sa faculté d'imiter les sons, éclatait, au dire des témoins, dans la violence des secousses apparentes ou réelles qu'il imprimait aux pesants barreaux de fer de la fenêtre ; car jamais les efforts réunis de six hommes ne purent secouer cette clôture avec un égal fracas. Quelques-uns des bruits par lesquels il annonçait sa présence ressemblait à des décharges de bouteilles de Leyde ; et la lumière dont il s'éclairait offrait une similitude habituelle avec la nature de la lumière électrique [2].

Mais le terme d'infection magnétique, dont un des docteurs de l'Allemagne faisait tout à l'heure un si juste usage, nous revient à l'esprit devant cette remarque : que l'épidémie des phénomènes d'obsession, après avoir atteint Élisabeth, se répand *dans son atmosphère,* jetant autour d'elle tout un

[1] Voir au chap. 1er de ce livre l'histoire que je rapporte d'un chat, dans une maison hantée.

[2] P. 398. — Illusion des électricités railleuses. Ces effets, qui, pour la plèbe des savants, semblent résulter d'une loi de la nature physique, provoquent l'éclosion de mille systèmes à dehors scientifiques. On ne veut remarquer ni la prodigieuse irrégularité des faits sur lesquels ils se basent, ni la longueur des temps, des siècles quelquefois, pendant lesquels ils cessent d'être. Le monde, qui a LA CRÉDULITÉ de fléchir devant la parole de quelques académiciens, plutôt que de consulter la voix du bon sens, plutôt que de suivre les données de la science réelle, plutôt que de s'en rapporter à l'expérience consommée de l'Église, le monde est alors fourvoyé, jeté dans les ténèbres, et c'est là le bénéfice énorme que s'est ménagé l'Esprit de mensonge. Il en résulte que le Surnaturel détruit, en se manifestant, toute croyance au Surnaturel. Et voilà le chef-d'œuvre du grand maître !

flux de sinistres influences. Il nous importera donc, en insistant sur la justesse de ce terme, de retracer d'un mot cette filiation de prodiges :

Élisabeth est une *Voyante naturelle;* elle fut, à toutes les époques de sa vie, sujette *à voir* des Esprits; elle est un de leurs sujets privilégiés : *she has always been a ghost-seer.* — Un Esprit lui apparaît et la tente, en lui promettant et de l'or et de précieux métaux que recèle la terre. Elle écoute, elle hésite, elle est ébranlée. La manie de chercher des trésors enfouis est *une des maladies de l'Allemagne;* elle est une fille de cette Allemagne! la cupidité triomphe de ses résistances... « Il m'aidera dans la recherche des trésors ! » se dit-elle. Elle succombe; et cette faute, commise *de volonté libre, suffit pour l'assujettir au principe tentateur.* Le pacte est formé; c'est là même une de ses formes les plus communes! Entre elle et les Esprits s'établiront désormais des rapports *magiques, et* ces sortes de rapports seront *magnétiques;* car ces deux mots couvrent un même sens. Nous le savons déjà; mais saisissons au passage quelques traits de cette vérité dans les incidents qui frappent nos regards [1].

Lorsque, à la suite de son pacte, ayant glissé sur la pente du crime, elle entend se fermer sur elle les verrous de la prison, elle y arrive *infectée.* D'elle à autrui se propagent aussitôt les phénomènes de l'infection magique, ou démoniaque! Et cette peste, dont elle est devenue le foyer, se dissémine autour d'elle selon les voies ordinaires du magnétisme. Déjà semblable, sous tant de rapports, aux grandes victimes de cet art, et, par exemple, à la Voyante de Pré-

---

[1] P. 402-3-387. — « She had been brought into trouble by taking to treasure seeking, a pursuit in which she hoped to be assisted by this spirit. This digging for buried treasures, is a strong passion in Germany. »

vorst, elle entre dans une vie de tourments qui ne prennent plus de fin. Le jour la fatigue, et le sommeil la fuit. Que ses yeux *s'ouvrent* ou que ses yeux *se ferment*, sa vue ne gagne ni ne perd en puissance. Elle voit le spectre, et souvent elle n'est point seule à le voir. Mais le voir les yeux fermés, observons-le bien, c'est, dans cet ordre de phénomènes, une faculté caractéristique du magnétisme transcendant, et les experts de cet art nous le rappellent en termes formels [1].

En outre, *l'Esprit qui la magnétise* aime à produire sur quelques-unes des personnes que l'infection atteint un des effets magnétiques les plus connus! Stupéfiées, engourdies, jetées dans la torpeur aussitôt qu'il s'approche d'elles, elles ne peuvent plus ni remuer ni parler ; la voix et le mouvement leur manquent. Elles ne recouvrent la parole et l'usage de leurs membres que lorsqu'il s'est retiré, que lorsque le principe ou le Prince du magnétisme n'est plus en eux [2].

Le don *tout magnétique* de seconde vue est d'ailleurs une des facultés les plus remarquables d'Élisabeth ; et ce don *lui fut communiqué par son fluidique* visiteur, par son visiteur à *lumière électrique et spectrale!* Dans deux occasions différentes, elle en donna la preuve la plus singulière. Car, un certain jour, elle vit entrer dans sa prison et le docteur Kerner et le juge Heyd en même temps que l'Esprit qui la hantait, quoique *corporellement* ils fussent ailleurs. Et devant *leur image*, c'est-à-dire devant *leur double*, elle s'écria : « Chacun de ces deux hommes est sous le coup d'un malheur. » Hélas! la mort avait le bras levé sur le père de l'un, et sur l'enfant de l'autre!...

---

[1] Et, probablement, sans savoir quelle est la portée du mot : *Which* showed *that it was a* magnetic *perception.* (P. 389.)

[2] On nous le dit encore : elles étaient jusque-là comme dans l'état magnétique : *They appeared to be magnetised.* (P. 404.)

CHAPITRE SEIZIÈME.

Lorsque des absents qu'elle n'avait jamais vus devenaient l'objet de ses visions, elle les reconnaissait plus tard au moment où ils s'offraient à ses yeux en réalité. Souvent encore, sur son ordre, l'Esprit entreprenait quelqu'un de ces voyages que *les habitués* irréfléchis ou ignares du magnétisme attribuent aux facultés naturelles du fluide des somnambules ou des lucides. Mais, comme si elle eût pris à cœur de réfuter, par *un indice palpable*, l'absurde supposition d'une faculté naturelle à l'homme de voir au loin et sans le secours des yeux, elle se faisait de temps en temps donner par son messager *un signe matériel* de la mission qu'il avait remplie. L'Esprit par les yeux duquel elle avait paru voir, l'Esprit qui l'avait douée de cette vue magnétique, lui rapportait un gage du trajet qu'il avait parcouru.

Appuyée sur l'autorité et soutenue par les prières d'Élisabeth qui veillait à ses côtés, la femme du gouverneur, madame Mayer, dit un soir à l'Esprit : « Pars, et rends-toi près de mon mari ; mais aie soin de laisser sous ses yeux *un signe* de ton passage. » Nous entendîmes à l'instant s'ouvrir et se refermer la porte que l'on avait soigneusement verrouillée, et nous vîmes *flotter* son ombre ; *car il flottait plutôt qu'il ne marchait*. Il disparut ; puis, au bout d'un quart d'heure, il rentra par la fenêtre. Le lendemain matin, M. Mayer disait à sa femme : « Vous me voyez dans la stupeur ; car, en me réveillant, j'ai trouvé toute grande ouverte la porte de ma chambre, et j'ai la certitude de l'avoir fermée ; je suis sûr de l'avoir verrouillée ; je suis sûr d'en avoir ôté la clef de ma main ! »

Et pourtant, devant ce faisceau de témoignages et devant ce prodige tout personnel, ce même M. Mayer restait amoureusement plongé dans son incrédulité. Rien ne l'engagerait *à croire*, répétait-il encore, si d'abord Élisabeth ne consentait à lui envoyer le fantôme. « La nuit d'après cette condition exprimée de ma bouche, dit cet homme du caractère le plus honorable, je fus réveillé vers minuit par un attouchement au coude gauche; j'y sentis de la douleur, et, le lendemain, il y restait des taches bleues. Mais cela ne suffit point encore, dis-je à Élisabeth; il faut qu'il me touche à l'autre coude. Et, la nuit suivante, il venait m'y toucher! Les taches bleues donnèrent une seconde preuve de sa présence, que manifestèrent en outre des bruits étranges, des sons d'instruments à vent, et l'odeur de putréfaction qu'exhalait son souffle. Cependant, je ne pus voir distinctement ses traits [1].

Tantôt obéissant à l'ordre d'Élisabeth, et tantôt à l'insu de cette femme, le spectre avait visité plusieurs magistrats, le professeur Neuffer, le référendaire Burger, et quelques autres personnes, parmi lesquelles nous pouvons nommer la sœur du docteur Kerner, ainsi que M. Dorr d'Heillbronn, pour qui ces récits d'apparitions et de fantômes n'avaient été que des contes à dormir debout. Or, il est à remarquer que, dans la plupart de ces excursions, l'Esprit laissait, comme auprès de ces Lapons dormeurs et lancés dans les voyages magnétiques dont nous entretient l'archevêque Olaüs [2], un signe positif de son passage; et, lorsque la première visite était faite, il était rare qu'on ne le vît point revenir coup sur coup [3].

L'infection s'étant répandue autour de son foyer primitif, les apparitions du spectre se multiplièrent aux alentours, mais sans toutefois interrompre leur cours dans l'intérieur de la prison, fût-ce même après la sortie d'Élisabeth, qui, sous

---

[1] P. 401, etc.

[2] *Hist. de gent. septentrionalibus.* « Jacet velut mortuus! Spiritus ejus, malo dæmone ductore, a longinquis signa, — annulum vel cultellum, — in testimonium commissionis reportat..., » etc. (P. 421.)

[3] P. 402, 403.

l'influence de sa seconde vue magnétique, avait pris soin de prédire cette série d'incidents.

Quelque temps après la mise en liberté de cette femme, ces phénomènes eurent cependant un terme, et voici quel en fut le dénoûment. L'esprit ne cessait de supplier Élisabeth de se rendre en pèlerinage à Wimmenthal, et de prier pour sa délivrance en ce lieu même, où nous nous rappelons *qu'il se disait lié* [1]. Pressée, vaincue par les instances de ses amis, Élisabeth céda, mais comme on cède lorsqu'on sait qu'un malheur nous attend. Plusieurs personnes l'accompagnèrent, et se tinrent à quelques pas de l'endroit où elle se mit en prières. On vit alors, d'une vue distincte, le fantôme d'un homme, accompagné de deux spectres de dimensions moindres, et voltigeant autour d'Élisabeth : *hovering near her*. Lorsque la formule des prières fut accomplie, le fantôme s'approcha d'elle. Il y eut alors comme une étoile qui fila; puis, au même instant, une sorte *de vapeur nuageuse* apparut et s'évanouit en flottant [2].

Élisabeth était tombée sur place, insensible et froide. On la ranima. « Le spectre vient de m'adresser ses adieux, dit-elle, avant de faire son ascension; et, placé qu'il était entre deux enfants radieux, il m'a demandé la main. Je la tendis enveloppée dans mon mouchoir; une légère flamme s'éleva du mouchoir dès qu'il le toucha. » La place touchée portait en effet une brûlure en forme de doigts! Mais on apprit d'elle que la cause inaperçue de son évanouissement avait été sa terreur à l'aspect d'une troupe affreuse d'animaux

---

[1] Les démons peuvent-ils se lier, ou être liés à un lieu quelconque? La théorie des talismans, des objets magnétisés et des lieux hantés le suppose. Lisons d'ailleurs ce verset de la Bible : « Alors l'ange Raphaël prit le démon, et alla *le lier* dans le désert de la haute Égypte. » (Tobie, VIII, 3. — *Id.*, l'apôtre saint Jean, *Apocal.*, IX, 44, etc., etc.)
[2] 11 fév. 1836.

qu'elle avait vus se précipiter derrière elle au moment où s'évanouissait l'apparition [1]...

CONCLUSION DE CE CHAPITRE ET DU PRÉCÉDENT.

D'après *les faits* établis dans ce chapitre et dans la précédente étude, l'Esprit de la prison de Weinsberg, et celui qui figure auprès de nos Voyantes, *est* exactement l'Esprit que possèdent en commun les lieux oraculaires et les lieux hantés, le magnétisme, le spiritisme et la magie.

Sous le couvert des phénomènes que suscitent, que soulèvent sous leurs pas et la prisonnière de Weinsberg et la personne de cette malheureuse obsédée de Prévorts que le vulgaire décore du titre de Voyante, quel est l'agent, quelle est la puissance que nous voyons apparaître, agir, se rendre sensible? Qui donc, enfin?

Est-ce, ou non, un fluide brut et sans intelligence? Est-ce le fluide intelligent du magnétisme? Ou plutôt, qui serait-ce si ce n'était une de *ces intelligences* dont le goût est de se dissimuler, de se noyer, de se fondre dans *les fluides réels* qu'elles animent, et dans les fantômes fluidiques qui, sous la décevante et perfide influence de leur action, semblent vivre d'une vie propre?

Car leur but est d'éblouir *le vulgaire* ignare, et de donner le change à de nombreux savants dont la vue est plus courte que l'orgueil!

Que notre attention se recueille un instant; et du sein des insaisissables fluides de Prévorst, si frappants de ressemblance avec les vapeurs oraculaires de Delphes, que Plutarque vient de nous décrire, voyons ce que nous enseigne la Voyante lorsqu'elle atteint son plus haut période de puis-

[1] P. 405. — Ce sont ces mêmes Esprits, à forme d'animaux, que nous voyons figurer dans Porphyre, Psellus, les *Clefs de Salomon*, etc.

CHAPITRE SEIZIÈME.

sance et de lucidité. Elle nous enseigne ce que nos yeux, aidés du bon sens, nous apprennent déjà : c'est-à-dire que tous ces phénomènes magnétiques sont des phénomènes de spiritisme ou de magie; car ils ont des Esprits *pour générateurs et pour recteurs*[1] !

Pauvre et douce fille protestante, la Voyante *naît d'une mère affectée de voyantisme*. Elle naît sur *de hauts* lieux, sur des montagnes infestées d'émanations *oraculaires*. Sa santé florissante n'annonce d'abord aucune trace des infirmités *inhérentes aux victimes du magnétisme;* et[2] son organisme, *originellement* prédisposé, n'*est attaqué*, ne *fléchit* que le jour où, sur la *tombe de son pasteur*, elle est saisie de l'Esprit qui lui fait commencer, par une crise de *convulsions*, sept années *de vie magnétique*, analogues à celle des convulsionnaires des Cévennes ou des jansénistes de Saint-Médard !

Un homme inconnu d'elle, un médecin qu'elle se choisit par *inspiration*, la traite d'après les ordres qu'elle lui dicte, mais *au mépris de l'art* qu'il professe, et selon les procédés de guérir de l'art magnétique. Un Esprit, qui se rend visible et sensible à ceux dont elle est entourée, veut aider lui-même à sa cure et *la magnétise* pendant un laps de sept jours ! Elle voit aller et venir les Esprits; elle nous les dépeint; et, *l'infection magnético-spirite se propageant et croissant dans son atmosphère*, elle les fait voir; elle les rend sensibles autour d'elle; elle étend leur action à distance : action sinistre et lugubre !

Non contente d'être magnétiquement traitée, elle traite à son tour des malades d'après les procédés qu'elle subit, auxquels s'ajoutent ceux de la franche et officielle magie, renforcés de formules d'oraisons que ce simple mélange rend

---

[1] *Rectores tenebrarum harum.* Eph., VI, 12.
[2] Voir ci-dessus : Aveux des grands maîtres.

détestables et sacriléges! Enfin le fluide qui, selon la parole de ses historiographes et de ses interprètes, s'échappe d'elle, porte en tous lieux la désolation et la rend le bourreau de son père[1]!

Maintenant, des hauts lieux de Prévorst, reportons notre coup d'œil au cœur de la prison d'Élisabeth. Eh bien! que nous est-il donné d'y voir? Au milieu des mêmes phénomènes magnétiques se déroule un de ces drames dont le tissu ne se forme que dans les lieux hantés, *loca infesta,* c'est-à-dire dans les lieux obsédés par les Esprits! Un Esprit, marchant d'abord à la suite d'Élisabeth, se cantonne et se retranche en ce lieu privilégié comme dans un quartier général, d'où ses sorties menaceront le voisinage. Elle le voit, elle le sent, elle l'entend; elle éprouve son contact! Puis, ceux qui l'environnent, ceux que, plus tard, atteignent sa pensée, sa volonté, toutes ces personnes le perçoivent; elles le perçoivent *en commun,* et chacune d'elles a ses sens affectés, mais *selon des mesures distinctes!*

Pour Élisabeth de Weinsberg, de même que pour Frédérique Hauffen, de Prévorst, ce sont mêmes fantômes, mêmes lumières spectrales et fatidiques, même lucidité de seconde vue, mêmes visions de l'image ou du double des vivants, c'est-à-dire du spectre qui les représente en leur absence; ce sont aussi mêmes souffrances, mêmes molestations; et, pour elle ou pour ceux qui l'entourent, *mêmes parades* de dévotions stupides[2]; elles forment enfin chacune un foyer d'*infection magnétique!* Car, observons-le bien, les savants qui sont témoins de ces étrangetés répètent, et,

---

[1] Combien les interprétations de Rogers, de Mahan, etc., etc., fortifient celles de Kerner, et des savants qui furent *avec lui* les observateurs de ces faits!

[2] Exemple : prier pour les morts d'une secte qui nie le purgatoire, morts qui demandent qu'on leur enseigne le catéchisme!

sans paraître attacher la moindre importance à leur remarque, établissent que les impressions des personnes infectées, que leur mode de vision, que leur état habituel sous l'influence des Esprits ne sont que des impressions, ne sont que des visions, *ne sont qu'un état magnétique*. En vérité, quoi de plus saisissant?

Soit à Prévorst, soit à Weinsberg, que voir donc et que signaler, sinon les mêmes actes et les mêmes prodiges, opérés, *de près ou de loin,* par le principe ou par le Prince intelligent du magnétisme, visible ou non, sous sa forme spectrale, sous l'éclat de sa fausse électricité, sous le rayon de sa sombre lumière?

En d'autres termes, nous assistons des deux côtés au spectacle d'*un même drame,* se déroulant sous l'action d'*un même Esprit*. Et cet Esprit est, pour l'œil le moins exercé, celui que les lieux oraculaires[1], celui que les lieux hantés, celui que le magnétisme et la magie *possèdent en commun;* ou plutôt celui qui les possède sous un assortiment de noms *dont la variété se prête à celle de ses rôles*, et du nom de Versipellis que lui inflige l'Église.

Que si donc la cause de ces phénomènes semble jamais différer d'elle-même, c'est de la façon dont l'astre inconstant des nuits diffère de son propre aspect lorsqu'il varie de forme et d'éclat selon les temps et selon ses phases, selon l'épaisseur ou la transparence du voile fantasmatique que l'armée vivante des nuages jette en défilant devant son mystique flambeau.

Voilà ce que nous disaient les montagnes à fluide merveilleux de Prévorst; voilà ce que les phénomènes de la prison de Weinsberg disent et répètent *à tous nos sens!*

[1] Delphes, l'antre de Trophonius, etc., etc.

CONCLUSION GÉNÉRALE.

Quatre agents des phénomènes surnaturels, ou surhumains, qui remuent le monde et qui désolent et désorientent un si grand nombre de savants, se sont présentés sous mille formes à notre esprit dans le courant assez rapide de nos pages, et nous ne saurions en imaginer un cinquième. Nous les avons envisagés, examinés, palpés, pesés, accordant à chacun l'attention soutenue que réclame et veut l'analyse.

Notre pensée, s'élevant des effets vers les causes, s'est portée sur les anges d'abord. Des anges elle est descendue sur ceux que l'antiquité païenne et que les chrétiens ont nommés démons, *daïmonés,* c'est-à-dire Esprits, et surtout Esprits mauvais. Entre les démons et les anges, elle s'est arrêtée sur les âmes humaines, veuves ou non de leur corps; puis elle est descendue sur une force fluidiforme et couverte de mystères que nous avons percés à jour. Nous nous sommes dit alors :

Quels que soient les phénomènes inscrits par la foi des peuples au titre du Surnaturel, et résistant aux sincères explications de la science profane, nous ne saurions en nommer un seul dont l'énigme ne se livre et ne se dénoue entre nos mains aussitôt que nous interrogeons à son sujet la puissance des anges, celle des démons, et quelquefois peut-être des âmes.

Parmi ceux qui militent en faveur de cette conclusion bien simple, nous avons compté le catholicisme hébraïque et le catholicisme postérieur au Christ, c'est-à-dire, en d'autres termes, l'Église! A côté de l'Église, et partageant cette croyance, nous avons rangé l'hérésie et toute la grotesque

CONCLUSION GÉNÉRALE. 443

bigarrure de ses légions, c'est-à-dire l'innombrable armée des sectes qui, depuis le commencement du monde, ont protesté contre la lumière, contre la vérité divine. Et, marchant en tête de ces Protestantismes, dont elle est le plus antique et le plus vaste, le moins tortueux et le moins ridicule des segments, nous avons signalé l'idolâtrie[1]. Or, ce formidable total de religions polythéistes et de sectes hérétiques, au sein duquel, ainsi que nous le verrons plus tard, se range la magie, nous donne, en faveur des croyances de l'Église et du catholicisme divin que nous avons remises au jour, le catholicisme de la révolte ou de l'erreur, c'est-à-dire, en bon français, le catholicisme diabolique.

Et, comme notre désir était de rendre sensible à l'œil, au sein de ces énormes masses d'hommes, la valeur et la qualité des éléments étrangers à l'Église et soutenant sa cause, nous avons pris soin de mettre en ligne les grands poëtes qui furent les premiers historiens du monde magique après Moïse et ses bibliques successeurs : les Hésiode et les Homère... ceux dont les Ovide, les Horace, les Virgile, répétèrent plus tard les lointains échos....

A leur suite, nous avons donné place aux philosophes les plus éminents de tous les peuples connus : à Socrate et à Platon, par exemple, à Cicéron et à Plutarque; puis aux Jamblique, aux Proclus, aux Celse et aux Porphyre, cette seconde et Platonicienne famille d'Alexandrie, si mordante, si mortelle ennemie du christianisme!

Au-dessus de ces hommes, déjà, nous avions rangé les législateurs sacrés des nations, et leurs législateurs profanes;

[1] Le moins ridicule! car l'idolâtrie proteste contre telle vérité, contre tel dogme, non point pour se former, en les jetant au rebut, une religion de néant, ou disons plutôt un néant de religion (religion venant de *religare*, lier), mais pour les métamorphoser, pour en reformer aussitôt un culte tout différent, un dogme qui s'adapte à ses fins.

puis, et comme conséquence, les magistratures antiques de l'idolâtrie et les corps judiciaires du christianisme, si fréquemment hostiles au sacerdoce et qui, cependant, formaient le résumé de ce que la gentilité, de ce qu'après elle les nations chrétiennes avaient engendré de plus savant et de plus réfléchi.

Sur le plan inférieur à celui que couvre la multitude de ces hommes d'élite, nous n'avions point oublié d'agglomérer les nations elles-mêmes, les peuples entiers, avant et depuis le Christ, et surtout ceux qui furent les habitants, les tenanciers des époques du monde *les plus policées* par la littérature et par les arts, ou *les plus civilisées* par le catholicisme.

Mais il sera plus tôt fait de dire que nous avons vu se déclarer, en faveur de nos conclusions et de nos croyances, les âges les plus éclairés et du plus haut renom dans l'histoire : les siècles de Joseph et de Moïse; les siècles des plus illustres Pharaons et de Nabuchodonosor; les siècles de Périclès et d'Auguste; les siècles de Charlemagne et d'Alcuin; le siècle de saint Louis ou de saint Thomas, cet ange de l'école resté, redevenu le prince des philosophes! le siècle de Léon X ou de la malsaine renaissance des idées grecques; le siècle enfin de Louis le Grand, célébré par Voltaire. Et, chose bien digne de remarque, c'est que nous avons surtout envisagé les nations qui peuplent ces siècles aux époques où l'absence des voies de communication, où le néant du commerce, où la discorde armée creusaient entre elles des abîmes, élevaient des murs d'airain sur chaque frontière, et ne laissaient debout, dans chaque patrie distincte, d'autres croyances communes que celle dont la vérité naissait en quelque sorte d'elle-même, ou s'imposait à la vue par l'éclat d'une indéfectible évidence.

Un moment vint où la philosophie, troublant le jour auquel

les yeux de l'homme doivent la vue, ne voulant plus voir, à l'exemple des aveugles, qu'à l'aide de ses mains, et niant ce qu'elle ne pouvait toucher, n'agita plus d'autre question que celle des atomes de la matière. Mais, jusqu'alors, et à part cette période d'obscurcissement et de négation, nous avions compté le monde entier, tout le monde du côté de nos doctrines. Étonnant concert et, répétons-le bien, dans lequel se réunissaient les plus mortels ennemis de la foi chrétienne, les idolâtres, les hérétiques, les grands maîtres de l'art occulte, le peuple et les Princes de la magie! de même que s'y réunissent encore aujourd'hui les Primats du magnétisme et les Médiums, ou les Pythonisés, devenus les pontifes de *cet art* qui, sous leurs mains, se transforme et *se refait en culte*[1]. On voit donc, dans le cours des âges, se ranger autour de nous et nous soutenir de leur influence et de leurs suffrages, la révélation divine et diabolique, la science et la foi, la raison et le simple bon sens, l'esprit d'aventure, de hasard et de révolte; en un mot tout ce qui, dans les diverses cités de l'intelligence et du monde moral, occupe depuis les moyens et les plus nobles étages jusqu'aux humbles réduits des rez-de-chaussée, jusqu'aux plus mal famées des caves et des retraites souterraines.

Du sein de cette foule immense, formée du tribut de tant de générations successives, qui donc avons-nous vu, qui donc risquons-nous de voir s'élever contre le sens et la portée des vérités naguère encore *étranges* dont fourmillent nos pages? Personne..., ou presque personne en vérité, si ce n'est — on nous pardonnera la figure à cause de sa justesse, — quelques bancs de savants agglutinés sur les rocs que baigne l'océan des sciences profanes, et devant lesquels se pâme, bouche béante, une foule minime. Pénible-

[1] Culte de forme variable, mais surtout le CULTE CHINOIS des esprits se donnant pour les âmes des ancêtres. *O tempora!*

ment formés en corps, dans lesquels ils s'immobilisent l'un par l'autre, et réduits à la gêne exquise des positions fausses, ces doctes personnages sont devenus presque étrangers au mouvement. Aussi, lorsque le besoin de progresser les sollicite, la plupart d'entre eux ne savent-ils plus que s'épanouir dans l'étroit espace qu'ils se sont mutuellement alloué. Il ne leur est plus donné de recevoir que par une étroite ouverture un jour avare tombé d'en haut, dont les rayons sont leur splendeur, et qu'ils reversent sur les régions inférieures. Bien dignes, toutefois, seront-ils de la reconnaissance du public, à leur titre de propagateurs et de réflecteurs de quelques rayons de la lumière. Mais, aussi, ne sommes-nous point en droit de voir les petits-neveux du célèbre cordonnier d'Apelles dans ces savants *d'un ordre spécial*, et si parfaitement étrangers aux sciences qui traitent de l'âme, des Esprits et de Dieu? N'ayant jamais étudié de l'homme que la partie matérielle, c'est-à-dire que la chaussure, *ces spécialités* de la science profane seront-elles admises à soumettre aux règles étroites de leur critique les puissances intellectuelles et les harmonies de l'univers, les facultés et les grandeurs mystérieuses de la personne humaine, les Esprits et les âmes? Oh, non!... Que si, par impossible, l'impudeur d'une telle prétention leur brillait au visage, la chaussure d'Apelles marchant leur crierait encore à chaque pas : *Ne sutor ultra crepidam* [1].

Devant les défaillances et les infirmités de cette catégorie de savants, on nous saura gré, nous l'espérons, de reproduire les réflexions, aussi justes que piquantes, d'un écrivain qui fut à la fois critique éminent, philosophe et homme

---

[1] Ce sont là ces savants que nous décrit si pittoresquement M. Flourens père, le secrétaire perpétuel de l'Académie des sciences ; savants qui décrètent et maintiennent, plus d'un siècle durant, que les coquilles fossiles sont un jeu de la nature! (Préface, ou *Causerie avec le lecteur*.)

d'État; autorité fort hostile au Saint-Siége, et dont le crédit et la faveur sont aussi grands de nos jours, au sein de la protestante Angleterre, qu'ils le furent au commencement du siècle dernier.

« Je ne me fusse point étendu de la sorte sur ces ridicules horreurs, nous dit le célèbre Addison, si je n'y eusse *partout* rencontré la foi la plus prédominante : *Did not I find them so very much prevail in all parts of the country*. Je pense aussi qu'une personne qui éprouve de telles terreurs à l'endroit des Esprits et des fantômes est beaucoup plus raisonnable que celle qui, contrairement au témoignage de tous les historiens sacrés et profanes, anciens et modernes, et de la tradition de tous les peuples, considère les apparitions d'Esprits comme une fable et un non-sens [1]. Si je ne pouvais me rendre à ce témoignage général du genre humain, je me rendrais au moins aux récits d'individus actuellement vivants, et dont il me serait impossible de ne point accepter la parole sur tout autre fait positif. Je pourrais ajouter ici que non-seulement les historiens, auxquels nous pouvons joindre les poëtes, mais les philosophes eux-mêmes dans l'antiquité, ont partagé cette opinion. Nous voyons JUSQU'A LUCRÈCE, malgré le système de sa philosophie qui l'oblige de soutenir que l'âme n'existe point lorsqu'elle est séparée du corps, mettre hors de doute la réalité des apparitions, et *le fait* que des hommes *reviennent souvent nous apparaître après leur mort*. C'est là, dans mon opinion, quelque chose de bien remarquable ! Et les faits positifs, qu'il se sentait incapable de nier, le pressaient de telle sorte qu'il était réduit à les expliquer par une des idées les plus absurdes et les plus antiphilosophiques qu'il soit possible de se forger. Il nous débitait donc que tous les corps ont des surfaces qui se détachent d'eux successivement, et

---

[1] Tel que Walter Scott, dans sa pitoyable *Démonologie*.

que ces surfaces, ou, pour mieux dire, CES ENVELOPPES SUBTILES, enfermées l'une dans l'autre comme les tuniques d'un oignon dans leur état d'union avec le corps, se montrent quelquefois tout entières lorsqu'elles s'en séparent; d'où résulte que, souvent, nous apercevons les ombres et les formes des morts, ou même des absents [1] ! »

De droite à gauche et du sommet à la base de la vaste échelle des siècles, à nous donc l'admirable concert du témoignage humain ; à nous *ce moyen de certitude philosophique universellement admis,* et sans le céleste bienfait duquel toute histoire, TOUT CONTRAT HUMAIN, tout lien social, TOUTE SOCIÉTÉ SONT IMPOSSIBLES !

Mais, devant nous encore, après la grande question des puissances spirituelles et de leur intervention en ce bas monde, était restée debout et menaçante une seconde question. Et nulle autre n'est plus décisive, au sens de cette foule trotte-menu qui se gare, avec l'irritabilité des intelligences maladives, de toute étude relative à la nature et à la hiérarchie des Esprits.

Les anges, disions-nous, les démons, les âmes, les Esprits, en un mot, peuvent être les agents ou les architectes d'un nombre infini de phénomènes inscrits et rangés au titre du Surnaturel. Mais ne serait-ce point une manie, et manie furieuse en nous, que d'attribuer à ces insaisissables artisans les œuvres que peut-être bien enfante et dissémine une vertu latente et naturelle, celle que les physiciens du magnétisme appellent la force des forces, c'est-à-dire une âme universelle et dépourvue d'intelligence, mais opérant au sein de la machine du monde à la façon d'un moteur, et puisant en elle-même sa brute raison d'être, son instinct, sa verve perpétuelle d'action?

[1] Addison, *Spectator,* n° 440, p. 38; Lond., 1788. Système à peu près renouvelé, comme nous le verrons et l'avons vu, par la Voyante de Prévorst, par Rogers, etc.

CONCLUSION GÉNÉRALE.

Oh! telle est à coup sûr la question que nous avons tranchée en fatiguant de nos poursuites cette force, cette vertu fluidique, *ce fluide à prodiges*. Partout où ses apôtres nous avaient signalé ses merveilles, il fut par nous dépouillé des noms trompeurs et des masques de théâtre sous lesquels il séduit les faibles. Et que devint-il sous sa forme vaporeuse, lorsque nos regards le traversèrent, lorsque nos doigts s'essayèrent à le palper? — Rien. — Nous le vîmes devenir un néant, en vérité, un presque-rien FORT NATUREL, si contre notre croyance il *existe,* et qu'il nous plaise de l'envisager dans le vase étroit de notre personne! En un mot, nous ne rencontrons en lui qu'un fantôme d'être se prêtant à toutes les mains qui s'étendent pour le manier, mais restant en toute occurrence un parfait incapable, au point de vue du surnaturel.

Les faits, les phénomènes, l'expérience, la science, la raison, le bon sens, auront, sous notre plume, assez nettement décrit son histoire. Et, dans le rapide acquit de cette tâche, les Princes de l'armée nombreuse que nous combattons seront devenus tour à tour, et contre leur gré, nos plus vigoureux auxiliaires.

Bannissant désormais la crainte de tout imaginable démenti, disons-le donc dans la plénitude d'une légitime confiance : Non, l'âme fluidique-et-intelligente, par laquelle une école renouvelée des Grecs et des Romains veut que notre univers se meuve, n'existe point et jamais n'exista. Oui, le fluide opérant par sa propre vertu des prodiges n'est qu'un rêve; il n'est qu'un néant; un leurre, un mot à l'usage de ceux que leur infirmité d'esprit ou de science rend incapables de pénétrer au-dessous des surfaces, et de sonder l'essence des choses. Oui, les folles doctrines qui le proclament et le glorifient n'ont et ne pourraient avoir qu'un même dessein, ou, du moins, qu'un unique effet, ce serait d'atteindre et de frapper des mêmes coups et *les saines doctrines des sciences physiques* et *les dictées de la raison,* par conséquent le catholicisme! Car celui-ci, n'ayant d'âme et de souffle que la vérité, ne peut souffrir en lui la plus faible note qui ne concorde soit avec la raison, soit avec la science.

Ainsi, lorsqu'en lieux sûrs *et bien sondés* posaient et s'évertuaient devant nous ces Êtres, ces Essences gazées de fluides; lorsque fonctionnaient au gré de la parole humaine les Invisibles, les frappeurs, les phosphorescents, les porteurs ou escamoteurs aériens d'objets matériels, les spectres prophètes ou professeurs; lorsque parlaient, en leur nom, ou somnambules, ou médiums, ou phythonisés, alors, et en aucun cas, ne manquâmes-nous pas de reconnaître dans ces agents, et à d'infaillibles caractères, des êtres intelligents et des volontés qu'une étroite correspondance liait à la nôtre, soit pour affecter de la servir, soit pour la combattre ou la mystifier. Là, disions-nous, transparaissait un Esprit libre, pour qui toute prétention, toute apparence fluidique n'était qu'un voile de fantaisie, une machine à illusion, un instrument de déception et de mensonge.

Et ce que sans cesse il nous a fallu répéter de la voix la plus claire, c'est que cette Intelligence, c'est que cet être spirituel, toujours d'accord avec lui-même jusque dans les contradictions qui caractérisent l'erreur, laissait voir en lui, dès que l'œil se familiarisait à ses exercices, l'Esprit que les lieux oraculaires, que les lieux hantés; que le magnétisme transcendant, que le spiritisme et la magie possèdent en commun; disons plutôt l'Esprit qui possède le monde fourvoyé hors des voies du catholicisme, et qui se l'assujettit en le possédant, mais qui, hors ses jours de grand et brutal triomphe, va serpentant et se faufilant au milieu des siens sous un assortiment de déguisements et de formes dont la variété se prête à celle de ses rôles.

FIN.

NOTE FINALE.

Au moment où se terminait notre précédente édition, un livre a paru dont le but est d'anéantir toute croyance au surnaturel. Il a pour titre : *Histoire du Merveilleux dans les temps modernes*[1], et son auteur, assez malheureux dans sa tentative, est M. Louis Figuier. Nous croyons suffisant de répéter à peu près la note que nous lui avions consacrée. Dès sa préface, il nous dit : « MM. de Mirville, des Mousseaux et consorts, ne laissent hésiter leur foi robuste devant aucune extravagance. Nous nous sommes défendu avec soin, en étudiant ces matières, de toute prévention analogue[2]. »

Il sera sans doute utile de faire connaître, par des citations directes, le genre et l'esprit de ce livre, qui répète et résume un grand nombre de livres, hélas !

A propos de l'Église et de ses ministres, voici ses doctrines : « Nous n'avons pas à parler ici des miracles apostoliques. Nous devons abandonner *ces mystères* à la foi de chacun, et détourner notre critique de ces faits au-dessus de son domaine. Mais, du moins, nous pouvons raconter les prodiges qui leur furent opposés. Vers ces temps, les magiciens de tous les pays s'étaient donné rendez-vous à Rome. Nous parlerons seulement des plus célèbres, c'est-à-dire de Simon de Samarie et d'Apollonius de Tyane[3]. » Ce n'est pas tout ; et « il est certain, ajoute M. Figuier, que la physique moderne nous donne les moyens de répéter les miracles des anciens[4]. »

Quant à nous, qui croyons au Merveilleux, quoique la physique et la chimie nous aient livré leurs secrets, nous n'avons reçu d'elles d'autres certitudes que celles du contraire ! Et nous défions quelque physicien que ce soit de nous ressusciter le moindre mort ou de multiplier le moindre pain ; il est vrai que *notre foi* diffère de *la crédulité* de M. Figuier !

Aussi le laisserons-nous dire avec son goût exquis : « Telle était la fureur d'exorciser et de rôtir, que les moines voyaient des possessions partout où ils avaient besoin de miracles pour mettre en lumière la toute-puissance du démon, ou pour faire bouillir la marmite de leur couvent[5]. »

M. Figuier devra donc faire traiter avec une salutaire vigueur les hommes atteints des préjugés contre lesquels il s'insurge, et cela presse ; car, selon ses propres paroles, « le public IGNORE L'EXISTENCE OU ÉVITE LA LECTURE des ouvrages de MM. Calmeil et Bertrand ; mais il se délecte avec ceux de M. le marquis de Mirville et de M. le chevalier des Mousseaux[6] ».

[1] Paris, 1860.
[2] P. 19.
[3] P. 11, 12, ÿ 1.
[4] *Ib.*, p. 21.
[5] *Ib.*, p. 26, 27.
[6] P. 83, ÿ 1.

Singulier compliment que l'auteur fait à ses amis! En tous cas, M. de Mirville, relevant ces paroles de M. Figuier, et M. des Mousseaux, de son côté, firent leur possible pour initier le public à la connaissance des redoutables ouvrages de cette trempe. Le livre des *Médiateurs et moyens de la magie* de M. des Mousseaux contient même, à l'endroit des hallucinations, tout un chapitre à l'adresse de M. le Dr Calmeil. Que si l'honorable M. Figuier se pose devant nous en adversaire, il ne nous est cependant point inutile; usons donc de son œuvre avec la gratitude que nous lui devons; car il est, *en France*, l'un des premiers écrivains que nous surprenons à ne point nier des phénomènes qui, depuis si longtemps, ne sont plus niables! Éprouvant un loyal et légitime dédain pour l'exemple de ses devanciers, il nous dit : « Nous ne suivons pas la même marche; nous n'écarterons pas comme peu dignes de foi des faits qui ne seraient qu'embarrassants pour notre système. Au contraire, nous rassemblerons tous les faits que le même témoignage historique nous a transmis et qui ont droit, par conséquent, à la même créance, et c'est sur leur ensemble que nous ferons reposer *l'explication naturelle* que nous avons à présenter à notre tour, après les savants qui nous ont précédé sur cette matière [1]. »

M. Figuier procède donc; il fait quelques pas dans sa carrière, et, se plaçant au beau milieu des convulsionnaires jansénistes de Saint-Médard, il nous engage à scruter, sous sa direction, des prodiges qui ne sont pour lui que de simples effets de la nature.

Ouvrons les yeux : « Les fanatiques, s'armant de grosses bûches, de barres de fer et de marteaux, frappent à coups redoublés sur de misérables créatures.... Ils les frappent sur la poitrine, sur le ventre, sur les hanches, sur les cuisses, et les victimes supportent ces épreuves sans souffrance et même avec joie, disent-elles [2]. »

« Une convulsionnaire se courbe en arc, soutenue par les reins sur *la pointe* d'un bâton. La douceur qu'elle demandait était une pierre du poids de cinquante livres, attachée à une corde qui roulait sur une poulie fixée au plancher. On élevait cette pierre jusqu'au haut de la chambre, et on la laissait retomber à plusieurs reprises sur l'estomac de la convulsionnaire, ses reins portant toujours sur le pieu, » sur la pointe du pieu! « Montgeron assure pourtant que ni les chairs ni la peau n'étaient entamées, et que, même, cette fille, pour bien montrer qu'elle n'éprouvait aucune douleur, criait sans cesse : « Plus fort! plus fort! [3] »

La fille Jeanne Maulet se faisait administrer « dans *le creux de l'estomac* cent coups tellement terribles qu'ils ébranlaient le mur contre lequel elle était appuyée [4] ». Les coups que venait de lui asséner à tour de bras Montgeron lui-même ne lui avaient paru que fadeur. « Je repris le chenet, nous dit celui-ci en rougissant de honte, c'est-à-dire

---

[1] P. 238, ỹ 1.
[2] P. 377, ỹ 1.
[3] Vol. I, p. 380.
[4] Vol. I, p. 282.

l'instrument de ces exécutions nommées *grand secours*. Au vingt-cinquième coup, la pierre sur laquelle je frappais, qui avait été ébranlée par les coups précédents, acheva de se briser ; tout ce qui la retenait tomba de l'autre côté du mur et y fit une ouverture d'un demi-pied. de large! Lorsque les coups sont frappés avec violence, le chenet s'enfonce si avant dans l'estomac de la convulsionnaire qu'il paraît pénétrer jusqu'au dos, et qu'il semble devoir écraser tous les viscères qui se trouvent sous le poids de ses coups. C'était pour lors que la convulsionnaire s'écriait avec un air de contentement peint sur son visage : « Oh! que cela est bon! Oh! que cela fait de bien! Courage, mon » frère ; redoublez encore de force si vous pouvez [1]. » « Il nous reste, reprend M. Figuier, à essayer d'expliquer les phénomènes étranges que nous avons racontés [2]. » Silence donc, et à M. Figuier la parole :

« Nous avons dit, dans l'introduction de cet ouvrage, qu'au milieu du dix-neuvième siècle, on vit éclater en Allemagne une des plus célèbres épidémies de possédées, celle des Nonnains, qui faisaient tous les miracles admirés depuis à Saint-Médard, *et même quelques-uns de plus;* qui cabriolaient, GRIMPAIENT CONTRE LES MURAILLES, PARLAIENT DES LANGUES ÉTRANGÈRES.... C'est au mariage que l'on eut recours pour mettre fin aux désordres de ces convulsionnaires [3]... »

Et le mariage, entendez-vous? le mariage les guérit de cette faculté de grimper le long des murs à la façon des mouches, et de parler les langues étrangères! Oh! les singulières propriétés du mariage en ces jours étranges!

« Il faut ajouter, reprend M. Figuier, que chez les fanatiques de Saint-Médard les coups n'étaient jamais administrés que pendant la tourmente convulsive ; et qu'alors, comme le fait observer M. Calmeil, le météorisme du ventre, l'état de spasme de l'utérus sur les femmes, du canal alimentaire chez tous les malades, l'état de contraction, d'érétisme, de turgescence des enveloppes charnues, des plans musculaires qui protégent et recouvrent l'abdomen, la poitrine, les principaux troncs vasculaires et les surfaces osseuses, devaient singulièrement contribuer à atténuer, à amortir, à annuler la violence des coups. »

« La résistance inouïe que la peau, le tissu cellulaire, la surface des corps et des membres des convulsionnaires opposaient à des choses qui semblaient devoir les déchirer ou les briser, est de nature à exciter plus de surprise. On peut néanmoins en donner l'explication. Cette force de résistance, *cette insensibilité* paraît tenir *aux changements extrêmes dans la sensibilité* que peut apporter dans l'économie animale une exaltation quelconque. La colère, la crainte, toute passion, en un mot, pourvu qu'elle soit portée à son paroxysme, peut produire cette insensibilité [4]. »

« Remarquons, en outre, dit M. Calmeil, qu'on se servait, pour

[1] Vol. I, p. 383.
[2] Vol. I, p. 397.
[3] Vol. I, p. 401.
[4] P. 410, 411.

frapper sur le corps des convulsionnaires, de corps ou d'objets volumineux à surfaces plates ou arrondies, à contours cylindriques et émoussés ¹. Or, l'action de pareils agents physiques n'est pas à comparer, quant au danger qui s'y attache, à celui des cordes, des instruments souples, flexibles, à arêtes prononcées. *Au total,* le contact et l'impression des coups produisaient sur les convulsionnaires L'EFFET D'UN MASSAGE SALUTAIRE, et rendait moins sensibles les tortures de l'hystérie ².

Le savant docteur qui nous tient ce langage serait-il par hasard éveillé?... Que si, pourtant, M. le docteur Calmeil, ou M. Figuier, daignaient prendre au sérieux cette page, nous nous hâterions de leur répondre : Nous voici tout prêt à vous croire; mais, avant cet effort surhumain de condescendance, prouvez-nous donc la vérité de votre parole par le spectacle de vos actes!... Laissez-nous développer en vous, par exemple, une passion forte et terrible : la colère, si bon vous semble. Vous nous permettrez, pour un rapide instant, d'être à votre égard irritants, grossiers, insultants. Nous n'agirons ainsi que *sur vos instances,* et dans l'intérêt de votre cause. Notre devoir de convention sera donc de vous humilier et de vous provoquer à outrance. A la face du public, qui ne saura rien de notre pacte, mais que nous devrons initier à vos assertions, nous vous appellerons ....; nous dirons, de notre mieux, que vos écrits sont un guet-apens contre la vérité, une insulte au bon sens; une honte que le papier seul peut souffrir, mais que le public doit châtier. Vous mentez à la science, ajouterons-nous; vous mentez à l'oreille des ignorants et des niais, groupés autour de vous, bouche béante, comme autour des tréteaux du charlatan..... Et lorsque, de guerre lasse, le rouge vous enflammera le visage, lorsque la colère, vous tuméfiant, aura déplacé vos fluides; lorsque votre fureur menacera d'éclater, — ce sera chose entre nous bien convenue, — nous ferons frapper à tour de bras vos muscles turgescents; vos amis nous indiqueront la place la plus insensible; on y laissera pleuvoir et grêler les pierres; les coups y tomberont en avalanches... Car ainsi se traitait la chair des femmes à convulsions, que l'on ne pouvait rassasier de sévices. Mais afin de ne vous procurer que la jouissance *d'un massage salutaire,* — selon votre délicieuse expression, — on ne fera voler et rebondir sur vos flancs que des corps à surfaces émoussées, à contours cylindriques, que des massues ou des bâtons sans souplesse, et, si vous le souhaitez, arrondis et modelés au tour.

Hommes à fortes convictions, que le monde est heureux de vous posséder!... Mais, hésiteriez-vous?... vous pâlissez, ce nous semble!

¹ Vous oubliez et les épées, et les pieux aiguisés et les haches, dont vous nous parliez tout à l'heure (vol. I, p. 409); et que dire du couteau de la pointe duquel le frère d'Elie Marion se frappe le ventre et l'estomac avec une très-grande force, son corps résistant comme s'il était de fer, etc., etc. (Vol. II, p. 407.

² Vol. I, p. 413.

Allons, douteriez-vous de vous-mêmes, et y aurait-il péril dans cette épreuve pour ces magistrales doctrines que vous tenez, en dépit de MM. de Mirville et des Mousseaux, à patroner de votre nom? En un mot, notre proposition vous semble-t-elle délicate? — Eh bien, nous, vos adversaires, soyons compatissants. Que vos femmes ou vos sœurs, que vos mères ou vos filles s'avancent et s'emparent du poste d'honneur qui vous était offert; car le sexe faible, avez-vous dit, est le sexe fort et résistant dans ces déconcertantes épreuves.... Mais quoi! vous restez de glace! vous reculez encore!... O M. Figuier, lorsqu'on s'avise de vous prendre au mot, que deviennent donc les recettes foraines livrées par vous au public pour faire crever sous ses doigts tout prodige, ainsi que sous les doigts de l'enfant crève la bulle de savon?

Mais, de cette invulnérabilité que vous dites si naturelle, et que *nous avons vu* l'Esprit du magnétisme produire sous notre main et sous la main d'autrui (chapitres antérieurs), passons au don des langues et de prophétie. — Vers la fin de 1700, rapporte M. Figuier, une vieille fille importe l'Esprit prophétique dans les Cévennes. Elle le communique à de jeunes garçons et à de jeunes filles, qui le suent, qui l'insufflent et le répandent dans leur atmosphère. Les femmes et les enfants se rendent plus particulièrement sensibles à cette contagion [1]. Huit mille prophètes couvrent aussitôt le pays infecté. Les médecins sont consultés, et déclarent « être ravis en admiration de voir de jeunes personnes sans lettres prononcer des choses *qu'elles n'avaient jamais apprises* ». — Aussi M. Figuier de nous donner sa parole, mais *rien de plus*, il est vrai, que ces médecins « ne comprennent rien eux-mêmes à ce qu'ils voient [2] ». Car, ce qui lui semble être naturel, leur paraissait ne l'être guère!

En effet, plusieurs de ces prophètes communiquaient, bon gré, mal gré, l'Esprit à ceux qui entreprenaient de les en délivrer [3]. Un grand nombre étaient entre trois et douze ans d'âge; d'autres, *quoique attachés encore à la mamelle,* parlaient distinctement le français, idiome inconnu dans le pays. Les prédications de chacun d'eux avaient même tendance et même forme [4]. Enfin, ces discours, qui duraient quelquefois des heures entières, étaient toujours prononcés dans un langage qu'il eût été impossible à ces orateurs de parler s'ils eussent été dans leur état naturel [5].

Or, quel était, selon M. Figuier, le sens d'une telle série de prodiges? — Aucun! Ce n'était rien, vous dit-il, sinon le résultat de « l'exaltation momentanée des facultés intellectuelles [6]. En effet, les prédications et les cérémonies du culte du désert se faisaient toujours

[1] Vol. II, p. 261.
[2] *Ib.*, p. 262.
[3] P. 265.
[4] P. 265, 267, 401, 402.
[5] *Ib.*, p. 400, 402, 266, 399, etc.
[6] *Ib.*, p. 403.

en français;... et, bien que fort peu familiarisées avec le français, ces bonnes gens se rappelaient merveilleusement, dans leurs extases, les expressions et les tournures de cette langue.... Ce phénomène, lié à l'exaltation momentanée des facultés intellectuelles, s'observe dans beaucoup d'affections cérébrales [1]. » Ainsi parle M. Figuier.

Quant à nous, nous ferons observer que les prédicants, qui parlaient, à ce que nous supposons, dans le but de se faire comprendre, devaient, par cette raison, user de l'idiome du pays, à moins que, s'exprimant dans une langue, ils ne fussent compris par ceux qui ne l'avaient point apprise, ce qui ne serait naturel que dans les régions du Merveilleux, et ce qui s'est vu, pourtant, sous la parole d'apôtres divins ou diaboliques. Où donc eût été, d'ailleurs, le prodige dont s'émerveillaient et populations et savants, si les inspirés se fussent exprimés en français dans un pays où les oreilles et les intelligences eussent été familiarisées avec l'usage de cette langue? Et que dire, en tous cas, de ces facultés d'élocution, lorsqu'elles éclatent chez de tendres enfants que leur âge rend absolument incapables de proférer une parole, et qui parlent un langage auquel sont étrangers ceux qui les portent et qui les entourent?

Que dire? — « Exaltation des facultés intellectuelles.... surexcitation du système nerveux, dont l'extrême impressionnabilité nous rend compte de ces circonstances [2]. » Voilà qui suffit à M. Figuier! voilà pour lui tout le mot de l'énigme. Mais où trouver une bonne femme d'une assez prodigieuse crédulité pour se payer de telles paroles?... Allons, bacheliers et licenciés en herbe, que tourmente la pensée de vos examens futurs, excitez-vous, simulez-vous, trémoussez-vous, et vous allez subitement acquérir le don des langues, que vos institutions académiques, si contraires au vœu de la Nature, vous infusent à tant de frais et si pauvrement; fussiez-vous à la mamelle, M. Figuier vous promet bonne chance.

Donc encore, vu le système de la contagion et de l'impressionnabilité qui s'accroît par l'effet du nombre, quels magnifiques résultats — d'après cette doctrine — ne nous donneraient point des stimulants dont l'énergie directe remuerait, ébranlerait, surexciterait à la fois tout le système nerveux de toute une masse d'hommes!.....

Mais écoutons encore, et que ce soit la fin. M. le docteur « Calmeil, dans son ouvrage sur la folie, conclut en rapportant la *théomanie* extatique des calvinistes : à l'hystérie pour les cas les plus simples, à l'épilepsie pour les cas les plus graves.... » Ce sera plutôt, selon nous, ajoute M. Figuier, « une affection *sui generis*, et pour désigner cette affection, il faut s'en tenir au nom de maladie des trembleurs des Cévennes [3] ».

---

[1] P. 403.
[2] P. 400-401.
[3] P. 397. — Si M. Figuier se donne la peine de lire avec réflexion le petit volume des *Camisards*, de M. H. Blanc, il verra, d'après la série de pièces authentiques dont se compose cette importante publication, que *la maladie*

O Molière, que sauraient dire de plus adorable les illustres docteurs de tes comédies, s'ils s'essayaient à renverser sous le flux de leur phraséologie drôlatique ces phénomènes dont l'interprétation raisonnable et catholique trouble les veilles et les rêves de M. Figuier!

Et M. Pelletan ose accuser M. Figuier d'avoir écrit un livre « *savant comme un traité de médecine*[1] ! » Est-il donc licite et courtois de donner, sous forme de salut, un coup de tête si breton dans la poitrine de la Faculté?

Hélas! ceux qui se sont chargés *d'expliquer naturellement le Surnaturel*, c'est-à-dire *d'en finir* avec la croyance catholique, se sentent sans cesse réduits et poussés à nous donner *pour explication* ce que toute l'urbanité du monde ne saurait nous dispenser de nommer L'ABSURDE.

Mais M. Figuier étant un homme d'esprit, ce serait lui faire insulte que de le prendre au sérieux; il n'a certainement voulu que plaisanter. Soit. Sa plaisanterie, cependant, sans être fine cette fois, est un peu longue; elle traîne dans de nombreux volumes; pourquoi donc lui permettre de cahoter dans de si tristes ornières?

Un nouvel ouvrage sur la magie porte le nom de M. Maury, et conclut que, depuis un siècle, la question est jugée, malgré les efforts de témoins et d'hommes fort respectables du reste : MM. de Mirville et des Mousseaux.

Homme à systèmes, hostile au catholicisme, et trop absorbé par d'autres études, M. Alfred Maury n'aurait-il donc point ouï dire que *cette question* se déjuge? Le livre de M. Figuier, *en dépit de ses intentions;* les quatre derniers volumes de M. de Mirville; celui que je termine par cette note, et mon volume postérieur des *Médiateurs et moyens de la magie*, lui feront à coup sûr reconnaître qu'elle doit être déjugée. En tout cas, M. Maury étant d'habitude un homme sérieux, j'en appelle de lui à lui-même.

de ces trembleurs n'était nullement naturelle. Elle avait visiblement pour auteurs ces démons que l'évangéliste appelle Esprits de maladie : *Spiritus infirmitatis*. (S. Luc, XIII, 11.) Chez Plon, 1859.

[1] *Presse*, n° du 14 janvier 1860.

FIN.

TABLE DES MATIÈRES.

Introduction. Lettres à l'auteur, de Leurs Éminences les cardinaux archevêques de Bordeaux et de Besançon ; — du R. P. Ventura, ancien général de l'ordre des Théatins, consulteur de la sacrée congrégation des rites, examinateur des évêques et du clergé romain ; — du R. P. Voisin, directeur aux missions étrangères, ancien missionnaire à la Chine, etc., etc.; — de M. Louis Veuillot; — et d'un prêtre fort désireux de savoir si MM. de Mirville et des Mousseaux, qu'il appelle les deux chefs de file de la question qui s'agite dans cet ouvrage, ne sont pas de singuliers personnages ! I
Avis au lecteur. XIII
Causerie avec le lecteur, qui, pour lui, ne sera point temps perdu. . XV

CHAPITRE PREMIER.

DU CONNU A L'INCONNU. — EXPÉRIENCES ET PHÉNOMÈNES DEVENUS FAMILIERS A L'AUTEUR.

Le plus grand prodige d'une époque où le Merveilleux foisonne. — Position difficile des savants devant les faits extranaturels. — Les faits. — M. de Saint-Fare ; évocation de l'esprit d'un homme vivant et absent. — L'Allemagne sur ce point. — Ventriloquie ? — Précautions contre l'erreur. — Opérations des Invisibles ; leur langage. — Langage de la nuée en Israël. — Multiplicité des phénomènes. — Épisodes sur M. Home ; sa naissance ; vice originel de sa constitution spirite. — Premiers exploits. — Illusions religieuses et morales du réformateur élu par les Esprits. — Sa mission. — Opinions des pasteurs protestants. — La Bible du mensonge ; effets. — Historique de cette *médianimité*, utile méditation pour le prêtre et le père de famille. — Retour à nos phénomènes. — Don de communiquer les Esprits. — Contrôle de la véracité d'un médium par les actes des Invisibles et la clairvoyance d'un somnambule artificiel. — Sifflements, lois de l'acoustique suspendues. — Fait analogue dans la Bible. — Esprit manié comme une pâte filante ; sa marche. — Esprit insaisissable qui se rend tangible : les soufflets. — Esprits lumineux ; la tête de chat, contre-épreuve avec mon pharmacien. — La maison hantée. — Lugubre histoire, à laquelle j'attribue la prédestination de l'un de nos médiums. — Les maisons d'aliénés et les folies ordinaires des démoniaques ; puissance excessive du médecin. — Réformes et pétitions appuyées par les résultats du spiritisme.
P. S. Quelques correspondances entre M. de Mirville et M. des Mousseaux compléteront plus tard une série de très-concluantes expériences. — *Conclusion*. . . . . 1 à 68

CHAPITRE DEUXIÈME.

QUELS SONT LES AGENTS DES FAITS SURNATURELS, OU DU MERVEILLEUX ?
1° DES ANGES.

Les bons anges. Le rationalisme naissant jusque sous leur parole. — Exemples et doctrines tirés des livres judaïques. — Quelle confiance ils méritent ; comment ils se mêlent aux hommes, les protégent ou les châtient. — Leur action sur ce monde. — Ces vérités enlacées

TABLE DES MATIÈRES.   459

aux doctrines des philosophes théurges d'Alexandrie. — Antiquité païenne. — Swedenborg et M. le Dr Brierre de Boismont sur ce point. — Engelbrecht. — Le faux bon ange. — Autre bon ange dupant un théologien. — Ses merveilleux dessins. — Têtes de Jésus et de Marie visitées par M. de Mirville et M. des Mousseaux. — Les dessins, et le gouverneur Tallmadge. — Un de mes amis. — Autres traits. — L'ange d'Evangelista. — La sœur de charité. — Mademoiselle J... et conséquence. — Véritable office des anges. — La Madone de Verviers et l'Enfant Jésus, dont les doigts de pierre s'entrelacent. — Les Madones d'Italie et l'Église à l'époque où la sainte guillotine venait de succéder à Louis XVI. — *Conclusion*. . . . . 69 à 121

CHAPITRE TROISIÈME.

LE SECOND AGENT DU MERVEILLEUX, OU CELUI QUE LES PEUPLES ANCIENS ET MODERNES ONT NOMMÉ DÉMON, MOT DONT LE SENS LITTÉRAL EST ESPRIT.

Le démon est-il un mythe? — Son histoire et les grands exemples. — Traditions catholiques. — Prêtres et philosophes de l'idolâtrie. — Leur nature, leur puissance et leur malice. — Les Pères de l'Église. — Exemples hardis, et pourquoi. — Kérope en Livonie et Jérusalem. — Saint François de Sales démonologue, exorciste et accusé de sorcellerie. — Ma propre expérience soumise au lecteur. — La crosse du pasteur levée contre l'ennemi. — Temps actuels. — Mgr Bouvier le théologien. — Exemples et doctrine. — M. l'abbé Huc. — Ce qu'il me raconte. — Valeur peut-être contestable de son témoignage. — Visite de MM. de Mirville et des Mousseaux au P. Bonduel, missionnaire chez les Peaux rouges, et cité par le P. Ventura. — Son musée. — Révélation de la science la plus antique et de la magie démoniaque. — Exemples de premier ordre. — M. de B... et la sibylle de l'Etna. — Époque de la grande révolution française. — Le progrès. — La sibylle dépassée, et M. le baron de Guldenstubbe, 1858. — Exemples. — Mot de Bossuet. — Philosophes théurges d'Alexandrie. — Leur accord avec les bulles papales et le grand magnétiste Dupotet, doublé du mage Éliphas. — Résumé de l'Église. — Le rituel romain et ses mystères. — Admirable lettre de l'an 1443, nous apprenant ce que c'est que la vigilance des évêques qui tiennent de l'œil le démon : manuscrit publié par M. de Bernoville, conseiller référendaire à la cour des comptes. — *Conclusion*. . . . . 121 à 180

CHAPITRE QUATRIÈME.

TROISIÈME AGENT DU MERVEILLEUX. — L'AME HUMAINE SÉPARÉE DE SON CORPS, OU LE REVENANT.

Les revenants. — Croyance universelle et cause de la pratique des évocations. — Étude de l'évocation de Samuel par Sédécla d'Endor. Philon, Josèphe, les Rois et l'Ecclésiaste. — Exception et règle. — L'âme séparée du corps se prête-t-elle à ce rôle? — Les dieux mânes qui ont vécu, ou l'âme démon, génie, héros, lémure, lare ou larve, et houen en Chine. — Manière d'attirer les âmes : débris de cadavres et surtout de celui qu'elles animèrent. — LE SANG. — Rôle magique du sang. — Usage et prohibition. — Homère, temps antérieurs et la Bible. — Sacrifice pour descendre aux enfers. — La magicienne Circé. — Terreur de Tirésias. — Effet du glaive sur les

460   TABLE DES MATIÈRES.

âmes, soif de sang des âmes qui sont démons. — Erreur des anciens et même de quelques Pères. — Le sang nourrit-il, chez les Esprits, un corps gazéiforme? — Les traditions démoniaques de Caïn sont transmises par les descendants de Cham, instituteurs de Bal-ac. — Prêtres-soleil et serpents. — Effet effroyable du viol de la nature dans les grandes évocations. — Accord de l'Église et des magiciens. Pourquoi diminue la soif de sang des âmes. — Ce qu'elles sont. — Bénéfices de leurs raffinements à la Brutus. — Ame de Robespierre évoquée sous nos yeux. — Contrôle. — Évocation de Judas. — Interrogatoire savant, conduit par M. de Saulcy, de l'Institut. Les apparitions peuvent être une réalité; mais comment est-ce qu'elles s'accomplissent? — Opinion des grands théologiens. — Manière de les entendre. — Ames du ciel, du purgatoire, ou des damnés. — Ce sont les anges, bons ou mauvais, qui représentent les âmes. — Conclusion générale. — Mot final du livre que saint François de Sales appelle son directeur. — *Conclusion*. . . . . 180 à 224

CHAPITRE CINQUIÈME.

CHAPITRE INCIDENT RENDU NÉCESSAIRE PAR CEUX QUI LE PRÉCÈDENT.

Le langage intérieur. — Les âmes des morts. — Les anges, les démons, un esprit, peuvent-ils tenir à l'homme un langage interne? Oui. — Bizarreries de ce langage. — Certitudes. — Exemples.
Conclusion. — De ces faits ressort la nécessité de veiller sur soi, de discerner l'hallucination naturelle de l'hallucination démoniaque. — *Conclusion*. 224 à 234

CHAPITRE SIXIÈME.

UN FLUIDE UNIVERSEL, INTELLIGENT, DIVIN, EST-IL LE QUATRIÈME AGENT DU SURNATUREL?

Notions précises de l'antiquité sur ce fluide merveilleux. — Est-il l'âme de tous les phénomènes inexplicables?-Recette philosophique et sérieuse pour composer un Esprit ou un Dieu, secret ravi à la nature. — Ce fluide Protée, et ses rôles, jusqu'au baron de Reichenbach et au delà. — Sa manière d'agir par soudures. — Caprices et tyrannie. — Apparence magnético-démoniaque. — Exemples. — Ce qu'y vit la Renaissance, Cornelius Agrippa. — Ces traditions descendent des fils de Cham et de Caïn par Trismégiste. — Valeur de celui-ci, d'après Champollion. . . . . 234 à 245

CHAPITRE SEPTIÈME.

LES VAPEURS ORACULAIRES; DELPHES ET AUTRES LIEUX.

Le célèbre Plutarque, initié et prêtre du dieu Lumière soleil et serpent à Delphes. — Il met aux prises, sur la cause des oracles, un philosophe matérialiste, un spiritualiste pur, et un penseur religieux. — Les ventriloques pythoniens et la divination (notes). — Conclusion de cet attachant débat. — Les dieux-démons se donnent le semblant d'intelligences servies par des fluides. — Fort inférieurs en raison à Plutarque, la plupart de nos physiciens modernes n'eussent fait de ces dieux-démons qu'un simple fluide oraculaire. — Les oracles. — Enthousiasme. — Les oracles et les chrétiens. — Note finale. — *Conclusion*. . . . . 245 à 255

CHAPITRE HUITIÈME.

LE FLUIDE ORACULAIRE DE L'ANTIQUITÉ, TEL QUE LES MATÉRIALISTES L'ADMETTENT, EST L'AME DE LA MAGIE ET LA FORCE UNIVERSELLE DE NOTRE MONDE OCCULTE.

Poussons du pied le mystérieux agent, pour qu'il nous déroule ses replis. — La nature les a découverts aux principaux héritiers de Mesmer : à MM. Dupotet, Éliphas, Regazzoni. — La magie retrouvée et comment. — Aveux, craintes, réticences. — Peu ou point d'analogie entre les fluides des physiciens et le fluide des magiciens. — Grande analogie entre ce fluide, le fluide oraculaire, et celui du magnétisme. — Pour quelle raison il s'animalisa.
Conclusion . . . . 255 à 265

CHAPITRE NEUVIÈME.

SUITE. — PRODIGIEUSES EXPÉRIENCES, INTERPRÉTATIONS.

M. Regazzoni, astre errant du spirito-magnétisme. — Séance particulière sous mes yeux, et sous les yeux d'un très-savant médecin de mes amis. — Nos précautions. — Les jeunes filles; foudroiement; figures tracées; lignes intelligentes et obéissantes. — Le fluide vital produisant, à notre gré, sur les jeunes filles, l'insensibilité du cadavre, les apparences de la mort, et changeant en marbre la chair vivante. — Danses cataleptiques. — Lois de la statique violées. — Scènes de la Belle au bois-dormant. — L'oreille sourde aux sifflements aigus s'ouvre à la musique. — Pourquoi? — Changements de poses et de scènes à chaque changement de volonté. — Amours et haines inspirés à contre-sens, et jusque pour des objets inanimés. — Prodige du ballonnage des seins; imitation. — Fausse grossesse. — Mot du médecin mon ami. — Mêmes expériences dans une grande soirée, et faible succès. — Conversation avec M. Regazzoni; ses récits d'apparitions; ses opinions sur ce qu'il opère. — Conclusion. — Il est, à son insu, le disciple de Plutarque, admettant comme instrument de l'opération des Esprits une vapeur insaisissable, un fluide capricieux et terrible parce qu'il est animé. — *Conclusion.* 266 à 284

CHAPITRE DIXIÈME.

CE MÊME FLUIDE ABRUTI. — DEUX MOTS A M. DE GASPARIN, NIANT ET PROUVANT A LA FOIS LE SURHUMAIN.

Sous la main d'un protestant, M. de Gasparin, le fluide étudié devient sorcier; ses tours. — Crédulité de ce philosophe. — Ses curieuses et décisives expériences. — De quel haut en bas il use envers les Pères de l'Église et la raison. — L'inconscience. — Rude et magnifique leçon qui lui est donnée par son coreligionnaire M. Thury, de l'Académie de Genève. — Ses récits, auxquels nous ajoutons un complément. — Comment une bonne allemande met fin aux exploits de l'inconnu fluidique. — Tours et insolences de cet Inconnu sous le toit du célèbre Wesley, l'inventeur du méthodisme. — Ses métamorphoses. — Il s'indigne d'être traité de rat, et se fait blaireau sans tête. — Le journal de la famille Wesley. — Conclusion.
— L'inconnu de Valleyres ressemble, à ne pouvoir s'y tromper, aux vapeurs oraculaires de Plutarque, aux fluides odyle ou magnétique de MM. Dupotet et Regazzoni, etc., si semblable à l'avor noir, à la lumière astrale, au serpent séducteur d'Éliphas, au tapageur

domicilié sous le toit de l'apôtre du méthodisme. — Les entêtements de l'orgueil convertissent en crimes jusqu'aux actes de religion.
Conclusion. . . . . 284 à 302

CHAPITRE ONZIÈME.
MÊME SUJET.

Étude où, quoi que l'on fasse, le sérieux n'est guère possible longtemps de suite. — Revue du monde, à ce propos, depuis un temps immémorial. — Caprices et boutades indéfinissables du fluide thaumaturge. . . . . 303 à 307

CHAPITRE DOUZIÈME.
LE FLUIDE MAGNÉTIQUE, ANIMAL OU MAGNÉTICO-MAGIQUE. — PREMIÈRE DIVISION.

Ce qu'il fut, et comment Mesmer, en le réhabilitant, le qualifie. — Questions. — Ses physionomies, ses masques. — Témoignages de savants sur ses actes. — Ce qu'en pense le vulgaire. — Questions posées en réponse à la croyance générale. — Le magnétisme angélique. — Dangers, objections, exemples. — Inutilité du fluide dans des cas nombreux de magnétisation. — Exemples. — Son existence sera donc niée dans le magnétisme. — Ce qu'est un fluide magnétique, s'il existe. — Dangers de l'agent qui porte ce nom. — *Conclusion.* 307 à 317

SECONDE DIVISION. — ACTION PHYSIQUE DE CET AGENT.

Il transforme indéfiniment le goût de chaque chose. — Effets semblables à celui de la manne en Israël. — Mêmes effets sans choses tangibles. — Effets chloroformiques semblables à ceux de la sorcellerie et connus de nos pères. — Mes essais. — Delrio; exemple; — il décrit, il y a trois siècles, tout le magnétisme fluidique. — Forces surhumaines de cet agent. — Terreur et jalousie qu'il inspire aux académies de médecine. — Action de cet agent sur le capitaine L......; tragique histoire. — Le mal et la cure conduits par le même agent. — Dangereuses qualités des guérisons qu'il opère. — Ce fluide guérissant ne loge en nous qu'à la condition d'y produire une maladie. — Puységur, Olivier, Deleuze, Aubin Gauthier. — Progrès futurs du même agent, et pourquoi. — Découverte moderne décrite par nos pères. — Ces phénomènes sont magnétiques parce qu'ils sont magiques. — Mot à l'appui, de saint Augustin. — Témoignages appuyés par le Dr Cogavina et le savant Orioli, correspondant de l'Institut de France. — *Conclusion.* . . . . 317 à 332

TROISIÈME DIVISION. — ACTION INTELLECTUELLE DU MÊME AGENT.

Intelligence et volonté chez l'agent du magnétisme. — Un simple et maladif paysan servant de sujet à M. de Puységur. — Sa métamorphose lorsqu'il est *remué par l'agent de la nature.* — Cet agent confère le don des langues, etc. — Exemple. — Qui le possède sent en soi-même une seconde intelligence. — Accord des hautes écoles magnétiques et de l'Église sur l'être, différent de nous-mêmes, que le magnétisme signale comme le principe de ses œuvres. — Les oiseaux indiens ou pythonisés de M. Tréfeu, rivaux des chèvres de Tertullien. — Intrépidité des explications du savant Rogers; elles s'affaissent sous les coups des plaisants. — Prodiges de crédulité des incrédules. — Le phénomène de la pénétration de la pensée, que M. de Gasparin (ancien ministre de Louis-Philippe), appelle le fait

TABLE DES MATIÈRES. 463

fondamental du magnétisme. — Pages que l'on croit attrayantes et sans réplique. — Ames, anges et démons, divinité. . . 332 à 339

SUITE. — RAPIDE ET ATTRAYANTE ÉTUDE SUR LA PÉNÉTRATION DE LA PENSÉE.

La colère et l'amour livrent-elles l'âme, lui permettent-elles de saisir l'âme d'autrui? — Conclusion. — Notes finales : dans la première, le dire de la physiologie; dans la seconde, le dire de l'Église sur la pénétration de la pensée. — Le lecteur choisira.
Conclusion. . . . . 339 à 346

QUATRIÈME DIVISION. — LE MÊME. SON ACTION MORALE ET RELIGIEUSE.

Semblable au spiritisme, il nous dégoûte de la vie, nous porte au mal et au suicide. — Il ne peut rien sur nous sans notre consentement. — Cet esprit remplace le nôtre ou le domine, et forme en nous comme deux âmes. — Lucain; le P. Boucher, exemple, grandes Indes. — Le P. Surin. — Comparaison entre cet esprit et celui qui animait les prophètes. — Le dieu spirito-magnétique *organise le mal* pour que le bien en sorte; ses adeptes doivent agir à son exemple. — Pour l'individu, cet agent est la ruine du corps et de l'âme; pour le monde, il est l'anarchie religieuse et sociale. — Conclusion. — Note importante. — *Conclusion*. . . . . . 346 à 360

CHAPITRE TREIZIÈME.

QUESTION INCIDENTE. — L'INVISIBLE ARTISAN DES PHÉNOMÈNES QUE NOUS AVONS RAPPORTÉS EST-IL CONTRAINT D'OBÉIR A L'HOMME?

Non, mais quelquefois oui. — Compte avec l'ange gardien; mais l'ignorance en fait de devoirs est une prévarication; elle n'est point une excuse. — Illusion. — La chaîne ne tient que trop souvent celui qui croit la tenir. — *Conclusion*. . . . . 361 à 365

CHAPITRE QUATORZIÈME.

LE MAGNÉTISME EST-IL, OUI OU NON, LA FORME MODERNE DE LA MAGIE?

Oui; ses apôtres en font l'aveu formel. — Celui que nous voyons pénétrer les corps vivants ou inanimés animait et pythonisait les statues dans les temples. — Hermès, chef de l'antique magie égyptienne, et les Pères de l'Église, décrivent cet art spirite de faire des dieux. — Prodiges. — Récits, aveux, réticences. — Paroles des grands magnétistes docteurs en médecine : MM. Teste, Ordinaire, Arnette..., Deleuze, le célèbre abbé Faria. — Exemples. — L'agent magnétique devenant, dans l'organisation humaine, lumière solaire ou spectrale, et principe des fantômes. — Exemples. — La fille de Quarrey. — L'envoyé du grand Frédéric souffleté par son spectre. — Ce fluide lumineux allume la seconde vue, et la communique aux bêtes. — Infection magnétique à effets magiques ou spirites. — Conclusion. — La magie, le haut magnétisme et le spiritisme sont un seul et même individu sous des visages de rechange. — *Conclusion*. . . . . 365 à 386

CHAPITRE QUINZIÈME.

SUITE. — PREMIER EXEMPLE OU SE RÉCAPITULE TOUT LE LIVRE. — VOYANTISME; LES DEUX VOYANTES; VIE DE PRODIGES ET DE DÉSOLATION. — LE VAMPIRISME FLUIDIQUE.

Première Voyante, extases, fantômes prophètes. — M. le docteur Marjolin consulté; réponse. — Ange moniteur, fantôme moniteur.

Seconde Voyante, scientifiquement étudiée par le célèbre docteur Kerner, et choisie comme étude à cause de sa notoriété. — Vapeurs invisibles de son village, rappelant les phénomènes de Delphes. — Causes de sa disposition originelle au voyantisme. — La magie démoniaque et le magnétisme se mêlant dans le mal de cette femme. — Son propre fantôme; phénomènes publics. — Sur les fantômes dans la plupart des cours de l'Allemagne. — Vampirisme magnétique de la Voyante; son insubmersibilité; celle des sorcières. — Les objets, auprès d'elle, violent les lois de la gravitation. — Doctrine de son Esprit inspirateur. — Les âmes et leur enveloppe. — Les métaux, les objets inanimés, l'Écriture elle-même ont pour elle des Esprits. — Elle se traite, elle et autrui, sous les yeux du docteur Kerner. — Son traitement réunit les trois procédés de la médecine ordinaire, du magnétisme et de la magie franche. — Amulette courant d'elle-même sur son corps. — Elle communique au dehors à l'aide des coups d'Esprits frappeurs; elle contraint à la prière ceux qui sont soumis à ces rapports. — Prières imposées par le magnétisme. — Ennemoser et Rogers; vertu épidémique du principe magnético-magique. — Désolants phénomènes. — Cette pieuse et douce fille devient le fléau magnétique de son père. — Effroyable état maladif de la Voyante et sa puissance croissant avec son affaiblissement corporel. — Circonstances étranges de la mort de la Voyante et de son père. . . . . 386 à 420

CHAPITRE SEIZIÈME.

SECOND EXEMPLE RÉCAPITULATIF. — LA PRISON DE WEINSBERG. — CONFIRMATION AUTHENTIQUE DU CHAPITRE PRÉCÉDENT.

Contrôlé par la plus sérieuse des enquêtes juridiques, le long épisode de Weinsberg est l'objet d'une étude suivie de la part de l'illustre docteur Kerner. — Il est témoin d'une partie des phénomènes magnétiques et magiques qu'il relate, et dont l'éclat attire l'attention du pouvoir public. — Elisabeth est luthérienne; ses prédispositions originelles; le fantôme d'un prêtre catholique l'obsède pour obtenir d'elle des prières. — L'*ouïe*, la *vue*, le *tact*, l'*odorat* des témoins sont affectés lors de l'invasion de ce fantôme, que son père accompagne sous forme de chien. — Il est la lumière astrale d'Éliphas, ou spectrale du docteur Passavant. — Vents et souffles de glace, indépendants de l'atmosphère; phénomène insigne en spectrologie. — Épisode de la vie du médium Home, où ces faits deviennent des plus remarquables. — Variété des sensations selon les personnes, et pourquoi. — Force électrique du spectre. — Les phénomènes produits par cet Esprit de la prison voyagent, se propagent, sont épidémiques et caractérisent le magnétisme transcendant. 424 à 438

Conclusion générale. 442 à 450
Note finale. . . . . 451 à 457

www.ingramcontent.com/pod-product-compliance
Lightning Source LLC
Chambersburg PA
CBHW050605230426
43670CB00009B/1280